财政部规划教材
应用型教育数智化财经类教材

Python财务应用

广州番禺职业技术学院
厦门九九网智科技有限公司 组编

盛国穗 杨则文 杜 方 梁 华 编著

中国财经出版传媒集团
中国财政经济出版社

图书在版编目（CIP）数据

Python 财务应用 / 盛国穗等编著． -- 北京：中国财政经济出版社，2023.7

财政部规划教材　应用型教育数智化财经类教材

ISBN 978 - 7 - 5223 - 2133 - 2

Ⅰ.①P… Ⅱ.①盛… Ⅲ.①软件工具－程序设计－应用－财务管理－高等职业教育－教材　Ⅳ.①F275

中国国家版本馆 CIP 数据核字（2023）第 057151 号

责任编辑：王佳欣　　　　　　　通　读：杨　波
封面设计：卜建辰　　　　　　　责任校对：胡永立

Python 财务应用
Python CAIWU YINGYONG

中国财政经济出版社 出版

URL：http://www.cfeph.cn
E - mail：cfeph@ cfeph.cn

（版权所有　翻印必究）

社址：北京市海淀区阜成路甲 28 号　邮政编码：100142
营销中心电话：010 - 88191522
天猫网店：中国财政经济出版社旗舰店
网址：https://zgczjjcbs.tmall.com
北京富生印刷厂印刷　各地新华书店经销
成品尺寸：185mm×260mm　16 开　22.25 印张　549 000 字
2023 年 7 月第 1 版　2023 年 7 月北京第 1 次印刷
定价：65.00 元
ISBN 978 - 7 - 5223 - 2133 - 2
（图书出现印装问题，本社负责调换，电话：010 - 88190548）
本社质量投诉电话：010 - 88190744
打击盗版举报热线：010 - 88191661　QQ：2242791300

前　言

人工智能（AI）、区块链（Blockchain）、云计算（Cloud Computing）、大数据（Big Data）和物联网（IoT）等新一代信息技术正在以迅雷不及掩耳之势席卷财经管理各个领域，数字化和智能化已经成为改变商业世界甚至人类社会未来发展的新浪潮。数据被广泛接受成为未来世界的新能源和最重要的资产，人工智能正在逐步替代人力完成越来越重要的财务工作，云技术已经陆续渗透财经管理的各个领域，区块链从发票应用开始正在成为存证和交易的最重要工具……

财务人员面临的是科技应用和财务转型高速发展的时代背景，社会对财务人员提出了越来越高的数据分析需求和综合能力要求。在上海国家会计学院等单位联合发布的"影响中国会计从业人员的十大信息技术"评选结果中，大数据技术占据越来越重要的位置。2022年评选结果按影响程度从高至低分别为财务云，会计大数据分析与处理技术，流程自动化（RPA和IPA），中台技术（数据、业务、财务中台等），电子会计档案，电子发票，在线审计与远程审计，新一代ERP，在线与远程办公，商业智能（BI），信息技术越来越多地赋能财务转型，财务转型需要越来越多的信息技术。在新时代财务职能从核算财务转向业务财务、共享财务和战略财务的过程中，怎样从业财数据中挖掘价值和创造价值是财务工作的核心需求，财务数据分析的精细化、多元化、动态化、实时化和可视化成为财务工作的基本特征。

"工欲善其事必先利其器"，在数据为王技术为后的时代，财务人需要具备熟练的数据分析和数据管理能力，学习新的数据处理工具成为从事财务职业的基本要求。Excel、BI和Python语言是日常财务工作中最常用的三个数据分析和管理工具，都能用于数据采集、数据预处理、数据建模与分析和数据可视化。但三种工具也各有特点，Excel是人们最熟悉的工具，但处理的数据量有限，处理速度较慢；BI能通过拖拽实现数据分析及展示，但不能进行复杂建模；Python功能全面，但所有操作需要编写代码。这三种工具适合不同的场景使用。就未来的财务工作而言，高等职业院校的学生掌握Python工具的应用是十分必要的。

Python语言是目前最接近人类自然语言的计算机编程语言，以其全面的功能和简单易学闻名于世。由于Python是一门开源语言，免费开放开发平台，实现代码共享。使用者可以自由地发布该软件的拷贝，阅读其源代码，对其做改动从而实现客户所需、亦可将其一部分用于新的自由软件中，非常方便学习者学习与交流。所以有人说Python是一种代表简单主义思想的语言，它使你能够专注于解决问题而不是去搞明白语言本身。Python编程是站在巨人的肩膀上的编程，用Python语言编写程序的时候无须考虑诸如如何管理你的程序使用内存一类的底层细节。由于其开源特征，Python已经被移植到包括Linux、Windows、Macintosh、OS/2、Palm OS、Windows CE、PocketPC、Symbian、Android的许多平台上。以上优点说明 Python 语言对于财务专业的学习者来说既是必要的也是可行的。

本教材是专门为财经类专业学生开发的适应教、学、做结合需要的项目化新形态立体化教材。本教材始终贯彻党的二十大精神（教材中以"课程思政"二维码的形式体现），落实新时代党对加强教材建设和管理的总要求，坚定道路自信、理论自信、制度自信、文化自信，紧跟时代步伐，落实加快建设数字中国，推进会计教学数字化要求，着力解决时代和实践提出的问题。教材行文简洁洗练，浅显易懂，配套操作指引形象生动，适应非计算机类专业学生使用。教学内容以财务工作场景为载体，通过在不同场景中的应用由浅入深、由简单到复杂培养学生的三种基础能力：一是读懂代码、改造代码的能力；二是数据分析能力；三是数据管理能力，练就学生在财务工作中应用 Python 工具的技能。本教材的工作任务卡中突出课程思政的地位，重点培养学生的工匠精神、自主学习意识、提高学习者的职业素养及把 Python 工具应用于财务工作的意识等方面的内容。

本教材编写成员来自国家"双高院校"、国家示范院校广州番禺职业技术学院 Python 财务应用课程教学团队、厦门九九网智科技有限公司的注册税务师、会计师和软件工程师团队。杨则文参与教材的整体设计并编写导言和最后修改定稿，盛国穗负责教材设计并编写项目一、项目四、项目五和项目六，杜方编写项目二和项目三，厦门九九网智科技有限公司总裁兼中国商业会计学会职业教育分会常务理事梁华参与教材框架设计，厦门九九网智科技有限公司注册会计师陈玲参与教材内容设计，厦门九九网智科技有限公司软件工程师戴泽明、会计开发部总经理张红英负责代码开发和修改。

本课程团队为教材在智慧职教平台上建设了配套的"Python 财务应用"在线开放课程和课程教学资源库，学生可免费学习和运用相关资源，教师可以一键导入全套资源用于线上线下混合教学。

本教材的不足之处，恳请读者指正。意见和建议请发往电子邮箱：1084333724@qq.com 或 yangzewen@126.com。

本教材为用书学校任课老师提供了相关教学资源，请以电子邮件形式向中国财政经济出版社索取（请注明：学校、全书名、版次），E-mail：caijingjiaocai@163.com，亦可登录如下网址下载：http://jiaocai.cfeph.cn。

本教材得以付梓，要特别感谢广州番禺职业技术学院 Python 财务应用课程教学团队，厦门九九网智科技有限公司的代码开发团队以及中国财政经济出版社的编辑团队，是大家的共同努力令本书得以与广大读者见面。

编 者

2023 年 7 月

目 录

导言　财务领域的数智化工具
　　——Python 语言 ……………………………………………………………（ 1 ）
　模块一　Python 语言在财务领域的应用方向 ……………………………（ 2 ）
　模块二　开发第一个 Python 业务财务分析程序 …………………………（ 10 ）

项目一　客户往来款核算与分析 ………………………………………………（ 20 ）
　模块一　批量生成客户对账单 ………………………………………………（ 24 ）
　模块二　客户往来款账龄分析 ………………………………………………（ 44 ）

项目二　固定资产核算与分析 …………………………………………………（ 69 ）
　模块一　固定资产折旧核算 …………………………………………………（ 71 ）
　模块二　固定资产分析 ………………………………………………………（ 88 ）

项目三　成本核算与分析 ………………………………………………………（120）
　模块一　成本性态分析 ………………………………………………………（123）
　模块二　本量利分析 …………………………………………………………（133）
　模块三　成本差异分析 ………………………………………………………（150）

项目四　投资分析与决策 ………………………………………………………（171）
　模块一　增量现金流量分析 …………………………………………………（177）
　模块二　资本投资分析 ………………………………………………………（197）
　模块三　产品投资分析 ………………………………………………………（218）

项目五　销售预算与计划 ……………………………………………………（250）
模块一　产品销售预算 ……………………………………………（253）
模块二　滚动销售计划 ……………………………………………（275）

项目六　财务成果预算与分析 ………………………………………（290）
模块一　财务成果预算 ……………………………………………（293）
模块二　财务成果分析 ……………………………………………（311）

附录　二维码资源索引表 ……………………………………………（346）

导 言
财务领域的数智化工具
——Python 语言

学习目标

知识学习目标：

1. 能说出 Python 语言的特点
2. 能说出 Python 语言的优势
3. 能举例说明 Python 语言在财务工作中的应用方向
4. 能说出数据的类型
5. 能说出两个常用的数据分析 Python 库
6. 能说出一个常用的数据可视化 Python 库

技能训练目标：

能编写出一个日销售数据分析程序

职业素养目标：

1. 提高程序阅读能力和代码修改能力
2. 培养数据管理与分析能力
3. 培养忠于职守的事业责任心
4. 养成勤于思考、勇于创新的职业习惯
5. 坚持严谨细致、精益求精的职业态度

《Python 财务应用》
任务素材包

Python财务应用

项目导图

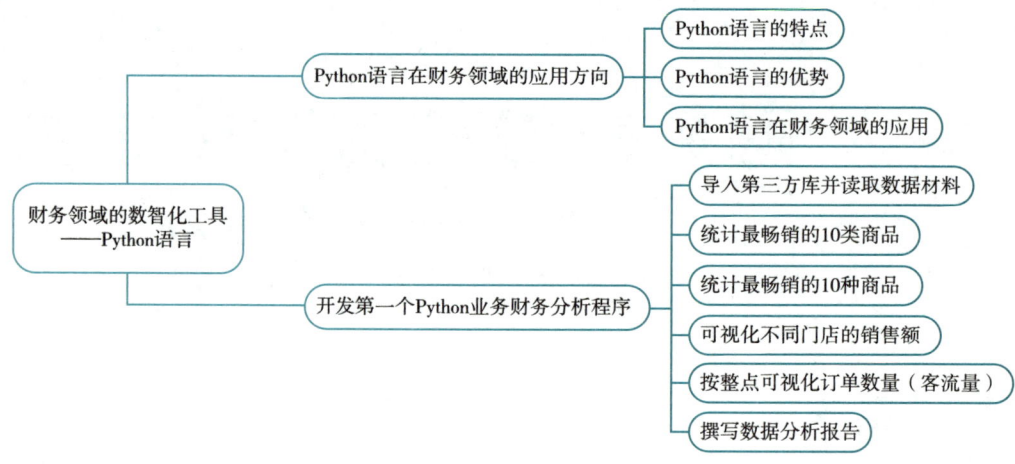

项目任务

本项目完成的目标：
1. 设计与编写嘉和连锁超市日销售数据分析代码。
2. 撰写嘉和连锁超市日销售数据分析报告。

完成以上工作任务应提交的标志性成果：
1. 嘉和连锁超市日销售数据分析代码。
2. 嘉和连锁超市日销售数据分析报告。

课程思政

模块一　Python 语言在财务领域的应用方向

一、Python 语言的特点

Python 是荷兰人 Guido Van Rossum 开发的计算机编程语言，是一种拥有优雅语法和高可读性的计算机高级语言，可以开发 GUI 视窗程序、Web 应用程序、系统管理工作、财务分析和大数据分析等各种不同应用程序。Python 语言分成 2 版和 3 版，本教材使用 Python 3（3 版）语言。

Python 语言是一门计算机高级语言，它具有高级语言的共同特点：

（1）高级语言结构和计算机本身的硬件以及指令系统无关；
（2）高级语言可阅读性更强，能够方便地表达程序的功能，更好地描述使用的算法；
（3）高级语言更容易被初学者所掌握，很容易学习；
（4）高级编程语言因为是一种编译语言，所以它的运行速度比汇编程序要低，同时因为高级语言比较冗长，所以代码的执行速度也要慢一些。

同时，Python 语言也具有自己的特点：

1. 程序简洁，具有开源性

用 Python 语言开发的代码，简单、容易理解。

Python 是开源的，即代码开发者会将程序源代码在社区公开，供全球有需要的人学习与使用。

Python 语言的简洁与开源是它能快速在全球不同领域迅速普及的重要原因。

2. 具有解释与跨平台的特性

Python 语言是一门解释性语言，即计算机在执行代码时是边解释边执行的，如果遇到有问题的代码，程序会停下来，待编程者修改后再继续执行，有利于代码排错与修改。另外，用 Python 语言开发的代码可以在不同的操作系统中执行，如 Windows 操作系统、Mac OS 操作系统等，这样更有利于代码的使用及维护。

3. 面向对象的设计风格

Python 语言是一种面向对象的编程语言，面向对象程序设计（Object Oriented Programming，OOP）是一种计算机编程架构。对于非计算机专业的我们，这是一个较专业的术语，我们不需深入地探究其内涵与外延，暂且将其简单地理解为 Python 语言的一种描述世界万事万物的方式。在 Python 的世界，万事万物都是"对象"，不同的"对象"拥有不同的属性和行为方式，属性和行为可以横向不断地丰富与拓展；"对象"也有父子般的血缘关系，通过父生子，子又生子的方式，"对象"可以纵向不断地丰富与拓展。

比如，Python 将 Excel 工作表看作一个"对象"，它的属性有工作表名、动态性等，它的行为方式有打开、保存、关闭、重命名表名等。在一个工作表对象下，还会有"行对象""列对象""单元格对象"等，这些对象又都有各自的属性与方法。只要我们知道这些对象的属性与方法，就可以通过 Python 去操作它们。

4. 丰富的第三方库

到目前为止，Python 拥有 9 万多个标准库与 12 万多个第三库，而且这些库还在不断地增加中。库是什么？它的作用是什么？

或者我们可以用以下的例子来说明它，而不是仅仅解释什么是库。

数据分析是财务人员一项常见的工作，在数据分析时常常用到众多的统计方法，如求和、求平均数、求方差、求标准差、多变量分析、回归分析等，这些方法在 Python 中被封装成函数，再分类存放在不同的模块中，用途相同的模块集合在一起，形成了库。Python 常用于数据科学的库有 NumPy 库和 Pandas 库，这些库中的函数与方法就像一件件可用于数据分析的工具，只要你掌握了工具的使用方法，就可以轻松应对数据分析的工作。

所以，使用 Python 语言的非计算机专业人士其实是使用 Python 的函数与方法，而计算机程序开发人士是用 Pyhton 语言开发各种函数和方法，即非计算机人士是工具的应用者，计算机程序开发人士是工具的创造者。

5. 无所不在的应用领域

Python 语言可应用的领域是众所周知的多，如人工智能、数据分析、网络爬虫、云计算、游戏开发、Web 开发、网络编程、自动化运维等。目前，很多流程自动化平台（RPA）或搭载人工智能的流程自动化平台（RPA + AI）是基于 Python 开发的，而流程自动化的机器人在制造业领域、财务金融领域被广泛应用，人们用流程自动化提高生产效率和节约人力成本。

对于财务人员来说，主要将 Python 应用于数据分析、报表自动化、办公自动化等方面，目的是提高工作效率和结果的准确度。未来，当人工智能（AI）发展得更成熟时，相信 Python + AI 能在更多的财务工作场景中得到应用。

二、Python 语言的优势

对于 Python 语言的优势，有很多来自技术角度的解读，如开源，跨平台使用，面向对象的程序设计方式等。

我们可以尝试从财务人员工作需求的角度来谈谈 Python 语言的优势。

（1）Python 语言的基础语法简洁易懂。此优势对于学习 Python 语言的非计算机软件工程专业的人士来说是非常重要的，这意味着学习的时间成本低，并且能学会的概率较大。

（2）Python 的数据分析与可视化库的工具可直接应用于财务工作场景。使用者无须学习庞大的软件工程体系，只要学习与工作相关的库的数据类型、库中的相关函数与方法就可以将 Python 运用于工作中了。

（3）代码的复用。财务工作中存在大量的重复场景，如每月与客户对账，定期的固定资产分析，定期的内部报表编制等，如果用 Python 代码解决以上问题，那么工作效率会得到极大的提高。因为只要开发好代码后，在以后的应用场景中，只需要更新数据源就可以让代码自动按设定的规则进行对账、分析、报表编制等。代码的维护也比较简单，如果规则发生变更，那只需要修改代码中设定的计算规则即可。

（4）Python 语言具有数据分析全流程库。在大智移云物及 5G 的时代背景下，财务人员要处理的数据越来越庞大，数据分析涉及的数据采集、数据清洗、数据分析、数据建模、数据可视化等流程的技术都可以用 Python 实现，此优势给财务人员的工作带来了方便。

三、Python 语言在财务领域的应用

我们把 Python 语言看成一项工具，这项工具可以帮助我们做什么？我想，Python 语言在财务领域的应用，可以归纳为以下几个方向。

1. 财务数据采集与整理

随着技术的日新月异，财务领域中的大部分核算类工作已经被财务核算平台及财务机器人所替代，财务人员更多的精力被投入到管理工作中，管理工作的内容多数是对业财数据进行分析，并将分析结果作为决策的依据。数据分析的基础就是企业内部的业财数据和外部的公开数据。

Python 语言在
财务领域的
应用方向

在认识数据的采集与整理前,我们先来认识一下数据本身。

数据是数字化的证据和依据,是事物存在状态或者发展过程的数字化记录,是事物发生和发展留存下来的证据。

数据的形态随着技术的进步越发丰富,有结构化数据、半结构化数据和非结构化数据。结构化数据每笔都有固定的字段①、固定的格式,方便程序进行后续取用与分析,常见的结构化数据有二维表类型的数据,存放在关系型数据库②中的数据。半结构化数据是数据形态介于数据化结构与非结构化数据之间的数据,此类数据具有字段,可以依据字段来进行查找,使用方便,但每笔数据的字段可能不一致。非结构化数据是数据结构不规则或不完整,没有预定义的数据模型,不方便用数据库二维逻辑表来表现的数据,包括所有格式的办公文档、文本、图片、HTML、各类报表、图像、音频和视频信息等。结构化数据与半结构化数据的区别如图0-1所示。

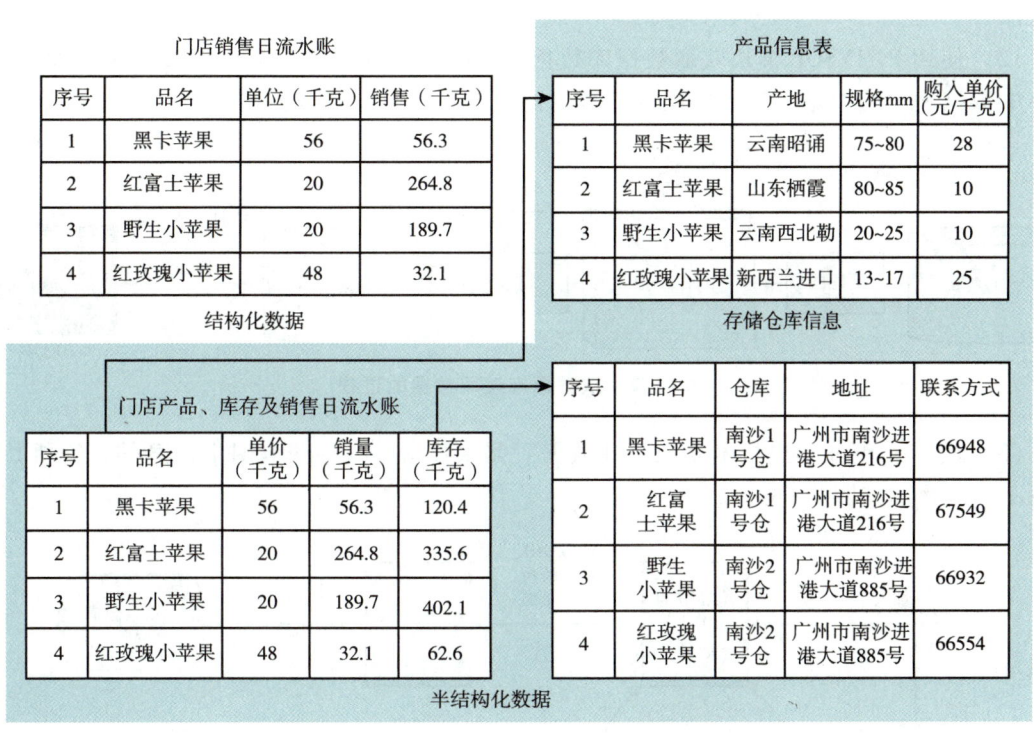

图0-1 结构化数据、半结构化数据对比图

---

① 字段是一个成员,它表示与对象或类关联的变量。在数据库中,大多数时候,把"列"称为"字段",每个字段包含某一专题的信息。就像"销售流水账"数据库中,"品名""单价"这些都是表中所有行共有的属性,所以把这些列称为"品名"字段和"单价"字段。

② 关系型数据库,是指采用了关系模型来组织数据的数据库,其以行和列的形式存储数据,以便于用户理解,关系型数据库这一系列的行和列被称为表,一组表组成了数据库。用户通过查询来检索数据库中的数据,而查询是一个用于限定数据库中某些区域的执行代码。关系模型可以简单理解为二维表格模型,而一个关系型数据库就是由二维表及其之间的关系组成的一个数据组织。

> Python财务应用

以往，财务人员处理的数据多为结构化数据，但随着产业数字化转型和升级，传统财务向数字财务、管理会计、业财融合方向发展，财务领域涉及的数据形态越来越多，非结构化数据越来越受到人们的重视，并产生非结构化数据中台，非结构化数据中台的价值主要体现在业务价值和技术价值中，业务价值是指赋能企业业务与商业模式创新的价值，技术价值是指低成本实现数据治理及复用所产生的价值。

企业数据主要来自企业内部和企业外部。内部数据通常存放在本地计算机器、本地服务器或企业购置的云端储存设备上，一般有 Excel 工作簿数据、企业内部平台数据、数据库数据和通过物联网技术收集的数据。外部数据主要来自政府、企业、非营利性组织对外公开的数据。

在认识了数据的类型和来源之后，我们看看 Python 采集和整理数据的技术能力。

(1) 读取本地数据文件的数据。Python 用 1 行代码就可以读取本地 xlsx 格式和 csv 格式的文件。

(2) 使用 PyMYSQL 模块获取数据库数据。Python 可以通过 4 个步骤大约 8 行代码读取 MySQL 数据库中的数据。从数据库读取数据的过程如图 0-2 所示。

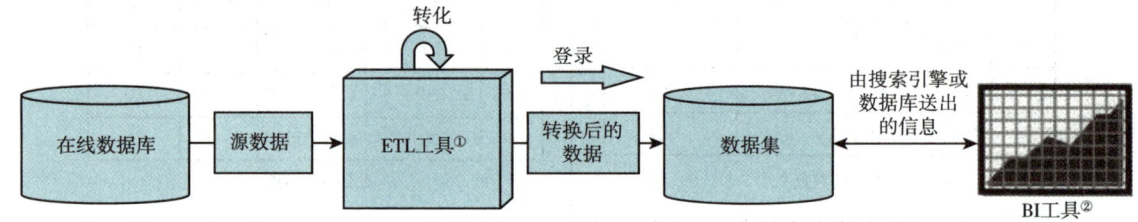

图 0-2　从数据库读取数据的过程

(3) 使用 Python 爬虫技术获取公开数据。爬虫技术是一种获取网络信息的计算机技术，爬虫工作流程图如图 0-3 所示。

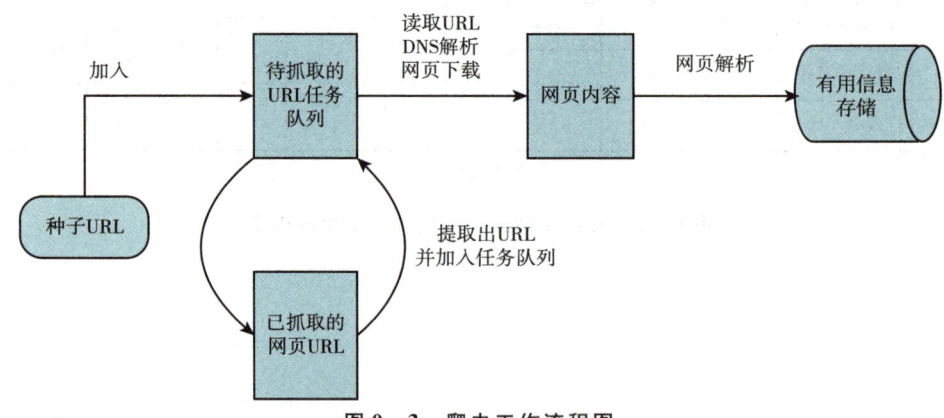

图 0-3　爬虫工作流程图

Python 中与爬虫技术相关的常用库分成 4 类，分别有：

---

① ETL 工具 [ETL 是指数据提取 (Extract)、转换 (Transform)、加载 (Load)]。
② BI 工具 (BI 是指商业智能)。

①请求库。Urllib 库、Requests 库、Selenium 库等。
②解析库。BeautifulSoup 库、PyQuery 库、lxml 库等。
③存储库。PyMysql 库、PyMongo 库、Redis-dump 库等。
④爬虫框架。Scrapy、Crawley 等。

（4）数据清洗。Python 的第三方库 Pandas 和 NumPy 都有各种清洗数据的方法或函数，能进行诸如调整数据类型、修改列名、处理缺失值、选择部分子集、逻辑筛选、格式一致化、表格重塑等操作，使用起来也十分方便。

2. 财务数据分析

财务领域中存在丰富的数据分析场景，如资金需要量分析、投资分析、成本分析、报表分析等。数据分析的材料是数据，数据分析的方法主要是统计学中的方法，在数据材料的基础上应用一定的统计方法可以得到一定的分析结果。我们可以使用 Excel、财务分析软件等工具按既定的统计方法规则逐步计算得到分析结果，也可以使用 Python 实现数据分析。

Pandas 库和 NumPy 库包含多种分析方法的函数，可以通过直接调用函数，设置参数来使用，如本量利分析用到的一元回归分析法，可以使用 NumPy 库中的 ployfit( ) 函数构建。

NumPy（Numerical Python）是 Python 语言的一个扩展程序库，支持大量的维度数组与矩阵运算，此外也针对数组运算提供大量的数学函数库。

NumPy 是一个运行速度非常快的数学库，主要用于数组计算，包含：

（1）一个强大的 N 维数组对象 ndarray。
（2）广播功能函数[①]。
（3）整合 C 语言、C++ 语言和 Fortran 语言代码的工具。
（4）线性代数、傅里叶变换、随机数生成等功能。

NumPy 库是数据科学家常用的数据分析库，能满足大部分的数据分析需求。

3. 财务数据可视化

数据可视化是指借助图形可视化手段，清晰有效地传达与沟通信息，使用户能够快速地识别模式。数据可视化与信息图形、信息可视化、科学可视化和统计图形密切相关，数据可视化实现了成熟的科学可视化领域和信息可视化领域的统一。

对于财务领域的数据可视化，我们可以使用 Python 的第三方库 Matplotlib 库、Seaborn 库、PyEcharts 库等，这些库能绘制财务领域常用的图像，比如直方图、折线图、饼图、气泡图、箱体图、堆叠图、散点图等。Matplotlib 可能是 Python 2D——绘图领域使用最广泛的库。它能让使用者很轻松地将数据图形化，并且提供多样化的输出格式。Matplotlib 库将绘制各种图形的功能打包成函数，用户通过设置函数的参数绘制个性化图像。

在 Matplotlib 的官方网站，我们可以了解到部分使用各种函数绘制出来的图像，如图 0-4 和图 0-5 所示。

[①] 广播（Broadcast）是 Numpy 对不同形状（Shape）的数组，即行数量与（或）列数量不相同的数组，进行数值计算的方式，对数组的算术运算通常在相应的元素上进行，这要求维数相同，且各维度的长度相同。当运算中的 2 个数组的形状不同时，Numpy 将自动触发广播机制，自动补充两个数组中的行与列数据，使它们成为形状一致的数组。

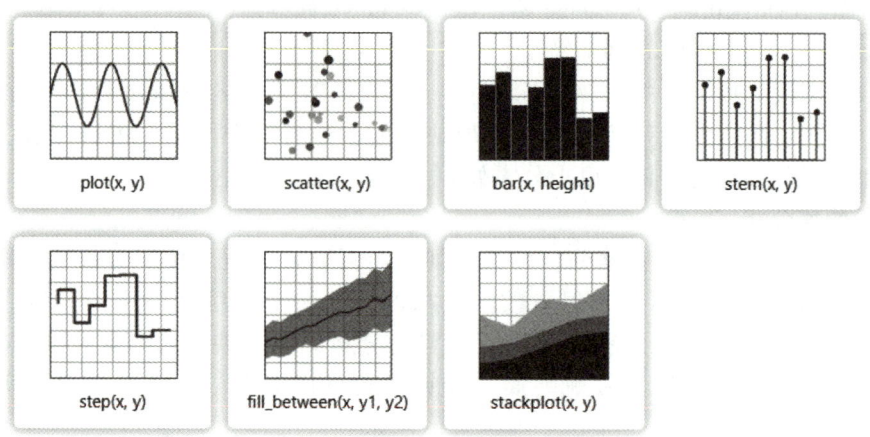

图 0-4 基础图像

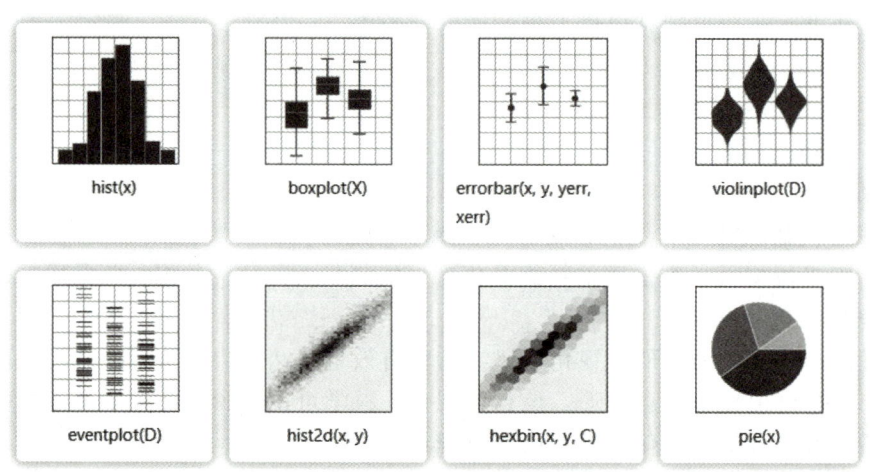

图 0-5 统计类图像

通过参数的调整和各种图像的结合使用，Matplotlib 库可以绘制十分复杂或美观的图像，如非结构化坐标图（见图 0-6）。

Python 强大的第三方库为财务数据分析后的结果展示与传递提供了简单易学的工具。

4. 财务建模

虽然 Python 的 Pandas 库和 NumPy 库包含很多数据科学上的分析模型，但一些财务领域的模型，如财务管理的企业战略分析（Enterprise's Strategy Analyses）模型、会计分析（Accounting Analysis）模型和财务报表分析（Analysis of the Financial Statements）模型，成本管理的标准成本法下成本分析模型、采购成本分析模型，管理会计的 SWOT 分析、KPI 等（见图 0-7）或基于企业真实业务构建起来的模型，可能需要"定制"，用 Python 语言就可以自由构建模型。

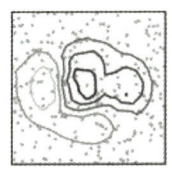 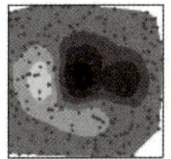 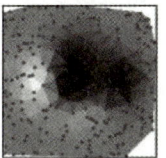 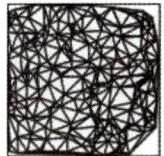

tricontour(x, y, z)　　tricontourf(x, y, z)　　tripcolor(x, y, z)　　triplot(x, y)

图 0-6　非结构化坐标图

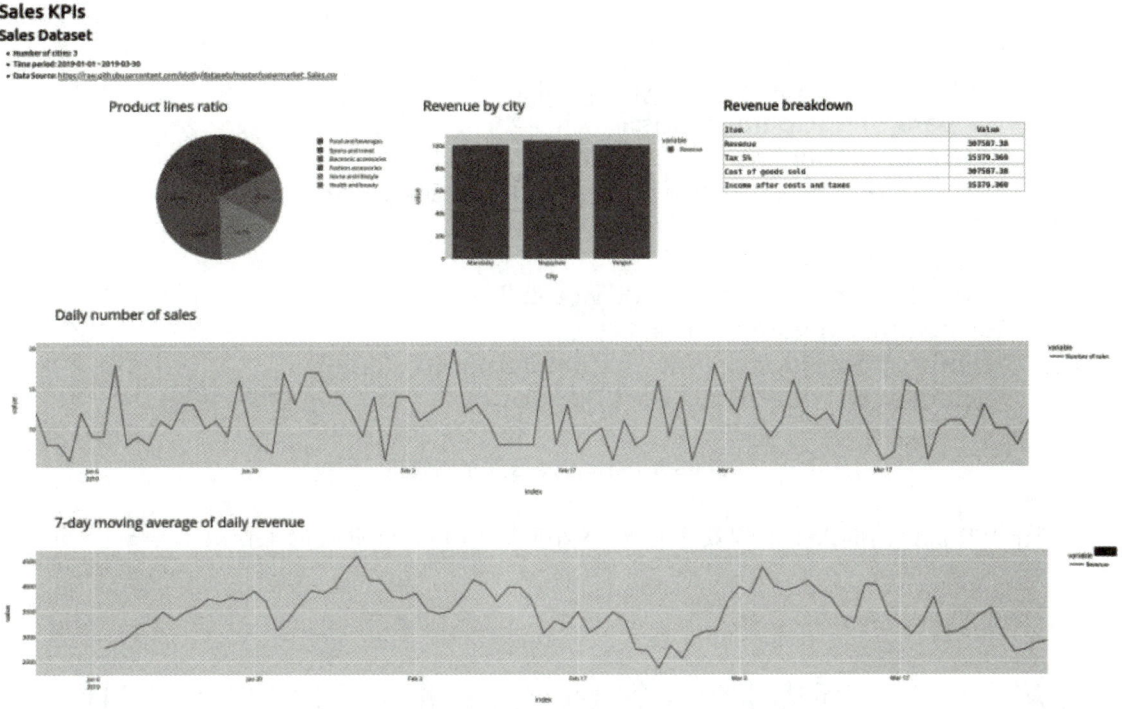

图 0-7　基于 Python 构建的销售 KPI 模型看板

当然，过于复杂的模型，一般不会由财务人员直接开发，而是由财务人员与程序开发人员共同开发，财务人员的主要任务是提出需求，程序开发人员的主要任务是完成代码开发。正是因为在将来的工作中，出现跨专业人员协作的工作场景越来越多，所以财务人员也要具备基本的程序知识与技能，才能适应现在或未来的工作岗位需求。

5. 财务工作自动化

财务工作中存在大量重复、枯燥、低值的工作场景，如 Excel 表格数据汇总、对账单制作并发送电子邮件、银行存款余额调节表编制、查找数据、对比合同、自动更新 Excel 表格、提取 pdf 图片等。这些工作往往涉及多种文件或软件，重复操作多且容易出错。

Python 拥有众多的操作 Word 格式文件、Excel 格式文件、pdf 格式文件、ppt 格式文件、电子邮件等的库，能帮助财务实现财务工作的自动化，提高工作效率并减少工作中的失误。

例如，一家房屋租赁公司需要出具一批租赁合同，如何快速、准确地出具大量合同呢？人工处理的方式是根据合同模板逐个填入信息。用 Python 的处理思路是，首先准备合同模

Python财务应用

板与合同关键信息的 Excel 表，然后在合同模板中给每个字段打上标记，如合同中"甲方"的位置标记为 x1，再利用 Python 把保存有合同关键信息的 Excel 文件中的 x1 列的数值对应填进合同文件中，全部信息填写完毕后，文件另存为设定的文件名。参考代码如图 0-8 所示。

```
1   import docx
2   import pandas as pd
3   from docx import Document
4
5   data = pd.read_excel('租房客户信息.xlsx')
6   def info_update(doc,old_info,new_info):
7       for para in doc.paragraphs:
8           for run in para.runs:
9               run.text = run.text.replace(old_info,new_info)
10
11  for i in range(len(data)):
12      doc = Document('租房合同模板.docx')
13      for column in data.columns:
14          info_update(doc,column,srt(data[column].iloc[i]))
15      doc.save(srt(data['x3'].iloc[i])+'.docx')   # 'x3' 列为租户名称
```

图 0-8　自动生成合同示例代码

制作 100 份合同的人工处理效率是 5~8 小时，用 Python 处理的工作效率是 3~5 分钟。

模块二　开发第一个 Python 业务财务分析程序

业务场景

　　嘉和超市是广州市内的一家连锁超市，根据从 ERP 系统导出的日销售记录流水数据表，分析以下几个问题：
　　（1）当天最畅销的商品类别有哪些？
　　（2）当天最畅销的商品种类有哪些？
　　（3）各门店的销售额情况如何？
　　（4）当天的客流高峰时段出现在何时？
　　日销售记录流水保存在"嘉和连锁超市日销售记录流水.xlsx"中，部分数据如图 0-9 所示：

开发第一个 Python 业务财务分析程序

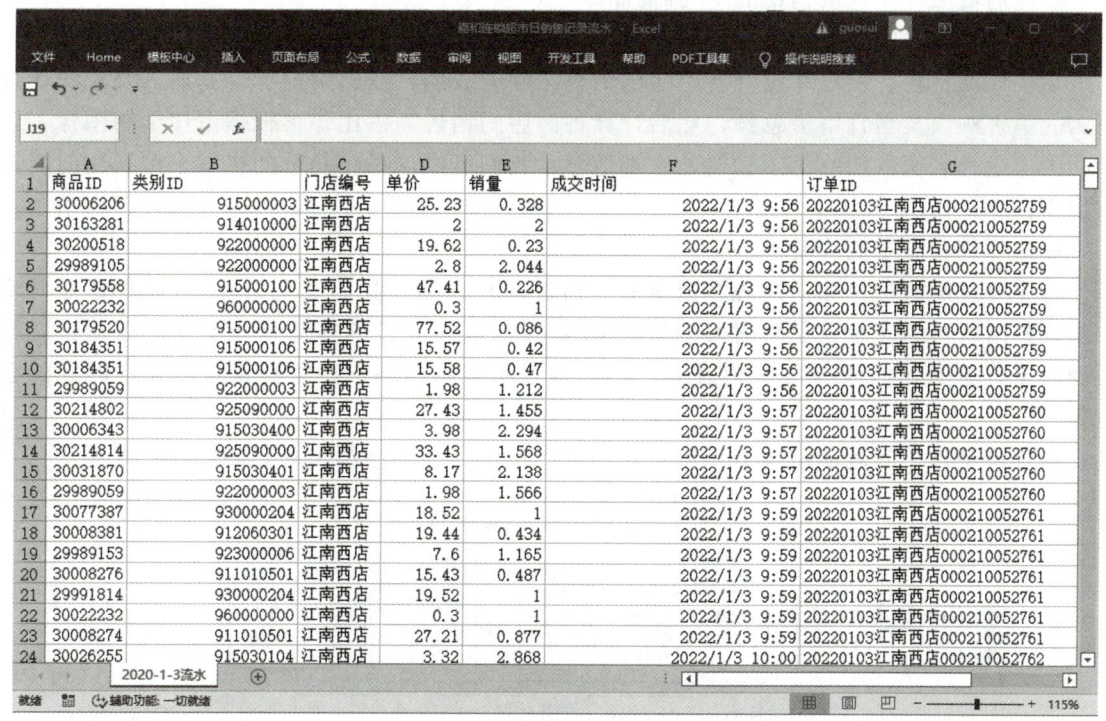

图 0-9 嘉和连锁超市日销售记录流水

描述工作任务

用 Python 实现：
（1）找出当天最畅销的 10 类商品。
（2）找出当天最畅销的 10 种商品。
（3）可视化当天各门店的销售额。
（4）可视化当天的客流高峰时段。
（5）根据分析结果撰写数据分析报告。

制订工作计划

面对问题，我们首先思考的是，如何从数据中寻找答案，换个角度说，就是数据是如何告诉我们答案的。例如，要统计最畅销的 10 类商品，我们要思考这 10 类商品在数据材料中会如何体现？它与哪些数据列相关？通过观察数据，我们发现如果某类商品畅销，在当日的销售流水"类别 ID"列中此商品的类别 ID 号出现的次数就会较其他类商品多，于是我们知道，分类统计"类别 ID"，从分类统计数据中筛选出最大的 10 个数字，它们对应的"类别 ID"就是最畅销的 10 类商品。

Python财务应用

依此逻辑可以找到最畅销的10种商品。

如何可视化不同门店的销售额占比？

观察数据材料，发现并没有各门店的销售总额的数据，在此情况下，我们需要先统计各门店的销售额以及当日销售总额，然后计算各门店的销售额占比，再根据占比绘制图像。怎样的图像适合表达占比？饼图和树地图都适合，我们可以选择较简单的饼图来可视化门店销售额占比。

如何找到客流量高峰时点？

首先要理解数据是如何体现客流量的，通过观察数据，我们发现，一个订单ID号对应一次客户结账行为，也就是某时段的订单ID数量代表该时段的客流量。于是可以通过统计不同时点订单ID的数量来了解客流量，然后通过折线图、条形图等图像可视化各时点的客流量。

梳理清楚以上问题的解决方案后，我们可以把工作计划绘制出来，如图0-10所示。

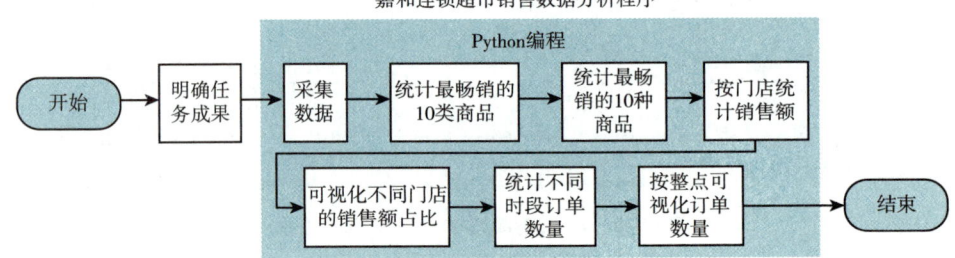

图0-10 嘉和连锁超市销售数据分析工作计划

执行工作计划

接着，我们用Python语言实现嘉和连锁超市销售数据的分析。请你与我一起，编写代码，并在每段代码编写完毕后运行一次，观察结果是否为预想的那样。

一、导入第三方库并读取数据材料

任务实施0-1

在数据分析与可视化方面，Python的第三方库Pandas库和Matplotlib库一直很受欢迎，在本任务中，我们也使用这两个库。

同时读取"嘉和连锁超市日销售记录流水.xlsx"文件到Python。

示例代码及运行结果如图0-11所示。

代码行6用read_excel()方法读取xlsx格式的工作簿，read_excel()方法中parse_dates = 参数的作用是将"成交时间"列解析为日期格式数据，为后续进行时间分析提供条件。

```
1  # 导入pandas库和matplotlib库
2  import pandas as pd
3  from matplotlib import pyplot as plt
4
5  # 读取数据
6  data = pd.read_excel('嘉和连锁超市日销售记录流水.xlsx',parse_dates = ['成交时间'])
7  data
```

	商品ID	类别ID	门店	单价	销量	成交时间	订单ID
0	30006206	915000003	江南西店	25.23	0.328	2022-01-03 09:56:00	20220103江南西店000210052759
1	30163281	914010000	江南西店	2.00	2.000	2022-01-03 09:56:00	20220103江南西店000210052759

图 0 – 11　任务实施 0 – 1

二、统计最畅销的 10 类商品

任务实施 0 – 2

统计最畅销的 10 类商品，示例代码及运行结果如图 0 – 12 所示。

```
1  # 统计最畅销的10类商品
2  data.groupby('类别ID')['销量'].sum().reset_index().sort_values(by = '销量',
3                           ascending = False).head(10)
```

	类别ID	销量
240	922000003	425.328
239	922000002	206.424
251	923000006	190.294
216	915030104	175.059
238	922000001	121.355
367	960000000	121.000
234	920090000	111.565
249	923000002	91.847
237	922000000	86.395
247	923000000	85.845

图 0 – 12　任务实施 0 – 2

代码行 2 和代码行 3 本来是一行代码，因为代码过长不方便显示，于是在 ascending = False 前按下"换行"符，使其能分行显示。

此代码行中的作用是使用 groupby() 方法在变量 data 的基础上，先按"类别 ID"进行聚合，然后按"销量"进行累计。同时为了使数据结果只显示最畅销的 10 类商品，使用了多种方法，这些方法的作用如表 0-1 所示。

表 0-1　　　　　　　　　　　　方法说明表

方法	作用	参数说明
sum()	累计求和	
reset_index()	重新设置行索引	
sort_values()	数据排序	by = 表示按哪列数据进行排序 ascending = True　表示按升序排列 　　　　　　　False　表示按降序排列
head()	指定显示记录条数	参数为数字，表示从头开始显示指定数量的记录

三、统计最畅销的 10 种商品

任务实施 0-3

统计最畅销的 10 种商品，示例代码及运行结果如图 0-13 所示。

```
1  # 统计最畅销的10种商品
2  pd.pivot_table(data,index='商品ID',values='销量',aggfunc='sum')\
3  .reset_index().sort_values(by = '销量',ascending=False).head(10)
```

	商品ID	销量
8	29989059	391.549
18	29989072	102.876
469	30022232	101.000
523	30031960	99.998
57	29989157	72.453
476	30023041	64.416
505	30026255	62.375
7	29989058	56.052
510	30027007	48.757
903	30171264	45.000

图 0-13　任务实施 0-3

代码行 2 和代码行 3 本来是一行代码，因为代码过长不方便显示，于是在 reset_index() 前输入 "\" 符，使其能分行显示。因为 reset_index() 方法是在 pivot_table() 方法运行的结果上再执行的，所以换行时需要在两种方法之间加上反斜杠（\），任务实施 0-2 换行时不需要加反斜杠（\）符号，是因为换行发生在同一方法参数的括号内。

此段代码的作用是在变量 data 的基础上，创建数据透视表。在 Python 中使用 pivot_table( )方法创建数据透视表，pivot_table( )方法的语法规则是：

pivot_table(数据, index =, values =, aggfunc =)

【参数说明】

数据，表示创建数据透视表的基础数据源变量。
index =，表示行分组键，是用于分组的列名，作为结果 DataFrame 的行索引。
values =，表示被计算的数据项，是可选项，设定需要被聚合操作的列。
aggfunc =，表示聚合函数或函数列表，默认值为平均数（mean）。
本任务实施中，index = "商品 ID"，表示按 "商品 ID" 数值进行分组透视。values = "销量"，表示计算的对象是 "销量" 列的数据。aggfunc ='sum'，表示对分组的数据进行求和（sum）。

四、可视化不同门店的销售额

任务实施 0-4

Step1　统计不同门店的销售额

统计不同门店的销售额的思路是，首先在数据材料的基础上添加 "销售额" 列，然后按 "门店" 聚合统计 "销售额"。示例代码及运行结果如图 0-14 所示。

```
1  #可视化不同门店的销售额占比
2  data['销售额'] = data['销量'] * data['单价']
3  data.groupby('门店')['销售额'].sum()
```

门店
北京路店　　9981.76166
江南西店　　8059.47867
珠江新城店　10908.82612
Name: 销售额, dtype: float64

图 0-14　任务实施 0-4-1

代码行 1 的作用是在变量 data 中增加 "销售额" 列，此列的数值通过 "销量" 列乘以 "单价" 列数据计算得到。

Step2　绘制门店销售额饼图

绘制门店销售额饼图，示例代码及运行结果如图 0-15 所示。

代码行 2 的作用是设置用黑体显示图像中的中文字符。因为数据中有中文字符，所以在绘制图像时，需要提前设置中文字符的显示方式。SimHei 表示黑体。

代码行 4 的作用是将门店占比的计算结果绘制成饼图。使用 plot.pie( ) 方法绘制饼图，此方法前的代码是绘制饼图的数据，计算方法是各门店的销售额除以超市当日的销售总额。

```
1  # 用黑体显示中文
2  plt.matplotlib.rcParams['font.sans-serif']=['SimHei']
3  # 计算各门店销售额占比
4  (data.groupby('门店')['销售额'].sum() / data['销售额'].sum()).plot.pie()
5
```

<AxesSubplot:ylabel='销售额'>

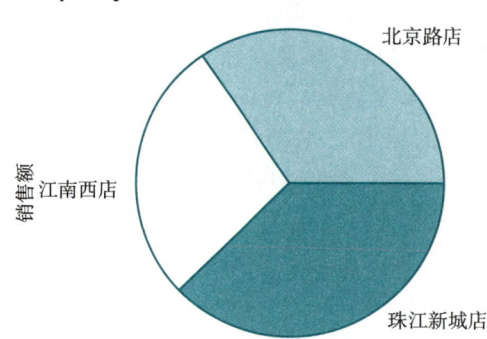

图 0-15　任务实施 0-4-2

五、按整点可视化订单数量（客流量）

任务实施 0-5

Step1　统计整点订单数量（客流量）

统计整点订单数量的思路是，首先增加"时"列，此列数据的值为"成交时间"列中的表示时间中"时"的数据；其次只保留一条"订单ID"列和"时"列同时相等的记录，因为这表示一个客户结账行为；比如图 0-9 中头 10 行的"成交时间"和"订单ID"相同，则表示这 10 行记录为一笔订单。最后按"时"列聚合并对"订单ID"的数量进行统计。示例代码及运行结果如图 0-16 所示。

代码行 3 的作用是增加"时"列的值，使用 strftime( ) 方法提取变量 data 记录行中的"时"数据作为"时"列的值，并通过 map( ) 函数进行自动填充。

代码行 5 的作用是数据去重，使用 drop_duplicates( ) 方法去除"订单ID"列和"时"列同时相等的记录，最后只保留一条数据。

代码行 7 的作用是统计"时"列、"订单ID"列的数量。

Step2　绘制整点订单数量折线图

绘制整点时的订单数据折线图，示例代码及运行结果如图 0-17 所示。

代码行 2 的作用是按"时"聚合累计的订单数量结果绘制成折线图。使用 plot( ) 方法绘制折线图，此方法前的代码是绘制饼图的数据。

【提示】如果你想把生成的图像保存起来，比如，把"整点订单数量折线图"保存为 pdf 格式的文件，则可以使用以下代码，如图 0-18 所示。

然后当我们打开相应文件夹时可以看到此 pdf 文件，如图 0-19 所示。

```
1  #统计整点订单数量（客流量）
2  # 利用自定义时间格式函数strftime提取小时数
3  data['时'] = data ['成交时间'].map(lambda x:int(x.strftime('%H')))
4  #对"时"和"订单ID"去重
5  data2 = data[['时','订单ID']].drop_duplicates()
6  # 求每小时的客流量
7  data2.groupby('时')['订单ID'].count()
```

```
时
7     37
8     117
9     156
10    143
11    63
13    30
14    36
15    17
17    73
18    121
19    71
20    39
21    16
Name: 订单ID, dtype: int64
```

图 0-16　任务实施 0-5-1

```
1  # 绘制整点订单数量折线图
2  data2.groupby('时')['订单ID'].count().plot()
```

<AxesSubplot:xlabel='时'>

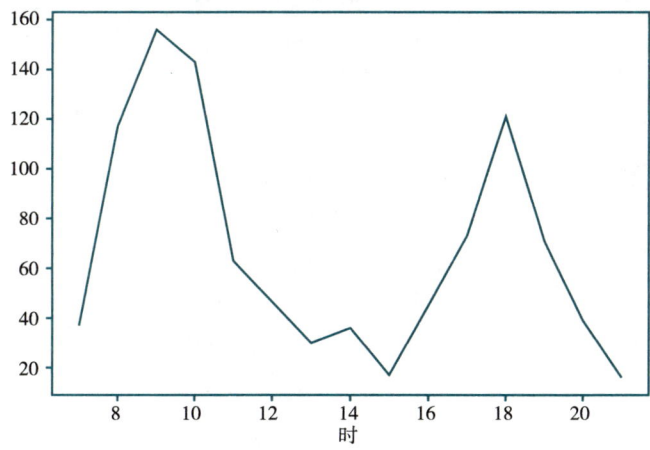

图 0-17　示例代码及评价结果（任务实施 0-5-2）

```
1  # 绘制整点订单数量折线图
2  data2.groupby('时')['订单ID'].count().plot()
3  # 把绘制好的图像保存为.pdf格式
4  plt.savefig("D:\嘉和连锁超市销售数据分析\整点订单数量折线图.pdf",dpi=300)
```

图 0-18　保存生成的图像到指定文件夹

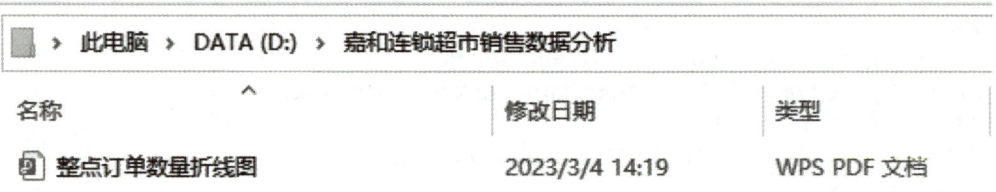

图0-19 保存起来的"整点订单数量折线图.pdf"

六、撰写数据分析报告

嘉和连锁超市日销售数据分析报告

1. 当天最畅销的10类商品和10种商品

从图0-20中可知,当日畅销商品类别的前10位有922000003、922000002等,其中销量最高为425.328千件,最低为85.845千件,第1位和第10位的销量差距为339.483千件。

从图0-21中可知,当日畅销商品的前10位有29989059、29989072等,其中销量最高为391.549千件,最低为45.000千件,第1位和第10位的销量差距为346.549千件。

	类别ID	销量		商品ID	销量
240	922000003	425.328	8	29989059	391.549
239	922000002	206.424	18	29989072	102.876
251	923000006	190.294	469	300022232	101.000
216	915030104	175.059	523	30031960	99.998
238	922000001	121.355	57	29989157	72.453
367	960000000	121.000	476	30023041	64.416
234	920090000	111.565	505	30026255	62.375
249	923000002	91.847	7	29989058	56.052
237	922000000	86.395	510	30027007	48.757
247	923000000	85.845	903	30171264	45.000

图0-20 畅销商品类别top10　　　图0-21 畅销商品top10

2. 各门店的销售额情况

从图0-22中可以知道,江南西店的销售额在总销售额中占比最小,而其他两个门店的销售额占比相当。

3. 当天的客流高峰时段

从图0-23中可以知道,客流的高峰出现在9:00左右,次高峰出现在18:00左右,而客流量最少的时段是15:00左右。

综合以上分析结果,超市可适当增加畅销商品品种和畅销单品的仓库储存量或采购量,为珠江新城店和北京路店分配更多的商品以满足更多的需求。超市可选择每天的9:00左右和18:00左右做商品推广,以扩大推广影响力,考虑聘请钟点促销人员以节约人工成本。

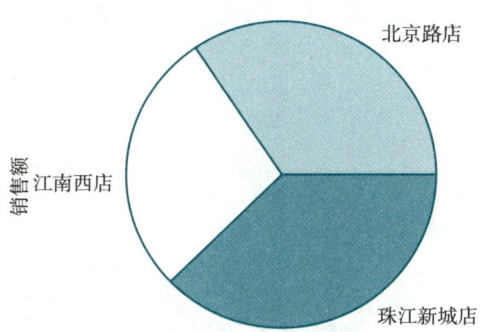

图 0-22 各门店销售额占比图

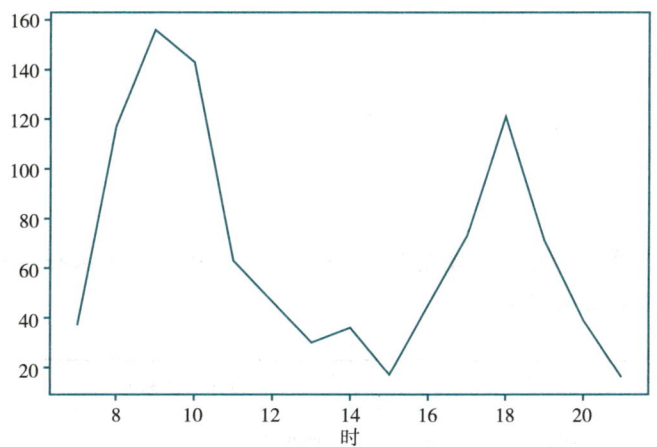

图 0-23 各时段客流量

实战演练

简答题

1. 请描述 Python 语言的特点。
2. 请描述 Python 语言的优势。
3. 请举例说明 Python 语言在财务工作中的应用方向。
4. 请描述数据的类型。
5. 请说出两个常用的数据分析 Python 库。
6. 请说出一个常用的数据可视化 Python 库。
7. 编写嘉和连锁超市日销售数据分析代码。

项目一
客户往来款核算与分析

 学习目标

知识学习目标：
1. 解释客户对账单批量生成及发送的程序流程、客户往来款账龄分析的程序流程
2. 复述以下方法的语法规则

库（模块）名称	方法（函数）
Pandas 库	read_excel（） apply（） map（） to_datetime（＜日期对象＞）. dt. year to_datetime（＜日期对象＞）. dt. month to_datetime（＜日期对象＞）. dt. day merge（） loc［］ fillna（）
OS 库	os. path. exists（） os. makedirs（）
datetime 模块	datetime. date. today（） ＜日期对象＞. year ＜日期对象＞. month ＜日期对象＞. day
DocxTemplate 模块	DocxTemplate（） ＜模板文件对象＞. render（） ＜模板文件对象＞. save（）
zmail 库	zmail. server（） ＜server 对象＞. send_mail（）
pyplot 子库	pyplot. pie（） pyplot. title（） pyplot. figure（） pyplot. bar（） pyplot. xticks（） pyplot. yticks（） pyplot. ylabel（） pyplot. legend（） pyplot. text（） pyplot. show（）

3. 举例说明以上方法的功能以及参数的设置方法

技能训练目标：

1. 绘制客户对账单批量生成及发送程序流程图、往来款账龄分析程序流程图
2. 设计客户应收款对账单的内容及 Word 模板
3. 应用 Pandas 库中 read_excel( ) 方法、fillna( ) 方法、apply( ) 方法、map( ) 方法、groupby( ) 方法等分析数据，应用 merge( ) 方法拼接 DataFrame 数据
4. 应用 docxtpl 库中 DocxTemplate 模块中 DocxTemplate( ) 方法打开模板，应用 render( ) 方法渲染文件，save( ) 方法保存文件
5. 应用 OS 库中 os.path.exists( ) 方法、os.makedirs( ) 方法管理文件和文件夹
6. 应用 zmail 库中的 zmail.server( ) 方法、send_mail( ) 方法批量发送邮件
7. 应用 pyplot 子库绘制饼图和柱状图
8. 根据数据分析结果撰写应收账款账龄分析报告

素养养成目标：

1. 提高程序阅读能力和代码修改能力
2. 培养数据管理与分析能力
3. 培养忠于职守的事业责任心
4. 养成勤于思考、勇于创新的职业习惯
5. 坚持严谨细致、精益求精的职业态度

项目导图

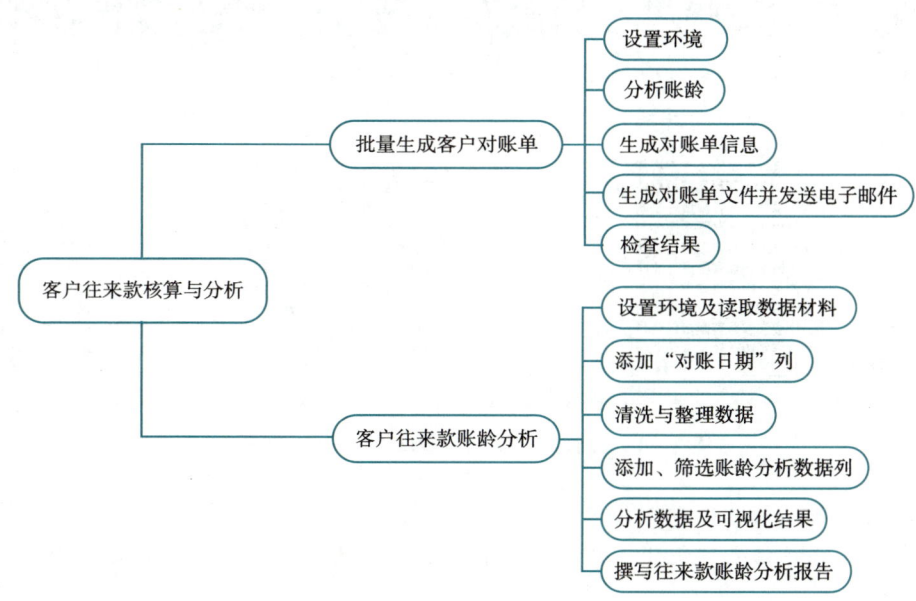

Python财务应用

项目任务

本项目完成的目标：
1. 设计与编写客户对账单批量生成及发送的代码。
2. 设计与编写客户往来款账龄分析的代码。

完成以上工作任务应提交的标志性成果：
1. 包含以客户名称命名的应收款对账单的对账单文件夹。
2. 客户对账单批量生成及发送程序代码文件。
3. 月度客户应收款账龄分析报告。
4. 客户往来款账龄分析程序代码文件。

课程思政

业务场景

华章集团有限公司财务部黄凯负责公司的往来款管理工作。本月初，他根据"应收账款明细表202203.xlsx"的记录和客户应收款对账单模板，制作本月的客户往来账款对账单，并通过电子邮件将对账单发送到客户的电子邮箱中。应收账款明细表和客户应收款对账单模板如图1-1和图1-2所示。

图1-1 应收账款明细表202203.xlsx（部分）

接着，黄凯在"应收账款明细表.xlsx"工作簿数据的基础上按账龄时间段对应收款进行统计、分析，并将结果可视化，最后撰写往来款账龄分析报告。"应收账款明细表.xlsx"如图1-3所示。

以上工作是黄凯每月都需要重复完成的往来款管理工作，请与黄凯一起使用Python语言实现：

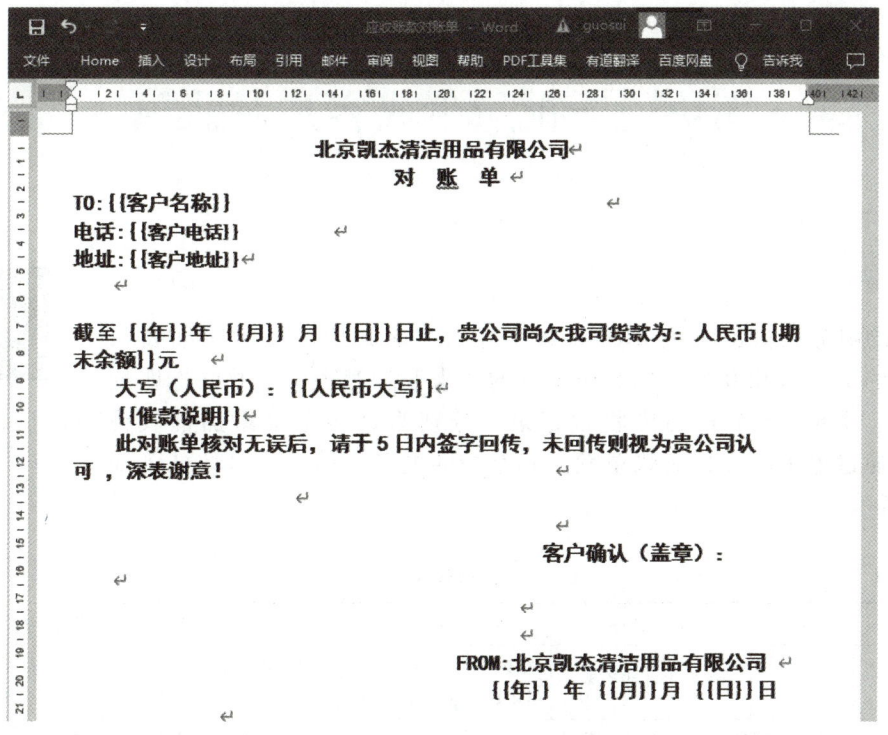

图1-2 客户应收款对账单模板

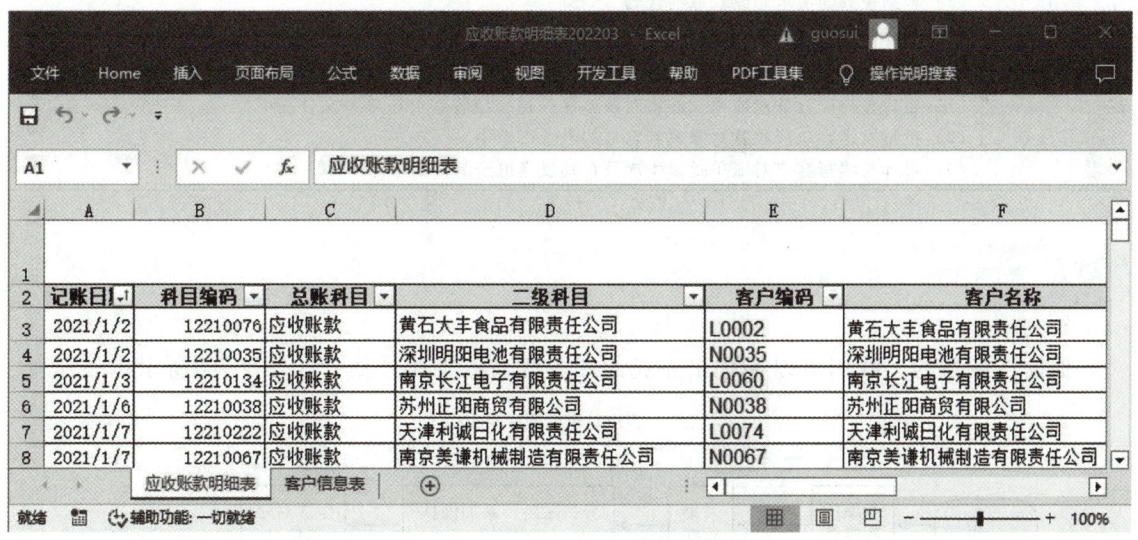

图1-3 应收账款明细表(部分)

(1) 自动生成客户对账单文件并批量发送到电子邮箱中。
(2) 对本期应收账款进行账龄分析。

模块一　批量生成客户对账单

描述工作任务

公司的财务人员黄凯从 ERP 系统中导出"客户应收账款明细表"，根据此表的记录为几百个客户制作本月的往来账款对账单，并筛选账期超过 1 年、半年、3 个月的应收款记录，分别为这些记录添加催收说明，最后通过电子邮件将对账单发送到客户的电子邮箱中，具体任务如表 1-1 所示。

客户对账单批量
生成工作任务与
工作计划

表 1-1　　　　　　　　　　　　工作任务卡

任务编号	1	任务名称	客户往来对账单批量生成	工作区域	财务大数据实训中心
建议学时	2~3	参考文件或资料	知识学习目标中相关的 Pandas 库、docxtpl 库中 DocxTemplate 模块、datetime 模块、OS 库、zmail 库中的方法说明		
德技兼修	（1）接到任务时，先对任务进行整体分析，基于数据源条件规划实现任务目的的路径 （2）编程过程中遇到困难时主动寻求解决方法，耐心阅读方法说明与案例，如需求助于人时，先准备好咨询的问题，并准确、清晰地表达 （3）根据任务的需求修改获取的代码 （4）检查任务成果时细致、认真、严谨，也可邀请别人一起检查 （5）养成勤学好问、勤于思考、诚恳待人、严谨细致的工作态度				
工作任务	（1）生成客户应收款对账单，并将对账单保存到"应收款对账单"文件夹中 （2）批量发送客户应收款对账单到客户的电子邮箱中 （3）设计与编写客户对账单批量生成及自动发送电子邮件的程序				

制订工作计划

根据任务目的，我们可以梳理出完成此任务的大致工作计划，如图 1-4 所示。

图 1-4　工作计划流程图

> 执行工作计划

接下来，进行编程前的准备工作。在真正动手编写代码之前，还要做些细致的计划，所谓"谋而后动"，这绝对不是浪费时间，相反，做好准备工作是为了更高效地完成工作。

首先，把工作过程还原出来，然后思考如何编写实现每一个步骤的代码。

通过流程图的方式把手工工作过程还原出来，如图 1-5 所示。

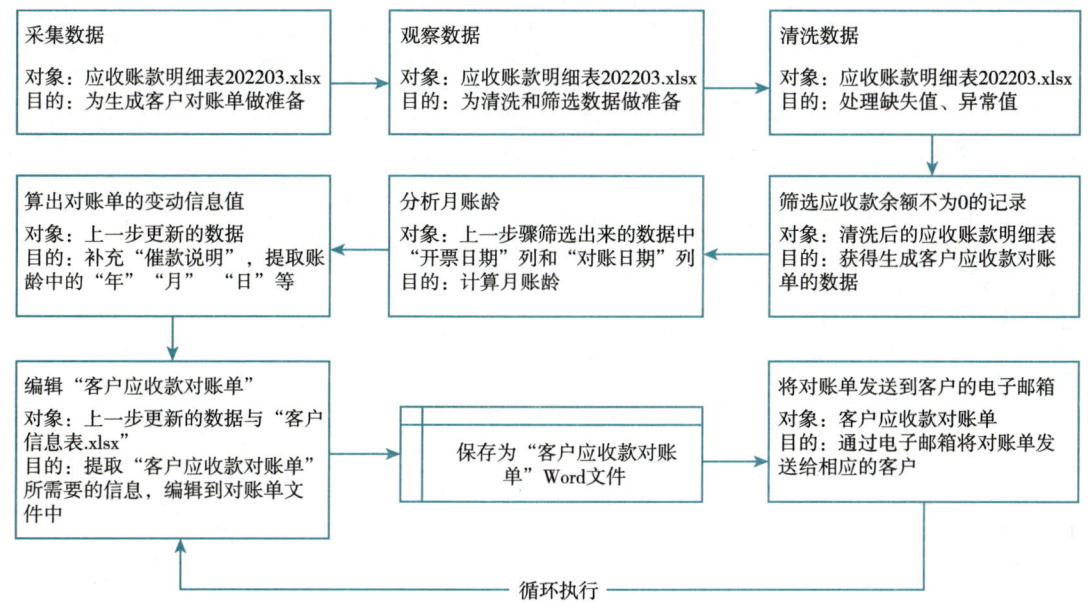

图 1-5　客户对账单批量生成并发送的工作流程图

用代码实现以上工作过程的程序流程图，如图 1-6 所示。

因为要对数据进行分析处理，所以用到 Pandas 库，因为存在时间分析，所以用到 datetime 模块，因为要自动生成 Word 文档，所以用到 docxtpl 库，因为需要批量发送邮件，所以用到 zmail 库和 email 库。

一、设置环境

程序流程图梳理完成后，代码的轮廓就做好了，现在，我们终于可以打开代码编辑器，开始敲代码了！

任务实施 1-1-1

Step1　安装库

环境设置，安装与导入后续代码需要用到的库。代码示例如图 1-7

任务实施 1-1-1
与 1-1-2
代码录屏

25

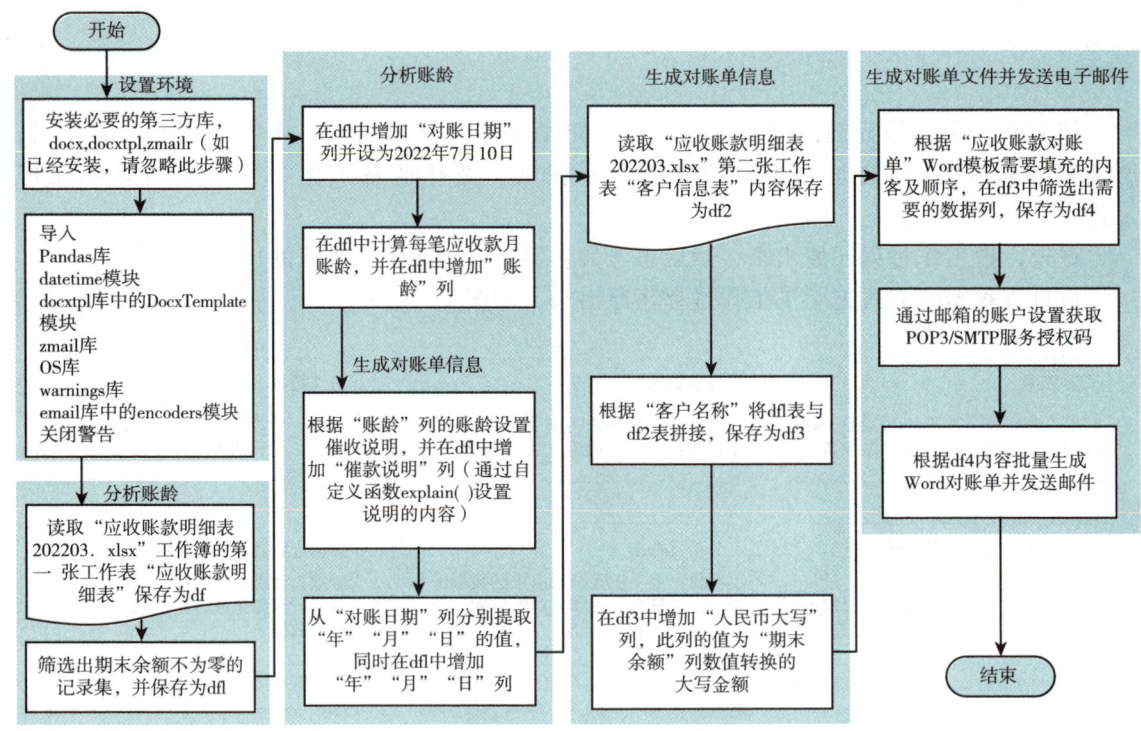

图1-6 客户对账单批量生成程序流程图

所示。

在导入库之前,我们要确定所需要的库已经安装了,除了 Pandas 库,还需要自动生成"对账单"Word 文件的库,比较常见的是 docx 和 docxtpl 库,如果没有安装这两个库,可以通过在 Jupyter Notebook 编辑器中输入:!pip install python-docx 和!pip install docxtpl 来进行安装 docx 和 docxtpl 库,安装方法如图1-7所示。

```
1  !pip install docxtpl
```
Collecting docxtpl
    Downloading docxtpl-0.16.4-py2.py3-none-any.whl (28 kB)
Collecting python-docx
    Downloading python-docx-0.8.11.tar.gz (5.6 MB)
    ── 5.6/5.6 MB 22.9 kB/s eta 0:00:00
    Preparing metadata (setup.py): started
    Preparing metadata (setup.py): finished with status 'done'

图1-7 任务实施1-1-1(1)

docx 库用于创建一个包含段落、图片、表格、页眉等元素的文档,docxtpl 库可以实现从 Word 模板文档生成新的 Word 文档。

批量发送电子邮件的常用库是 smtplib,在这里我们使用 zmail 库发送电子邮件。zmail 库的优势在于:①自动填充头信息;②将一个字典映射为 email;③构造邮件相当于构造字典;④自动寻找邮件服务商端口号地址以及自动选择协议;⑤只依赖 Python3。

Step2　导入所需的库

环境设置代码如图 1-8 所示。

```
1  import pandas as pd
2  import datetime
3  from docxtpl import DocxTemplate    #导入Word文件处理库
4  import zmail      #导入邮件处理库
5  import os         #导入操作系统相关库
6  import warnings
7  from email import encoders
8  warnings.filterwarnings('ignore')
```

图 1-8　任务实施 1-1-1（2）

代码行 8 的作用是通过警告过滤器控制是否显示警告内容。

运行 Python 代码时，经常会遇到代码正常运行，同时出现大段的警告提示，如图 1-9 所示。

```
1  df1.fillna(0,inplace=True)
2  df1
```

C:\Users\admin\AppData\Local\Temp\ipykernel_348336\1585138041.py:1: SettingWithCopyWarning:
A value is trying to be set on a copy of a slice from a DataFrame

See the caveats in the documentation: https://pandas.pydata.org/pandas-docs/stable/user_guide/indexing.html#returning-a-view-versus-a-copy
  df1.fillna(0,inplace=True)

图 1-9　Python 代码运行时的警告提示

那么如何控制警告提示输出与否呢？因为 Python 是通过调用 warnings 模块中定义的 warn（）函数来发出警告，我们可以通过警告过滤器来控制是否发出警告消息。

warning.filterwarnings（）函数的参数有以下几个：

ignore，忽略匹配的警告；

always，始终输出匹配的警告；

default，对于同样的警告只输出第一次出现的警告；

module，在一个模块中只输出第一次出现的警告。

二、分析账龄

任务实施 1-1-2

Step1　读取数据源文件

读取数据源"应收账款明细表 202203.xlsx"中的第一个工作表"应收账款明细表"，

并将结果保存在 df 变量中，示例代码及运行结果如图 1-10 所示。

```
1  path = '应收账款明细表202203.xlsx'
2  df = pd.read_excel(path,header=1)
3  df
```

	记账日期	科目编码	总账科目	二级科目	客户编码	客户名称	凭证号	开票日期	价税合计金额	发票签收	部门	业务员	合同编号	累计应收金额	累计预收金额	累计已收金额	期末余额
0	2021-01-02	12210076	应收账款	黄石大丰食品有限责任公司	L0002	黄石大丰食品有限责任公司	5	2020-12-31	171082	否	销售一部	李华	XSHT2021010001	171082	57560.0	NaN	113522

图 1-10　任务实施 1-1-2（1）

代码行 2 的作用是运用 read_excel() 方法读入"应收账款明细表 202203" Excel 工作簿中指定的工作表，并设置该工作表的第 2 行为读入后变量 df 的列标签（列名）。read 表示"读取"，_excel 表示读取文件的文件格式，如果读取其他格式的文件，就要改为该文件格式名称，比如读取 CSV 格式文件中，使用 read_CSV() 方法。

Pandas 库 read_excel() 方法

pd.read_excel() 的语法规则如下，pd 是 Pandas 的简称。
pd.read_excel('路径+文件名+扩展名', header =, sheet_name =")

【参数说明】

'路径+文件名+扩展名'，表示读取文件所存放的路径，可以是绝对路径，也可以是相对路径，如果读取文件与代码文件存放在同一目录下，可以只写带扩展名的文件名。

header =，指定读取工作表的某行作为 DataFrame 表的列标签（列名），比如 header = 1 设置了"应收账款明细表 .xlsx"工作簿中的"应收账款明细"工作表（见图 1-3）的第 2 行作为变量 df 的列标签，如图 1-10 所示。

sheet_name =",通过指定工作表名来指定打开的工作表。如设置 sheet_name ='应收账款信息'表示打开当前工作簿中的"应收账款信息"工作表。

Step2　筛选数据

筛选出"期末余额"列中值不为"0"的行集合，并将结果保存到 df1 变量中，示例代码及运行结果如图 1-11 所示。

```
1  df1 = df[df['期末余额']!=0]
2  df1
```

	记账日期	科目编码	总账科目	二级科目	客户编码	客户名称	凭证号	开票日期	价税合计金额	发票签收	部门	业务员	合同编号	累计应收金额	累计预收金额	累计已收金额	期末余额
0	2021-01-02	12210076	应收账款	黄石大丰食品有限责任公司	L0002	黄石大丰食品有限责任公司	5	2020-12-31	171082	否	销售一部	李华	XSHT2021010001	171082	57560.0	NaN	113522

图 1-11　任务实施 1-1-2（2）

代码行 1 中 df['期末余额']!=0 为筛选的条件,表示变量 df 中"期末余额"列的值不为"0"的行,而代码行 1 的作用是从变量 df 中筛选符合条件的数据行。

Step3 新增"对账日期"列

在 df1 变量中新增"对账日期"列,值为 2022 年 7 月 10 日,格式为 YYYY,MM,DD。示例代码及运行结果如图 1-12 所示。

```
1  df1['对账日期'] = datetime.date(2022,7,10)
2  df1
```

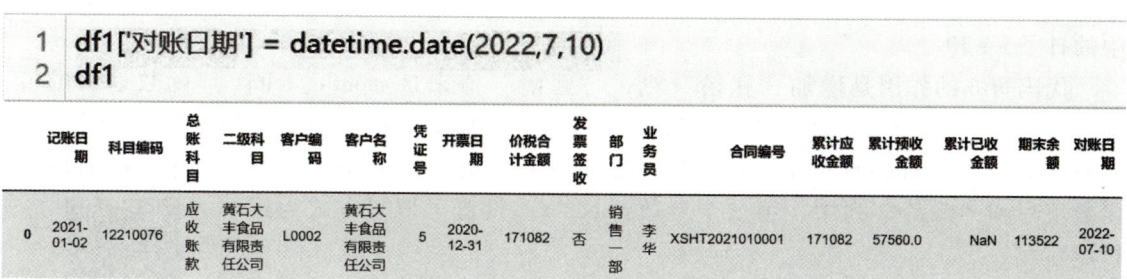

图 1-12 任务实施 1-1-2(3)

代码行 1 的作用是通过 df1['对账日期'] 的方法增加了一个新的列,即"对账日期"列,该列的值是 2022 年 7 月 10 日。给 DataFrame 数据类型的变量增加"列"的方法的语法规则是:

<DataFrame 对象>['列标签'] = 列数值

指定对账日期的方法是使用 datetime 模块中的 date() 方法,在导入 datetime 模块后,在 datetime.date() 函数中写入四位年,一或两位月,一或两位日,年月日之间用英文符号逗号隔开,如"2022,7,10"。

Step4 增加"账龄"列

在 df1 变量中增加"账龄"列。计算每笔记录的账龄,账龄的计算方法是用"对账日期"列的值减去"记账日期"列的值,账龄以"月"单位表示。示例代码及运行结果如图 1-13 所示。

```
1  def month_delta(startdate,enddate):
2      return round((enddate.year - startdate.year)*12+
3                   enddate.month- startdate.month+
4                   (enddate.day-startdate.day)/30,2)
5
6  df1['账龄'] = df1.apply(lambda x :month_delta(x['记账日期'],x['对账日期']),axis=1)
7  df1
```

	记账日期	科目编码	总账科目	二级科目	客户编码	客户名称	凭证号	开票日期	价税合计金额	发票签收	部门	业务员	合同编号	累计应收金额	累计预收金额	累计已收金额	期末余额	对账日期	账龄
0	2021-01-02	12210076	应收账款	黄石大丰食品有限责任公司	L0002	黄石大丰食品有限责任公司	5	2020-12-31	171082	否	销售一部	李华	XSHT2021010001	171082	57560.0	NaN	113522	2022-07-10	18.27

图 1-13 任务实施 1-1-2(4)

> **Python财务应用**

自动生成"账龄"的思路是自定义一个计算账龄的函数 month_delta()，用此函数带回的值填写到当前行的"账龄"列中。

代码行 1 至代码行 2 的作用是自定义计算账龄的函数 month_delta()，round() 函数用于设置计算结果保留 2 位小数，此函数的第二个参数是设定保留小数的位数，第一个参数是设定计算"账龄"月龄的算式：("对账日期"中的年份 – "记账日期"中的年份) × 12 + "对账日期"中的月份 – "记账日期"中的月份 + ("对账日期"中的日子 – "记账日期"中的日子) ÷ 30。

代码行 6 的作用是增加"账龄"列，"账龄"值来自 month_delta() 函数返回的值，month_delta() 函数的两个参数是每行对应的"记账日期"和"对账日期"。apply() 函数的第一个参数是 lambda 函数，lambda 函数的作用是计算每行的"账龄"，并通过 apply() 函数填写到"账龄"列中，第二个参数：axis = 1 设置了填写方式为逐行填写。

apply() 方法语法规则如下，df 是 Pandas 库中的 DataFrame 数据类型。

df.apply(函数, axis = 1/axis = 0)

Pandas 库 apply() 方法及 groupby() 方法

【参数说明】

函数，表示对指定数据进行的操作函数，比如 df.apply(sum)，就是对指定数据进行求和。

axis = 1，表示对"行"操作，生成"列"数据；axis = 0，表示对"列"操作，生成"行"数据。

在日常的数据分析中，经常需要对行数据、列数据进行操作，如对每一行的数据进行合计，产生增加"列合计"的需求，对每一列的数据进行合计，产生增加"行合计"的需求，如图 1–14 所示。

客户名称	1月应收账款	2月应收账款	3月应收账款	应收账款季度合计
翔虹企业	20000	21000	23000	64000
美迪电器	124500	124500	124500	373500
细米科技	80000	80000	80000	240000
月应收账款合计	224500	225500	227500	677500

（行合计，axis=1；列合计，axis=0）

图 1–14 行操作与列操作

这里涉及 axis 概念，在对 DataFrame 对象的大多数方法中，都会有 axis 这个参数，它控制了你指定的操作是沿着 0 轴还是 1 轴进行，axis = 0 代表对列（columns）进行操作，最终产生行数据，axis = 1 代表对行（row）进行操作，最终产生列数据。

在 groupby() 方法后使用 apply() 方法，则以"组"为对象进行操作，如图 1–15 所示。

图 1–15 中的代码表示先将数据按"客户名称"进行分组（即左边数据样式），再把相同客户的"数量"列和"销售额"列进行累加。

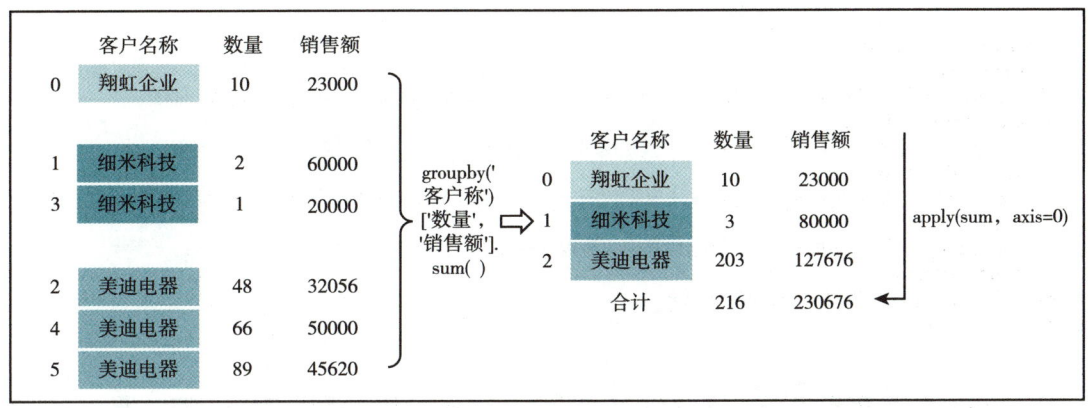

图 1-15 在 groupby( ) 方法后使用 apply( ) 方法过程图

三、生成对账单信息

任务实施 1-1-3

Step1 增加"催收说明"列

在 df1 变量中增加"催收说明"列，按照表 1-2 所示要求，根据"账龄"列的值分别设置催收说明。

任务实施 1-1-3
与 1-1-4
代码录屏

表 1-2 催收说明表

账期	催收说明
≥12 个月	账期已超过 1 年，已超出我司应收账款管理期限，请尽快安排付款，谢谢！
≥6 个月	账期已超过 6 个月，将无法享受我司星级客户折扣权限及星级客户服务，请尽快安排付款，谢谢！
≥3 个月	账期已超过 3 个月，将无法享受我司星级客户折扣权限，请尽快安排付款，谢谢！
<3 个月	账期未超过 3 个月，为了您能继续享受我司星级客户折扣权限及星级客户服务，请尽快安排付款，谢谢！

示例代码及运行结果如图 1-16 所示。

代码行 1 至代码行 10 的作用是自定义 explain( ) 函数用于对"账龄"进行自动判别，explain( ) 函数的参数是"账龄"，返回值是"催款说明"的值。

代码行 11 使用 map( ) 函数对根据每行的"账龄"值带回的"催款说明"的值逐一循环替换"催款说明"列的空值。如第一行的"账龄"值为 18.27 个月，则"催款说明"值为"账期已超过 1 年，已超出我司应收账款管理期限，请尽快安排付款，谢谢！"，map( ) 函数便将"账期已超过 1 年，已超出我司应收账款管理期限，请尽快安排付款，谢谢！"替换了第一行"催款说明"列的空值，以下逐行进行替换，最终完成"催款说明"列的值替换。map( ) 函数在这里起映射的作用，会根据提供的函数对指定的序列做映射，从而实现把按指定函数计算的结果替换指定列数据的效果。map( ) 函数的语法规则如下：

map（函数名,序列数据）

```
1   def explain(totalmonth):
2       if totalmonth<3:
3           explain='为了您能继续享受我司星级客户折扣权限及星级客户服务,请尽快安排付款,谢谢!'
4       elif totalmonth<6:
5           explain='账期已超过3个月,将无法享受我司星级客户折扣权限,请尽快安排付款,谢谢!'
6       elif totalmonth<12:
7           explain='账期已超过6个月,将无法享受我司星级客户折扣权限及星级客户服务,请尽快安排付款,谢谢!'
8       else:
9           explain='账期已超过1年,已超出我司应收账款管理期限,请尽快安排付款,谢谢!'
10      return explain
11  df1['催款说明']=df1['账龄'].map(explain)
12  df1
```

	记账日期	科目编码	总账科目	二级科目	客户编码	客户名称	凭证号	开票日期	价税合计金额	发票签收	部门	业务员	合同编号	累计应收金额	累计预收金额	累计已收金额	期末余额	对账日期	账龄	催款说明
0	2021-01-02	12210076	应收账款		L0002	黄石大丰食品有限责任公司	5	2020-12-31	171082	否	销售一部	李华	XSHT2021010001	171082	57560.0	NaN	113522	2022-07-10	18.27	账期已超过1年,已超出我司应收账款管理期限,请尽快安排付款,谢谢!

图1-16 任务实施1-1-3（1）

【参数说明】

函数名，是指调用的函数，以参数序列中的每一个元素调用函数，返回包含每次函数返回值的新列表。

序列数据，指一个或多个序列。

map()会根据提供的函数对指定Series序列做映射，返回值是一个可遍历的迭代器。示例代码及运行结果如图1-17所示。

Pandas库 map()方法

```
1   def square(x):        # 计算平方数
2       return x ** 2
3   map(square, [1,2,3,4,5])   # 计算列表各个元素的平方
```

<map at 0x2aa009fe070>

```
1   list(map(square, [1,2,3,4,5]))   # 使用list() 转换为列表
```

[1, 4, 9, 16, 25]

```
1   list(map(lambda x: x ** 2, [1, 2, 3, 4, 5]))   # 使用lambda 匿名函数
```

[1, 4, 9, 16, 25]

图1-17 map()函数示例代码及运行结果

从图 1-17 的第一段代码返回的结果可知 map( ) 函数返回的是迭代器。

图 1-17 第二段代码的使用方法是结合自定义函数 square( ) 和 map( ) 方法获得映射结果。

图 1-17 第三段代码的使用方法是结合 lambda 匿名函数和 map( ) 方法获得映射结果。

Step2　新增的"年""月""日"列

从"对账日期"列的值中分别提取"年""月""日"的值，并填写到新增的"年""月""日"列中。示例代码及运行结果如图 1-18 所示。

```
1  df1['年'] = pd.to_datetime(df1['对账日期']).dt.year
2  df1['月'] = pd.to_datetime(df1['对账日期']).dt.month
3  df1['日'] = pd.to_datetime(df1['对账日期']).dt.day
4  df1
```

	记账日期	科目编码	总账科目	二级科目	客户编码	客户名称	凭证号	开票日期	价税合计金额	发票签收	…	累计应收金额	累计预收金额	累计已收金额	期末余额	对账日期	账龄	催款说明	年	月	日
0	2021-01-02	12210076	应收账款	黄石大丰食品有限责任公司	L0002	黄石大丰食品有限责任公司	5	2020-12-31	171082	否	…	171082	57560.0	NaN	113522	2022-07-10	18.27	账期已超过1年，已超出我司应收账款管理期限，请尽快安排付款，谢谢!	2022	7	10

图 1-18　任务实施 1-1-3（2）

代码行 1 的作用是从"对账日期"列的值中分别提取"年"的值，并填写到新增的"年"的列中，使用 Pandas 库中的 to_datetime( ) . dt. year 方法，to_datetime( ) . dt. year 方法的语法规则是：

to_datetime（日期）. dt. year

【参数说明】

日期，指给定的日期型数据，为四位年，两位月，两位日，用于提取其中的"年份"。

代码行 2 和代码行 3 中函数的使用方法与代码行 1 相同。

Step3　读取数据

读取"应收账款明细表 202203. xlsx"工作簿的第二张工作表"客户信息表"的内容，并保存到 df2 中。示例代码及运行结果如图 1-19 所示。

```
1  df2 = pd.read_excel(path,sheet_name ='客户信息表')
2  df2
```

	客户编号	客户星级	客户名称	客户地址	客户电话	客户增值税类型	客户邮箱
0	N0001	4星	临沂全祥机械制造有限责任公司	山东省临沂市河东区邵家路34号	0539-68147995	一般纳税人	2U31nH@yahoo.com

图 1-19　任务实施 1-1-3（3）

Step4 拼接表格

根据 df2 变量中的"客户名称"列将 df1 表与 df2 表进行拼接，并保存为 df3。示例代码及运行结果如图 1-20 所示。

```
1  df3 = pd.merge(df1,df2,on='客户名称',how='left')
2  df3
```

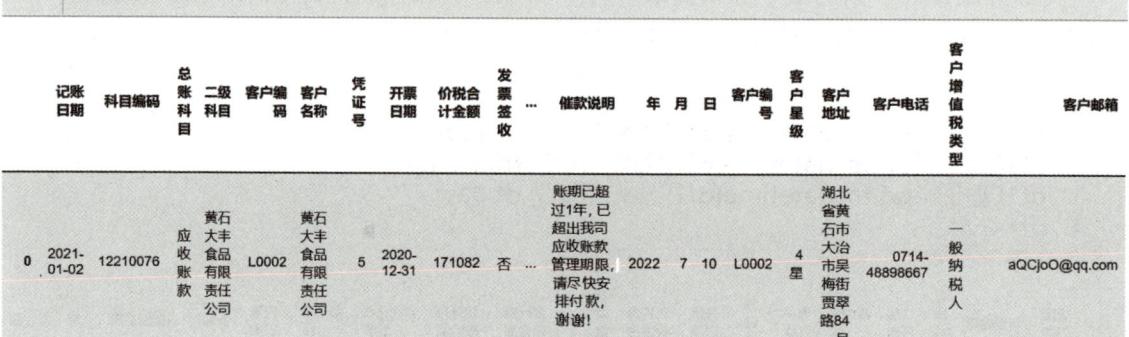

图 1-20 示例代码及运行结果 1-1-3（4）

代码行 1 使用 merge() 函数实现两个 DataFrame 对象 df1 和 df2 的拼接。merge() 函数的语法规则如下：

pd. merge（左表格，右表格，how = ' inner ', on = None, left_on = None, right_on = None, left_index = False, right_index = False, sort = True, suffixes = ('_x', '_y')，copy = True）

Pandas 库 merge() 方法

【参数说明】

左表格/右表格，两个需要连接的不同的 DataFrame 对象。

on =，指定用于连接的键（即列标签的名字），该键必须同时存在于左右表中，如果没有指定，并且其他参数也未指定，那么将会以两个表的列名交集作为连接键。

left_on =，指定左表中作连接键的列名。该参数在左、右表列标签名不相同，但表达的含义相同时非常有用。

right_on =，指定右表中作连接键的列名。

left_index =，连接键的布尔参数，默认为 False。如果为 True 则使用左表的行索引作为连接键，若连接的表具有多层索引，则层的数量必须与连接键的数量相等。

right_index =，连接键的布尔参数，默认为 False。如果为 True 则使用右表的行索引作为连接键。

how =，要执行的合并类型，从"left""right""outer""inner"中取值，默认为"inner"内连接。内连接即只保留两个表中共同行索引的值，即两表的交集。"outer"为外连接，即两表的并集。"left"表示将右表连接到左表，只保留左表的行索引，"right"表示将左表连接到右表，只保留右表的行索引。

sort =，排序的布尔值参数，默认为 True，它会将合并后的数据进行升序排序；若设置为 False，则按照降序排序。

suffixes =，字符串组成的元组。当左右表格存在相同列名时，通过该参数可以在相同的列名后附加后缀名，默认为 ('_x', '_y')。

copy，默认为 True，表示对数据进行复制。

示例代码及运行结果如图 1-21、图 1-22、图 1-23 所示。

```
1  import pandas as pd
2  df1 = pd.DataFrame({'月份':[1,2,3,3,5,7],'应收款':[212,425,125,230,632,111]})
3  df2 = pd.DataFrame({'月份':[1,2,4,4,6,7],'应付款':[862,213,312,422,435,532]})
4  pd.merge(df1,df2)  #df1与df2都有"月份"列，在merger()函数缺省其他参数时，
5                     #默认按相同列进行关联
```

	月份	应收款	应付款
0	1	212	862
1	2	425	213
2	7	111	532

图 1-21　merge() 函数 (1) 示例代码及运行结果

```
1  df3 = pd.DataFrame({'月份':[1,2,3,3,5,7],'应收款':[212,425,125,230,632,111]})
2  df4 = pd.DataFrame({'月':[1,2,4,4,6,7],'应付款':[862,213,312,422,435,532]})
3  pd.merge(df3,df4,left_on='月份',right_on='月')
4  #df3与df4没有相同的列名，使用left_on=参数，right_on=参数指定关联列名
5  # 此时how=参数默认为inner，即只保留关联列中相同值的行数据
```

	月份	应收款	月	应付款
0	1	212	1	862
1	2	425	2	213
2	7	111	7	532

图 1-22　merge() 函数 (2) 示例代码及运行结果

```
1  df3 = pd.DataFrame({'月份':[1,2,3,3,5,7],'应收款':[212,425,125,230,632,111]})
2  df4 = pd.DataFrame({'月':[1,2,4,4,6,7],'应付款':[862,213,312,422,435,532]})
3  pd.merge(df3,df4,left_on='月份',right_on='月',how='left')
4  #指定拼接方式为left时，结果将保留左表所有关联列数据，此时右表相关缺失
   数据以NaN填充
```

	月份	应收款	月	应付款
0	1	212	1.0	862.0
1	2	425	2.0	213.0
2	3	125	NaN	NaN
3	3	230	NaN	NaN
4	5	632	NaN	NaN
5	7	111	7.0	532.0

图 1-23　merge() 函数 (3) 示例代码及运行结果

Step5　设置金额大写转换函数

创建自定义函数 numToBig()，该函数的功能是将小写金额转为人民币大写金额。我们不需要掌握此函数代码编写方法，可以直接将代码保存起来，在需要的地方直接使用。但需要关注代码行 50，此行代码的作用是将"期末余额"列的数据转换成人民币大写金额后，作为新增列"人民币大写"的值。示例代码如图 1-24 所示，运行结果如图 1-25 所示。

numToBig()
函数代码下载

```python
1   def numToBig(num):
2       dict1 = {1:'壹',2:'贰',3:'叁',4:'肆',5:'伍',6:'陆',7:'柒',8:'捌',9:'玖',0:'零'}
3       dict2 = {2:'拾',3:'佰',4:'仟',5:'万',6:'拾',7:'佰',8:'仟',1:'元',9:'角',10:'分',11:'整'}
4       money = ''   #创建最终的大写数字存储变量money
5       flag = False  #去掉多余的"十""百""千"字
6       flag2 = False  #增加"零"字
7       ifint = False  #设置"整"字
8       count = 0
9       count2 = 8
10      #num = 11324
11      strnum = str(num)
12      aa = strnum.split('.')
13      bb = list(str(aa[:1])[2:-2])
14      cc = list(str(aa[1:])[2:-2])
15      #此处控制：无小数时输出xxx元整
16      #若要求一位小数也带整，即xxx元整并且xxx元xx角整，则修改下方0为1
17      if len(cc) <= 0:
18          ifint = True
19      else:
20          ifint = False
21      #整数部分
22      for i in reversed(bb):
23          count = count + 1
24          if(int(i) == 0):
25              if(flag == True):
26                  if(count != 5):
27                      continue
28                  else:
29                      money = dict2[count] + money
30              else:
31                  if(flag2 == False):
32                      money = dict2[count] + money
33                  else:
34                      if(count != 5):
35                          money = '零' + money
36                      else:
37                          money = dict2[count] + '零' +money
38              flag = True
39          else:
40              flag = False
41              flag2 = True
42              money = dict1[int(i)]+dict2[count]+money
43      #设置小数部分
44      for i in cc:
45          count2 = count2 + 1
46          money = money + dict1[int(i)] + dict2[count2]
47      if(ifint == True):
48          money = money + '整'
49      return money
50  df3['人民币大写'] = df3['期末余额'].map(numToBig)
51  df3
```

图 1-24　任务实施 1-1-3（5）示例代码

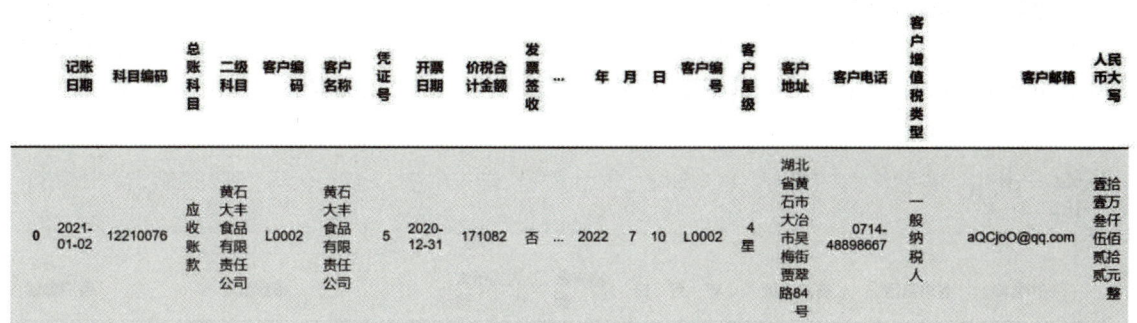

图1-25 任务实施1-1-3（5）运行结果

四、生成对账单文件并发送电子邮件

任务实施1-1-4

Step1 设计及制作对账单模板

应收账款客户对账单有统一的格式与内容，所不同的是客户名称、客户联系方式、欠款金额以及提示的截止日期。一般我们会做一个对账单的Word模板，对于模板中变动的信息，用双大括号（{{}}）包裹起来，如图1-26所示。

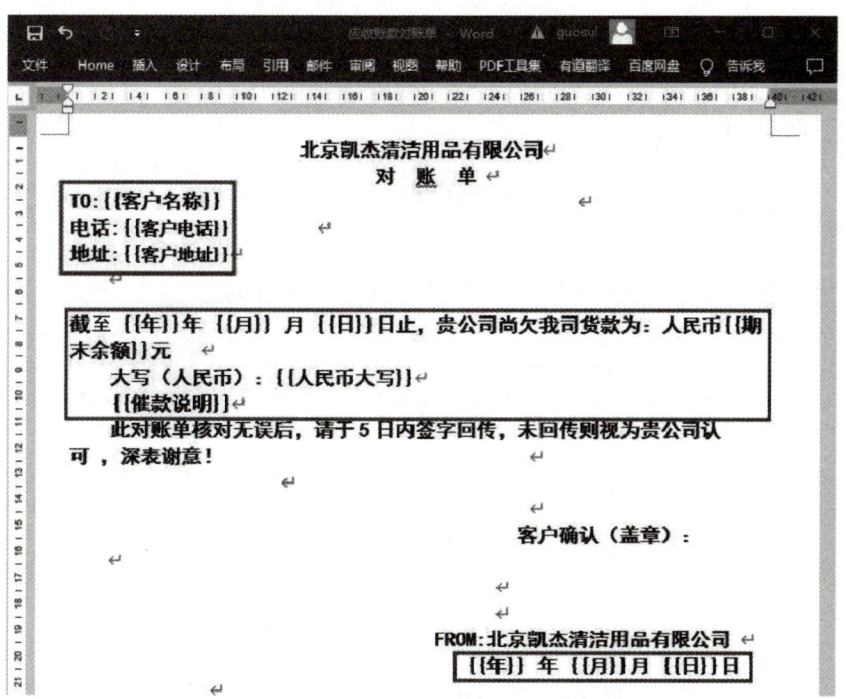

图1-26 应收账款客户对账单模板

Step2 筛选数据

根据提前做好的"应收款对账单.docx"模板需要填充的内容及顺序，筛选出需要的数据列，并保存到 df4 变量中。示例代码及运行结果如图 1-27 所示。

```
1  df4 = df3[['客户名称','客户电话','客户地址','年','月','日','期末余额','人民币大写','催款说明','客户邮箱']]
2  df4
```

	客户名称	客户电话	客户地址	年	月	日	期末余额	人民币大写	催款说明	客户邮箱
0	黄石大丰食品有限责任公司	0714-48898667	湖北省黄石市大冶市吴梅街贾翠路84号	2022	7	10	113522	壹拾壹万叁仟伍佰贰拾贰元整	账期已超过1年,已超出我司应收账款管理期限,请尽快安排付款,谢谢!	aQCjoO@qq.com

图 1-27 任务实施 1-1-4 (1)

【提示】注意 df3 后的两层中括号（[[ ]]）。当我们筛选的列多于 1 个时，用双层中括号包裹列名。

Step3 获取 POP3/SMTP 服务授权码

通过邮箱的账户设置获取 POP3/SMTP 服务授权码。

在发送邮件前，需要先进行以下设置。以 qq 电子邮箱为例说明如何进行设置方能使代码运行正确。

（1）开启 POP3/SMTP 服务。设置方法图 1-28 所示。

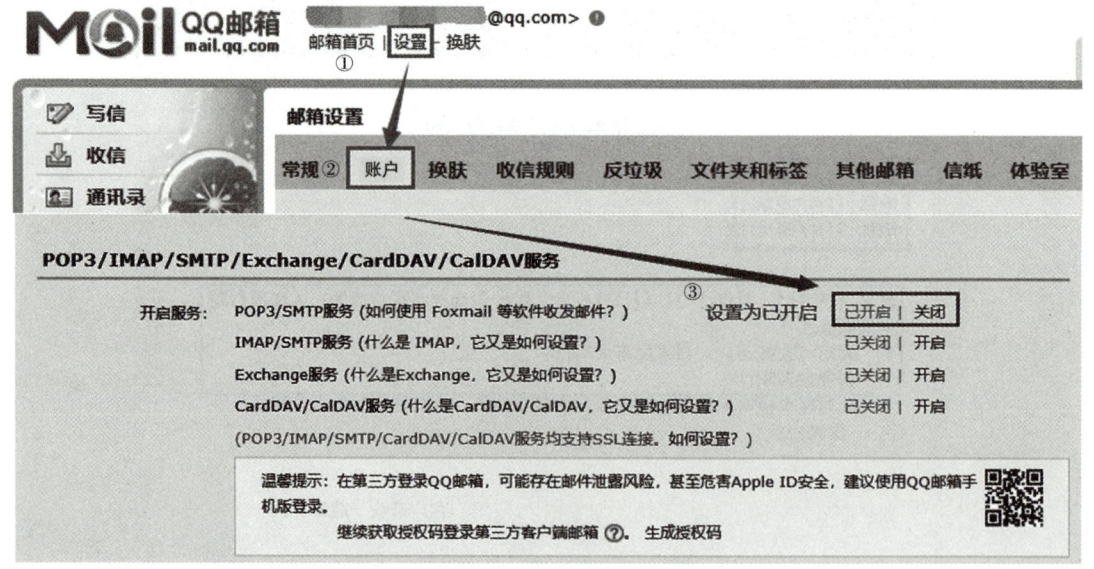

图 1-28 开启 qq 邮箱的 POP3/SMTP 服务

（2）点击开启服务后，邮箱绑定的手机会收到短信验证，按弹出的窗口"验证密保"发送"配置邮件客户端"到 106970069 后，在"验证密保"窗口点击"我已发送"按钮如图 1-29 所示。

（3）网站弹出"生成授权码"窗口，如图 1-30 所示。复制的授权码，作为图 1-31 中的第 20 行代码 server( ) 函数的第二个参数。

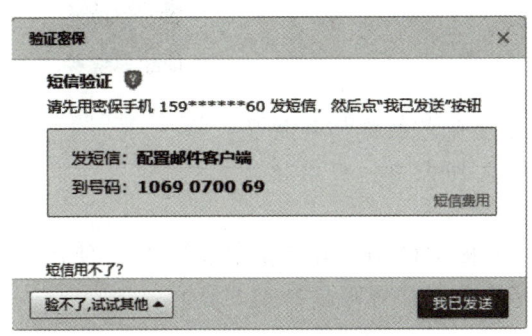

图 1-29　验证密保窗口

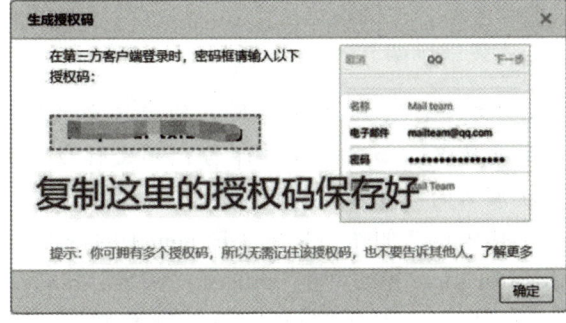

图 1-30　生成授权码窗口

Step4　自动生成对账单并自动发送邮件

自动生成 Word 格式的"客户应收款对账单"并发送邮件。示例代码如图 1-31 所示。

```
1   for i in range(len(df4)):   #控制循环次数
2       contxt=dict(df4.iloc[i])   #将变量df4的各行数据转换成字典类型数据
3       filename=contxt['客户名称']   #获取姓名，作为即将生成应收款的文件名
4       youxiang=contxt['客户邮箱']   #获取邮箱地址，文档中的邮箱都是虚拟的，如果需要验证，可以将EXCEL文件下载后，
5                                   #修改客户邮箱改为真实的可以接受邮件的邮箱，就可以进行验证了。
6       tpl = DocxTemplate('应收账款对账单.docx')   #打开模板文件
7       tpl.render(contxt)   #渲染(更新)模板文件生成新文件
8
9       if not os.path.exists('对账单文件夹'):   #判断对账单文件夹是否存在，如果不存在就创建
10          os.makedirs('对账单文件夹')
11      tpl.save('对账单文件夹/'+filename+'.docx')   #保存文件
12
13      subject='对账单'   #设置邮件主题
14      content='尊敬的客户，您好！感谢贵公司对我司的支持与信赖，附件为本期对账单，请查收核对，\
15      确认无误后盖章回传。谢谢！'   #设置邮件内容
16      attachment = filename+'.docx'   #设置邮件附件
17      mail={'subject':subject,'content_text':content,'attachments':attachment}   #设置邮件信息
18      #设置发件邮箱，这里是我们用于发送邮件的邮箱号和授权码，如果要测试发送是否成功，
19      #需要按任务实施2-1-4 (2) 设置自己的邮箱，并且修改发送邮箱号为自己的邮箱，按实际生成的授权码填写。
20      server = zmail.server('123456@qq.com','kkkkkkcjydrwbhgj')
21      server.send_mail(youxiang,mail)   #发送邮件
22      print('第'+str(i+1)+'封邮件已发送成功')
23
24  print('邮件已全部发送成功')
```

图 1-31　任务实施 1-1-4 (2)

自动生成各单位 Word 格式的"应收款对账单"文件的步骤是：

（1）遍历变量 df4，将取出的行记录 i 转换成字典格式数据 contxt；

（2）提取该字典 contxt 的"客户名称""客户邮箱"的值；

（3）打开"应收款对账单.docx"模板文件，将提取出来的行记录数据 contxt 渲染到模板文件中；

（4）打开新文件的存放文件夹，把以"客户名称"命名的新生成的文件保存到此文件夹。

代码行 1 的作用是控制循环的次数。len（df4）函数计算出变量 df4 的行数量，range（len（df4））函数根据行数量生成序列［0，1，2，…］。

代码行 6 的作用是打开模板文件，使用了 DocxTemplate( ) 函数，DocxTemplate( ) 函数的语法规则是：

DocxTemplate("文件名")

【参数说明】

"文件名"，是指带扩展名的模板文件，可以是包含完整路径和扩展名的文件名，如果模板文件与代码文件放在同一个文件夹中，可以只写带扩展名的文件名。

DocxTemplate 库 DocxTemplate( ) 方法

代码行 7 的作用是将变量 contxt 的内容渲染到模板文件中，并生成新的文件。使用了 DocxTemplate 模块中的 render( ) 函数，render( ) 函数的语法规则是：

<模板文件对象>.render（字典数据变量）

【参数说明】

字典数据变量，是模板中变动的数据，是字典类型的数据，需要按模板中变动数据的顺序排列。

代码行 9 的作用是判断指定的文件夹是否存在，使用了 os.path.exists( ) 函数，os 模块是 Python 的内置模块，内含 os.path 模块，os.path 模块主要用于文件的属性的获取，其中 os.path.exists( ) 就是判断括号里的文件或文件夹是否存在。os.path.exists( ) 函数的语法规则是：

os.path.exist（"文件名或文件夹名"）

【参数说明】

文件名或文件夹名，可以是包括完整路径的文件名或文件夹名，如果需要判断文件或文件夹是否存在于当前代码文件所在的文件夹中时，可以直接写文件名或文件夹名。

代码行 10 的作用是创建新的文件夹在当前代码文件所在的文件夹中，使用了 os.makedirs( ) 函数，os.makedirs( ) 函数的语法规则是：

os.makedirs('文件夹名')

【参数说明】

文件夹名，可以是包括完整路径的文件夹名，如果需要在当前代码文件所在的文件夹中创建文件夹时，可以直接写文件夹名。

代码行 11 的作用是保存渲染后的新文件，使用了 DocxTemplate 模块中的 save( ) 函数，save( ) 函数的语法规则是：

<渲染后的模板文件对象>.save('路径'+文件名变量+'扩展名')

【参数说明】

save( ) 函数的参数是包含路径与扩展名的文件名，因为是批量生成的文件，所以文件名通常是变量，而路径通常是固定的，需要注意的是文件名是字符串，因此用加号（+）相连，加号（+）前后的每一部分都需要用英文符号引号包裹起来，路径中使用斜杠（/）分隔，也不能忘记加上扩展名。

代码行 17 的作用是将邮件的信息归集到字典 mail 中，作为代码行 21 中 send_mail() 函数的参数。

代码行 20 的作用是设置发送邮件的邮箱地址和授权码，在任务实施 1-1-4 中的 Step3，通过邮箱的账户设置获取的 POP3/SMTP 服务授权码派上了用场。代码行 20 使用了 zmail 库中的 zmail.server() 函数，zmail.server() 函数的语法规则是：

zmail.server('电子邮箱地址'，'服务授权码')

zmail 库 server() 及 send_mail() 方法

【参数说明】

电子邮箱地址，为发送邮件方的电子邮箱地址。

服务授权码，为通过邮箱的账户设置获取的 POP3/SMTP 服务授权码。此授权码需要保密使用，不能随便交予他人，否则会造成被他人非法使用你的电子邮箱的风险。

因此代码行 20 中使用的授权码是虚拟的，并没有使用编者真实电子邮箱的真实服务授权码，这也是为什么代码运行报错的原因，如果需要发送邮件，请填写真实的电子邮件地址及真实的授权码。

代码行 21 的作用是发送邮件，使用了 zmail 库中的 send_mail() 函数，send_mail() 函数的语法规则是：

send_mail('电子邮箱地址'，'邮件信息')

【参数说明】

电子邮箱地址，为接收者电子邮箱地址。在此段代码中是 youxiang 变量的值，在代码行 4 赋值的。邮件信息，为字典格式的邮件信息。在此段代码中是 mail 变量的值，在代码行 17 赋值的。

到此，客户对账单批量生成与发送代码开发完毕。

五、检查结果

代码开发、调试完成后请检查是否生成"对账单文件夹"，此文件夹中是否生成以公司命名的对账单 Word 文件。如果使用了真实的电子邮箱地址，检查邮箱有无收到正确的应收款对账单。

【提示】验证是否收到正确对账单的邮件时，需先在"应收账款明细表 202203.xlsx"文件中的客户信息"邮箱"中，填写一条正确的邮箱地址，方可验证。只填一个正确地址即可，否则会造成大量邮件被发送。

考核与评价

考核的重点是理论知识的掌握水平、技术技能的应用水平以及职业素养，学习者可以从以上三个方面评价学习效果，具体评价项目及标准如表 1-3 所示。

表 1-3　　　　　　　　　　　模块考核评价标准

考核项目	考核内容			配分	得分
理论知识水平	能正确解释客户对账单批量生成及发送的程序流程			10	
	能正确复述以下方法的语法规则			10	
	Pandas 库： read_excel( ) apply( ) map( ) to_datetime（＜日期对象＞）.dt.year to_datetime（＜日期对象＞）.dt.month to_datetime（＜日期对象＞）.dt.day merge( )	datetime 模块： datetime.date.today( ) ＜日期对象＞.year ＜日期对象＞.month ＜日期对象＞.day	DocxTemplate 模块： DocxTemplate( ) ＜模板文件对象＞.render( ) ＜模板文件对象＞.save( )		
	OS 模块： os.path.exists( ) os.makedirs( )	zmail 库： zmail.server( ) ＜server 对象＞.send_mail( )			
	能正确举例说明上表各方法的作用以及参数的设置方法			10	
	理论知识水平总分			30	
技术技能应用水平	能绘制客户对账单批量生成及发送程序流程图			5	
	能设计客户应收款对账单的内容及 Word 模板			5	
	能应用 Pandas 库中 read_excel( ) 方法读入 Excel 工作表，apply( ) 方法添加数据、map( ) 方法循环替换数据，merge( ) 方法拼接 DataFrame 数据			10	
	能应用 docxtpl 库中 DocxTemplate 模块中 DocxTemplate( ) 方法打开模板，应用 render( ) 方法渲染文件、save( ) 方法保存渲染后的文件			10	
	能应用 OS 库中 os.path.exists( ) 方法、os.makedirs( ) 方法管理文件和文件夹			5	
	能应用 zmail 库中的 zmail.server( ) 方法、send_mail( ) 方法批量发送邮件			5	
	技术技能应用水平总分			40	
职业素养	向同学、老师请教时态度友好、诚恳			5	
	编程过程中遇到困难时主动寻求解决方法，耐心阅读方法说明与案例，如需求助于人时，先准备好咨询的问题，并准确、清晰地表达			5	
	检查任务成果时细致、认真、严谨，也可邀请别人一起检查			5	
	调试程序过程中能修改自己的错误			5	
	在别人的帮助下能将代码调试成功			5	
	面对同学的求助，积极响应			5	
	职业素养总分			30	
	综合评价总分			100	

 总结与提高

一、任务实施情况分析

任务完成后,学习者根据任务实施情况,分析存在的问题及原因,并填写表1-4。指导老师对任务实施情况进行评价。

表1-4　　　　客户对账单批量生成及发送代码开发任务实施情况分析表

任务实施过程	存在的问题	解决的办法
采集数据		
分析账龄,添加催款说明		
生成对账单信息		
批量发送电子邮件		
检查成果		

二、总结

(1) read_excel() 函数是读取数据时常用的方法,在读取或导出文件时,需要注意文件路径的写法,路径中使用斜杠(/)间隔路径的层次,文件需要带扩展名,如果直接使用复制过来的路径时,要在路径前加"r",如 path = r"C:\Users\Desktop\python_study\test.csv"。

(2) 获取当前日期时需要写完整的函数名称 datetime.date.today()。

(3) apply() 方法是添加二维表数据时基础、常用且重要的方法,其中对参数 axis = 的理解尤为重要,使用 df.apply(函数名,axis = 1/axis = 0)时,容易用错参数 axis = 1/axis = 0,axis = 1 为横向计算,axis = 0 为纵向计算。

(4) 任务实施1-1-3(1)说明了函数的返回值可以作为另一个函数的参数。

(5) 使用 Pandas 库中的 merge() 函数时可通过设置参数"on ="指定拼接的键名,通过设置参数"how ="指定拼接的方式为'left''right''outer'或'inner'。

模块二　客户往来款账龄分析

描述工作任务

公司的财务人员黄凯从 ERP 系统中导出"客户应收账款明细表",在此表数据的基础上按账龄时间段对应收款进行统计分析并将结果可视化,最后编写月度客户应收账龄分析报告。

客户应收账龄分析工作任务与工作计划

表 1–5　　　　　　　　　　工作任务卡

任务编号	2	任务名称	客户往来款账龄分析	工作区域	财务大数据实训中心
建议学时	2~3	参考文件或资料	知识学习目标中相关的 Pandas 库、datetime 模块、pyplot 子库中的方法说明		
德技兼修	(1) 接到任务时,先对任务进行整体分析,基于数据源条件规划实现任务目的的路径 (2) 编程过程中遇到困难时主动寻求解决方法,耐心阅读方法说明与案例,如需求助于人时,先准备好咨询的问题,并准确、清晰地表达 (3) 根据任务的需求修改获取的代码 (4) 检查任务成果时细致、认真、严谨,也可邀请别人一起检查 (5) 养成勤学好问、勤于思考、诚恳待人、严谨细致的工作态度				
工作任务	(1) 分析应收账款账龄情况并撰写应收款账龄分析报告 (2) 设计与编写月度客户应收款账龄分析程序				

制订工作计划

根据任务目的,我们可以梳理出完成此任务的大致的工作计划,如图 1–32 所示。

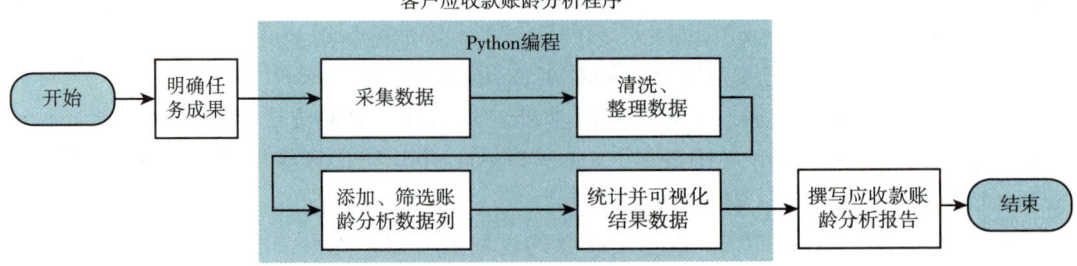

图 1–32　工作计划流程图

执行工作计划

接下来，进行编程前的准备工作。

首先，把工作过程还原出来，然后思考如何编写实现每一个步骤的代码。

通过流程图的方式把细致的工作过程还原出来，如图1-33所示。

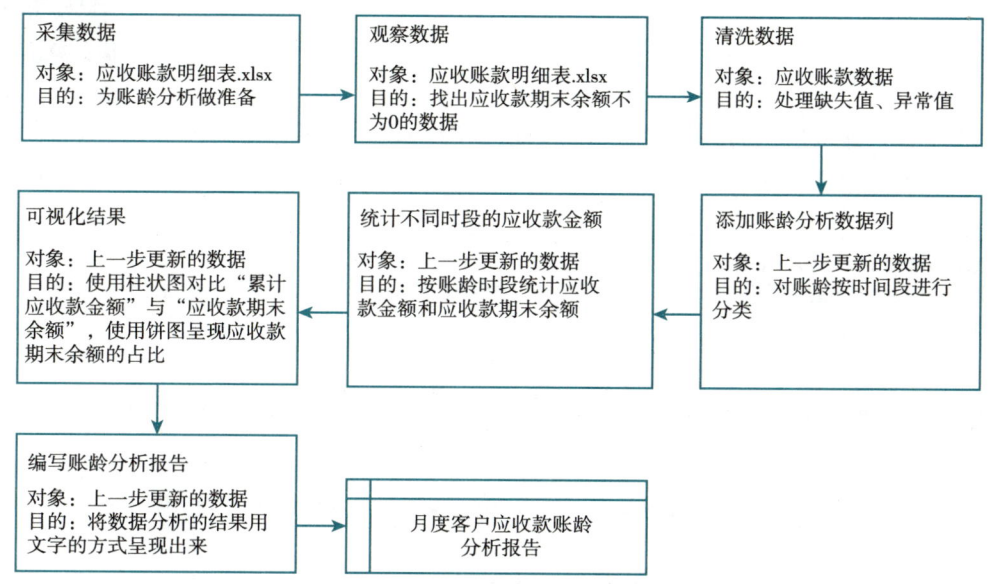

图1-33 客户往来款账龄分析工作流程图

用代码实现以上工作过程的程序流程图，如图1-34所示。

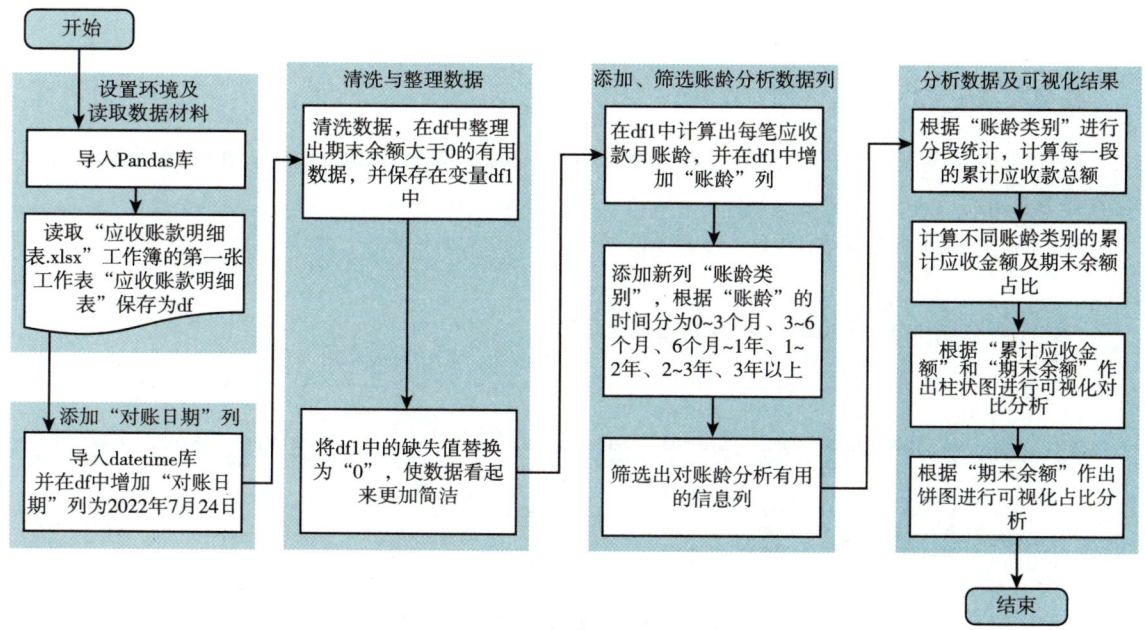

图1-34 客户往来款账龄分析程序流程图

> **Python财务应用**

因为要进行数据分析,所以需要用到 Pandas 库,因为要进行时间分析,所以用到 datetime 模块,因为要对数据结果进行可视化,所以需要用到 Matplotlib 库,因此编写代码前需要为代码的运行准备好环境,导入相关库,在开发代码的过程中也可以适时导入需要的库和模块。

一、设置环境及读取数据材料

任务实施 1-2-1 至 1-2-3 代码录屏

任务实施 1-2-1

环境设置,导入所需的数据材料"应收账款明细表.xlsx"。代码示例及运行结果如图 1-35 所示。

```
1  import pandas as pd
2  df=pd.read_excel("应收账款明细表.xlsx",sheet_name="应收账款明细表")
3  df
```

	记账日期	科目编码	总账科目	二级科目	客户编码	客户名称	凭证号	开票日期	价税合计金额	发票签收	部门	业务员	合同编号	累计应收金额	累计预收金额	累计已收金额	期末余额
0	2021-01-02	12210076	应收账款	黄石大丰食品有限责任公司	L0002	黄石大丰食品有限责任公司	5	2020-12-31	171082	否	销售一部	李华	XSHT2021010001	171082	57560.0	NaN	113522

图 1-35 任务实施 1-2-1

二、添加"对账日期"列

任务实施 1-2-2

添加新列"对账日期",这里设置对账日期为 2022 年 7 月 24 日,方便在后面步骤计算应收账款账龄。

代码示例及运行结果如图 1-36 所示。

```
1  df1['对账日期'] = datetime.date(2022,7,24)
2  df1
```

	记账日期	科目编码	总账科目	二级科目	客户编码	客户名称	凭证号	开票日期	价税合计金额	发票签收	部门	业务员	合同编号	累计应收金额	累计预收金额	累计已收金额	期末余额	对账日期
0	2021-01-02	12210076	应收账款	黄石大丰食品有限责任公司	L0002	黄石大丰食品有限责任公司	5	2020-12-31	171082	否	销售一部	李华	XSHT2021010001	171082	57560.0	NaN	113522	2022-07-24

图 1-36 任务实施 1-2-2

代码行1的作用是添加"对账日期"列,此列数据的值为2022年7月24日。

datetime模块包含一些函数和类,用于完成日期和时间的解析、格式化和算术运算。datetime.date()方法中有三个参数,第一位参数是4位"年份",第二位参数是1或2位"月份",第三位参数是1或2位"日"。

datetime.date()方法的语法规则是:

datetime.date(四位年份数字,月份数字,日期数字)

【提示】在日常应收账款管理的工作中,对账日期往往是当前日期,这时,我们可以将代码改为图1-37这样。

```
1  import datetime
2  df['对账日期']=datetime.date.today()
3  df
```

图1-37 获取当前日期作为"对账日期"列的值

我们使用date类中的today()方法获取当前系统日期,日期格式为"YYYY,MM,DD"。

三、清洗与整理数据

任务实施1-2-3

Step1 筛选数据

清洗数据,筛选出"期末余额"列大于0的有用数据。代码示例及运行结果如图1-38所示。

```
1  df1=df.loc[df['期末余额']>0]
2  df1
```

	记账日期	科目编码	总账科目	二级科目	客户编号	客户名称	凭证号	开票日期	价税合计金额	发票签收	部门	业务员	合同编号	累计应收金额	累计预收金额	累计已收金额	期末余额	对账日期
0	2021-01-02	12210076	应收账款	黄石大丰食品有限责任公司	L0002	黄石大丰食品有限责任公司	5	2020-12-31	171082	否	销售一部	李华	XSHT2021010001	171082	57560.0	NaN	113522	2022-07-24

图1-38 任务实施1-2-3(1)

代码行1使用loc[ ]方法从df中筛选出"期末余额"列中值大于"0"的行记录,并把结果赋值给变量df1。loc[ ]方法的中括号里放置的是条件表达式。

在数据分析时,如何灵活地提取二维数据表中指定的数据行,数据列,数据片区或单个数据呢?

Pandas库 loc[ ] 方法

使用 loc[ ] 就是一个很好的方法,它是获取 DataFrame 数据子集(数据行,数据列,数据片区,或单个数据)的方法。

df.loc[ ] 的语法规则如下,df 是 Pandas 库中的 DataFrame 对象。

<DataFrame 对象>.loc['行标签']

作用:提取单行数据。

<DataFrame 对象>.loc[['行标签 1','行标签 2',…]]

作用:提取行标签 1 和行标签 2……的行数据。

<DataFrame 对象>.loc['起始行标签':'结束行标签']

作用:提取从起始行标签到结束行标签的行数据。

<DataFrame 对象>.loc[:,['列标签']] 或 <DataFrame 对象>.loc[:,['列标签 1','列标签 2',…]]

作用:提取单列数据,或提取列标签 1、列标签 2……的列数据。

<DataFrame 对象>.loc['起始行标签':'结束行标签',['列标签']]

作用:提取指定行与指定列构成的数据子集。

<DataFrame 对象>.loc['行标签',['列标签']]

作用:提取指定行与指定列交界的单个数据。

上述 loc[ ] 方法使用示例如图 1-39 所示。

图 1-39 loc[ ] 用法

【提示】loc[ ] 方法中,列标签参数用中括号("[ ]")包裹起来。

Step2 清洗数据

通过对读取的数据进行观察发现,存在 NaN 异常值,NaN 不是一个数字,但是确实是一个 float 类型,所以将其替换为"0"。代码示例及运行结果如图 1-40 所示。

代码行 1 的作用是将缺失值 NaN 填充为 0,使用了 fillna() 方法。

当数据集非常大时,fillna() 方法能快速处理 NaN 或 None 值,是一项非常关键的功能。

Pandas 集中的 NaN 值来自 NumPy 库。在 NumPy 库中,缺失值有几种表示形式:NaN、None 或 nan,但它们都是等同的。NaN 或 None 值表示缺失值,并不是"0",也不是

```
1  df1.fillna(0,inplace=True)
2  df1
```

	记账日期	科目编码	总账科目	二级科目	客户编号	客户名称	凭证号	开票日期	价税合计金额	发票签收	部门	业务员	合同编号	累计应收金额	累计预收金额	累计已收金额	期末余额	对账日期
0	2021-01-02	12210076	应收账款	黄石大丰食品有限责任公司	L0002	黄石大丰食品有限责任公司	5	2020-12-31	171082	否	销售一部	李华	XSHT2021010001	171082		57560.0	0.0	113522	2022-07-24

图 1-40 任务实施 1-2-3（2）

"NaN"或"None"字符串，它是指什么也没有的值。在聚合函数（groupby()）里，NaN 值和 None 都不会被计算。在写入数据库时，NaN 会报错，而 None 不会。

在大多数情况下，较大的数据集以不同形式保存更多数量的 NaN 值，因此将这些 NaN 标准化为单个值或所需的值是处理较大数据集时的关键过程，在 Pandas 库中用 fillna() 方法验证所有 NaN 值并用指定的替换值替换它们。

df. fillna() 方法的语法规则如下，df 是 Pandas 库中的 DataFrame 对象。

df. fillna（替换值, inplace = ）

【参数说明】

替换值，表示用"替换值"填充缺失值。

inplace = 参数有两个值，分别是 True 和 False，当 inplace = True 时，表示直接修改原对象，当 inplace = False 时，表示创建一个副本，在副本上进行修改，原本数据保持不变，inplace = 参数的默认值是 False。NaN 值替换前后对比，如图 1-41 所示。

Pandas 库 fillna() 方法

客户名称	1月应收账款	2月应收账款	3月应收账款
翔虹企业	NaN	21000	23000
美迪电器	124500	NaN	124500
细米科技	80000	80000	NaN

df.fillna(0)

客户名称	1月应收账款	2月应收账款	3月应收账款
翔虹企业	0	21000	23000
美迪电器	124500	0	124500
细米科技	80000	80000	0

图 1-41 fillna() 函数

四、添加、筛选账龄分析数据列

任务实施 1-2-4

Step1 增加"账龄"列

增加"账龄"列，并根据"记账日期"与"对账日期"的差额计算出账龄，账龄以"月"作为单位表示。代码示例及运行结果如图 1-42 所示。

代码行 2 的作用是计算"记账日期"与"对账日期"的差额，其中"(enddate. year—startdate. year) * 12"是把年差额转成月差额；"(enddate. day—startdate. day)/

任务实施 1-2-4 代码录屏

```
1  def month_delta(startdate,enddate):
2      return round((enddate.year - startdate.year)*12+
3          enddate.month- startdate.month+
4          (enddate.day-startdate.day)/30,2)
5  df1['账龄']=df1.apply(lambda x :month_delta(x['记账日期'],x['对账日期']),axis=1)
6  df1
```

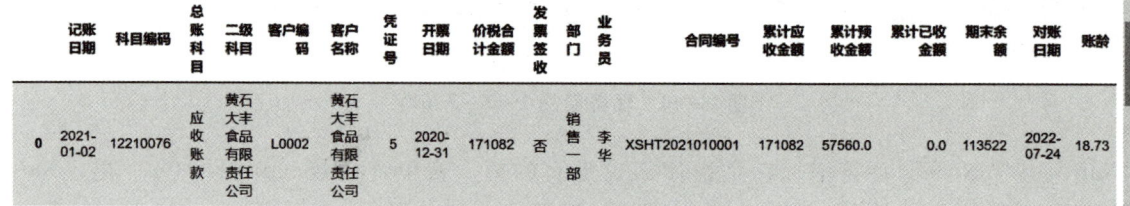

	记账日期	科目编码	总账科目	二级科目	客户编码	客户名称	凭证号	开票日期	价税合计金额	发票签收	部门	业务员	合同编号	累计应收金额	累计预收金额	累计已收金额	期末余额	对账日期	账龄
0	2021-01-02	12210076	应收账款		L0002	黄石大丰食品有限责任公司	5	2020-12-31	171082	否	销售一部	李华	XSHT2021010001	171082	57560.0	0.0	113522	2022-07-24	18.73

图 1-42 任务实施 1-2-4（1）

30"是把日差额转换成月差额。

代码行 5 是通过 apply() 方法将匿名函数计算的账龄结果自动填充到 df1 的"账龄"列中。

Step2 增加"账龄类别"列

增加"账龄类别"列，根据"账龄"的时间分为 0 至 3 个月、3 至 6 个月、6 个月至 1 年、1 年至 2 年、2 年至 3 年与 3 年以上。代码示例及运行结果如图 1-43 所示。

```
1   def explain(month):
2       if month<=3:
3           explain='0-3个月'
4       elif month<=6:
5           explain='3-6个月'
6       elif month<=12:
7           explain='6个月-1年'
8       elif month<=24:
9           explain='1年-2年'
10      elif month<=36:
11          explain='2年-3年'
12      else:
13          explain='3年以上'
14      return explain
15  df1['账龄类别']=df1['账龄'].map(explain)
16  df1
```

	记账日期	科目编码	总账科目	二级科目	客户编码	客户名称	凭证号	开票日期	价税合计金额	发票签收	部门	业务员	合同编号	累计应收金额	累计预收金额	累计已收金额	期末余额	对账日期	账龄	账龄类别
0	2021-01-02	12210076	应收账款		L0002	黄石大丰食品有限责任公司	5	2020-12-31	171082	否	销售一部	李华	XSHT2021010001	171082	57560.0	0.0	113522	2022-07-24	18.73	1年-2年

图 1-43 任务实施 1-2-4（2）

代码行 1 至代码行 14 的作用是自定义函数 explain(month)，此函数的作用是根据参数 month 自动获取"账龄类别"的值，函数的返回值是 explain，explain 又作为代码行 15map()函数的参数。

代码行 15 的作用是循环替换"账龄类别"列的值为 explain，使用了 map() 函数。

Step3　筛选数据

简化表格信息，筛选出对账龄分析有用的信息列。建议筛选"记账日期""总账科目""二级科目""累计应收金额""期末余额""对账日期""账龄类别"。代码示例及运行结果如图 1-44 所示。

```
1  df2=df1.loc[:,('记账日期','总账科目','二级科目 ','累计应收金额','期末余额','对账日期','账龄类别')]
2  df2
```

	记账日期	总账科目	二级科目	累计应收金额	期末余额	对账日期	账龄类别
0	2021-01-02	应收账款	黄石大丰食品有限责任公司	171082	113522	2022-07-24	1-2年
1	2021-01-02	应收账款	深圳明阳电池有限责任公司	117520	60568	2022-07-24	1-2年
2	2021-01-03	应收账款	南京长江电子有限责任公司	53336	53336	2022-07-24	1-2年
3	2021-01-06	应收账款	苏州正阳商贸有限公司	182269	109361	2022-07-24	1-2年
4	2021-01-07	应收账款	天津利诚日化有限公司	260465	104186	2022-07-24	1-2年

图 1-44　任务实施 1-2-4（3）

代码行 1 的作用是从变量 df1 中筛选出账龄分析所需要的列。我们学习过 loc[:,[列标签 1,列标签 2……]]，它的作用与这里的 loc[:,(列标签 1,列标签 2……)] 的作用是一样的，都是取出指定列的所有行数据。

五、分析数据及可视化结果

任务实施 1-2-5

Step1　按"账龄类别"统计应收款

根据"账龄类别"进行分段统计，计算每一段的累计应收总额。代码示例及运行结果如图 1-45 所示。

任务实施 1-2-5
代码录屏

```
1  df3=df2.groupby("账龄类别").sum().reset_index()
2  df3
```

	账龄类别	累计应收金额	期末余额
0	1年-2年	18570872	10425914
1	3-6个月	10051689	4781633
2	6个月-1年	19319497	10566406

图 1-45　任务实施 1-2-5（1）

代码行 1 的作用是将 df2 中的"账龄类别"列进行汇总，然后累加相同账龄类别的"累计应收金额"列数值和"期末余额"列数值，在累加结果的基础上进行重置行索引，所以我们在代码运行结果中看到行索引为 0 至 2，账龄类别为 1~2 年的累计应收款金额为 18570872 元。代码编写上首先运用 groupby() 方法对指定列标签进行汇总，然后运用 sum() 方法对汇总结果进行累加，最后运用 reset_index() 方法对汇总累加数据进行重置行索引。

Step2　计算占比

计算不同账龄类别的累计应收金额及期末余额占比。代码示例及运行结果如图 1-46 所示。

```
1  ljSum = df3['累计应收金额'].sum()
2  df3['累计应收金额占比'] = round(df3['累计应收金额'] / ljSum ,4 )
3  df3['累计应收金额占比'] = df3['累计应收金额占比'].apply(lambda x: format(x, '.2%'))
4  qmSum = df3['期末余额'].sum()
5  df3['期末余额占比'] = round(df3['期末余额'] / qmSum ,4 )
6  df3['期末余额占比'] = df3['期末余额占比'].apply(lambda x: format(x, '.2%'))
7  df3
```

	账龄类别	累计应收金额	期末余额	累计应收金额占比	期末余额占比
0	1-2年	18570872	10425914	38.74%	40.45%
1	3-6个月	10051689	4781633	20.97%	18.55%
2	6个月-1年	19319497	10566406	40.30%	41.00%

图 1-46　任务实施 1-2-5（2）

代码行 1 是使用 sum() 方法对 df3 中"累计应收金额"列的数据进行合计，然后赋值给变量 ljSum。

代码行 2 是添加"累计应收金额占比"列，数值为"累计应收金额"除以"累计应收金额"列的数据合计数，结果保留 4 位小数。

代码 3 使用 apply() 函数和 lambda 匿名函数，将代码行 2 计算出来的结果转换为保留 2 位小数的百分数，并逐行填写在"累计应收金额占比"列中。

代码行 4~6 的作用同代码行 1~3。

Step3　可视化应收款期末余额占比结果

使用任务实施 1-2-5（1）中 df3 数据的账龄类别和期末余额绘制一个饼图，展现期末余额账龄情况。代码示例如图 1-47 所示。

运行结果如图 1-48 所示。

代码行 1 的作用是导入 matplotlib 库中的 pyplot 模块，并简称为 plt。

代码行 3 和 4 的作用是设置负号和中文在图形中的正确显示，一般直接使用代码。

代码行 5 的作用是提取 df3 变量中的"期末余额"列的数据，为绘制饼图做好数据准备。

代码行 6~9 的作用是生成饼图及对饼图的参数进行设置。plt.pie() 方法用于生成一个饼图，其语法规则是：

plt. pie（数据, labels =, autopct =, explode =, startangle =）

```
1   import matplotlib.pyplot as plt  #导入绘图包
2
3   plt.rcParams['font.sans-serif']=['SimHei']  # 设置用黑体显示中文
4   plt.rcParams['axes.unicode_minus']=False  #设置#正常显示负号
5   ratio=df3['期末余额'].tolist()  #设置生成饼图的数据
6   ratio_text=df3['账龄类别']  #设置饼块的标签
7   plt.rcParams['figure.figsize']=5,5  #设置画布的大小
8   # 设置饼图参数
9   plt.pie(
10      ratio,
11      labels=ratio_text,
12      autopct="%3.1f%%",
13      explode=(0,0,0),
14      startangle=50
15      )
16  plt.title("期末余额账龄占比图")
```

图1-47 任务实施1-2-5（3）代码示例

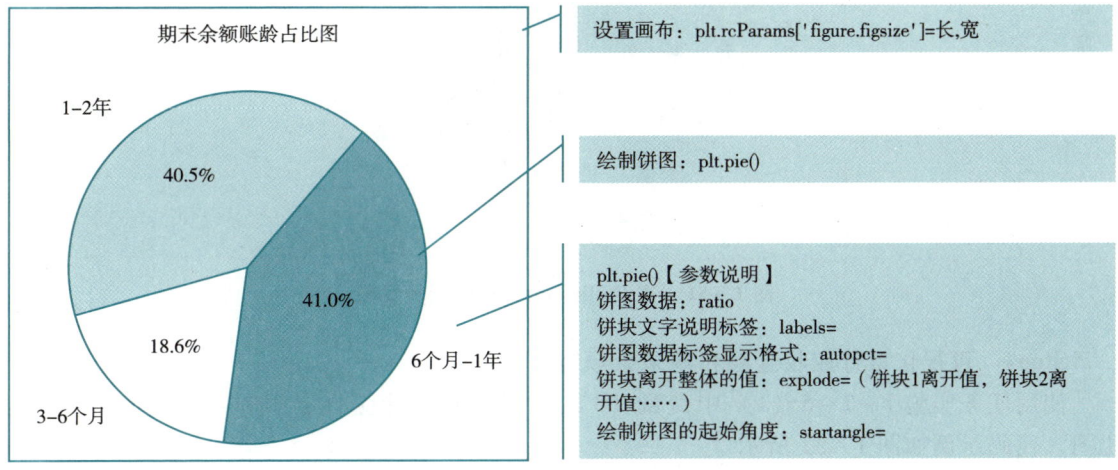

图1-48 任务实施1-2-5（3）运行结果

【参数说明】

数据，指绘制图像的数据源。

labels=，用于设置饼块文字标签。

autopct=，用于设置图像中数据标签的显示格式。

explode=，用于设置饼块突出整体图像的值，此参数括号里的个数与数据的条数一致，如将任务实施1-2-5（3）中的代码行13改写为explode=(0,0.1,0.3)，其他不变，得到的图像如图1-49所示。

startangle=，用于设置起始绘制饼图的角度，默认为从x轴正方向逆时针画起，如设定=90则从y轴正方向画起，如图1-50和图1-51所示。

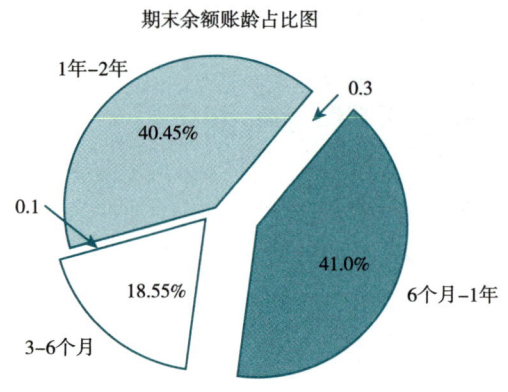
图1-49 重设explode=参数后的饼图

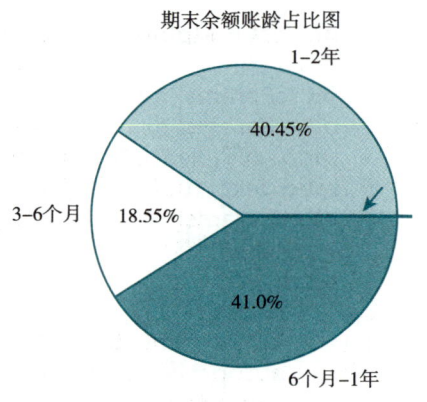
图1-50 重设startangle=0后的饼图

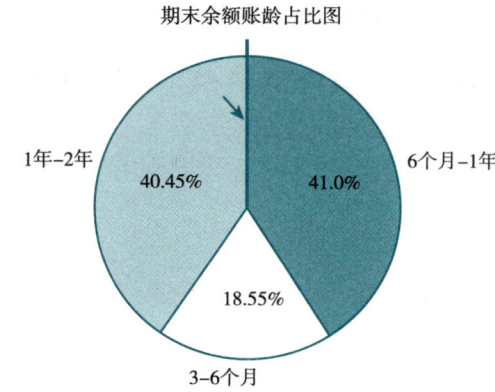
图1-51 重设startangle=90后的饼图

Step4 可视化累计应收金额和期末余额对比结果

使用任务实施1-2-5（1）中变量df3的数据绘制累计应收金额和期末余额的柱状对比图。代码示例如图1-52所示。

运行结果如图1-53所示。

代码行1至代码行3的作用是导入绘制图像所需要的库。

代码行5至代码行6的作用是设置中文和负号显示方式。

代码行8的作用是生成画布，大小为长14，宽7，分辨率为90，分辨率越大，图像越清晰。

代码行10的作用是提取每个"账龄类别"的具体值，包括1~2年，3~6个月，6个月~1年。

代码行11至代码行12的作用是提取"累计应收款金额"列和"期末余额"列的具体数据。

代码行15的作用是计算出需要绘制柱子的数量，先通过len(year)计算出"账龄类别"列数值的数量，结果为3，再通过range(len(year))生成[0,1,2]列表，最后x=[0,1,2]。

```
1   import matplotlib
2   import matplotlib.pyplot as plt
3   import numpy as np
4
5   matplotlib.rcParams['font.sans-serif']=['SimHei']
6   matplotlib.rcParams['axes.unicode_minus']=False
7
8   plt.figure(figsize=(14, 7), dpi=90)
9
10  year = df3['账龄类别']
11  data1 = df3['累计应收金额']
12  data2 = df3['期末余额']
13
14  # 先得到变量year的长度，再组成从0开始的等差数列
15  x = range(len(year))
16
17  plt.bar(x, data1, width=0.1,color='#FF6347',label='累计应收金额')
18
19  # 向右移动0.1，柱状条宽度为0.1
20  plt.bar([i + 0.1 for i in x], data2, width=0.1, color='#008B8B',label='期末余额')
21
22  # 底部汉字移动到两个柱状条中间(本来汉字是在左边蓝色柱状条下面，现向右移动0.05)
23  plt.xticks([i + 0.05 for i in x], year)
24  plt.yticks(fontsize=13)
25
26  plt.ylabel('单位（万元）',size=13)
27  #设置图例位置
28  plt.legend(loc=0,fontsize=13)
29
30  # 为每个条形图添加数值标签
31  for x1,y1 in enumerate(data1):
32      plt.text(x1, y1+200, y1,ha='center',fontsize=11)
33  for x2,y2 in enumerate(data2):
34      plt.text(x2+0.1,y2+200,y2,ha='center',fontsize=11)
35  plt.title("累计应收款金额与应收款期末余额对比图")
36  plt.show()
```

图 1-52　任务实施 1-2-5（4）代码示例

代码行 17 的作用是生成 "累计应收款金额" 列的柱状图。使用了 plt.bar() 函数生成柱状图，plt.bar() 函数的语法规则是：

plt.bar(x 轴坐标, y 轴坐标, width =, color =, label =)

【参数说明】

x 轴坐标，指柱子在 x 轴上的坐标。数据类型为浮点数或类数组结构，也可以为字符串数组。如代码行 23 中运用的 x 坐标。

y 轴坐标，指柱子的高度，即 y 轴上的坐标。数据类型为浮点数或类数组结构。

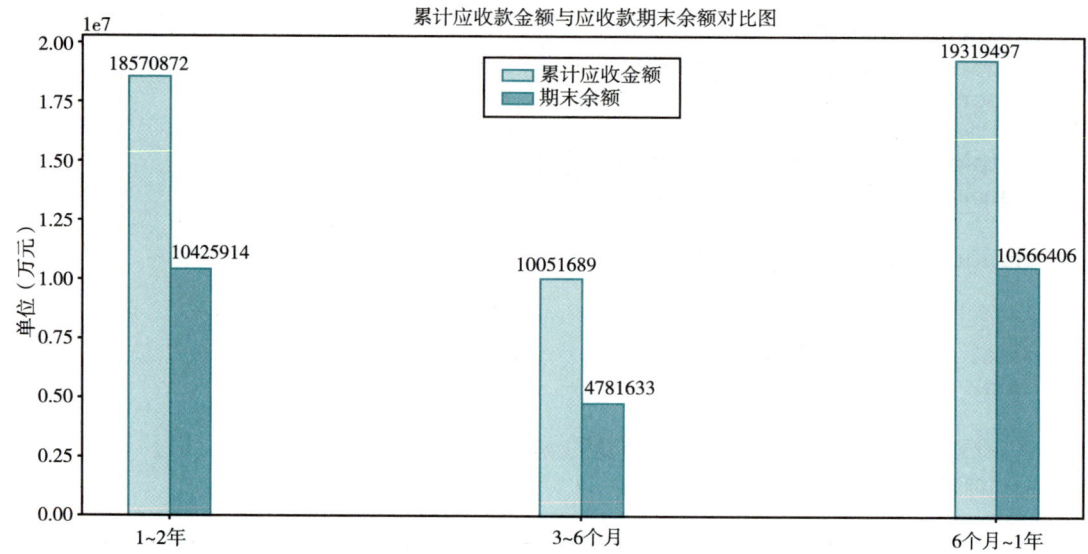

图 1-53　任务实施 1-2-5（4）运行结果

width =，指柱子的宽度。数据类型为浮点数或类数组结构，默认值为 0.8。调整柱子的宽度会影响柱子之间的间距，比如将任务实施 1-2-5（4）中的 width = 进行调整后，柱子的宽度与间距就发生了变化，同时因为柱子的大小与间距发生了变化，所以两色柱子的位置及数据标签的位置需要同步修改，具体代码如图 1-54 所示。

```
17  plt.bar(x, data1, width=0.3,color='#FF6347',label='累计应收金额')
18
19  # 向右移动0.3, 柱状条宽度为0.3
20  plt.bar([i + 0.3 for i in x], data2, width=0.3, color='#008B8B',label='期末余额')
21
22  # 底部汉字移动到两个柱状条中间(本来汉字是在左边蓝色柱状条下面, 现向右移动0.05)
23  plt.xticks([i + 0.05 for i in x], year)
24  plt.yticks(fontsize=13)
25
26  plt.ylabel('单位（万元）',size=13)
27  #设置图例位置
28  plt.legend(loc=0,fontsize=13)
29
30  # 为每个条形图添加数值标签
31  for x1,y1 in enumerate(data1):
32      plt.text(x1, y1+200, y1,ha='center',fontsize=11)
33  for x2,y2 in enumerate(data2):
34      plt.text(x2+0.3,y2+200,y2,ha='center',fontsize=11)
35  plt.title("累计应收款金额与应收款期末余额对比图")
36  plt.show()
```

图 1-54　修改 width = 及相关参数后的代码

运行结果如图 1-55 所示。

color =，指设置柱子的填充色。数据为颜色值或颜色值序列。

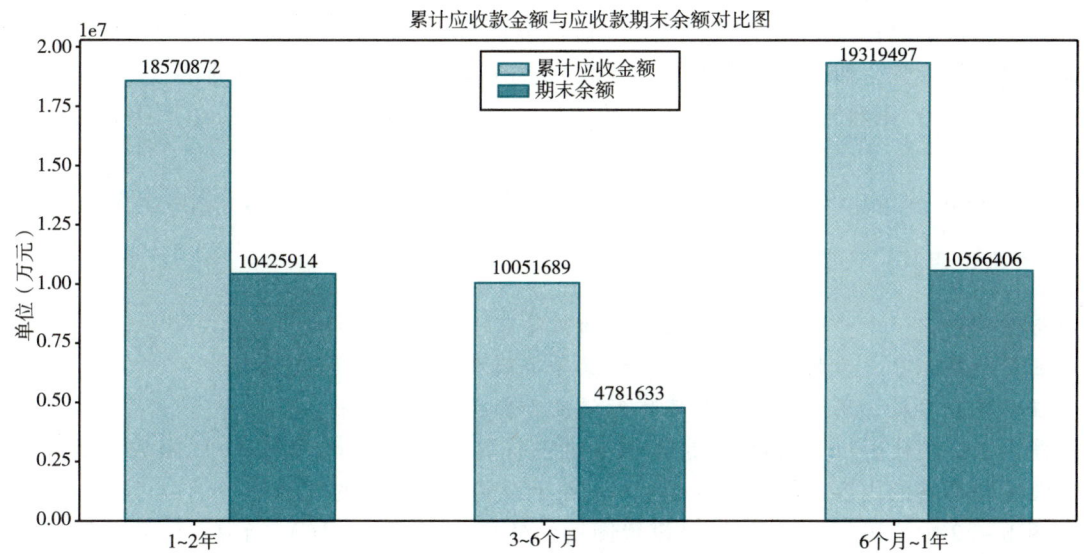

图1-55 修改 width = 及相关参数后的图像

我们可以使用一些基本颜色的单字符简写符号，比如，蓝色（color='b'），绿色（color='g'），也可以使用十六进制6位BRG颜色码，比如，深蓝色（color='#00008B'）。

常用 color = 参数功能如表1-6所示。

表1-6

color = 参数 单字符简写符号	color = 参数 6位BRG颜色码	描述	color = 参数 单字符简写符号	color = 参数 6位BRG颜色码	描述
'b'	#0343DF	蓝色	'm'	#C20078	洋红色
'g'	#15B01A	绿色	'y'	#FFFF14	黄色
'r'	#E50000	红色	'k'	#000000	黑色
'c'	#00FFFF	湖蓝色	'w'	#FFFFFF	白色

更多关于颜色的参数可以参考 Matplotlib 库中的说明，网址是：https://matplotlib.org/stable/tutorials/colors/colors.html。可扫二维码：颜色参数打开查看。

颜色参数

label = ，指设置图例标题。

图1-52中代码行20的作用是绘制"期末余额"列的柱状图，使用了 plt.bar() 函数，该函数中的第一个参数的作用是生成根据"累计应收款金额"列图像的 x 坐标向右偏移0.1的新的 x 轴坐标列表，这样"期末余额"列的柱子就不会与"累计应收款金额"列的柱子重叠了，如果设置偏移量小于0.1，那么两个柱子就会有部分重叠，因为"累计应收款金额"列的柱子宽度是0.1，如果设置偏移量大于0.1，两个柱子就会分离。

图1-52中代码行23的作用是设置 x 轴的刻度并指定刻度显示的值，使用了 plt.xticks() 函数，该函数的第二个参数是指定刻度的值为变量 year 列表，第一个参数是指定 x 轴刻度，

位置是从原点向右偏移 0.05 的等差数列列表，即 [0.05, 1.05, 2.05]。

图 1-52 中代码行 24 的作用是设置 y 轴刻度的格式，使用了 plt.yticks() 函数，该函数没有指定数值参数，即使用默认参数，参数 fontsize = 用于设置刻度字体的字号。

plt.xticks() 函数与 plt.yticks() 函数的语法格式是一样的，plt.xticks() 函数的语法规则是：

matplotlib.pyplot.xticks（标量序列,[显示标签1,显示标签2,…],任意多个参数）

【参数说明】

标量序列，一个一维数组，确定了 x 轴刻度。
显示标签列表，为数组类型，用于设置每个刻度所显示标签。
任意多个参数，用于设置标签字体倾斜度和颜色等外观属性。

图 1-52 中代码行 26 的作用是指定 y 轴的标签，使用了 plt.ylabel() 函数，函数的第一个参数是标签的内容，第二个参数 size = 用于设置显示内容的字号。

图 1-52 中代码行 28 的作用是设置图例，使用了 plt.legend() 函数，函数的第一个参数 loc = 用于设置图例的 y 坐标，loc = 0 表示与图像顶端对齐，数值越大图例越往图像的底端靠，此处没有指定图例的 x 坐标，x 坐标的默认值为居中，同时满足不与图像柱子重叠的规则。第二个参数 fontsize = 用于设置图例字体的大小。

图 1-52 中代码行 31 至代码行 34 的作用是为柱子添加数据标签，首先使用了 for 循环和 enumerate() 函数获取标签显示的 x 坐标和 y 坐标。enumerate() 函数用于将一个可遍历的数据对象（如列表、元组或字符串）组合为一个索引序列，同时列出数据和数据下标，一般用在 for 循环当中。enumerate() 函数的语法规则是：

enumerate（序列数据对象变量,[start = 0]）

【参数说明】

序列数据对象变量，指一个序列、迭代器或其他支持迭代对象，如列表、字典、元组等。
start，指下标起始位置的值。
示例代码及运行结果如图 1-56 和图 1-57 所示。

```
1  data = [100,200,300]
2  for x,y in enumerate(data):
3      print(x,y)
```
0 100
1 200
2 300

图 1-56　enumerate() 函数

```
1  data = [100,200,300]
2  for x,y in enumerate(data,2):
3      print(x,y)
```
2 100
3 200
4 300

图 1-57　enumerate() 函数

图 1-52 代码行 32 使用 plt.text() 函数添加数据标签，plt.text() 函数的作用是在图像的指定位置（即 x,y 坐标处）添加文字对象。plt.text() 函数的语法规则是：

plt.text（x 轴坐标,y 轴坐标,文本,ha =,fontsize =）　　说明：此处没有写出全部的参数

【参数说明】

x 轴坐标，指文本内容所在位置的横坐标。
y 轴坐标，指文本内容所在位置的纵坐标。
文本，指文本内容。
ha =，指文本相对柱子的水平位置，它有三个值：'left''center''right'，'ha'='right'是指右对齐。
fontsize =，指设置文本的字号。

图 1-52 代码行 34 中，x2+0.1 设置了标签的 x 轴坐标向右移动 0.1，y2+200 设置了 y 轴坐标向上移动 200。

图 1-52 中代码行 35 的作用是设置图像的标题。使用了 plt.title() 函数，plt.title() 函数的参数为标题字符串。

图 1-52 中代码行 36 的作用是显示图像，使用了 plt.show() 函数。

至此，客户应收账款分析代码开发完毕。

六、撰写客户应收款账龄分析报告

月度客户应收款账龄分析报告

1. 应收款总体情况分析

到目前为止，公司发生的累计应收款总额约为 4794.21 万元，应收款期末余额总额约为 2577.40 万元，未收回的应收款占累计应收款总额的 53.76%。

2. 应收款累计金额及期末余额分析（见表 1-7）

表 1-7　　　　　　　　　应收款累计金额占比表

序号	账龄类别	累计应收金额（元）	期末余额（元）	累计应收金额占比（%）	期末余额占比（%）
0	1~2年	18570872	10425914	38.74	40.45
1	3~6个月	10051689	4781633	20.97	18.55
2	6个月~1年	19319497	10566406	40.30	41.00

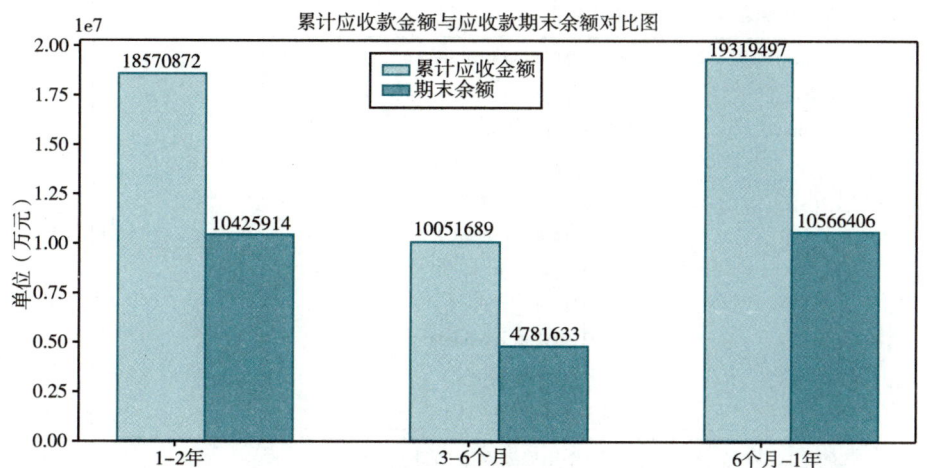

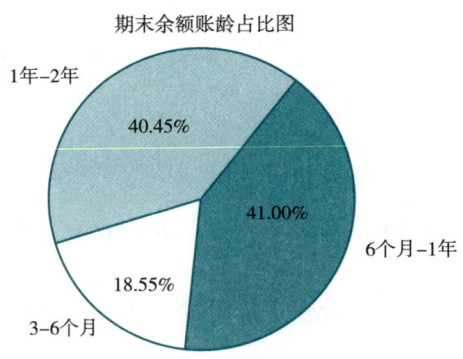

图表 1-1 应收账款账龄分析图表

从图表 1-1 中可以知道：

（1）账龄区间在 6 个月~1 年的应收款在全部应收款中的占比为 41%，此区间的未收回账款在全部未收回账款中的占比为 41.00%，两方面占比都比较大，可见此部分应收款需要重点关注、加强管理。

（2）账龄区间在 1~2 年的应收款在全部应收款中的占比为 38.74%，此区间的未收回账款在全部未收回账款中的占比为 40.45%，由于未收回账款占比大于应收款占比，以及账龄较长，需要关注坏账风险是否增加。

考核与评价

考核的重点是理论知识的掌握水平、技术技能的应用水平以及职业素养，学习者可以从以上三个方面评价学习效果，具体评价项目及标准见表 1-8。

表 1-8　　　　　　　　　　模块考核评价标准

考核项目	考核内容		配分	得分
理论知识水平	能正确解释客户往来款账龄分析流程		10	
	能正确复述以下方法的语法规则		10	
	Pandas 库： .loc[ ] fillna( )	Matplotlib 库 pyplot 子库： pyplot.pie( ) pyplot.title( ) pyplot.figure( ) pyplot.bar( ) pyplot.xticks( ) pyplot.yticks( ) pyplot.ylabel( ) pyplot.legend( ) pyplot.text( ) pyplot.show( )		
	能正确举例说明上述方法的作用以及参数的设置方法		10	

续表

考核项目	考核内容	配分	得分
理论知识水平总分		30	
技术技能应用水平	能绘制客户应收账款账龄分析程序流程图	5	
	能应用 Pandas 库中 loc[ ] 方法提取数据、fillna( ) 方法清洗数据，datetime 模块中 date.today( ) 方法获取当前日期	10	
	能应用 Matplotlib 子库 pyplot 中 pie( ) 方法绘制饼图，bar( ) 方法绘制柱状图，xticks( ) 方法和 yticks( ) 方法设置横、纵坐标，ylabel( ) 方法、legend( ) 方法、text( ) 方法及 title( ) 方法等设置图像元素，show( ) 方法显示图像	15	
	能根据数据分析结果撰写月度客户应收账款账龄分析报告	10	
技术技能应用水平总分		40	
职业素养	向同学、老师请教时态度友好、诚恳	5	
	编程过程中遇到困难时主动寻求解决方法，耐心阅读方法说明与案例，如需求助于人时，先准备好咨询的问题，并准确、清晰地表达	5	
	检查任务成果时细致、认真、严谨，也可邀请别人一起检查	5	
	调试程序过程中能修改自己的错误	5	
	在别人的帮助下能将代码调试成功	5	
	面对同学的求助，积极响应	5	
职业素养总分		30	
综合评价总分		100	

总结与提高

一、任务实施情况分析

任务完成后，学习者根据任务实施情况，分析存在的问题及原因，并填写表 1-9。指导老师对任务实施情况进行评价。

表 1-9　　　　　客户往来款账龄分析任务实施情况分析表

任务实施过程	存在的问题	解决的办法
采集数据		
清洗、整理数据		
添加、筛选账龄分析数据列		

续表

任务实施过程	存在的问题	解决的办法
统计并可视化结果		
撰写月度客户应收款账龄分析报告		

二、总结

(1) loc[ ] 函数是从 DataFrame 对象中选择部分数据时的基础且是重要的方法，使用 loc[ ] 函数，通过列标签和行号来选择表的任意切片时，记得将参数用"[ ]"包裹起来，使用 df.loc[:,'列标签']时，容易忘记冒号及逗号（ :, ），列标签外容易缺少中括号（[ ]）。

(2) fillna() 方法是清洗数据时基础且常用的方法，它能快速处理表格中的 NaN 或 None 等值。

(3) 使用 Pandas 库中的 apply() 函数时，需要注意 axis = 1 表示逐行添加数据。

(4) 图像绘制的思路是：

①设置环境；②设置中文和负号显示；③准备数据；④创建画布；⑤绘制图像及设置图像格式；⑥设置坐标显示内容及格式；⑦设置数据标签；⑧设置图例及标题。

实战演练

一、不定项选择题[①]

1. 如果我们想用 Python 程序解决财务工作中一些重复性工作时，以下工作步骤顺序正确的是（　　）。

①确定数据源材料　②明确任务成果　③分析与规整数据　④分析程序流程，绘制程序流程图　⑤梳理工作任务的手工工作流程　⑥找到实现流程图中每个步骤目标的方法　⑦按流程图顺序编写各步骤 Python 代码　⑧调试、修正各步骤代码至结果正确　⑨判断程序执行结果是否正确　⑩根据程序分析结果撰写分析报告

A. ②－①－③－⑤－④－⑦－⑥－⑧－⑨－⑩
B. ②－①－⑤－③－④－⑥－⑦－⑧－⑨－⑩
C. ②－①－⑤－④－⑦－③－⑥－⑧－⑨－⑩

[①] 说明：不定项选择题中的代码默认为已经导入相关库后再编写的代码。

D. ②-⑤-④-⑥-①-③-⑦-⑧-⑨-⑩

2. 在 Jupyter Notebook 编辑器中安装第三方库，以下选项中正确的方法是（　　）。

A.
```
1  pip install docxtpl
```

B.
```
1  !pip install docxtpl
```

C.
```
1  !pip3 install docxtpl
```

D.
```
1  pip3 install docxtpl
```

3. 观察图 1-58，读取"客户信息表"工作表到 Python 的正确方法是（　　）。

备注：图 1-58 中的地址为非真实地址。

图 1-58

A.
```
1  path = '应收账款明细表202203.xlsx'
2  df = pd.read_excel(path)
```

B.
```
1  path = '应收账款明细表202203.xlsx'
2  df = pd.read_excel(path,header=2)
```

C.
```
1  path = '应收账款明细表202203.xlsx'
2  df = pd.read_excel(path,sheet_name=1)
```

D.
```
1  path = '应收账款明细表202203.xlsx'
2  df = pd.read_excel(path,sheet_name='客户信息表')
```

4. 筛选表格变量 df 中"期末余额"列的值不为"0"的行的正确代码是（　　）。

A.
```
1  df1= df[df['期末余额']!=0]
```

B.
```
1  df1= df['期末余额']!=0
```

C.
```
1  df1= df[df('期末余额')!=0]
```

D.
```
1  df[df['期末余额']!=0]
```

5. 获取指定日期为对账日期，以下代码正确的是（　　）。

A.
```
1  import datetime
2  df1['对账日期'] = datetime.date(2022-7-10)
```

B.
```
1  import datetime
2  df1['对账日期'] = datetime.date("2022,7,10")
```

C.
```
1  import datetime
2  df1['对账日期'] = datetime.date(2022,7,10)
```

D.
```
1  import datetime
2  df1['对账日期'] = datetime.date("2022-7-10")
```

6. 为变量 df1 增加"账龄"列，图 1-59 中的星号（***）处，应该填入（　　），才能得到图 1-60 所显示的结果。

```
1  def month_delta(startdate,enddate):
2      return round((enddate.year - startdate.year)*12+enddate.month- startdate.month+\
3          (enddate.day-startdate.day)/30,2)
4  df1*** = df1.apply(lambda x :month_delta(x['记账日期'],x['对账日期']),axis=*** )
5  df1
```

图 1-59

	记账日期	科目编码	总账科目	二级科目	客户编号	客户名称	凭证号	开票日期	价税合计金额	发票签收	部门	业务员	合同编号	累计应收金额	累计预收金额	累计已收金额	期末余额	对账日期	账龄
0	2021-01-02	12210076	应收账款	黄石大丰食品有限责任公司	L0002	黄石大丰食品有限责任公司	5	2020-12-31	171082	否	销售一部	李华	XSHT2021010001	171082	57560.0	NaN	113522	2022-07-10	18.27

图 1-60

A. ['账龄'], 1 B. [账龄], 0
C. ('账龄'), 1 D. ['账龄'], 0

7. 阅读图 1-61 代码后, 选项中说法正确的是（ ）。

```
1  # 变量tm的值为账龄
2  def explain(tm):
3      if tm<3:
4          explain='为了您能继续享受我司星级客户折扣权限及星级客户服务, 请尽快安排付款, 谢谢!'
5      elif tm<6:
6          explain='账期已超过3个月, 将无法享受我司星级客户折扣权限, 请尽快安排付款, 谢谢!'
7      elif tm<12:
8          explain='账期已超过6个月, 将无法享受我司星级客户折扣权限及星级客户服务, 请尽快安排付款, 谢谢!'
9      else:
10         explain='账期已超过1年, 已超出我司应收账款管理期限, 请尽快安排付款, 谢谢!'
11     return explain
12 df1['催款说明']=df1['账龄'].map(***)
```

图 1-61

A. 图中代码能在变量 df1 中增加"催款说明"行

B. 图中代码能在变量 df1 中增加"催款说明"列

C. 方法 map() 的作用是根据每行的"账龄"值带回的"催款说明"的值逐一循环替换"催款说明"列的空值

D. 星号（***）处输入：explain, 代码能正常运行

8. 有 df1, df2 两个表格, 现按 df2 表格中的"客户编号"列进行拼接, 图 1-62 代码中缺省的部分用星号（*）表示, 以下说法正确的是（ ）。

```
1  df3 = pd.*****(df1,df2,on=**,how=****)
2  df3
```

图 1-62

A. ***** 处填入：merge, 能得到正确的结果

B. ***** 处填入：concat, 能得到正确的结果

C. ** 处填入：客户编号, 能得到正确的结果

D. **** 处填入：right, 表示按 df2 表格中的"客户编号"列进行拼接

9. 导入第三方库 docxtpl 后, 图 1-63 代码中, 下列说法正确的是（ ）。

A. 代码行 4 的作用是, 以字典形式存储模板中需要更新的关键信息, 内容是变量 df4

Python财务应用

```
1  for i in range(len(df4)):  #控制循环次数
2      contxt=dict(df4.iloc[i])
3      filename=contxt['客户名称']
4      youxiang=contxt['客户邮箱']
5      tpl = DocxTemplate('应收账款对账单.docx')
6      tpl.render(contxt)
```

图 1 - 63

的行信息

  B. 代码行 5 的作用是，获取公司名称

  C. 代码行 6 的作用是，获取邮箱地址

  D. 代码行 7 的作用是，打开模板文件

  E. 代码行 8 的作用是，渲染（更新）模板文件生成新文件

10. 阅读图 1-64 代码，已导入相关库后，执行以下代码，下列说法正确的是（　　）。

```
1   for i in range(len(df4)):  #控制循环次数
2       contxt=dict(df4.iloc[i])
3       filename=contxt['客户名称']
4       youxiang=contxt['客户邮箱']
5       tpl = DocxTemplate('应收账款对账单.docx')
6       tpl.render(contxt)
7
8       if not os.path.exists('对账单文件夹'):
9           os.makedirs('对账单文件夹')
10      tpl.save('对账单文件夹/'+filename+'.docx')
11
12      subject='对账单'
13      content='尊敬的客户，您好！感谢贵公司对我司的支持与信赖，附件为本期对账单，请查收核对，\
14      确认无误后盖章回传。谢谢！'
15      attachment=filename+'.docx'
16      mail={'subject':subject,'content_text':content,'attachments':attachment}
17      server = zmail.server('123456@qq.com','kkkkkkcjydrwbhgj')
18      server.send_mail(youxiang,mail)
19      print('第'+str(i+1)+'封邮件已发送成功')
20
21  print('邮件已全部发送成功')
```

图 1 - 64

  A. 代码行 8~9 的作用是，判断对账单文件夹是否存在，如果存在就创建

  B. 代码行 12 的作用是，设置邮件主题

  C. 代码行 13~14 的作用是，设置邮件内容

  D. 代码行 15 的作用是，设置邮件附件的文件名

  E. 代码行 16 的作用是，设置邮件信息，包括邮件主题、邮件内容，邮件附件，我们可以将以上信息包裹在字典里，也可以将它们包裹在列表里

  F. 代码行 17 的作用是，设置发件邮箱的账号与密码

  G. 代码行 18 中的 *** 处应该填入：mail，****** 处应该填入：youxiang

二、实训题

【任务场景一】

根据凯杰电子有限公司的“销售合同及收款明细信息工作表.xlsx”（见图1－65），进行应收款统计，并按照电子对账单的模板（见图1－66）制作电子对账单，通过邮箱把电子对账单发送到各个客户的邮箱中。

	I	J	K	L	M	N	O	P	Q	R	S
1	是否已通知收款	记账日期	共识状态	订单状态	客户名称	是否承担运费	现金折扣	产品名称	型号	单位	合同数量
2	已通知	2021-01-10	共识通过	正常	山东欣兴电子有限责任公司	否	（1/10，0.5/30，n/90）	A101人机界面	EM1-070E	台	118
3	已通知	2021-01-12	共识通过	正常	汕尾如进电子有限责任公司	否	（1/10，0.5/30，n/60）	A101人机界面	EM1-070E	台	180
4	已通知	2021-01-11	共识通过	正常	乐山辉通电子有限责任公司	否	（1/10，0.5/20，n/30）	A101人机界面	EM1-070E	台	90
5	已通知	2021-01-11	共识通过	正常	安徽启凤电子有限责任公司	否	（1/10，0.5/20，n/30）	B201人机界面	F104E-CAN	台	217
6	已通知	2021-01-12	共识通过	正常	湖北香成代理有限责任公司	否	（1/10，0.5/30，n/60）	B201人机界面	F104E-CAN	台	226
7	已通知	2021-01-12	共识通过	正常	北京华夏化纤有限责任公司	是	（2/10，1/30，n/60）	B201人机界面	F104E-CAN	台	1446
8	已通知	2021-01-12	共识通过	正常	北京京准机械制造有限责任公司	否	无	B201人机界面	F104E-CAN	台	470
9	已通知	2021-01-12	共识通过	正常	阳泉义赛电子有限责任公司	否	（1/10，0.5/20，n/30）	B201人机界面	F104E-CAN	台	218
10	已通知	2021-01-12	共识通过	正常	榆林轩安电子有限责任公司	否	（1/10，0.5/20，n/30）	A101人机界面	EM1-070E	台	86
11	已通知	2021-01-12	共识通过	正常	商洛汇和电子有限责任公司	否	（1/10，0.5/30，n/60）	A101人机界面	EM1-070E	台	90
12	已通知	2021-01-12	共识通过	正常	贺州永城代理有限责任公司	否	（1/10，0.5/20，n/30）	B201人机界面	F104E-CAN	台	228
13	已通知	2021-01-12	共识通过	正常	桂林巨全电子有限责任公司	否	（1/10，0.5/20，n/30）	B201人机界面	F104E-CAN	台	218
14	已通知	2021-01-12	共识通过	正常	龙岩捷福代理有限责任公司	否	（1/10，0.5/30，n/90）	A101人机界面	EM1-070E	台	116
19	已通知	2021-01-12	共识通过	正常	辽宁康声电子有限责任公司	否	（1/10，0.5/30，n/60）	A101人机界面	EM1-070E	台	90
20	已通知	2021-01-16	共识通过	正常	河北光吉代理有限责任公司	否	（1/10，0.5/20，n/30）	A101人机界面	EM1-070E	台	87
21	已通知	2021-01-18	共识通过	正常	北京飞弘机械制造有限责任公司	是	（3/10，2/20，n/30）	B201人机界面	F104E-CAN	台	1226

图1－65　销售合同及收款明细信息

北京凯杰清洁用品有限公司

对 账 单

TO：{{客户名称}}

电话：{{客户电话}}

地址：{{客户地址}}

截至{{年}}年{{月}}月{{日}}日止，贵公司尚欠我司货款为：人民币{{期末余额}}元

大写（人民币）：{{人民币大写}}

{{催款说明}}

此对账单核对无误后，请于5日内签字回传，未回传则视为贵公司认可，深表谢意！

客户确认（盖章）：

FROM：北京凯杰清洁用品有限公司

{{年}}年{{月}}月{{日}}日

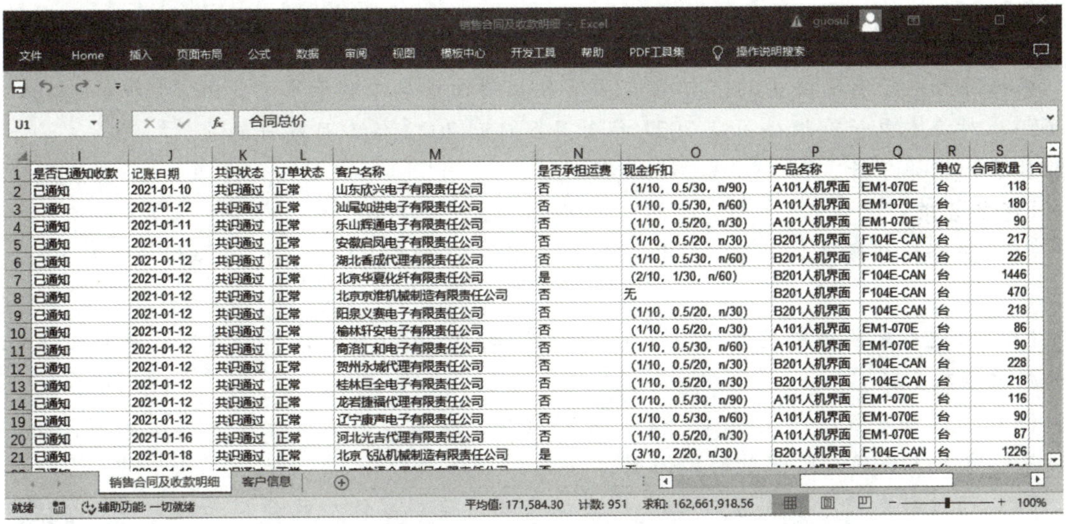

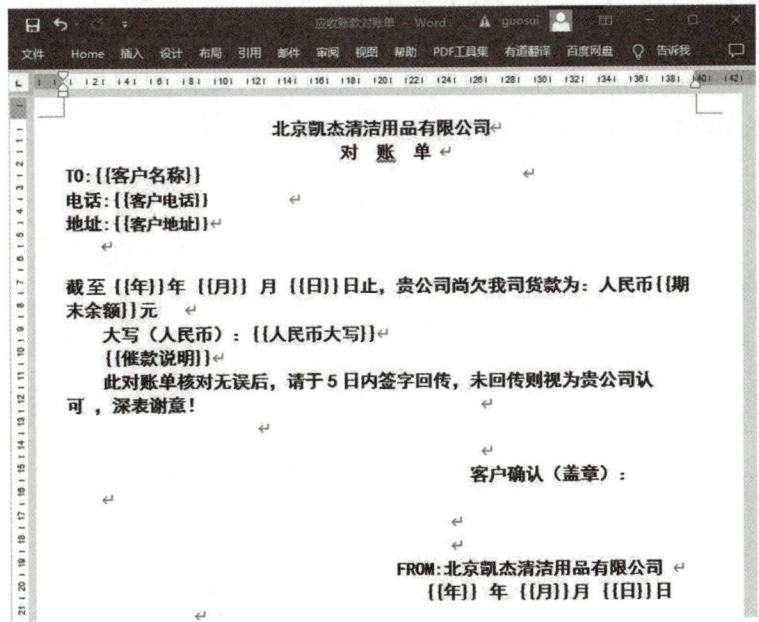

图1－66　电子对账单的模板

【任务要求】

（1）通过补充程序中星号（***）处的代码，自动生成各客户的电子对账单；

（2）通过补充程序中星号（***）处的代码，批量发送电子对账单到客户的电子邮箱。

【任务素材】

（1）销售合同及收款明细.xlsx 工作簿

（2）应收款对账单.docx 文档

（3）客户对账单批量生成（习题题目代码）.ipynb

客户对账单批量生成实训题任务素材包

【任务场景二】

根据海杰电子有限公司的"销售合同及收款明细信息工作表"（见图1-65），对海杰电子有限公司从 2021 年 1 月 6 日到 2022 年 1 月 6 日的应收账款进行账龄分析。

【任务要求】

（1）账龄的分段为：0～3 个月、3～6 个月、6 个月～1 年、1～2 年、2～3 年、3 年以上；

（2）通过补充程序中星号（***）处的代码，计算出各笔订单的账龄，并统计各账龄段的应收账款金额；

（3）通过补充程序中星号（***）处的代码，绘制合同未收款账龄占比饼图，即各账龄段未收账款占合同应收账款的比例图；

（4）通过补充程序中星号（***）处的代码，绘制累计应收金额和期末余额的柱状对比图，即各账龄段合同总金额与未收回账款的柱状对比图；

（5）撰写海杰电子有限公司应收账款账龄分析报告。

【任务素材】

（1）销售合同及收款明细.xlsx

（2）应收账款账龄分析（习题题目代码）.ipynb

应收账款账龄分析实训题任务素材包

项目二
固定资产核算与分析

 学习目标

知识学习目标：
1. 解释自动生成固定资产折旧明细表及折旧汇总表的程序流程、固定资产分析的程序流程
2. 复述以下方法的语法规则

库（模块）名称	方法（函数）
Pandas 库	to_excel( )　　groupby( )　　to_frame( )　　reset_index( ) pivot_table( )
datetime 模块	datetime.date( )
Squarify 库	squarify.plot( )
Numpy 库	arange( )
Matplotlib 库 pyplot 子库	<figure 对象>.add_subplot( )　　　　pyplot.rc( ) <axis 对象>.set_title( )　　　　　　<axis 对象>.axis( ) <axis 对象>.tick_params( )　　　　　<axis 对象>.pie( )

3. 举例说明以上方法的作用及参数设置方法

技能训练目标：
1. 绘制固定资产折旧核算程序的流程图、固定资产分析程序的流程图
2. 设计固定资产折旧明细表和折旧汇总表的表格内容
3. 设定固定资产期间折旧额、资产净值等计算公式
4. 应用 Pandas 库中 loc[ ]、fillna( )、apply( )、groupby( ) 方法实现数据提取、清洗和统计
5. 应用 Python 标准库 datetime 中 date 类方法实现时间计算
6. 应用 NumPy 库与 Pandas 库的相关方法与函数对固定资产进行分析
7. 应用 Squarify 库与 pyplot 子库对分析结果进行可视化
8. 根据数据分析结果撰写固定资产分析报告

Python财务应用

素养养成目标：
1. 提高程序阅读能力和代码修改能力
2. 培养数据管理与分析能力
3. 培养忠于职守的事业责任心
4. 养成勤于思考、勇于创新的职业习惯
5. 坚持严谨细致、诚恳待人的职业态度

项目导图

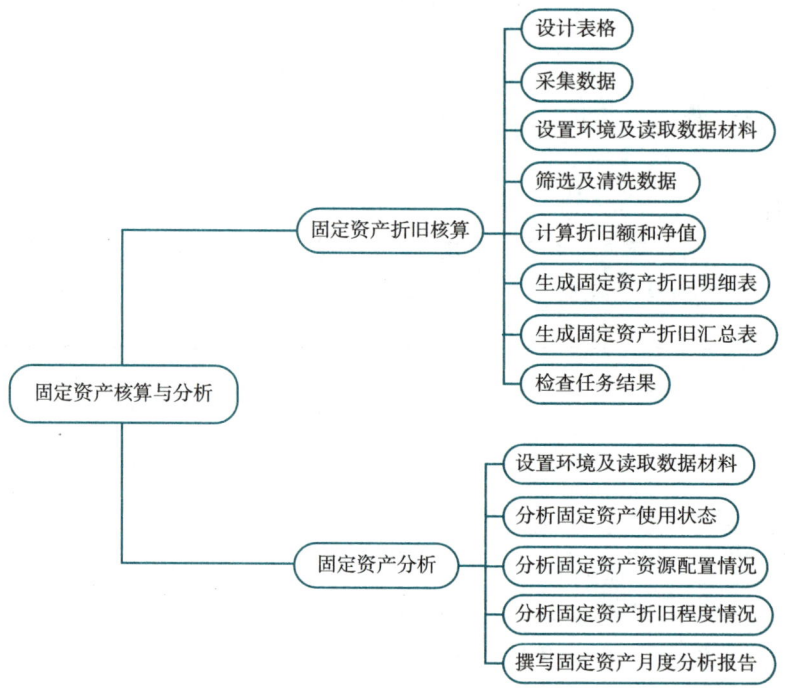

项目任务

本项目应完成的任务：
1. 设计和编写生成固定资产折旧明细表及折旧汇总表的代码。
2. 设计和编写固定资产分析的代码。

完成以上工作任务应提交的标志性成果：
1. 应用程序生成的固定资产折旧明细表及固定资产折旧汇总表。
2. 自动生成固定资产折旧明细表及固定资产折旧汇总表的代码文件。
3. 固定资产月度分析报告。
4. 生成固定资产分析数据结果的代码文件。

课程思政

项目二 固定资产核算与分析

业务场景

佛山市蓝海实业集团公司是一家高新技术企业，企业本部有五个部门，分别是本部办公室、本部销售部、电子厂区办公室、电子厂区生产车间和研发中心，每个部门拥有多项固定资产，具体数据保存在"固定资产卡片.xlsx"文件中，如图2-1所示。

图2-1 固定资产卡片表

计算各项固定资产折旧额，对固定资产进行分析是李晓每月都需要重复完成的固定资产核算与管理工作，请与李晓一起使用Python实现：

（1）编制固定资产折旧明细表和折旧汇总表。
（2）从固定资产使用状态、资源分配和折旧情况三个方面对固定资产进行分析。
（3）编写固定资产月度小结。

模块一 固定资产折旧核算

描述工作任务

企业资产会计岗位的李晓根据固定资产卡片，利用Python工具编制本月固定资产折旧明细表及折旧汇总表，并把结果分别保存到当前文件夹中的"固定资产折旧明细表.xlxs"和"固定资产折旧汇总表.xlxs"文件中。

固定资产折旧
计算工作任务
与工作计划

Python财务应用

表2-1　　　　　　　　　　　　　　工作任务卡

任务编号	3	任务名称	固定资产折旧核算	工作区域	财务大数据实训中心
建议学时	2~3	参考文件或资料	知识学习目标中相关的 Pandas 库、datetime 模块中的方法说明		
德技兼修	（1）接到任务时，先对任务进行整体分析，基于数据源条件规划实现任务目的的路径 （2）编程过程中遇到困难时主动寻求解决方法，耐心阅读方法说明与案例，如需求助于人时，先准备好咨询的问题，并准确、清晰地表达 （3）根据任务的需求修改获取的代码 （4）检查任务成果时细致、认真、严谨，也可邀请别人一起检查 （5）养成勤学好问、勤于思考、诚恳待人、严谨细致的工作态度				
工作任务	（1）生成 Excel 格式的固定资产折旧明细表及折旧汇总表 （2）设计和编写自动生成固定资产折旧明细表及折旧汇总表的代码				

制订工作计划

根据任务目的，我们可以梳理出完成此任务大致的工作计划，如图2-2所示。

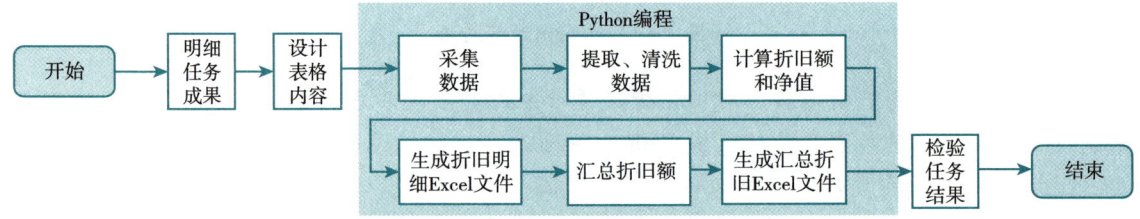

图2-2　工作计划流程图

执行工作计划

一、设计表格

根据任务目标，程序生成的固定资产明细表的表格内容应该反映与固定资产折旧相关的信息，包括资产的基本信息：使用部门、资产类别、资产名称、资产数量；反映固定资产价值的相关数据：资产原值、减值准备、期初累计折旧额、本月折旧额和资产净值。固定资产折旧汇总表则反映各部门各类固定资产的总的折旧额，如图2-3和图2-4所示。

	A	B	C	D	E	F	G	H	I
1	固定资产折旧明细表								
2	资产使用部门	资产类别	资产名称	资产数量	资产原值	减值准备	期初累计折旧	本月折旧	资产净值
3	本部办公室	工具器具及家具	中央空调						
4			办公设备						
5		房屋及建筑物	高新区3号办公楼						
6		电子设备	KDI打印复印一体机						
7			YKY电脑						
8			联想笔记本-AIR						
9		运输设备	中华商务轿车						
10			小鹏P7						
11	本部销售部	工具器具及家具	中央空调						
12		运输设备	大众商务轿车						
13			金龙客车						

图 2-3　固定资产折旧明细表设计示例

	A	B
1	固定资产折旧汇总表	
2	资产使用部门	本月折旧
3	本部办公室	
4	本部销售部	
5	电子厂区办公室	
6	电子厂区生产车间	
7	研发中心	

图 2-4　固定资产折旧汇总表设计示例

二、采集数据

生成固定资产折旧明细表的数据源是固定资产卡片（见图 2-5）。固定资产卡片的数据来源有两个：一是管理固定资产数据的会计人员；二是从 ERP 系统中导出。如果企业使用 ERP 平台进行业务财务数据管理的话就可以使用第二种方法获取任务数据。

固 定 资 产 卡 片（正面）

资产组织：蓝海实业集团

卡片编号：ZCLB040

资产类别：□房屋及建筑物 □电子设备 □工具及器具 □运输设备 √机器设备 □其他

资产名称：3M 路由探测仪	使用状态：在用
资产编号：1020018	存放地点：电子厂区生产车间
品牌型号：MSZ-0101	预计使用年限：10
生产厂商：***	启用日期：2017-8-30
计量单位：台	资产原值：321000.00
采购人员：***	折旧年限：10
售后服务电话：***	净残值率：4%
购入日期：2017-8-30	

使用记录					维修记录	
使用部门	使用人员	保管人员	领用日期	移交日期	维修时间	维修状况
生产车间	王强	王强	2017.8.30			

复核人：　　制表人：

固 定 资 产 卡 片（反面）

停用记录			减值记录		出售或报废记录	
停用原因	停用日期	启用日期	减值测试日期	减值金额	出售、报废日期	出售、报废原因
			2019/12/31	25000		

备注：

粘贴资产照片

复核人：　　制表人：

图 2-5　固定资产卡片

Python财务应用

固定资产折旧汇总表的数据源是固定资产折旧明细表,只要明细表生成了,就可以根据明细表的数据进行汇总,生成固定资产折旧汇总表了。

在数据材料准备好之后,接下来,还要做些细致的计划。

首先,把工作过程还原出来,然后思考如何编写实现每一个步骤的代码。

通过流程图的方式把手工工作过程还原出来,如图2-6所示。

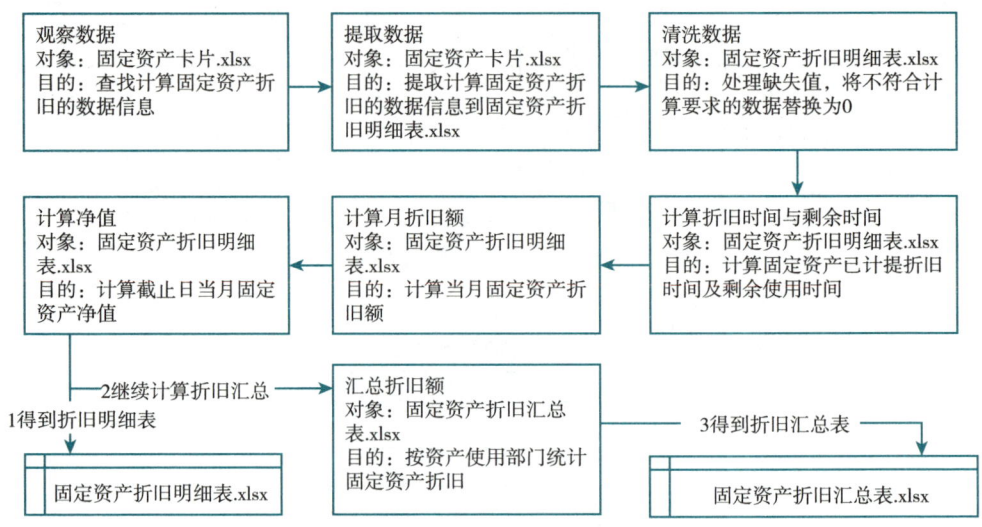

图2-6 编制固定资产折旧明细表与汇总表工作流程图

其次,绘制用代码实现以上工作过程的程序流程图,如图2-7所示。

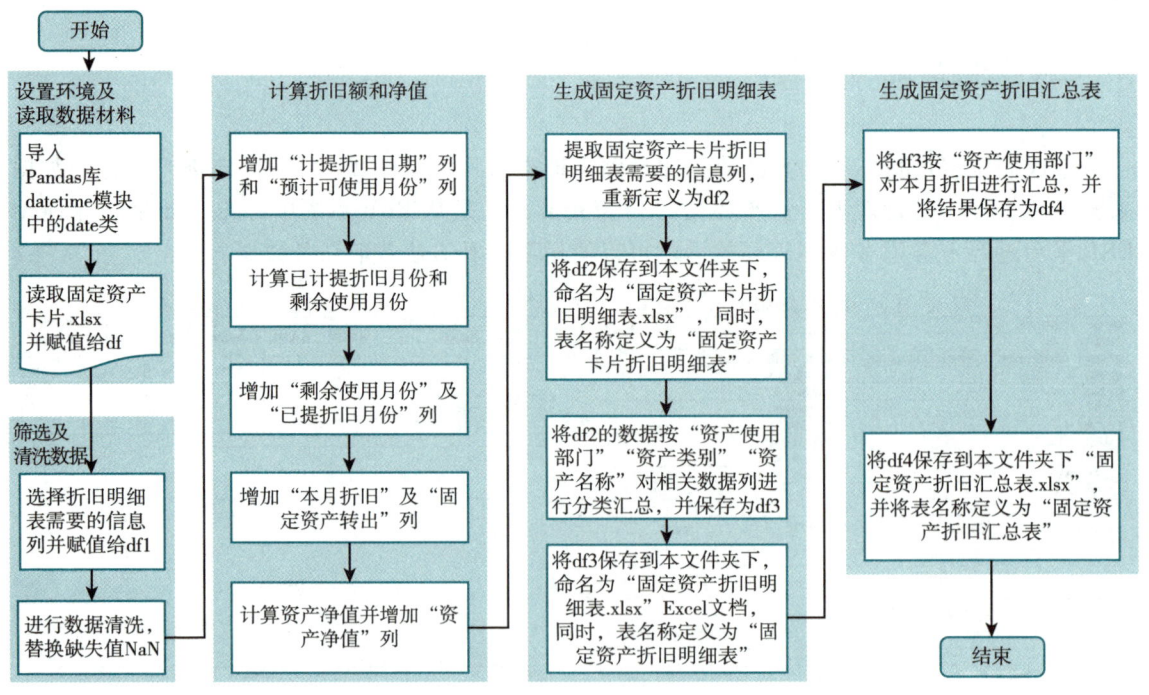

图2-7 自动生成固定资产折旧明细表程序流程图

对数据进行清洗、重组、运算等需要用到 Pandas 库。因为固定资产的折旧涉及对日期的计算，所以需要用到 datetime 模块中的 date 类，因此第一步是需要为代码的运行准备好环境，导入以上两个库。

三、设置环境及读取数据材料

任务实施 2-1-1

Step1　环境设置，导入所需要的库

环境设置，导入 Pandas 库与 datetime 模块中的 date 类。示例代码及运行结果如图 2-8 所示。

任务实施 2-1-1 至 2-1-3 代码录屏

```
1  import pandas as pd  #导入pandas库
2  from datetime import date  #导入 datetime 模块中date类
```

图 2-8　任务实施 2-1-1 (1)

代码行 1 导入了 Pandas 库并设置了它的简称为 pd。运用了 import…as…的语句。

代码行 2 导入了 datetime 模块中的 date 类。运用了 form…import…的语句。

使用 import 语句导入库或模块后，在使用此库或模块的函数时，要在函数名前标识库或模块名，如 pd.read_excel()，pd 则是库名，使用 form…import… 则不用。

Step2　读取数据材料

读取"固定资产卡片.xlsx"工作簿中的工作表"固定资产卡片"，并赋值给 df1。示例代码及运行结果如图 2-9 所示。

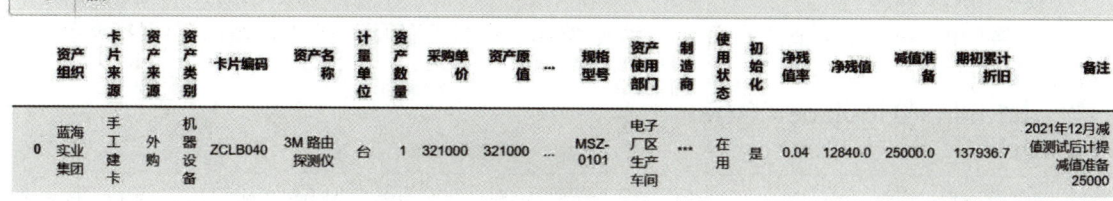

图 2-9　任务实施 2-1-1 (2)

代码行 1 的作用是定义了文档路径，先定义文档路径的好处是取值方便，让后面代码更简约，路径变量可以复用。本任务中，固定资产卡片.xlsx 文件与代码文件放在了同一个文件夹中，所以路径的表示只有文件名。如果它们存放在不同的位置时，就需要写完整的路径了，比如：path ="C：\\Users\\python_study\\test.csv"或 'C：\\Users\\ python_study\\test.csv'（使用双或单引号包裹路径）

Python财务应用

或 path = r"C:\Users\Desktop\python_study\test.csv" 或 path = "C:/Users/Desktop/python_study/test.csv"

代码行2的作用是运用read_excel()方法读取"固定资产卡片.xlsx"Excel工作簿中指定的工作表"固定资产卡片"。

四、筛选及清洗数据

任务实施2-1-2

Step1 筛选数据

根据读取的卡片信息，观察数据，我们可以根据折旧明细表需要用到的内容选择数据，并将提取出来的数据保存到新的表格变量df1中。示例代码及运行结果如图2-10所示。

```
1  #根据表格的行标和列标来进行数据筛选,此处获取所有行的对应列整列数据。
2  df1 = df.loc[:,('卡片编码','资产使用部门','资产来源','资产类别','资产名称','计量单位','资产数量',\
3          '资产原值','投入使用日期','使用状态','折旧方法','预计可使用年限','净残值率',\
4          '净残值','减值准备','期初累计折旧')]
5  df1
```

	卡片编码	资产使用部门	资产来源	资产类别	资产名称	计量单位	资产数量	资产原值	投入使用日期	使用状态	折旧方法	预计可使用年限	净残值率	净残值	减值准备	期初累计折旧
0	ZCLB040	电子厂区生产车间	外购	机器设备	3M 路由探测仪	台	1	321000	2017-08-30	在用	年限平均法	10	0.04	12840.0	25000.0	137936.7

图2-10 任务实施2-1-2（1）

建议信息列：资产使用部门，资产来源，资产类别，资产名称，计量单位，资产数量，资产原值，投入使用日期，使用状态，折旧方法，预计可使用年限，净残值率，净残值，减值准备，期初累计折旧。

代码行2使用了loc[]方法获取DateFrame数据集中指定列的所有行数据。

Step2 清洗数据

对表格中的NaN异常值进行替换，填充为0。示例代码及运行结果如图2-11所示。

```
1  df1.fillna(0,inplace=True)
2  df1
```

	卡片编码	资产使用部门	资产来源	资产类别	资产名称	计量单位	资产数量	资产原值	投入使用日期	使用状态	折旧方法	预计可使用年限	净残值率	净残值	减值准备	期初累计折旧
0	ZCLB040	电子厂区生产车间	外购	机器设备	3M 路由探测仪	台	1	321000	2017-08-30	在用	年限平均法	10	0.04	12840.0	25000.0	137936.7

图2-11 任务实施2-1-2（2）

从读取的固定资产卡片数据中可以看出，减值准备里的NaN不是一个数字，但是确实是一个float类型，所以用"0"进行替换填充。

代码行1使用了fillna()方法将缺失值NaN填充为0。

五、计算折旧额和净值

任务实施 2－1－3

Step1 增加"计提折旧日期"列与"预计可使用月份"列

计算固定资产已计提折旧的时间，先增加一列"计提折旧日期"，默认为当前日期；增加一列"预计可使用月份"，此列的值根据"预计可使用年限"乘以 12 换算得到。示例代码及运行结果如图 2－12 所示。

如果希望得到与教材一样的计算结果，把 date.today() 换成 datetime.date (2022, 5, 7)。

```
1  df1['计提折旧日期'] = date.today()
2  df1['预计可使用月份'] = df1['预计可使用年限']*12
3  df1
```

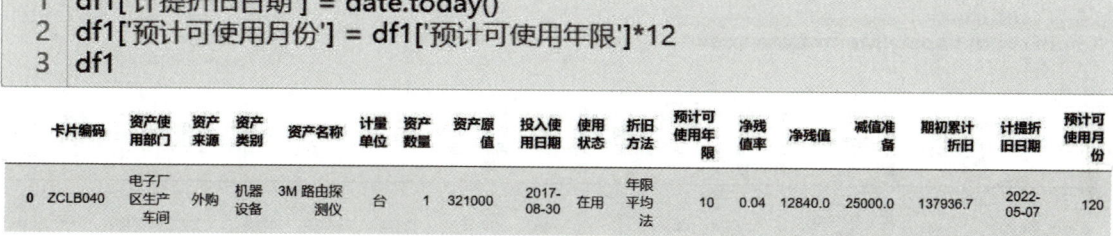

图 2－12 任务实施 2－1－3（1）

代码行 1 通过 df1['计提折旧日期'] 的方法增加了一个新的列，即"计提折旧日期"列，该列的值是当前系统日期。

datetime 模块包含一些函数和类，用于完成日期和时间的解析、格式化和算术运算。

日历日期用 date 类表示。我们使用 date 类中的 today() 方法获取当前系统日期，日期格式为"YYYY－MM－DD"。

Step2 增加"剩余使用月份"列及"已提折旧月份"列

计算"剩余使用月份"和"已提折旧月份"，并新增"剩余使用月份"及"已提折旧月份"列。需要注意以下两个规则：①固定资产当月增加，次月开始计提折旧；②已提足折旧仍在使用的固定资产，已提折旧月份等于"预计使用年限"乘以 12。流程图如图 2－13 所示。

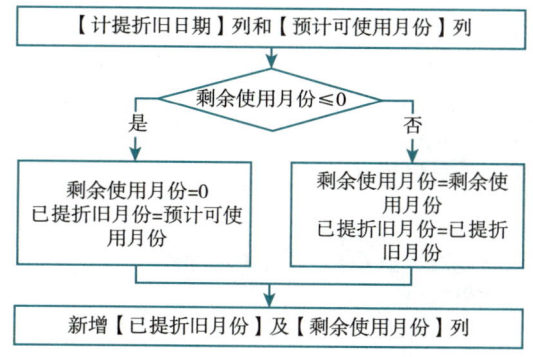

图 2－13 增加"剩余使用月份"和"已提折旧月份"流程图

示例代码及运行结果如图 2-14 所示。我们可以回顾图 2-7 自动生成固定资产折旧明细表程序流程图回顾设计思路。

```
1   # 定义函数 MonthDate(x)用于计算"剩余使用月份"和"已提折旧月份"
2   def MonthDate(x):
3       startdate = x['投入使用日期']
4       enddate = x['计提折旧日期']
5       pastMonth = round((enddate.year-startdate.year)*12 + (enddate.month-startdate.month-1),2)
6       usefulMonth = x['预计可使用月份']
7       remainMonth = usefulMonth - pastMonth
8       if remainMonth < 0:
9           x['剩余使用月份'] = 0
10          x['已提折旧月份'] = usefulMonth
11      else:
12          x['剩余使用月份'] = remainMonth
13          x['已提折旧月份'] = pastMonth
14      return x
15  df1 = df1.apply(MonthDate,axis=1)
16  df1
```

	卡片编码	资产使用部门	资产来源	资产类别	资产名称	计量单位	资产数量	资产原值	投入使用日期	使用状态	折旧方法	预计可使用年限	净残值率	净残值	减值准备	期初累计折旧	计提折旧日期	预计可使用月份	剩余使用月份	已提折旧月份
0	ZCLB040	电子厂区生产车间	外购	机器设备	3M 路由探测仪	台	1	321000	2017-08-30	在用	年限平均法	10	0.04	12840.0	25000.0	137936.7	2022-05-07	120	64	56

图 2-14 任务实施 2-1-3（2）

代码行 5 中运用了 datetime 模块中 date 类的 year 属性和 month 属性计算日期差。

datetime 模块包含一些函数和类，用于完成日期和时间的解析、格式化和算术运算。

日历日期用 date 类表示。date 实例包含 year、month 和 day 属性。

date 类实例化语法是：

< date 对象 > . year 或 < date 对象 > . month 或 < date 对象 > . day

作用是分别提取 < date 对象 > 的四位年数字、月数字、日数字。

示例代码及运行结果如图 2-15 所示。

date 类中还包含 date( ) 函数，date( ) 函数的作用是将指定的数字转换为日期类型的数据，其语法规则是：

date（四位年数字,月份数字,日数字）

```
1   #导入datetime模块中的date类
2   from datetime import date
3   # 创建变量t,并赋值日期2023-1-10
4   t = date(2023,1,10)
5   print(t)
6   # 用day、month、year属性，获得日，月和年的值
7   print(t.month,t.day,t.year)
```

2023-01-10
1 10 2023

```
1  # 用today()函数获取系统当天的日期
2  date = date.today()
3  print(date)
4  # 用day、month、year属性,获得日,月和年的值
5  print(date.year)
```

2022-04-16
2022

图 2-15 date 类属性

【参数说明】

三个参数按顺序填写,年份用 4 位数字,月份数字用 1~2 位表示,除了 11 月和 12 月外,其他月份均用 1 个数字表示,"日"的表示方法同月份的表示方法一样。

1. date 日期的比较

日期可以进行比较,返回布尔值。

假设 date1 = 2023-2-20,date2 = 2022-6-20,用日期比较的方法如表 2-2 所示。

表 2-2　　　　　　　　　　日期比较的方法表

方法	含义
date1 = = date2	因为 date1 与 date2 表示的是不同的日期,即它们并不相等,返回 False
date1 > = date2	因为 date1 在 date2 日期的后面,即 date1 大于 date2,返回 True
date1 < = date2	因为 date1 在 date2 日期的后面,即 date1 大于 date2,返回 False
date1 > date2	因为 date1 在 date2 日期的后面,即 date1 大于 date2,返回 True
date1 < date2	因为 date1 在 date2 日期的后面,即 date1 大于 date2,返回 False
date1！= date2	因为 date1 与 date2 表示的是不同的日期,即它们并不相等,返回 True

2. date 日期的计算

日期作"差"计算返回的值表示天数。示例代码和运行结果如图 2-16 所示。

```
1  # 日期的比较
2  date1 = date(2023,2,20)
3  date2 = date(2020,6,20)
4  print(date1 >= date2)
5  # 日期作差计算
6  print(date1 - date2)
```

True
975 days, 0:00:00

图 2-16 日期的比较

图 2-14 中代码行 5 的代码 round((enddate.year - startdate.year) *12 + (enddate.month - startdate.month - 1),2) 的计算结果是固定资产的已计提月份,其中代码(enddate.year -

startdate. year）*12 计算出"计提折旧日期"与"投入使用日期"的整数年差，再乘以 12 转换成月份数，代码 enddate. month – startdate. month – 1 是计算出"计提折旧日期"与"投入使用日期"的月份数差后减掉 1 个月，因为固定资产计提折旧的开始时间是投入使用后的下一个月。

代码行 15 通过 apply（）方法把函数 MonthDate 带回的值"剩余使用月份"和"已提旧月份"以列的方向添加到"剩余使用月份"和"已提折旧月份"列中。

Step3　增加"本月折旧"列和"固定资产转出"列

计算本月累计折旧，并新增"本月折旧"和"固定资产转出"列。

计算折旧额的流程如图 2 – 17 所示。

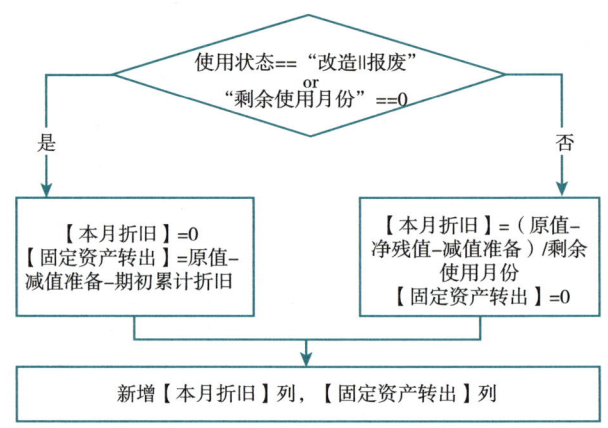

图 2 – 17　计算"本月折旧"额流程图

示例代码及运行结果如图 2 – 18 所示。我们可以回顾图 2 – 7 自动生成固定资产折旧明细表程序流程图设计思路。

```
1  # 定义函数 sageStatus(x)用于计算"本月折旧"和"固定资产转出"
2  def sageStatus(x):
3      if x['使用状态']=='改造||报废' or x['剩余使用月份']==0:
4          x['本月折旧'] = 0
5          x['固定资产转出'] = round((x['资产原值']-x['减值准备']-x['期初累计折旧']),2)
6      else:
7          x['本月折旧'] = round((x['资产原值']-x['减值准备']-x['净残值']-x['期初累计折旧'])/x['剩余使用月份'],2)
8          x['固定资产转出'] = 0
9      return x
10 df1 = df1.apply(sageStatus,axis=1)
11 df1
```

	卡片编号	资产使用部门	资产来源	资产类别	资产名称	计量单位	资产数量	资产原值	投入使用日期	使用状态	...	净残值率	净残值	减值准备	期初累计折旧	计提折旧日期	预计可使用月份	剩余使用月份	已提折旧月份	本月折旧	固定资产转出
0	ZCLB040	电子厂区生产车间	外购	机器设备	3M 路由探测仪	台	1	321000	2017-08-30	在用	...	0.04	12840.0	25000.0	137936.7	2022-05-07	120	64	56	2269.11	0.0

图 2 – 18　任务实施 2 – 1 – 3（3）

代码行 10 通过 apply() 方法把函数 sageStatus 带回的值"本月折旧"和"固定资产转出"以列的方向添加到"本月折旧"和"固定资产转出"中。

Step4　增加"资产净值"列

计算资产净值,并新增"资产净值"列。示例代码及运行结果如图 2-19 所示。

```
1  df1['资产净值'] = round(df1['资产原值']-df1['减值准备']-df1['期初累计折旧']-df1['本月折旧'],2)
2  df1
```

	卡片编码	资产使用部门	资产来源	资产类别	资产名称	计量单位	资产数量	资产原值	投入使用日期	使用状态	…	净残值	减值准备	期初累计折旧	计提折旧日期	预计可使用月份	剩余使用月份	已提折旧月份	本月折旧	固定资产转出	资产净值
0	ZCLB040	电子厂区生产车间	外购	机器设备	3M 路由探测仪	台	1	321000	2017-08-30	在用	…	12840.0	25000.0	137936.7	2022-05-07	120	64	56	2269.11	0.0	155794.19

图 2-19　任务实施 2-1-3（4）

代码行 1 的作用是计算"资产净值",通过设定计算公式计算"资产净值",运用 round() 函数,设置"资产净值"保留 2 位小数。

六、生成固定资产折旧明细表

任务实施 2-1-4

Step1　筛选数据

筛选固定资产折旧明细表需要的信息列,并将结果保存到变量 df2 中。示例代码及运行结果如图 2-20 所示。

任务实施 2-1-4 与 2-1-5 代码录屏

```
1  #根据表格的行标和列标来进行数据筛选,此处获取所有行的对应列整列数据。
2  df2 = df1.loc[:,('卡片编码','资产使用部门','资产来源','资产类别','资产名称',\
3         '计量单位','资产数量','资产原值','投入使用日期','使用状态','折旧方法',\
4         '预计可使用年限','净残值','减值准备','期初累计折旧','本月折旧','资产净值')]
5  df2
```

	卡片编码	资产使用部门	资产来源	资产类别	资产名称	计量单位	资产数量	资产原值	投入使用日期	使用状态	折旧方法	预计可使用年限	净残值	减值准备	期初累计折旧	本月折旧	资产净值
0	ZCLB040	电子厂区生产车间	外购	机器设备	3M 路由探测仪	台	1	321000	2017-08-30	在用	年限平均法	10	12840.0	25000.0	137936.7	2269.11	155794.19

图 2-20　任务实施 2-1-4（1）

Step2　保存为固定资产卡片折旧明细表

将 df2 保存到本文件夹下,命名为"固定资产卡片折旧明细表.xlsx"的 Excel 格式文档,同时将工作表名称定义为"固定资产卡片折旧明细表"。示例代码及运行结果如图 2-21 所示。

```
1  df2.to_excel('固定资产卡片折旧明细表.xlsx',sheet_name='固定资产卡片折旧明细表')
2  print("文件保存成功,请下载查阅。")
```

图 2-21　任务实施 2-1-4（2）

结果如图 2-22 所示。

图 2-22　固定资产卡片折旧明细表

代码行 1，是运用 to_excel( ) 方法把数据写入指定 Excel 工作簿中指定的工作表。to 表示"写入"，_excel 表示写入文件的文件格式，如果写入其他格式的文件，就要改为该文件格式名称，比如_csv。

df. to_excel( ) 的语法规则如下：

df 是 Pandas 库中的 DataFrame 数据类型。

df. to_excel(路径, sheet_name =")

Pandas 库 to_excel( ) 方法

【参数说明】

路径，表示写入文件所存放的路径，可以是绝对路径，也可以是相对路径，如果写入文件与代码文件存放在同一目录下，可以只写文件名。或者在 df. to_excel( ) 代码行之前增加代码行"path ="路径""，预先将路径信息赋值给变量 path，然后直接使用 df. to_excel(path)。

sheet_name =" "，表示保存的工作表名称。

Step3　按部门汇总折旧数据

将 df2 的数据按"资产使用部门""资产类别""资产名称"进行对相关数据列（"资产数量""资产原值""净残值""减值准备""期初累计折旧""本月折旧""资产净值"）分类汇总，并保存为 df3。示例代码及运行结果如图 2-23 所示。

代码行 1 运用 groupby( ) 方法，将固定资产按"资产使用部门""资产类别"和"资产名称"对"资产数量""资产原值"等进行分类汇总累计折旧额。

在日常的数据分析中，经常需要将数据根据单个或多个字段划分为不同的群体（group）进行分析，如将全国的总销售额根据省份进行汇总，分析各省销售额的变化情况，又或者将工资薪酬按部门进行汇总，分析各部门的工资薪酬费用占比等。

在 Pandas 中，上述的数据处理操作主要运用 groupby( ) 方法完成。

```
1  df3 = df2.groupby(['资产使用部门','资产类别','资产名称'])\
2  ['资产数量','资产原值','净残值','减值准备','期初累计折旧','本月折旧','资产净值'].sum()
3  df3
```

资产使用部门	资产类别	资产名称	资产数量	资产原值	净残值	减值准备	期初累计折旧	本月折旧	资产净值
本部办公室	工具器具及家具	中央空调	1	48000	1920.00	0.0	36864.00	921.60	10214.40
		办公设备	10	280000	11200.00	0.0	215040.00	5376.00	59584.00
	房屋及建筑物	高新区3号办公楼	362	14800000	592000.00	0.0	2900800.00	59511.58	11839688.42
	电子设备	KD打印复印一体机	5	126700	5068.00	0.0	121632.00	0.00	5068.00
		YKY电脑	15	133500	5340.00	0.0	128160.00	0.00	5340.00
		联想笔记本-AIR	6	42000	1680.00	0.0	12335.40	1216.74	28447.86
	运输设备	中华商务轿车	1	220987	8839.48	0.0	39777.66	4536.05	176673.29
		小鹏P7	1	250678	10027.12	0.0	45122.04	5145.50	200410.46
	工具器具及家具	中央空调	1	48000	1920.00	0.0	36864.00	921.60	10214.40

图 2-23 任务实施 2-1-4（3）

groupby( ) 可以对数据进行分组以及分组后的组内运算。df.groupby(['资产类别'])['数量','月折旧额'].sum( ) 的数据重组过程，如图 2-24 所示。

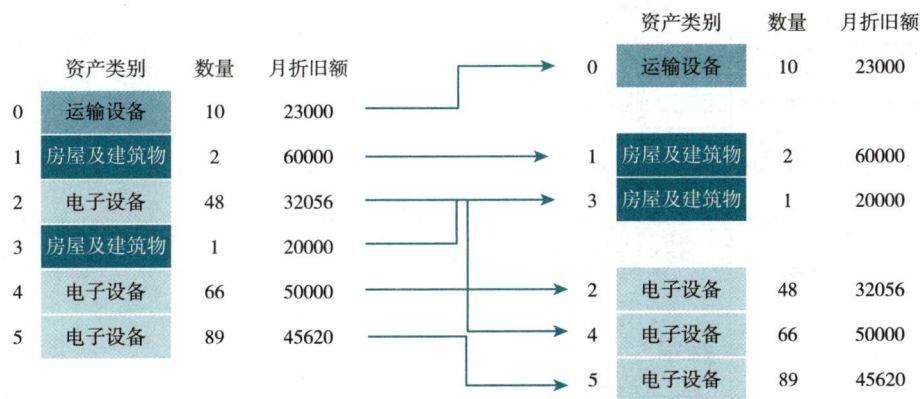

图 2-24 groupby( ) 方法数据重组过程

groupby( ) 方法语法规则如下：

df 是 Pandas 库中的 DataFrame 数据类型。

df［结果属性］.groupby(［df［分类属性］,df［分类属性］,…］).<对于数据的计算方式—函数名称>

或

df.groupby(［df［分类属性］,df［分类属性］,…］)［df［结果属性］,df［结果属性］,…］.<对于数据的计算方式—函数名称>

Pandas 库
groupby( )
方法

【参数说明】

参数的前半段［df［分类属性］,df［分类属性］,…］表示可以根据多个字段把数据划分不同的群体，df［分类属性］表示指定字段，如果只按一个字段进行分组，则参数的前半段写作［df［分类属性］］或（‘分类属性’）。

参数的后半段［df［结果属性］］表示对哪些字段进行统计。

<对于数据的计算方式—函数名称>表示对分组后数据进行何种组内运算，如聚合运算。

df［结果属性］中的［结果属性］参数可以缺省，缺省时表示对所有列数据进行运算。

Step4　保存为固定资产折旧明细表

将固定资产的折旧信息按部门、类别和名称汇总后，把数据保存到“固定资产折旧明细表.xlsx”中，并将活动工作表命名为“固定资产折旧明细表”，示例代码如图2－25所示。

```
df3.to_excel('固定资产折旧明细表.xlsx',sheet_name='固定资产折旧明细表')
print("文件保存成功，请下载查阅。")
```

图2－25　任务实施2－1－4（4）示例代码

运行结果如图2－26所示。

	A	B	C	D	E	F	G	H	I	J
1	资产使用部门	资产类别	资产名称	资产数量	资产原值	净残值	减值准备	期初累计折旧	本月折旧	资产净值
2	本部办公室	工具器具及家具	中央空调	1	48000	1920	0	36864	768	10368
3			办公设备	10	280000	11200	0	215040	4480	60480
4		房屋及建筑物	高新区3号办公楼	362	14800000	592000	0	2900800	58891.67	11840308.33
5		电子设备	KDI打印复印一体机	5	126700	5068	0	121632	0	5068
6			YKY电脑	15	133500	5340	0	128160	0	5340
7			联想笔记本-AIR	6	42000	1680	0	12335.4	1119.36	28545.24
8		运输设备	中华商务轿车	1	220987	8839.48	0	39777.66	4309.25	176900.09
9			小鹏P7	1	250678	10027.12	0	45122.04	4888.22	200667.74
10	本部销售部	工具器具及家具	中央空调	1	48000	1920	0	36864	768	10368
11		运输设备	大众商务轿车	3	487200	19488	0	467712	0	19488
12			金龙客车	2	655800	26232	0	629568	0	26232
13	电子厂区办公室	工具器具及家具	中央空调	1	48000	1920	0	36864	768	10368
14			办公设备	6	168000	6720	0	129024	2688	36288
15		房屋及建筑物	高新区4号办公楼	210	9200000	368000	0	1803200	36608.33	7360191.67
16		运输设备	别克GL8	2	381350	15254	0	68643	7436.32	305270.68
17	电子厂区生产车间	工具器具及家具	专用工具柜	6	192000	7680	0	147456	3072	41472
18			中央空调	2	96000	3840	0	73728	1536	20736
19			办公设备	2	56000	2240	0	43008	896	12096
20		房屋及建筑物	高新区工业三区A号厂房	600	6200000	248000	0	1215200	24670.83	4960129.17
21			高新区工业三区B号厂房	890	8340000	333600	0	1634640	33186.25	6672173.75
22			高新区工业三区C号厂房	450	4280000	171200	0	838880	17030.83	3424089.17
23		机器设备	3M 路由探测仪	8	2568000	102720	200000	1103493.6	17602.8	1246903.6
24			ADSL 测试仪	1	103500	4140	0	40572	816.5	62111.5
25			SDH 分析仪 10G	1	643200	25728	0	51456	5145.6	586598.4
26			SDH 分析仪 40G	1	2245790	89831.6	0	880349.68	17716.79	1347723.53
27			万兆以太网测试仪	4	568000	22720	0	4544	4544	558912
28			便携式四合一有害气体检测仪	7	16926	677.04	0	6633.62	133.56	10158.82
29			光时域反射仪	16	547200	21888	0	143366.4	4377.6	399456
30			光纤识别器	4	7920	316.8	0	2185.92	63.36	5670.72
31			双波长光源	1	13980	559.2	0	1006.56	111.84	12861.6
32			天馈线测试仪	5	198500	7940	0	14292	1573.8	182634.2
33			带状熔接机	3	261000	10440	0	110664	2088	148248
34			接地电阻测试仪	3	43500	1740	0	6960	348	36192
35			混合波雷电电涌测试仪	1	72000	2880	0	11520	576	59904
36			熔接机	1	534100	21364	0	47000.8	4272.8	482826.4
37			电缆故障测试仪	3	23850	954	0	10112.4	190.8	13546.8
38		电子设备	HP电脑-BP	2	11998	479.92	0	11518.08	0	479.92
39			小米手机	6	16800	672	0	4037.04	431.82	12331.14
40		运输设备	东风皮卡cs-1	3	168384	6735.36	0	161648.64	0	6735.36
41	研发中心	工具器具及家具	中央空调	1	48000	1920	0	36864	768	10368

固定资产折旧明细表

图2－26　固定资产折旧明细表

七、生成固定资产折旧汇总表

任务实施2－1－5

Step1　按“资产使用部门”对本月折旧额进行汇总

将df3按“资产使用部门”对本月折旧额进行汇总。示例代码及运行结果如图2－27所示。

```
1  dfSum = df3.groupby('资产使用部门')['本月折旧'].sum() #按部门归集累计折旧
2  df4 = dfSum.to_frame() #转换为表格样式
3  df4
```

资产使用部门	本月折旧
本部办公室	76707.47
本部销售部	921.60
电子厂区办公室	48968.60
电子厂区生产车间	143872.40
研发中心	18474.30

图 2-27 任务实施 2-1-5（1）

代码行 2 的作用是将汇总累计的数据 dfSum 转换成 DataFrame 类型的数据。

Step2 保存为固定资产折旧汇总表

将 df4 保存到本文件夹"固定资产折旧汇总表.xlsx"下，保存为 Excel 文档，表名称定义为"固定资产折旧汇总表"。示例代码如图 2-28 所示。

```
1  df4.to_excel('固定资产折旧汇总表.xlsx',sheet_name='固定资产折旧汇总表')
2  print("文件保存成功，请下载查阅。")
```

图 2-28 任务实施 2-1-5（2）示例代码

运行结果如图 2-29 所示。

	A	B	C
1	资产使用部门	本月折旧	
2	本部办公室	74456.5	
3	本部销售部	768	
4	电子厂区办公室	47500.65	
5	电子厂区生产车间	140385.2	
6	研发中心	17954.89	
7			
8			

图 2-29 固定资产折旧汇总表

至此，固定资产折旧计算代码开发完毕。

八、检查任务结果

为了检查代码生成的结果是否正确,我们可以使用 Excel 软件测算一次,如果结果是 100% 一致,则说明代码正确,否则要查找原因并进行代码修改。

考核与评价

考核的重点是理论知识的掌握水平、技术技能的应用水平以及职业素养,学习者可以从以上三个方面评价学习效果,具体评价项目及标准见表 2-3。

表 2-3 模块考核评价标准

考核项目	考核内容	配分	得分
理论知识水平	能正确解释自动生成固定资产折旧明细表及折旧汇总表的程序流程	10	
	能正确复述下表方法的语法规则: Pandas 库: to_excel( ) groupby( ) datetime 模块: datetime.date( )	15	
	能正确复述上表方法的作用与参数设置方法	10	
	理论知识水平总分	35	
技术技能应用水平	能将指定 Excel 文件导入 Python 程序	3	
	能设计出正确的固定资产折旧明细表和折旧汇总表的表格内容	2	
	能在 Python 程序中编写出正确计算固定资产期间折旧额、资产净值等计算公式的代码	10	
	能应用 Pandas 库中 groupby( ) 方法实现数据分组、计算	15	
	能将指定 DateFrame 数据保存到 Excel 文件中	5	
	技术技能应用水平总分	35	
职业素养	向同学、老师请教时态度友好、诚恳	5	
	编程过程中遇到困难时主动寻求解决方法,耐心阅读方法说明与案例,如需求助于人时,先准备好咨询的问题,并准确、清晰地表达	5	
	检查任务成果时细致、认真、严谨,也可邀请别人一起检查	5	
	调试程序过程中能修改自己的错误	5	
	在别人的帮助下能将代码调试成功	5	
	面对同学的求助,积极响应	5	
	职业素养总分	30	
	综合评价总分	100	

总结与提高

一、任务实施情况分析

任务完成后，学习者根据任务实施情况，分析存在的问题及原因，并填写表2－4。指导老师对任务实施情况进行评价。

表2－4　自动生成固定资产折旧明细表、折旧汇总表代码开发任务实施情况分析表

任务实施过程	存在的问题	解决的办法
设计表格		
采集数据		
设置环境及导入数据材料		
提取及清洗数据		
计算折旧额和净值		
生成固定资产折旧明细表		
生成固定资产折旧汇总表		
检查任务成果		

二、总结

（1）当我们遇到特殊的算法时，可用自定义函数的方法解决，如本模块中自定义了MonthDate（x）函数计算了"剩余使用月份"和"已计提使用月份"。

（2）自定义函数常常与 apply（）函数结合使用，实现表格中某些列的自动计算与填写。

（3）groupby（）方法有两种用法：

df［结果属性］.groupby（［df［分类属性］,df［分类属性］,…］）.<对于数据的计算方式—函数名称>

或

df.groupby（［df［分类属性］,df［分类属性］,…］）［df［结果属性］,df［结果属性］,…］.<对于数据的计算方式—函数名称>

模块二　固定资产分析

描述工作任务

企业资产会计岗位的李晓在固定资产折旧明细表及汇总表的基础上，从固定资产使用状态结构、各部门固定资产配置状况和固定资产折旧程度三个方面对公司的固定资产进行分析与可视化展示，并写出分析结果。

固定资产分析
工作任务与
工作计划

表 2-5　　　　　　　　　　工作任务卡

任务编号	4	任务名称	固定资产分析	工作区域	财务大数据实训中心
建议学时	2~3	参考文件或资料	知识学习目标中相关的 Pandas 库、Numpy 库、Squarify 库、Matplotlib 库 pyplot 子库中的方法说明		
德技兼修	（1）接到任务时，先对任务进行整体分析，基于数据源条件规划实现任务目的路径 （2）编程过程中遇到困难时主动寻求解决方法，耐心阅读方法说明与案例，如需求助于人时，先准备好咨询的问题，并准确、清晰地表达 （3）根据任务的需求修改获取的代码 （4）检查任务成果时细致、认真、严谨，也可邀请别人一起检查 （5）养成勤学好问、勤于思考、诚恳待人、严谨细致、精益求精的工作态度				
工作任务	（1）生成固定资产折旧率预警表，固定资产折旧信息透视表 （2）对固定资产进行分析并撰写固定资产月度分析报告 （3）设计和编写固定资产分析的代码				

制订工作计划

根据任务目的，我们可以梳理出完成此任务的大致的工作计划，如图 2-30 所示。

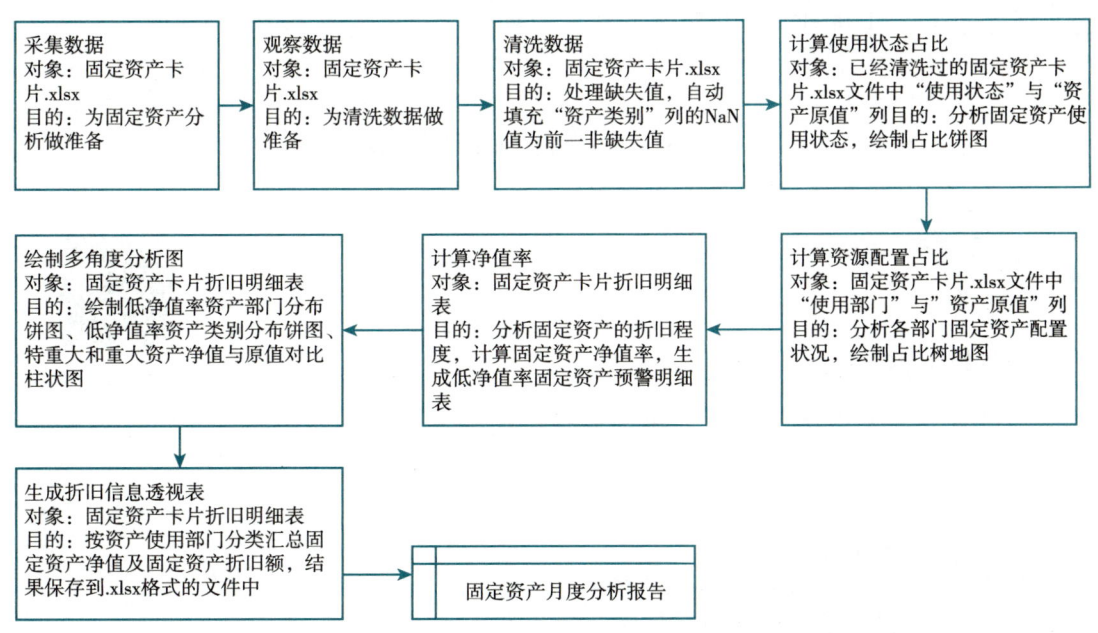

图 2-30　工作计划流程图

执行工作计划

接下来，进行编程前的准备工作。

首先，通过流程图的方式还原手工工作过程（见图 2-31），然后思考如何编写实现每一个步骤的代码。

图 2-31　固定资产分析工作流程图

用代码实现以上工作过程的程序流程图，如图 2-32 所示。

因为要对数据进行清洗、运算等，所以需要用到 NumPy 库与 Pandas 库，又因为要对数据结果进行可视化，所以需要用到 Matplotlib 库与 Squarify 库，因此第一步是为代码的运行准备好环境，导入相关库。

Python财务应用

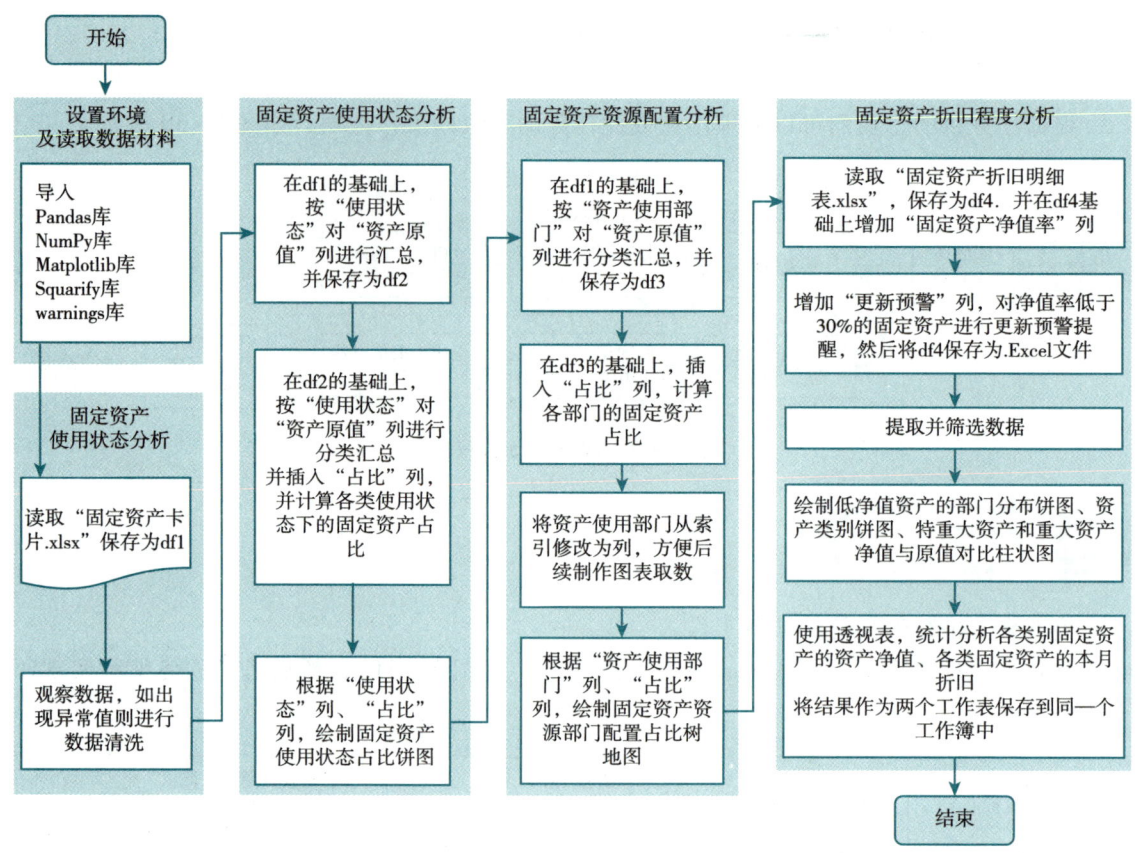

图2-33 固定资产分析程序流程图

一、设置环境及读取数据材料

任务实施2-2-1

环境设置,导入后续代码需要用到的库。代码示例如图2-33所示。

任务实施2-2-1
与2-2-2代码
录屏

```
1  %matplotlib inline
2  import pandas as pd    #导入pandas库
3  import numpy as np
4  import matplotlib.pyplot as plt
5  import matplotlib.cm as cm
6  import squarify
7  import warnings
8  warnings.filterwarnings("ignore")
```

图2-33 任务实施2-2-1

二、分析固定资产使用状态

任务实施 2-2-2

Step1　读取数据材料

读取"固定资产卡.xlsx"文件中第一个表格"固定资产卡片"工作表,并观察数据,如果出现异常值数据则要进行数据清洗。代码示例及运行结果如图 2-34 所示。

```
1  path ="固定资产卡片.xlsx"
2  df1 = pd.read_excel(path, sheet_name='固定资产卡片')
3  df1
```

资产组织	卡片来源	资产来源	资产类别	卡片编码	资产名称	计量单位	资产数量	采购单价	资产原值	...	规格型号	资产使用部门	制造商	使用状态	初始化	净残值率	净残值	减值准备	期初累计折旧	备注
0	蓝海实业集团	手工建卡	外购	机器设备	ZCLB040	3M 路由探测仪	台	1	321000	321000	...	MSZ-0101	电子厂区生产车间	***	在用	是	0.04	12840.0	25000.0	137936.7	2021年12月减值测试后计提减值准备25000

图 2-34　任务实施 2-2-2（1）

Step2　按使用状态汇总资产原值

将 df1 的数据按"使用状态"进行相关数据列（"资产原值"）分类汇总,并保存为 df2。代码示例及运行结果如图 2-35 所示。

```
1  df2 = df1.groupby('使用状态')['资产原值'].sum()
2  df2 = df2.to_frame() #转换为表格样式
3  df2
```

使用状态	资产原值
修理	261000
在用	43299273
报废	7920
改造	8340000
清理	23850
闲置	4280000

图 2-35　任务实施 2-2-2（2）

代码行 2,是运用 to_frame() 方法将 Series 数据类型的变量转换为 DataFrame 格式。series.to_frame() 的语法规则如下:

series. to_frame( )

【参数说明】

没有参数。

我们可以看看 to_frame( ) 方法使用前的 df2 变量，代码示例及运行结果如图 2-36 所示。

```
1  df2 = df1.groupby('使用状态')['资产原值'].sum()
2  #df2 = df2.to_frame() #转换为表格样式
3  df2
```

```
使用状态
修理        261000
在用      43299273
报废          7920
改造       8340000
清理         23850
闲置       4280000
Name: 资产原值, dtype: int64
```

图 2-36　使用 to_frame( ) 方法前的运行结果

对比图 2-35 和图 2-36 可以看到转换前 df2 是 Series 类型的数据，转换后是 DataFrame 类型数据。

Step3　新增"占比"列

新增"占比"列计算各类使用状态下的固定资产占比比率。代码示例及运行结果如图 2-37 所示。

```
1  fixedAssetsSum = df2['资产原值'].sum()
2  df2['占比'] = round(df2['资产原值'] / fixedAssetsSum ,4 )
3  df2['占比'] = df2['占比'].apply(lambda x: format(x, '.2%'))
4  df2
```

	资产原值	占比
使用状态		
修理	261000	0.46%
在用	43299273	77.03%
报废	7920	0.01%
改造	8340000	14.84%
清理	23850	0.04%
闲置	4280000	7.61%

图 2-37　任务实施 2-2-2（3）

代码行 1 的作用是计算变量 df2 中"资产原值"列的数值总和，计算结果是资产总值，保存在 fixedAssetsSum 变量中。

代码行 2 的作用是增加"占比"列，此列的数值为当前行"资产原值"数值占资产总值的比例，结果保留 4 位小数。

代码行 3 的作用是对变量 df2 中的"占比"列进行格式化，格式化的内容是设置数据显示格式为保留 2 位小数的百分数。

Step4　可视化固定资产使用状态占比

根据"使用状态"列、"占比"列绘制固定资产使用状态占比饼图。代码示例及运行结果如图 2-38 所示。

```
1  plt.matplotlib.rcParams['axes.unicode_minus']=False  #正常显示负号
2  plt.matplotlib.rcParams['font.sans-serif']=['SimHei']  #用黑体显示中文
3
4  plt.figure(figsize=(12,6),dpi=120)
5  df2['资产原值'].plot(kind='pie',autopct='%1.2f%%')
6  plt.title('固定资产使用状态分布')#设置饼图标题
7
8  plt.show() #图形展示
```

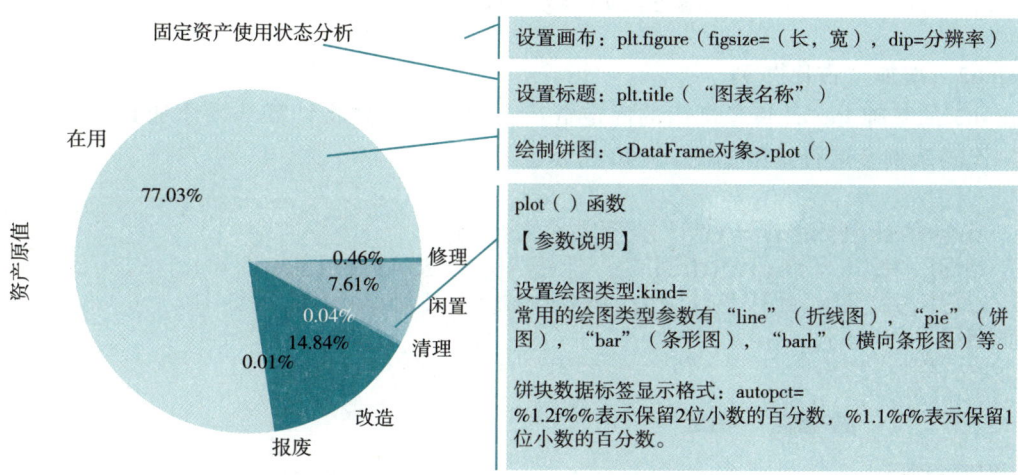

图 2-38　任务实施 2-2-2（4）[①]

代码行 1 和 2 是用于设置负号和中文中图形中的正确显示的，一般直接使用代码。

三、分析固定资产资源配置情况

任务实施 2-2-3 代码录屏

任务实施 2-2-3

Step1　按"资产使用部门"汇总资产原值

在 df1 的基础上，按"资产使用部门"对"资产原值"列进行分

---

① 程序生成的图像为不同颜色的饼块，与教材显示的图像有些区别，因为教材印刷采用双色印刷，为了区分不同的饼块或区域，使用了不同深浅的色块，本教材所有程序生成的图像都做类似处理，请以运行程序生成的图像为准。

类汇总,并保存为 df3。代码示例及运行结果如图 2-39 所示。

```
1  df3 = df1.groupby('资产使用部门')['资产原值'].sum()
2  df3 = df3.to_frame() #转换为表格样式
3  df3
```

资产使用部门	资产原值
本部办公室	15901865
本部销售部	1191000
电子厂区办公室	9797350
电子厂区生产车间	27208648
研发中心	2113180

图 2-39 任务实施 2-2-3(1)

Step2 增加"占比"列

在 df3 的基础上,计算各部门的固定资产占比比率,并将计算结果添加到新列"占比"列中。代码示例及运行结果如图 2-40 所示。

```
1  fixedAssetsSum = df3['资产原值'].sum()
2  df3['占比'] = round(df3['资产原值'] / fixedAssetsSum ,4)
3  df3['占比'] = df3['占比'].apply(lambda x: format(x, '.2%'))
4  df3
```

资产使用部门	资产原值	占比
本部办公室	15901865	28.29%
本部销售部	1191000	2.12%
电子厂区办公室	9797350	17.43%
电子厂区生产车间	27208648	48.40%
研发中心	2113180	3.76%

图 2-40 任务实施 2-2-3(2)

代码行 1 的作用是计算变量 df3 中"资产原值"列的数值总和,计算结果是资产总值,保存在变量 fixedAssetsSum 变量中。

代码行 2 的作用是增加"占比"列,此列的数值为当前行"资产原值"数值占资产总值的比例,结果保留 4 位小数。

代码行 3 的作用是对变量 df3 中的"占比"列进行格式化,格式化的内容是设置数据显示格式为保留 2 位小数的百分数。

Step3 将"资产使用部门"从索引修改为列

为了后续通过树地图展示"固定资产资源配置分布",将"资产使用部门"从索引修改为列,方便后面制作图表取数。代码示例及运行结果如图 2-41 所示。

```
1  df3 = df3.reset_index('资产使用部门')
2  df3
```

	资产使用部门	资产原值	占比
0	本部办公室	15901865	28.29%
1	本部销售部	1191000	2.12%
2	电子厂区办公室	9797350	17.43%
3	电子厂区生产车间	27208648	48.40%
4	研发中心	2113180	3.76%

图 2-41 任务实施 2-2-3 (3)

代码行 1 的作用是通过 reset_index() 方法对 DataFrame 对象进行索引重置,此方法的语法规则是:

<DataFrame 对象>.reset_index('原行索引名')

【参数说明】

原行索引名,是索引重置前表格的行索引。

通过图 2-40 和图 2-41 对比索引重置后的不同,我们发现,索引重置后原行索引转变成数据列,新的行索引是 0, 1, 2……

Step4 可视化固定资产资源部门配置占比

绘制树地图,并展示"固定资产部门配置占比树地图"。代码示例及运行结果如图 2-42 所示。

对于描述个体与其他个体及整体的数量关系,除了使用饼图外,还可以使用树地图,树地图是通过方块面积的大小表示个体数据的大小,面积越大,代表值越大,反之亦然。

Squarify 是一个用于绘制树地图的 Python 库,通过设置 Squarify 库中的 plot() 方法的参数设置树地图的图块面积大小,方块颜色,颜色透明度,数值标签值等。图像方块的颜色是按颜色参数列表逐一染色,若给出颜色列表数目少于方块数目则会循环使用颜色列表。

add_subplot() 方法的作用是分割 figure 画布并在画布中添加 axes 图表,即将整个 figure 区域划分为 m 行乘以 n 列的网格,并在网格的指定格子(索引号)中创建一个 axes 对象,例如,要在 figure 中创建一个 2 乘以 2 的网格并在第 3 个区域创建一个 axes 对象,创建方法是 fig.add_subplot(223),参数中的第一个"2"表示行数,第二个"2"表示列数,"3"表示网络中的索引号,创建结果示例如图 2-43 所示。

```python
plt.rcParams['font.family']='SimHei'  # 用黑体显示中文
plt.rcParams['axes.unicode_minus'] = False  # 正常显示负号

labels = df3['资产使用部门']
income = df3['资产原值']
colors = ['#9999ff','#2ca02c','#d62728','pink','green','yellow','orange']

fig = plt.figure(figsize = (12,8))
ax = fig.add_subplot(111)
squarify.plot(sizes = income,   # 方块面积大小
              label = labels,    # 指定标签
              color = colors,    # 指定自定义颜色
              alpha = 0.8,       # 指定透明度
              value = income,    # 添加数值标签
              edgecolor = 'white',  # 设置边界框
              linewidth =0.1     # 设置边框宽度
              )
plt.rc('font', size=15)  # 设置标签字体大小
ax.set_title('固定资产部门配置占比树地图',fontsize = 22)  # 设置标题及字体大小
ax.axis('off')  # 去除树地图的坐标轴
ax.tick_params(top = 'off', right = 'off')  # 去除上边框和右边框刻度
plt.show()  # 显示图形
```

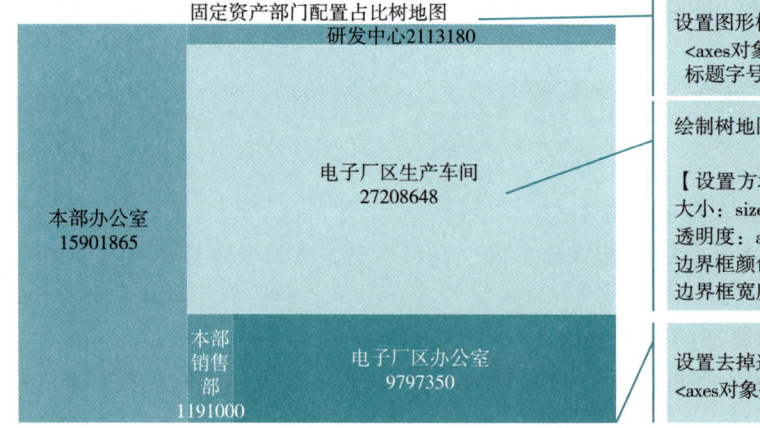

图 2-42 任务实施 2-2-3 (4)

图 2-43 add_subplot() 方法创建示例图

其中索引号1,2,3,4表示4个图表axes。

代码行9的作用是创建一个1行1列的画布网格并在此网格创建1个axes图表实例。

代码行18的作用是设置图像中显示字体的字号,使用了rc()函数,该函数的语法规则是:

matplotlib.pyplot.rc('设置对象',参数1 =,参数2 =,…)

【参数设置】

设置对象,比如任务实施代码中的'font',表示图像中的文本,参数1,参数2等就是对文本的设置,如果要对图像中的线进行设置,那么设置对象就是'lines'。从这里可以看出,rc()函数是根据对象进行格式设置的。

参数=,对设置对象的格式化设置参数,比如任务实施代码中的size=15,表示图像中的文本字号是15,如果设置对象是'lines',参数可以是linewidth=3,color='g',分别表示对线宽的设置和对颜色的设置。

代码行19和21分别使用axes对象的set_title()方法、axis()方法和tick_params()方法对图像进行设置。其中:

①set_title()方法用于设置整个图像的标题,语法规则为:

set_title(文本内容, fontdict = None, loc = 'center', pad = None,…)

【参数说明】

文本内容,是用引号包裹起来的标题的内容,如"固定资产部门占比树地图"。

fontdict =,用于控制标题文本外观的字典,其中有fontsize =,用于设置标题字号,如fontsize = 22的作用是设置标题字号为22磅,style =,用于设置标题字体样式,如style = 'italic'的作用是设置字体样式为斜体,该参数的常见设置如图2-44所示。

```
1  font_dict = dict(fontsize = 22,color="b",family = "固定资产部门占比树地图",
2                   weight = 'light',style='italic')
3  # color=用于设置颜色
4  #family=用于设置文字内容
5  #weight=用于设置字体
6  #style=用于设置样式,比如加斜体,加粗,常规等
```

图2-44 "fontdict ="常见参数设置方法

loc =,用于设置标题的位置,'center'为居中,'right'为靠右对齐图像,'left'为靠左对齐图像,缺省时为默认值'center'。

pad =,用于设置标题距离轴顶的距离,以磅为单位。

②axis()方法用于去除树地图的坐标轴,参数为'off',表示不显示坐标轴。

③ax.tick_params()方法用于通过调用ax实例方法进行刻度样式设置。

四、分析固定资产折旧程度情况

任务实施 2-2-4

Step1　读取数据材料

读取"固定资产卡片折旧明细表.xlsx"工作簿中的"固定资产卡片折旧明细表"工作表。代码示例及部分运行结果如图 2-45 所示。

任务实施 2-2-4
（1）代码录屏

```
1  path ="固定资产卡片折旧明细表.xlsx"
2  df4 = pd.read_excel(path, sheet_name='固定资产卡片折旧明细表')
3  df4
```

	Unnamed: 0	卡片编号	资产使用部门	资产来源	资产类别	资产名称	计量单位	资产数量	资产原值	投入使用日期	使用状态	折旧方法	预计可使用年限	净残值	减值准备	期初累计折旧	本月折旧	资产净值
0	0	ZCLB040	电子厂区生产车间	外购	机器设备	3M 路由探测仪	台	1	321000	2017-08-30	在用	年限平均法	10	12840.0	25000	137936.7	2269.11	155794.19

图 2-45　任务实施 2-2-4（1）

Step2　增加"固定资产净值率"列

在 df4 中添加"固定资产净值率"列，固定资产净值率等于资产净值除以资产原值，结果保留 4 位小数。代码示例及部分运行结果如图 2-46 所示。

```
1  df4["固定资产净值率"]= (df4['资产净值'] / df4['资产原值']).round(4)
2  df4
```

	Unnamed: 0	卡片编号	资产使用部门	资产来源	资产类别	资产名称	计量单位	资产数量	资产原值	投入使用日期	使用状态	折旧方法	预计可使用年限	净残值	减值准备	期初累计折旧	本月折旧	资产净值	固定资产净值率
0	0	ZCLB040	电子厂区生产车间	外购	机器设备	3M 路由探测仪	台	1	321000	2017-08-30	在用	年限平均法	10	12840.0	25000	137936.7	2269.11	155794.19	0.4853

图 2-46　任务实施 2-2-4（2）

Step3　增加"更新预警"列

添加"更新预警"列，此列的值由自定义函数 assetsRate(x) 自动计算，通过 apply() 函数将值逐行添加到列中。

自动更新预警的流程图如图 2-47 所示，其中固定资产净值率的预警线可根据企业自己的情况进行设置。

代码示例及部分运行结果如图 2-48 所示。

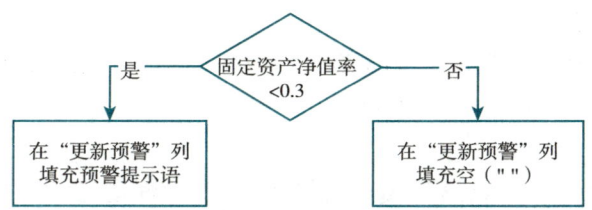

图 2-47 自动更新预警的流程图

```
1  # 定义函数assetsRate(x)用于自动填写"更新预警"列
2  def assetsRate(x):
3      if x["固定资产净值率"] < 0.3:
4          x['更新预警'] = "净值率偏低,请关注固定资产的使用情况,考虑更新改造或替换"
5      else:
6          x['更新预警'] = ""
7      return x
8  df4 = df4.apply(assetsRate,axis=1)
9  df4
```

Unnamed: 0	卡片编码	资产使用部门	资产来源	资产类别	资产名称	计量单位	资产数量	资产原值	投入使用日期	使用状态	折旧方法	预计可使用年限	净残值	减值准备	期初累计折旧	本月折旧	资产净值	固定资产净值率	更新预警
0	0	ZCLB040	电子厂区生产车间	外购	机器设备	3M路由探测仪	台	1	321000	2017-08-30	在用	年限平均法	10	12840.0	25000	137936.7	2269.11	155794.19	0.4853	

图 2-48 任务实施 2-2-4（3）

Step4 保存固定资产净值预警统计表

将 df4 保存到"固定资产净值预警统计表.xlsx"工作簿中，设置工作表表名为"固定资产净值预警统计表"。代码示例及运行结果如图 2-49 所示。

```
1  df4.to_excel('固定资产净值预警统计表.xlsx',sheet_name='固定资产净值预警统计表')
2  print("文件保存成功,请下载查阅。")
```

图 2-49 任务实施 2-2-4（4）

结果如图 2-50 所示。

图 2-50 固定资产净值预警统计表

Step5 提取数据列

从 df4 中提取"资产名称"及"固定资产净值率"等列的信息,保存到变量 df_new 中。代码示例及部分运行结果如图 2-51 所示。

```
1  df_new = df4.loc[:,('卡片编码','资产使用部门','资产类别','资产名称','资产原值',\
2              '资产净值','固定资产净值率')]
3  df_new
```

	卡片编码	资产使用部门	资产类别	资产名称	资产原值	资产净值	固定资产净值率
0	ZCLB040	电子厂区生产车间	机器设备	3M 路由探测仪	321000	155794.19	0.4853

图 2-51 任务实施 2-2-4(5)

Step6 筛选数据

从 df_new 中筛选出"净值率"<=0.3 的固定资产,保存到变量 df_new1 中。代码示例及部分运行结果如图 2-52 所示。

```
1  df_new1 = df_new[df_new["固定资产净值率"]<=0.3]
2  df_new1
```

	卡片编码	资产使用部门	资产类别	资产名称	资产原值	资产净值	固定资产净值率
8	ZCLB091	本部办公室	电子设备	KDI打印复印一体机	25340	1013.60	0.0400

图 2-52 任务实施 2-2-4(6)

Step7 可视化低净值资产部门及资产类别占比

根据变量 df_new1 中的数据,绘制低净值率资产的部门分布饼图、资产类别饼图。代码示例及运行结果如图 2-53 所示。

代码行 4 是使用 count() 方法分别统计变量 df_new1 中相同的"资产使用部门"的资产数量,并把结果保存到变量 a 中,变量 a 是 Series 类型数据。统计出"资产使用部门"列中相同部门的行数就是统计出此部门有多少个资产是低净值率的。代码行 9 的作用相似,不同的是按"资产类别"统计低净值资产占比。

代码行 5 和代码行 10 是使用 ax1.pie() 方法在 ax1 对象中绘制饼图,参数 a 表示绘制饼图的数据;radius=0.9 表示饼图的直径,默认值为 1;labels=a.index 表示将 Series 变量 a 的索引作为饼块的标签;autopct='%.2f%%'是设置饼块数据显示的格式为保留 2 位小数的百分数;colors=[ ] 是赋值颜色列表,饼图按颜色列表逐一染色,若给出颜色列表数目少于饼块数目则会循环使用颜色列表中的元素。

```python
1  fig = plt.figure(figsize=(18,6))
2  plt.title('低净值资产部门及类别占比图')
3  ax1 = fig.add_subplot(121)
4  a = df_new1.groupby('资产使用部门')['资产名称'].count()
5  ax1.pie(a, radius=0.9, labels=a.index, autopct='%.2f%%',\
6      colors=['#8ebad9','#ADFF2F','#FFC125','#9F599E','#2CFBDD'])
7
8  ax2 = fig.add_subplot(122)
9  a = df_new1.groupby('资产类别')['资产名称'].count()
10 ax2.pie(a, radius=0.9, labels=a.index, autopct='%.2f%%',\
11     colors=['#9F99EE','#ADFF9F','#FFC188'])
12
13
14 # 显示图形
15 plt.show()
```

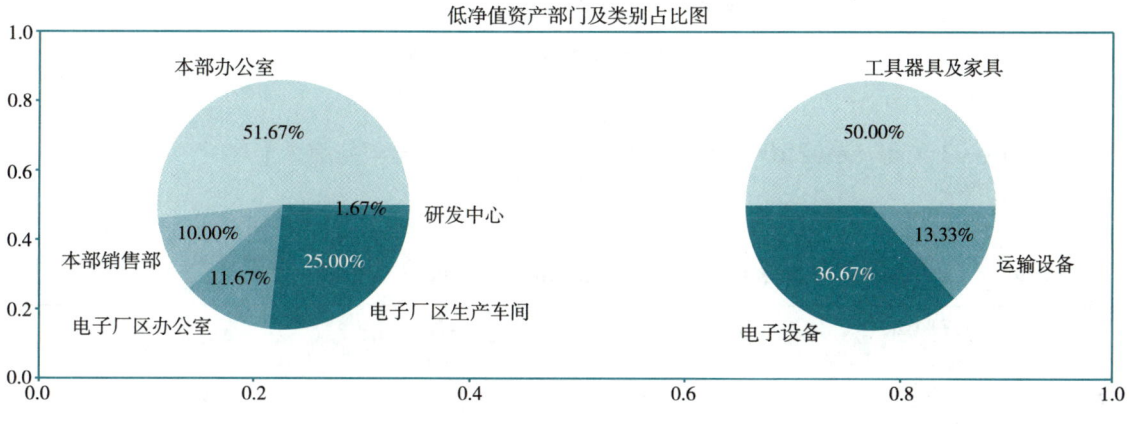

图 2-53 任务实施 2-2-4（7）

Step8 自定义资产自动分类函数

为了对特重大和重大的资产折旧情况进行深入的分析，首先对固定资产按"资产原值"列的大小进行分类，资产原值大于等于 100 万元的为特重大，小于 100 万元且大于 10 万元的为重大。添加"资产重大程度分类"列，此列的值由自定义函数 assetsRate(x) 自动填列，通过 apply() 函数逐行添加列。代码示例如图 2-54 所示。

任务实施 2-2-4
（2）代码录屏

Step9 筛选数据

筛选出特重大资产，并保存到变量 df_new3 中。代码示例及运行结果如图 2-55 所示。

Step10 可视化特重大固定资产的净值与原值对比结果

绘制特重大固定资产的净值与原值对比柱状图。代码示例及运行结果如图 2-56 所示。

代码行 2 的作用是统计图像中柱体的数量并转换为绘制柱子的数组列表。代码 len(df_new3.index) 的作用是统计变量 df_new3 中的行数量，其返回的值是 6，即柱体的数量，再通过 np.arange() 函数将 6 转换成数组列表 [0,1,2,3,4,5]，这是图像中 x 轴的刻度。

Python财务应用

```
1  # 定义函数assetsRate(x)用于资产自动分类
2  def assetsRate(x):
3      if x["资产原值"] > 1000000 :
4          x['资产重大程度分类'] = "特重大"
5      elif x["资产原值"] > 100000:
6          x['资产重大程度分类'] = "重大"
7      return x
8  df_new2 = df_new.apply(assetsRate,axis=1)
9  df_new2
```

	卡片编码	固定资产净值率	资产使用部门	资产净值	资产原值	资产名称	资产类别	资产重大程度分类
0	ZCLB040	0.4853	电子厂区生产车间	155794.19	321000	3M 路由探测仪	机器设备	重大
1	ZCLB041	0.4853	电子厂区生产车间	155794.19	321000	3M 路由探测仪	机器设备	重大

图 2-54 任务实施 2-2-4（8）

```
1  df_new3 = df_new2[df_new2["资产重大程度分类"] =='特重大']
2  df_new3
```

	卡片编码	资产使用部门	资产类别	资产名称	资产原值	资产净值	固定资产净值率	资产重大程度分类
68	ZCLB291	电子厂区生产车间	机器设备	SDH 分析仪 40G	2245790	1347217.34	0.5999	特重大
82	ZCLB152	本部办公室	房屋及建筑物	高新区3号办公楼	14800000	11839688.42	0.8000	特重大
83	ZCLB153	电子厂区办公室	房屋及建筑物	高新区4号办公楼	9200000	7359806.32	0.8000	特重大
84	ZCLB154	电子厂区生产车间	房屋及建筑物	高新区工业三区A号厂房	6200000	4959869.47	0.8000	特重大
85	ZCLB213	电子厂区生产车间	房屋及建筑物	高新区工业三区B号厂房	8340000	6671824.42	0.8000	特重大
86	ZCLB254	电子厂区生产车间	房屋及建筑物	高新区工业三区C号厂房	4280000	3423909.89	0.8000	特重大

图 2-55 任务实施 2-2-4（9）

NumPy 库中的 arange() 函数的作用是返回一个有终点和起点的固定步长的序列，如序列 [1,2,3,4,5] 的起点是1，终点是5，步长为1。arange() 函数的语法规则是：

numpy. arange(star , end , step)

【参数说明】

star，表示生成序列的起点，缺省时默认为"0"。
end，表示生成序列的终点，不能缺省。

NumPy 库 arrange() 方法

```
1  fig = plt.figure(figsize=(36,6),dpi=120) #设置画布大小及分辨率
2  index = np.arange(len(df_new3.index)) #统计出柱子的数组列表
3  plt.bar(index,df_new3['资产原值'],width=0.3, color='#9F99EE', label='资产原值') #绘制柱状图
4  plt.bar(index+0.1,df_new3['资产净值'],width=0.3, color='#ADFF9F', label='资产净值') #绘制柱状图
5  plt.xticks(index+0.2,df_new3['资产名称'],rotation=45,fontsize = 25)  #设置横坐标数值及显示格式
6  plt.yticks(fontsize = 25) #设置纵坐标显示格式
7  plt.title('特重大固定资产净值与原值关系图',fontsize = 30) #设置标题
8  plt.legend(fontsize = 25)  #设置图例字号
```

<matplotlib.legend.Legeng at 0x1306174fc10>

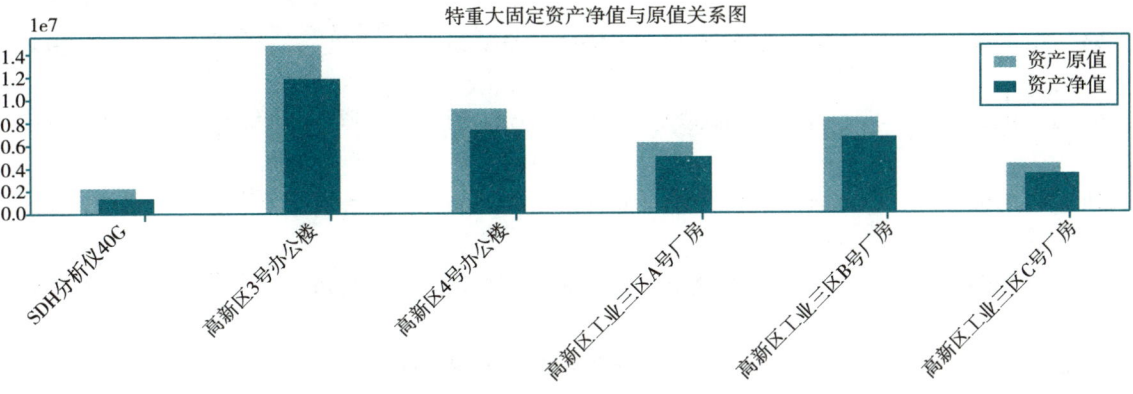

图 2-56　任务实施 2-2-4（10）

step，表示生成序列时的步长，步长支持小数。

比如，np.arange(3) 返回 [0,1,2]，返回序列共有 3 个元素，np.arange(3,8) 返回序列 [3,4,5,6,7]，返回序列共有 (8-3)÷1 个元素，np.arange(3,8,0.5) 返回序列 [3,3.5,4,4.5,5,5.5,6,6.5,7,7.5]，返回序列共有 (8-3)÷0.5 个元素。

代码行 3 和 4 是使用 plt.bar() 函数绘制柱状图。代码行 3 中 x 轴坐标参数对应的值是 [0,1,2,3,4,5]，所以返回 6 个柱体，y 轴坐标参数对应的值为变量 df_new3 中的"资产原值"列中的值。代码行 4 中 x 轴坐标参数对应的值是 index+0.1，+0.1 表示柱体在默认的起始位置向右移动 0.1，如果 x 轴坐标参数设置为 index-0.1，柱体在默认的起始位置向左移动 0.1，如果 x 轴坐标参数只设置为 index，则代码行 4 生成的柱体会与代码行 3 生成的重叠。

代码行 5 和代码行 6 的作用是设置横、纵坐标。代码行 5 的 plt.xticks() 函数的第一个参数是设置 x 轴刻度位置从原点向右偏移 0.2，第二个参数是设置柱子的标签为变量 df_new3 中"资产名称"列的值，第三个参数 rotation=45，是设置显示标签的倾斜角度是右倾 45 度，第四个参数 fontsize=25，是设置标签的字号是 25 磅。而代码行 6 只设置了一个参数 fontsize=25，规定了字号，其他参数采用默认值。

代码行 8 的作用是设置图例的字号。

Step11　筛选数据

筛选分类为重大资产并且净值率不高于 0.3 的固定资产。结果是重大资产中有 5 项资产净值率不高于 0.3。代码示例及部分运行结果如图 2-57 所示。

```
1  df_new4 = df_new2[(df_new2["资产重大程度分类"] =='重大' )&\
2           (df_new2["固定资产净值率"]<=0.3)]
3  df_new4
```

	卡片编码	固定资产净值率	资产使用部门	资产净值	资产原值	资产名称	资产类别	资产重大程度分类
53	ZCLB265	0.04	本部销售部	6496.0	162400	大众商务轿车	运输设备	重大
54	ZCLB266	0.04	本部销售部	6496.0	162400	大众商务轿车	运输设备	重大
55	ZCLB267	0.04	本部销售部	6496.0	162400	大众商务轿车	运输设备	重大
56	ZCLB268	0.04	本部销售部	13116.0	327900	金龙客车	运输设备	重大
57	ZCLB269	0.04	本部销售部	13116.0	327900	金龙客车	运输设备	重大

图2-57　任务实施2-2-4（11）

Step12　可视化重大固定资产中净值率不高于0.3的资产净值与原值对比结果

绘制分类为重大固定资产，且净值率不高于0.3的净值与原值对比柱状图。代码示例及运行结果如图2-58所示。

```
1  fig = plt.figure(figsize=(36,6),dpi=120) #创建图像
2  index = np.arange(len(df_new4.index)) #设置索引
3  #绘制条形图
4  plt.bar(index,df_new4['资产原值'],width=0.3, color='#9F99EE', label='资产原值')
5  #绘制条形图
6  plt.bar(index+0.1,df_new4['资产净值'],width=0.3, color='#ADFF9F', label='资产净值')
7  plt.xticks(index+0.1,df_new4['资产名称'],rotation=45,fontsize = 25) #设置横轴
8  plt.yticks(fontsize = 25) #设置纵轴
9  plt.title('重大固定资产净值与原值关系图',fontsize = 30) #设置标题
10 plt.legend(fontsize = 25) #设置图例
```

<matplotlib.legend.Legeng at 0x13dd0de2b100>

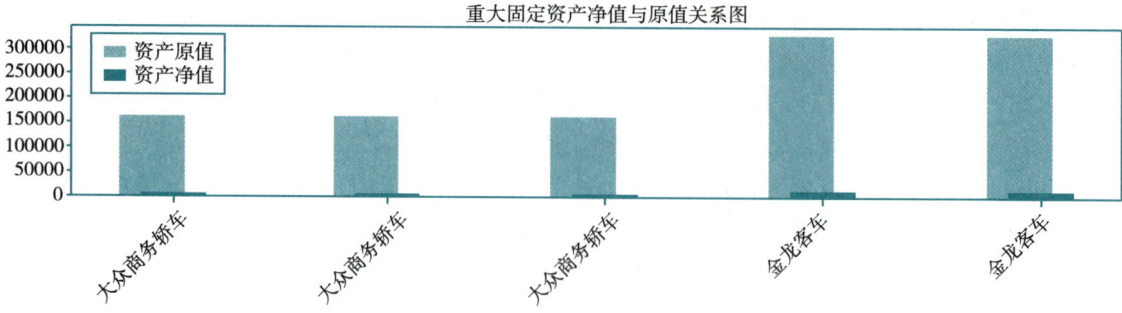

图2-58　任务实施2-2-4（12）

Step13 使用数据透视表汇总资产净值

使用数据透视表，按资产使用部门，统计分析各类别固定资产的资产净值，并保存到工作簿。代码示例及运行结果如图 2-59 所示。

```
1  df5=pd.pivot_table(df4, values='资产净值', index='资产使用部门',columns='资产类别',
2         aggfunc='sum',fill_value=0, margins=True)
3  df5
```

columns= 资产类别	工具器具及家具	房屋及建筑物	机器设备	电子设备	运输设备	margins= All
index= 资产使用部门	values=	aggfunc=				
本部办公室	69798.4	11839688.42	0.00	38855.86	377083.75	12325426.43
本部销售部	10214.4	0.00	0.00	0.00	45720.00	55934.40
电子厂区办公室	45964.8	7359806.32	fill_value= 0.00	0.00	304879.28	7710650.40
电子厂区生产车间	73203.2	15055603.78	5152182.70	12777.82	6735.36	20300502.86
研发中心	10214.4	0.00	1914241.67	27993.75	0.00	1952449.82
margins= All	209395.2	34255098.52	7066424.37	79627.43	734418.39	42344963.91

图 2-59 任务实施 2-2-4（13）

代码行 1 是通过 Pandas 透视表的函数 pivot_table()，对变量 df4 的数据进行动态排布及分类汇总，统计出各类别固定资产的资产净值。

透视表是一种可以对数据动态排布并且分类汇总的表格格式。我们在 Excel 中使用过数据透视表，也体会到它的强大功能，而在 Pandas 中它被称作 pivot_table。

pivot_table() 语法规则是：

pandas. pivot_table（数据变量，index = None，values = None，aggfunc = 'mean'，columns = None，fill_value = None，margins = False，dropna = True，margins_name = 'All'）

Pandas 库
pivot_table()
透视表方法

【参数说明】

数据变量，是进行数据透视的数据变量。

index =，设置透视表中的行索引。

values =，设置需要计算的数据项。

aggfunc =，设置对数据聚合时进行的函数操作，默认值是 mean，表示计算平均值。

columns =，设置透视表中的列索引。

fill_values =，设置遇到缺失值、空值的填充方案。

margins =，设置合计列，如果 margins = 'True' 表示增加行合计与列合计，margins = 'False' 为不设置合计列。

以上是 pivot_table() 函数中最重要的几个参数，其他参数在此不作介绍。

Step14 使用数据透视表汇总各类资产的本月折旧额

使用数据透视表，按资产使用部门，统计分析各类固定资产的本月折旧额。代码示例及运行结果如图 2-60 所示。

```
1  df6 =pd.pivot_table(df4, values='本月折旧', index='资产使用部门',\
2              columns='资产类别', aggfunc='sum',fill_value=0, margins=True)
3  df6
```

资产类别 资产使用部门	工具器具及家具	房屋及建筑物	机器设备	电子设备	运输设备	All
本部办公室	6297.6	59511.58	0.00	1216.74	9681.55	76707.47
本部销售部	921.6	0.00	0.00	0.00	0.00	921.60
电子厂区办公室	4147.2	36993.68	0.00	0.00	7827.72	48968.60
电子厂区生产车间	6604.8	75676.22	61126.32	465.06	0.00	143872.40
研发中心	921.6	0.00	16493.37	1059.33	0.00	18474.30
All	18892.8	172181.48	77619.69	2741.13	17509.27	288944.37

图 2-60 任务实施 2-2-4（14）

Step15 保存固定资产净值及折旧汇总表.xlsx

将"固定资产净值汇总表"和"固定资产本月折旧汇总表"保存在"固定资产净值及折旧汇总表.xlsx"工作簿中。代码示例及运行结果如图 2-61、图 2-62 所示。

```
1  writer = pd.ExcelWriter("固定资产净值及折旧汇总表.xlsx")
2  df5.to_excel(writer,"固定资产净值汇总表")
3  df6.to_excel(writer,"固定资产本月折旧汇总表")
4  writer.save()
5  print("文件保存成功，请下载查阅。")
```

文件保存成功，请下载查阅。

图 2-61 任务实施 2-2-4（15）

	A	B	C	D	E	F	G	H
1	资产使用部门	工具器具及家具	房屋及建筑物	机器设备	电子设备	运输设备	All	
2	本部办公室	69798.4	11839688.42	0	38855.86	377083.75	12325426.43	
3	本部销售部	10214.4	0	0	0	45720	55934.4	
4	电子厂区办公室	45964.8	7359806.32	0	0	304879.28	7710650.4	
5	电子厂区生产车间	73203.2	15055603.78	5152182.7	12777.82	6735.36	20300502.86	
6	研发中心	10214.4	0	1914241.67	27993.75	0	1952449.82	
7	All	209395.2	34255098.52	7066424.37	79627.43	734418.39	42344963.91	
8								

图 2-62 按资产使用部门统计的固定资产净值透视表

至此，固定资产分析代码开发完毕。

五、撰写固定资产月度分析报告

固定资产月度分析报告

1. 固定资产总体情况分析

目前公司的固定资产总原值为5621.20万元,总净值约为4234.50万元,总折旧率为24.67%,固定资产分布在本部办公室、本部销售部、电子厂区办公室,电子厂区生产车间和研发中心。具体数据如表2-6和表2-7所示。

表2-6　　　　　　　　　　　部门资产净值统计表　　　　　　　　　　单位:万元

资产使用部门＼资产类别	工具器具及家具	房屋及建筑物	机器设备	电子设备	运输设备	All
本部办公室	69798.4	11839688.42	0.00	38855.86	377083.75	12325426.43
本部销售部	10214.4	0.00	0.00	0.00	45720.00	55934.40
电子厂区办公室	45964.8	7359806.32	0.00	0.00	304879.28	7710650.40
电子厂区生产车间	73203.2	15055603.78	5152182.70	12777.82	6735.36	20300502.86
研发中心	10214.4	0.00	1914241.67	27993.75	0.00	1952449.82
All	209395.2	34255098.52	7066424.37	79627.43	734418.39	42344963.91

表2-7　　　　　　　　　　　部门资产本月折旧额统计表　　　　　　　　单位:万元

资产使用部门＼资产类别	工具器具及家具	房屋及建筑物	机器设备	电子设备	运输设备	All
本部办公室	6297.6	59511.58	0.00	1216.74	9681.55	76707.47
本部销售部	921.6	0.00	0.00	0.00	0.00	921.60
电子厂区办公室	4147.2	36993.68	0.00	0.00	7827.72	48968.60
电子厂区生产车间	6604.8	75676.22	61126.32	465.06	0.00	143872.40
研发中心	921.6	0.00	16493.37	1059.33	0.00	18474.30
All	18892.8	172181.48	77619.69	2741.13	17509.27	288944.37

2. 固定资产使用状态分析

从图表2-1中可知,目前公司的闲置固定资产占比为7.61%,说明闲置资产较多,需要提高闲置资产的利用率,对闲置资产进行盘点,根据资产的情况作出相应的处理。

3. 固定资产资源配置分析

从图表2-2中可知,目前公司的固定资产主要分布在电子厂区生产车间和本部办公室,这两个部门的固定资产占比合计为76.69%,而研发中心的固定资产占比只为3.76%,对于一个科技公司来说,研发中心的固定资产占比有可能偏低。

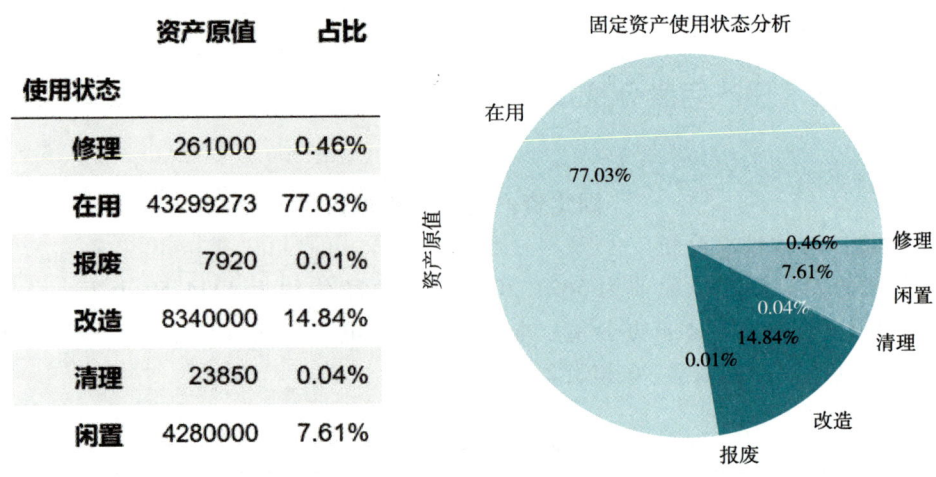

图表 2-1 固定资产使用状态图

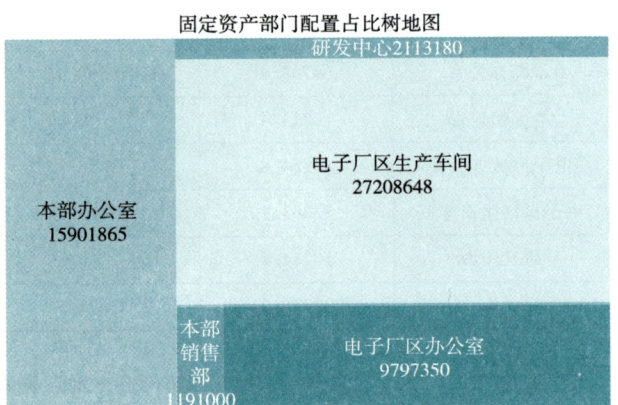

图表 2-2 固定资产资源配置分析图表

4. 固定资产折旧程度分析

对固定资产净值低于30%的资产进行分析，发现低净值资产主要分布在本部办公室和电子厂区生产车间，主要类别为工具器具及家具和电子设备。对于部门使用的以上类别的固定资产短期内将迎来报废及更新，如图2-63中所示。

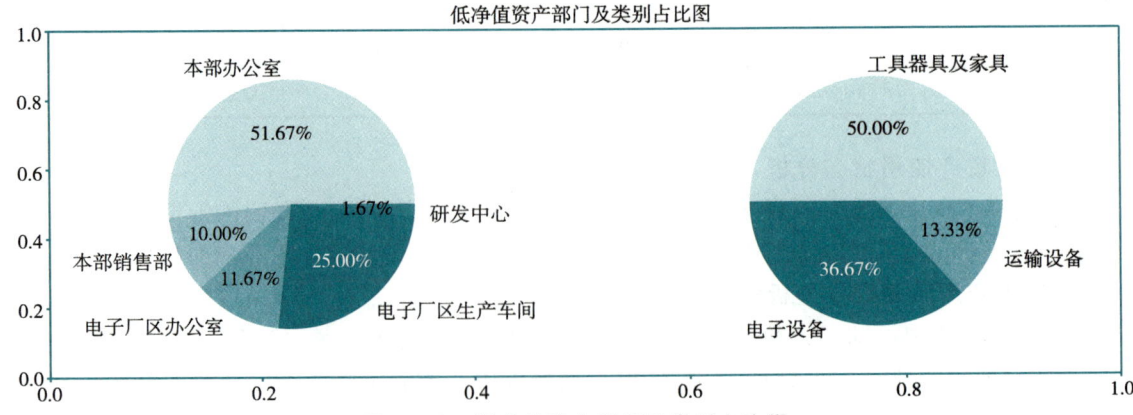

图 2-63 低净值资产部门及类别占比图

进一步对固定资产原值在 10 万元及以上的固定资产进行分析，发现固定资产原值在 100 万元及以上的特重大固定资产的净值率较高，但资产原值在 10 万～100 万元之间的重大固定资产的净值率较低，短期内会面临大众商务轿车及客车更新，如图 2-64 和图 2-65 所示。

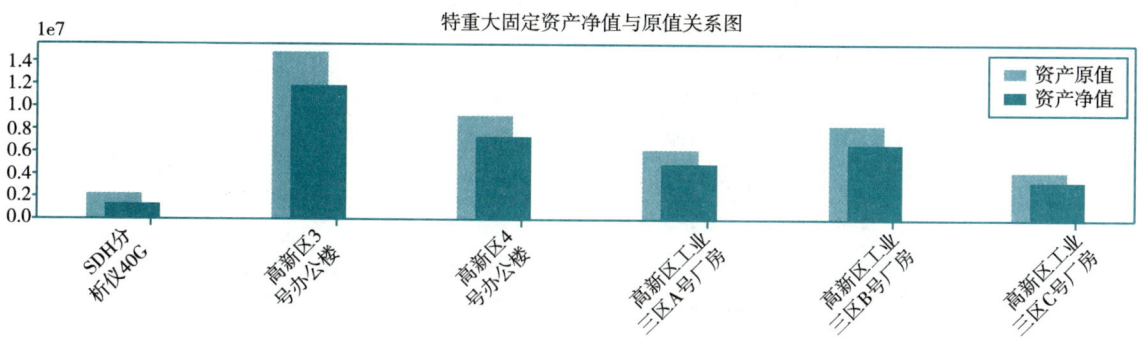

图 2-64　特重大固定资产净值与原值关系图

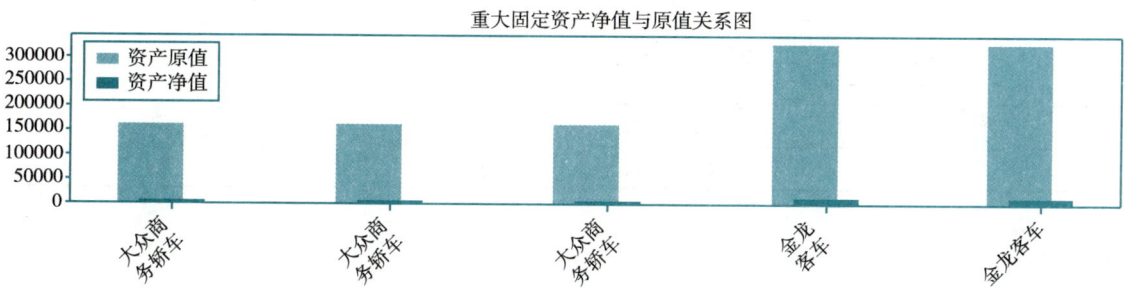

图 2-65　重大固定资产净值与原值关系图

考核与评价

考核的重点是理论知识的掌握水平、技术技能的应用水平以及职业素养，学习者可以从以上三个方面评价学习效果，具体评价项目及标准如表 2-8 所示。

表 2-8　　　　　　　　　　模块考核评价标准

考核项目	考核内容			配分	得分
理论知识水平	能正确解释固定资产折旧信息分析程序的流程			5	
	能正确复述以下方法的语法规则：			2	
	Pandas 库： to_frame( ) reset_index( ) pivot_table( )	squarify 库： squarify.plot( )	Matplotlib 库 pyplot 子库： ＜figure 对象＞.add_subplot( ) pyplot.rc( ) ＜axis 对象＞.set_title( ) ＜axis 对象＞.axis( ) ＜axis 对象＞.tick_params( ) ＜axis 对象＞.pie( )		
	能正确举例说明上表各方法的作用与参数设置方法			20	
理论知识水平总分				27	

续表

考核项目	考核内容	配分	得分
技术技能应用水平	能正确导入数据源及清洗数据源	5	
	能计算固定资产使用状态占比并绘制使用状态占比饼图	8	
	能计算固定资产资源配置占比并绘制资源占比树地图	10	
	能计算固定资产净值率并自动生成低资产净值率预警 xlsx 格式文件	8	
	能对特重大与重大资产的折旧情况进行分析,并将结果进行可视化	15	
技术技能应用水平总分		46	
职业素养	向同学、老师请教时态度友好、诚恳	4	
	编程过程中遇到困难时主动寻求解决方法,耐心阅读方法说明与案例,如需求助于人时,先准备好咨询的问题,并准确、清晰地表达	5	
	检查任务成果时细致、认真、严谨,也可邀请别人一起检查	4	
	调试程序过程中能修改自己的错误	5	
	在别人的帮助下能将代码调试成功	4	
	面对同学的求助,积极响应	5	
职业素养总分		27	
综合评价总分		100	

总结与提高

一、任务实施情况分析

任务完成后,学习者根据任务实施情况,分析存在的问题及原因,并填写表 2-9。指导老师对任务实施情况进行评价。

表 2-9　自动生成固定资产折旧明细表、折旧汇总表代码开发任务实施情况分析表

任务实施过程	存在的问题	解决的办法
数据采集与清洗		
固定资产使用状态占比分析		
各部门固定资产资源配置状况分析		

续表

任务实施过程	存在的问题	解决的办法
固定资产折旧程度分析		
撰写固定资产月度分析报告		

二、总结

（1）数据分析的基础是正确的数据，所以保存数据的正确性是首要任务。

（2）apply（）函数可以实现数据的遍历，并对遍历数据进行较复杂的处理，是使用 Pandas 库数据分析中重要且常用的工具。它的使用对象是 Series 对象和 DataFrame 对象。

（3）使用 Matplotlib 库对数据进行可视化时，要先设置负号与中文的显示，再设置不同图像的参数代码。

（4）pandas.pivot_table（）函数可以生成如同 Excel 中的数据透视表，方法简单且实用，其中的参数 aggfunc = 的值需要用引号包裹。

一、不定项选择题

1. 读取图 2 - 66 固定资产采购表到 Python 后，筛选出"采购日期""资产名称""采购单价"信息列，并赋值给变量 df1，以下方法正确的是（　　）。

序号	采购日期	资产名称	型号	采购数量	采购单价	采购总金额
1	2021/12/10	单冷空调	美的DL-XM2000-1	20	2350	47000
2	2021/12/10	冷暖空调	美的LL-GJK2000-1	10	3890	38900
3	2021/12/10	办公一体机	惠普HP-2300L	12	3218	38616
4	2021/12/10	打印机	惠普HP-JG1008U	8	1896	15168
5	2021/12/10	电脑	联想天逸MM6800	40	4019	160760
6	2021/12/10	智慧屏	华为ZH8900	3	4899	14697

图 2 - 66

A. `1　df1 = df.loc[,('采购日期','资产名称','采购单价')]`

B.   `df1 = df.loc[('采购日期','资产名称','采购单价')]`

C.   `df1 = df.loc[:,('采购日期','资产名称','采购单价')]`

D.   `df1 = df.iloc[:,('采购日期','资产名称','采购单价')]`

2. 读取表格后，为了后续数据分析的方便，常常需要清洗数据，用数字"0"替换DataFrame变量df1中的异常值时，以下代码正确的是（   ）。

A.   `df1.fillna(0,inplace=True)`

B.   `df1.fillin(0,inplace=True)`

C.   `df1.fillin(0,inplace=False)`

D.   `df1.fillna(0,inplace=False)`

3. 图2-67为变量df1的部分内容，构建函数MonthDate(M)，计算固定资产"剩余使用月份"和"已提折旧月份"列数值，图2-68代码段中星号（*）处填入的代码正确的是（   ）。

	资产编号	资产使用部门	资产类别	资产名称	资产原值	投入使用日期	使用状态	折旧方法	预计可使用年限	净残值率	净残值	减值准备	期初累计折旧	计提折旧日期	预计可使用月份
0	NU0-BUI-0001	厂区	房屋建筑物	AB栋厂房	15597984.2	2015-05-24	正常使用	平均年限法	20	0.1	1559798.42	0.0	5205827.16	2022-11-26	240
1	NUO-BG-KT0001	厂区	办公设备	中央空调	33000.0	2015-05-12	正常使用	平均年限法	3	0.1	3300.00	0.0	29700.00	2022-11-26	36

图2-67

```
1  def MonthDate(M):
2      startdate = M['投入使用日期']
3      enddate = M['计提折旧日期']
4      pastMonth = ***
5      usefulMonth = M['预计可使用月份']
6      remainMonth = ****
7      if *****:
8          M['剩余使用月份'] = 0
9          M['已提折旧月份'] = usefulMonth
10     else:
11         M['剩余使用月份'] = remainMonth
12         M['已提折旧月份'] = pastMonth
13     return M
```

图2-68

A. ***处填入

```
1  round((enddate.year-startdate.year)*12 + (enddate.month-startdate.month-1),2)
```

B. ***处填入

```
1  round((enddate.year-startdate.year)*12 + (enddate.month-startdate.month),2)
```

C. ****处填入

```
1  usefulMonth - pastMonth
```

D. *****处填入

```
1  remainMonth < 0
```

E. *****处填入

```
1  remainMonth > 0
```

4. 将 DataFrame 变量 df2 保存到当前文件夹下，文件格式为 Excel 文件，命名为"固定资产卡片折旧明细表"，工作表名称为"折旧明细表"。以下代码正确的是（   ）。

A.
```
1  df2.to_excel('固定资产卡片折旧明细表.xlsx',sheet_name='折旧明细表')
```

B.
```
1  df2.read_excel('固定资产卡片折旧明细表.xlsx',sheet_name='折旧明细表')
```

C.
```
1  df2.to_excel('固定资产卡片折旧明细表.xlsx',name='折旧明细表')
```

D.
```
1  df2.to_excel('固定资产卡片折旧明细表',sheet_name='折旧明细表')
```

5. 图 2-69 为变量 df1 的部分内容，根据变量 df1 的【使用状态】对相关数据列（'资产原值'）进行分类汇总，并保存为 df2。以下代码正确的是（   ）。

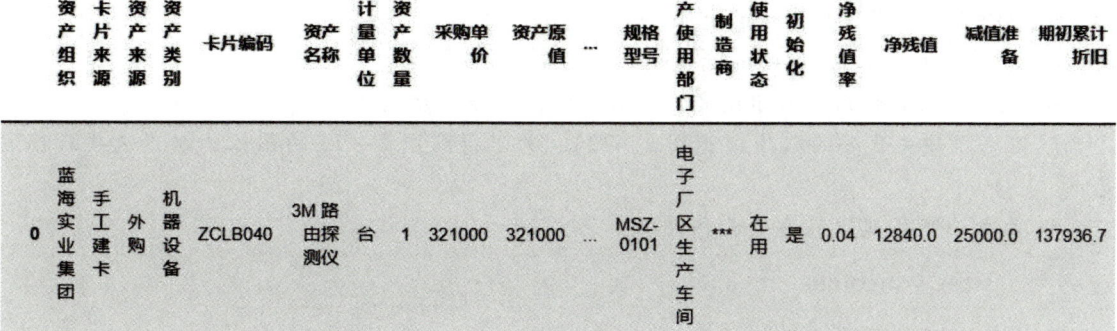

图 2-69

A.
```
1  df2 = df1.groupby['使用状态']['资产原值'].sum()
```

B.
```
1  df2 = df1.groupby('使用状态')['资产原值'].sum()
```

C.
```
1  df2 = df1.groupby('使用状态')['资产原值'].sum
```

D.	1	df2 = df1.groupby['使用状态']['资产原值'].sum

6. 观察图2-70代码和图2-71代码的运行结果，下列说法正确的是（　　）。

```
1  plt.matplotlib.rcParams['axes.unicode_minus']=False    # 正常显示负号
2  plt.matplotlib.rcParams['font.sans-serif']=['SimHei']  # 用黑体显示中文
3
4  plt.figure(figsize=(12,6),dpi=120)
5  df2['资产原值'].plot(kind='pie',autopct='%1.2f%%')
6  plt.title('固定资产使用状态分布')
7
8  plt.show()
```

图 2 - 70

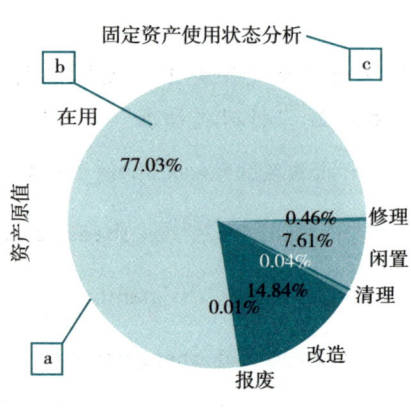

图 2 - 71

A. 代码行4设置a，饼图的大小
B. 代码行5设置b，饼块的大小
C. 代码行6设置c，饼图的标题
D. 代码行8的作用是显示图像，不写此行，也能显示图像

7. 有一段缺失代码的程序（见图2-72），为了得到图2-73的图像，以下选项正确的是（　　）。

A. 添加以下代码设置方块面积大小

```
1  sizes = income,
```

B. 添加以下代码添加数值标签

```
1  value = income
```

C. 添加以下代码设置标签字体大小

```
1  plt.rc('font', size=15)
```

D. 添加以下代码去除树地图的坐标轴

```
1  ax.axis('off')
```

```
1  plt.rcParams['font.family']='SimHei'  # 用黑体显示中文
2  plt.rcParams['axes.unicode_minus'] = False  # 正常显示负号
3
4  labels = df3['资产使用部门']
5  income = df3['资产原值']
6  colors = ['#9999ff','#2ca02c','#d62728','pink','green','yellow','orange']
7
8  fig = plt.figure(figsize = (12,8))
9  ax = fig.add_subplot(111)
10 squarify.plot(       ****            # 方块面积大小
11              label = labels,         # 指定标签
12              color = colors,         # 指定自定义颜色
13              alpha = 0.8,            # 指定透明度
14              ****        ,           # 添加数值标签
15              edgecolor = 'white',    # 设置边界框
16              linewidth =0.1          # 设置边框宽度
17             )
18      ****        # 设置标签字体大小
19 ax.set_title('固定资产部门配置占比树地图',fontsize = 22)  # 设置标题及字体大小
20   ****    # 去除树地图的坐标轴
21 ax.tick_params(top = 'off', right = 'off')  # 去除上边框和右边框刻度
22 plt.show()  # 显示图形
```

图 2-72

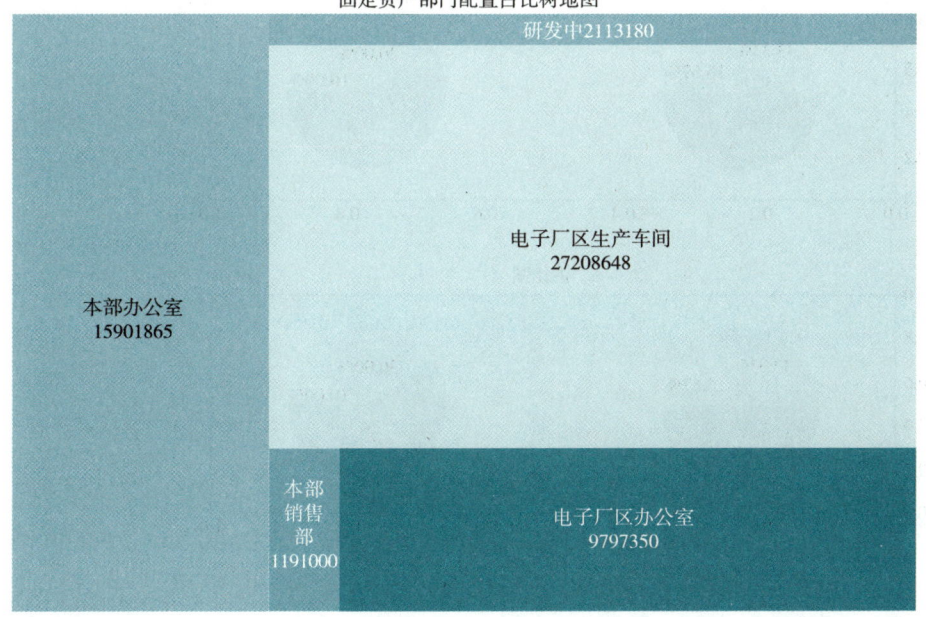

图 2-73

8. 运行图 2-74 的代码，得到的图像是（　　）。

```
1  from matplotlib import pyplot as plt
2  fig = plt.figure(figsize=(18,6))
3  plt.rc('font', size=30)
4  plt.title('占比图')
5  ax1 = fig.add_subplot(121)
6  a = [10,20,30]
7  ax1.pie(a, radius=0.9, autopct='%.2f%%',colors=['#8ebad9','#ADFF2F','#FFC125'])
8  ax2 = fig.add_subplot(122)
9  a = [5,15,30]
10 ax2.pie(a, radius=0.9,autopct='%.2f%%',colors=['#9F99EE','#ADFF9F','#FFC188'])
11 plt.show()
```

图 2-74

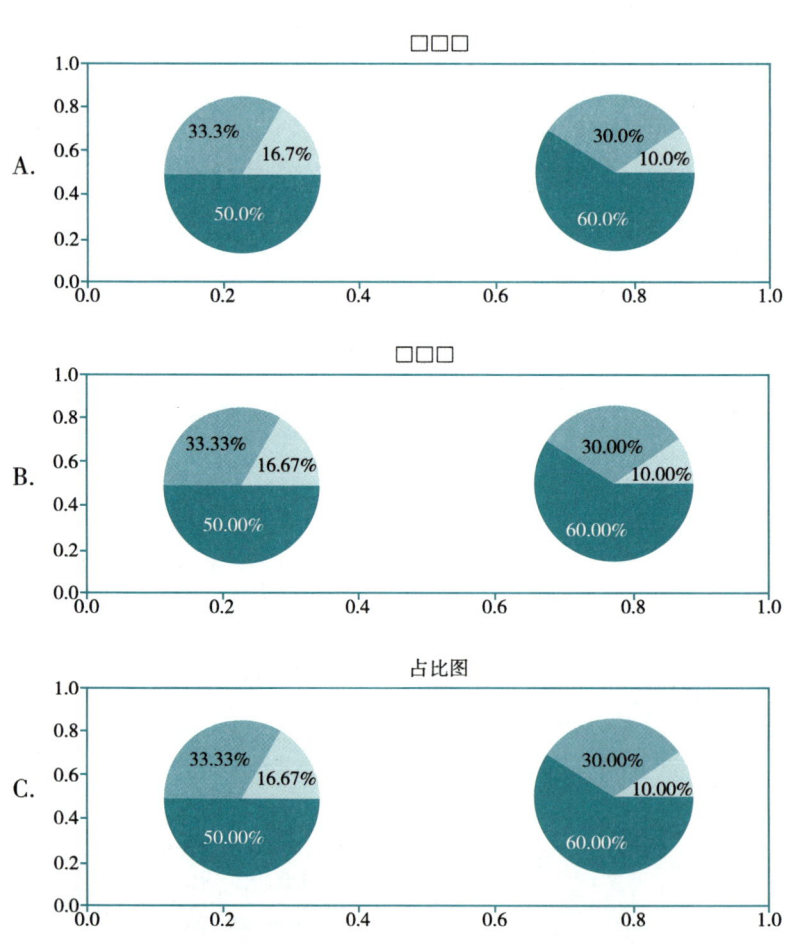

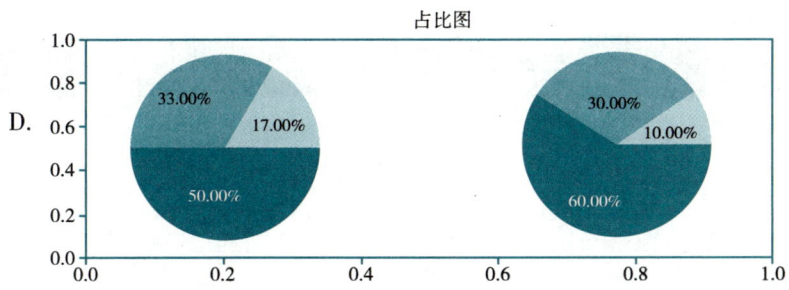

9. 为了绘制图 2-75 图像，下列说法正确的是（　　）。

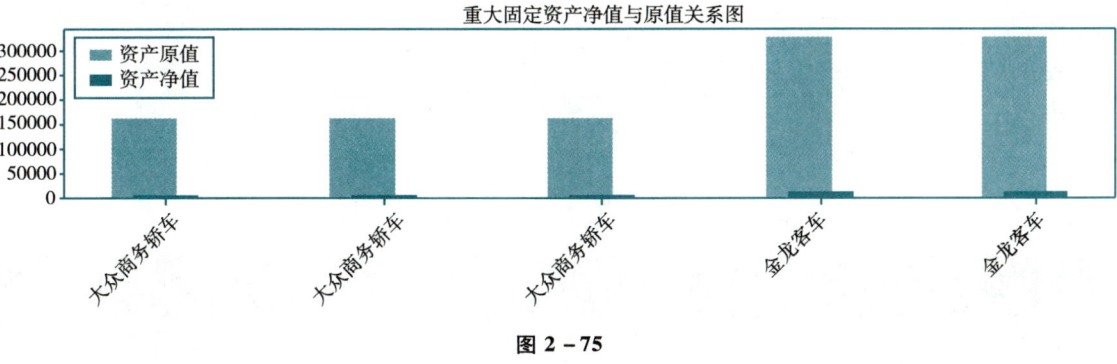

图 2-75

A. 编写绘制图像代码前需要导入 Matplotlib 库中的 pyplot 模块

B. 编写绘制图像代码前需要增加设置中文字体显示和负数显示方式的代码

C. 代码 plt.bar() 通常用于创建条形图

D. 代码 plt.legend() 通常用于创建图像中的字体与字号

10. Pandas 库也有类似 Excel 软件中的透视表，关于 Pandas 库中的透视表，以下说法正确的是（　　）。

A. 在 Pandas 库中使用 pivot_table() 方法创建透视表，此方法的第一个参数为 DataFrame 变量

B. 在 Pandas 库中使用 pivot_table() 方法创建透视表，此方法中的"index ="参数用于设置透视表中的列索引

C. 在 Pandas 库中使用 pivot_table() 方法创建透视表，此方法中的"aggfunc ="参数用于设置数据聚合时的运算方法

D. 在 Pandas 库中使用 pivot_table() 方法创建透视表，此方法中的"margins ="参数设置用于设置透视表中的行和列合计

二、实训题

【任务场景一】

根据海杰电子有限公司"固定资产卡片. xlsx"工作簿（见图 2-76）和"固定资产卡

片折旧明细表.xlsx”（见图2－77），编制固定资产折旧明细表和固定资产折旧汇总表。

	资产编号	资产类别	资产名称	资产原值	投入使用日期	折旧方法	预计可使用年限	净残值率	净残值	存放地点	资产使用
2	NUO-BUI-0001	房屋建筑物	AB栋厂房	15,597,984.20	2015/5/24	平均年限法	20.00	0.10	1,559,798.42	A栋	厂区
3	NUO-BG-KT0001	办公设备	中央空调	33,000.00	2015/5/12	平均年限法	3.00	0.10	3,300.00	A栋	厂区
4	NUO-BG-KT0002	办公设备	中央空调	33,000.00	2015/5/12	平均年限法	3.00	0.10	3,300.00	A栋	厂区
5	NUO-BG-KT0003	办公设备	中央空调	33,000.00	2015/5/12	平均年限法	3.00	0.10	3,300.00	A栋	厂区
6	NUO-BG-KT0004	办公设备	中央空调	33,000.00	2015/5/12	平均年限法	3.00	0.10	3,300.00	A栋	厂区
7	NUO-BG-KT0005	办公设备	中央空调	33,000.00	2015/5/12	平均年限法	3.00	0.10	3,300.00	A栋	厂区
8	NUO-BG-KT0006	办公设备	中央空调	33,000.00	2015/5/12	平均年限法	3.00	0.10	3,300.00	A栋	厂区
9	NUO-BG-KT0007	办公设备	中央空调	36,000.00	2015/5/12	平均年限法	3.00	0.10	3,600.00	A栋	厂区
10	NUO-BG-KT0008	办公设备	中央空调	36,000.00	2015/5/12	平均年限法	3.00	0.10	3,600.00	B栋	行政部
11	NUO-BG-KT0009	办公设备	中央空调	36,000.00	2015/5/12	平均年限法	3.00	0.10	3,600.00	B栋	行政部
12	NUO-BG-KT0010	办公设备	中央空调	36,000.00	2015/5/12	平均年限法	3.00	0.10	3,600.00	B栋	行政部
13	NUO-BG-KT0011	办公设备	中央空调	36,000.00	2015/5/12	平均年限法	3.00	0.10	3,600.00	B栋	行政部
14	NUO-BG-KT0012	办公设备	中央空调	36,000.00	2015/5/12	平均年限法	3.00	0.10	3,600.00	B栋	行政部
15	NUO-BG-KT0013	办公设备	中央空调	33,000.00	2015/5/12	平均年限法	3.00	0.10	3,300.00	C栋	行政部
16	NUO-BG-KT0014	办公设备	中央空调	33,000.00	2015/5/12	平均年限法	3.00	0.10	3,300.00	C栋	行政部
17	NUO-BG-KT0015	办公设备	中央空调	33,000.00	2015/5/12	平均年限法	3.00	0.10	3,300.00	C栋	行政部
18	NUO-BG-KT0016	办公设备	中央空调	33,000.00	2015/5/12	平均年限法	3.00	0.10	3,300.00	C栋	行政部

图2－76　固定资产卡片

		资产编号	产使用部	资产类别	资产名称	资产原值	入使用日	使用状态	折旧方法	计可使用年	净残值	减值准备	初累计折	提折旧月	本月折旧
2	0	NUO-BUI-(	厂区	房屋建筑物	AB栋厂房	15597984	########	正常使用	平均年限法	20	1559798	0	5205827	89	58492.44
3	1	NUO-BG-KT	厂区	办公设备	中央空调	33000	########	正常使用	平均年限法	3	3300	0	29700	36	0
4	2	NUO-BG-KT	厂区	办公设备	中央空调	33000	########	正常使用	平均年限法	3	3300	0	29700	36	0
5	3	NUO-BG-KT	厂区	办公设备	中央空调	33000	########	正常使用	平均年限法	3	3300	0	29700	36	0
6	4	NUO-BG-KT	厂区	办公设备	中央空调	33000	########	正常使用	平均年限法	3	3300	0	29700	36	0
7	5	NUO-BG-KT	厂区	办公设备	中央空调	33000	########	正常使用	平均年限法	3	3300	0	29700	36	0
8	6	NUO-BG-KT	厂区	办公设备	中央空调	33000	########	正常使用	平均年限法	3	3300	0	29700	36	0
9	7	NUO-BG-KT	厂区	办公设备	中央空调	36000	########	正常使用	平均年限法	3	3600	0	32400	36	0
10	8	NUO-BG-KT	行政部	办公设备	中央空调	36000	########	正常使用	平均年限法	3	3600	0	32400	36	0
11	9	NUO-BG-KT	行政部	办公设备	中央空调	36000	########	正常使用	平均年限法	3	3600	0	32400	36	0
12	10	NUO-BG-KT	行政部	办公设备	中央空调	36000	########	正常使用	平均年限法	3	3600	0	32400	36	0
13	11	NUO-BG-KT	行政部	办公设备	中央空调	36000	########	正常使用	平均年限法	3	3600	0	32400	36	0
14	12	NUO-BG-KT	行政部	办公设备	中央空调	36000	########	正常使用	平均年限法	3	3600	0	32400	36	0
15	13	NUO-BG-KT	行政部	办公设备	中央空调	33000	########	正常使用	平均年限法	3	3300	0	29700	36	0
16	14	NUO-BG-KT	行政部	办公设备	中央空调	33000	########	正常使用	平均年限法	3	3300	0	29700	36	0
17	15	NUO-BG-KT	行政部	办公设备	中央空调	33000	########	正常使用	平均年限法	3	3300	0	29700	36	0
18	16	NUO-BG-KT	行政部	办公设备	中央空调	33000	########	正常使用	平均年限法	3	3300	0	29700	36	0

图2－77　固定资产卡片折旧明细表

【任务要求】

1. 通过补充程度中星号（***）处的代码，由程序自动生成“固定资产折旧明细表.xlsx”。

2. 通过补充程度中星号（***）处的代码，由程序自动生成“固定资产折旧汇总表.xlsx”。

【任务素材】

1. 固定资产卡片.xlsx
2. 固定资产卡片折旧明细表.xlsx
3. 固定资产折旧明细表生成（习题题目代码）.ipynb

固定资产折旧明
细表生成实训题
任务素材包

【任务场景二】

根据海杰电子有限公司"固定资产卡片.xlsx"工作簿和"固定资产卡片折旧明细表.xlsx"，对海杰电子有限公司的固定资产折旧情况进行分析。

【任务要求】

1. 通过补充程序中星号（***）处的代码，从固定资产折旧程度方面对公司的固定资产进行分析，并进行可视化展示。

2. 通过补充程序中星号（***）处的代码，从固定资产类型结构方面对公司的固定资产进行分析，并进行可视化展示。

3. 通过补充程序中星号（***）处的代码，从固定资产资源配置方面对公司的固定资产进行分析，并进行可视化展示。

4. 保存固定资产净值预警统计表.xlsx。

5. 撰写海杰电子有限公司固定资产折旧分析报告。

【任务素材】

1. 固定资产卡片.xlsx
2. 固定资产卡片折旧明细表.xlsx
3. 固定资产分析（习题题目代码）.ipynb

固定资产分析实
训题任务素材包

项目三
成本核算与分析

 学习目标

知识学习目标：

1. 解释成本性态分析程序流程、本量利分析程序流程以及成本差异分析的程序流程
2. 复述以下方法的语法规则

库（模块）名称	方法（函数）
Pandas 库	df. loc[ ] = df. iloc[ ]. sum(axis =)　　drop( )
Matplotlib 库	scatter( )
NumPy 库	polyfit( )

3. 举例说明以上方法的参数作用与设置方法
4. 描述构建模型的方法

技能训练目标：

1. 绘制成本性态分析程序流程图、本量利分析程序流程图以及成本差异分析的程序流程图
2. 能应用 Matplotlib 库中 scatter( ) 方法绘制散点图
3. 能应用 NumPy 库中 polyfit( ) 方法构建线性回归模型
4. 能应用 Pandas 库中 df. loc[ ] = df. iloc[ ]. sum(axis =) 方法增加列数据合计行
5. 能应用 Pandas 库中 drop( ) 方法删除指定列
6. 能使用 Python 语言构建成本性态分析、本量利分析模型
7. 根据数据分析结果总结产品 S40 和产品 A11 的成本性态
8. 根据数据分析结果撰写本量利分析、成本差异分析报告

职业素养目标：

1. 提高程序阅读能力和代码修改能力

2. 培养数据管理与分析能力
3. 培养忠于职守的事业责任心
4. 养成勤于思考、勇于创新的职业习惯
5. 坚持严谨细致、精益求精的职业态度

项目导图

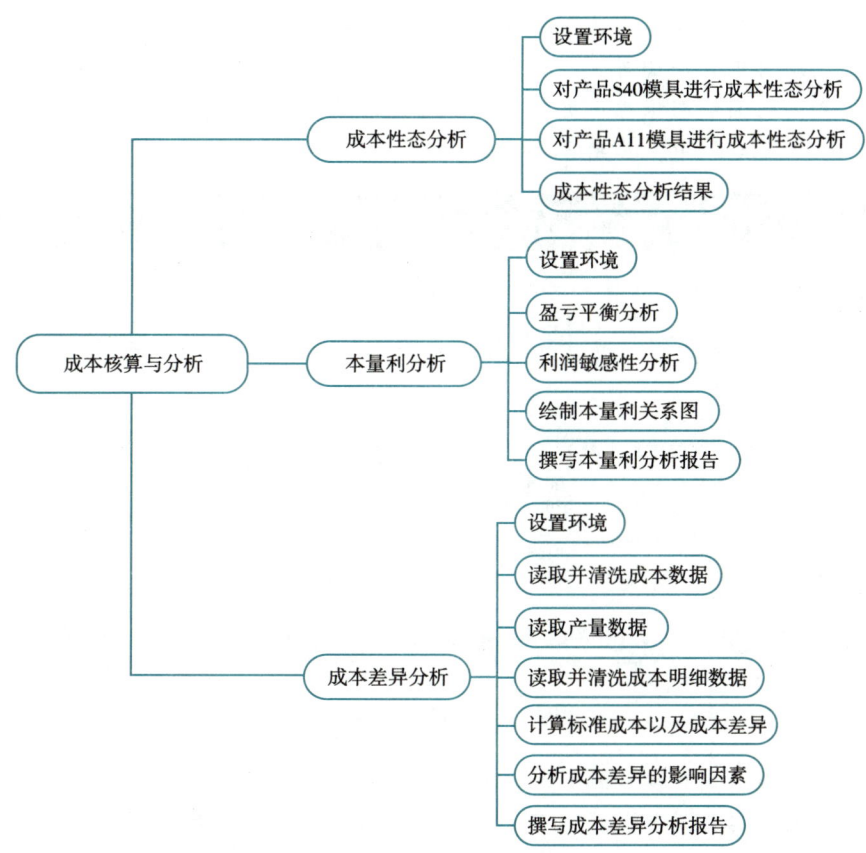

项目任务

本项目完成的目标：
1. 设计与编写成本性态分析的代码。
2. 设计与编写本量利分析的代码。
3. 设计与编写成本差异分析的代码。

完成以上工作任务应提交的标志性成果：
1. 成本性态分析总结。
2. 成本性态分析程序代码文件。

课程思政

3. 本量利分析报告。
4. 本量利分析程序代码文件。
5. 成本差异分析报告。
6. 成本差异程序代码文件。

业务场景

凌泰集团旗下有华凌模具制造有限责任公司、华泰日化用品有限公司等子公司。

华凌模具制造有限责任公司生产模式比较单一,主要生产两种玩具模具,目前采取以销定产的产销模式。财务经理根据历史数据对产品进行成本性态分析,产品的历史数据储存在"产品成本汇总表.xlsx"中,如图 3-1 所示。

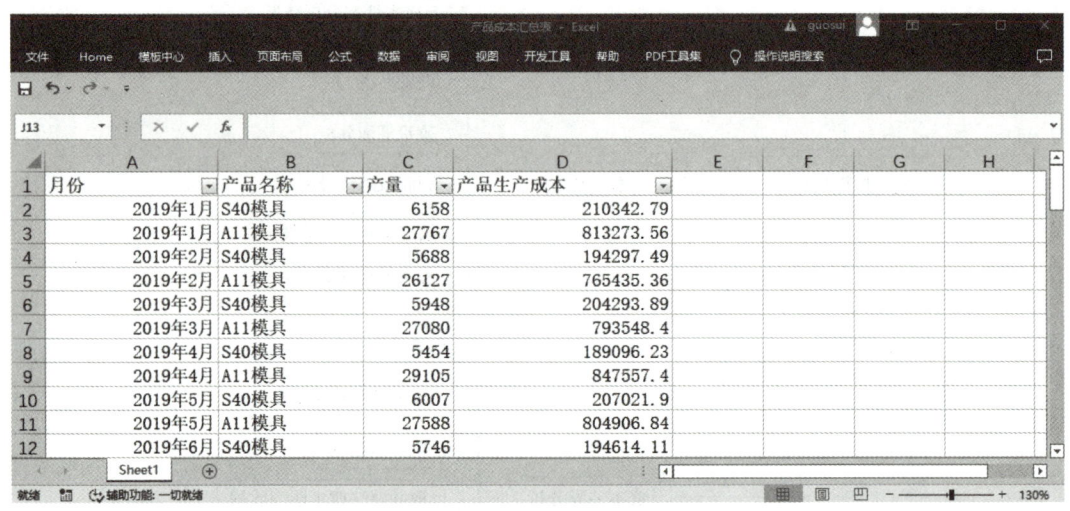

图 3-1 产品成本汇总表

华凌公司准备投产新玩具 TOY123 的生产线,在实施之前,先对此项目进行盈亏平衡点销售量测算,根据测算结果再作出投产决策。产品的预期数据如表 3-1 所示。

表 3-1　　　　　华凌玩具实体店盈亏平衡点销售量测算基础数据表

项目	数额	项目	数额
销售单价(元/桶)	50	业务量(桶)	5000
单位变动成本(元/桶)	20	固定成本(元)	60000

华泰公司的产品及生产条件相对稳定,从去年开始采用标准成本法进行成本核算及管理,财务经理在季度末,根据"产品单位标准成本卡.xlsx"(见图 3-2)、"产品实际成本明细表.xlsx"(见图 3-3)中的数据对成本差异进行分析。

请与财务经理王华一起使用 Python 语言实现:

(1) 设计成本性态分析模型对 S40 模具和 A11 模具进行成本性态分析。

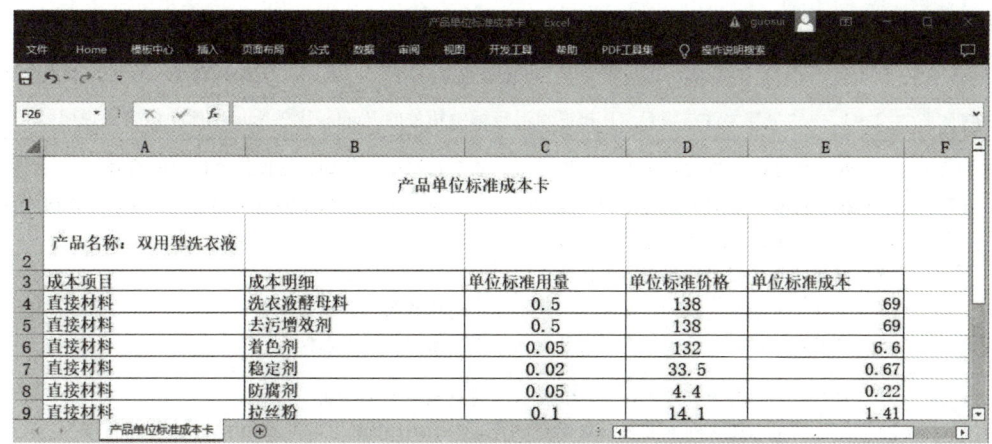

图 3-2 产品单位标准成本卡

图 3-3 产品实际成本明细表

（2）设计本量利分析模型，对投产新玩具 TOY123 的生产线进行盈亏平衡点销售量测算、分析与决策。

（3）设计标准成本法下成本差异分析模型，对双用型洗衣液进行成本差异分析。

模块一 成本性态分析

华凌公司成本管理部财务人员李梅根据华凌公司的两种模具产品 S40 和 A11 的历史数据，设计成本性态分析模型，对产品进行成本性态分析。

成本性态分析工作任务与工作计划

表 3-2　　　　　　　　　　　工作任务卡

任务编号	5	任务名称	成本性态分析	工作区域	财务大数据实训中心
建议学时	2~3	参考文件或资料	知识学习目标中相关的 Pandas 库、NumPy 库中的方法说明		
德技兼修	（1）接到任务时，先对任务进行整体分析，基于数据源条件规划实现任务目的的路径 （2）编程过程中遇到困难时主动寻求解决方法，耐心阅读方法说明与案例，如需求助于人时，先准备好咨询的问题，并准确、清晰地表达 （3）根据任务的需求修改获取的代码 （4）检查任务成果时细致、认真、严谨，也可邀请别人一起检查 （5）养成勤学好问、勤于思考、诚恳待人、严谨细致的工作态度				
工作任务	（1）对华凌公司的两种模具产品 S40 和 A11 进行成本性态分析 （2）设计与编写成本性态分析的程序				

制订工作计划

根据任务目的，我们可以梳理出完成此任务的大致工作计划，如图 3-4 所示。

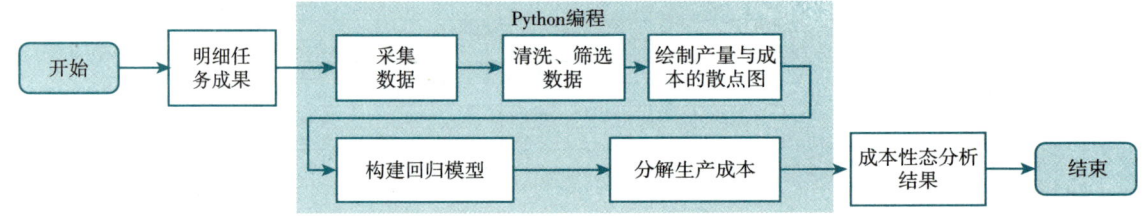

图 3-4　工作计划流程图

执行工作计划

首先，把工作过程还原出来，然后思考如何编写实现每一个步骤的代码。

构建模型的方法

通过流程图的方式把手工工作过程还原出来，如图 3-5 所示。

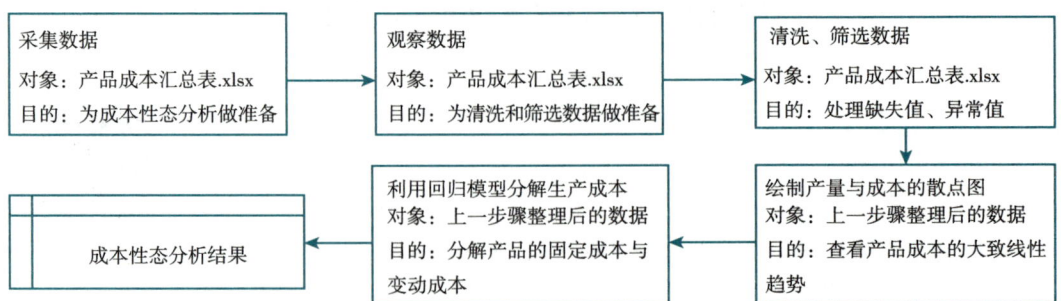

图 3-5　成本性态分析的工作流程图

用代码实现以上工作过程的程序流程图,如图 3-6 所示。

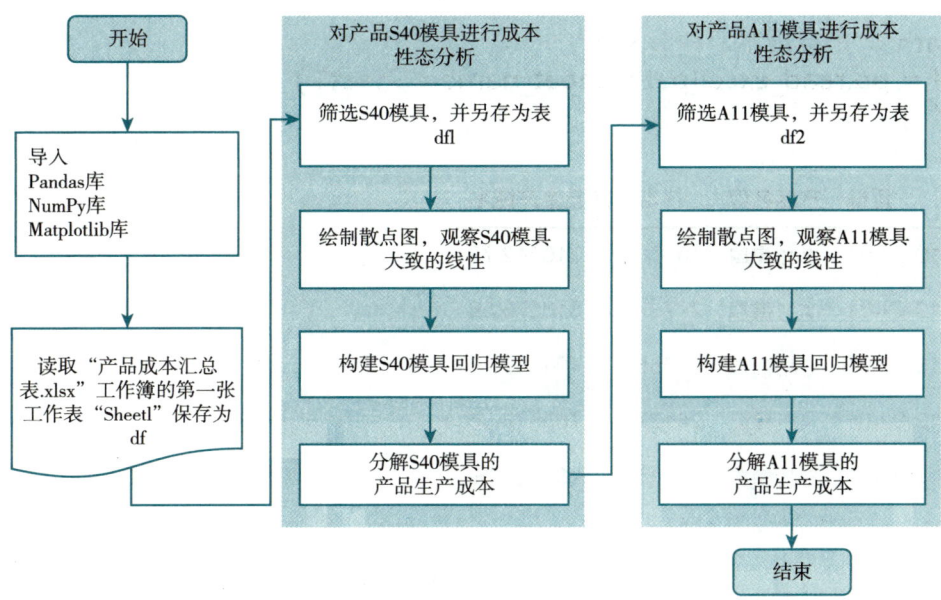

图 3-6 成本性态分析程序流程图

因为要对数据进行分析处理,所以用到 Pandas 库和 NumPy 库,因为需要绘制散点图,所以用到 Matplotlib 库。

一、设置环境

任务实施 3-1-1

导入需要的库,示例代码如图 3-7 所示。

任务实施 3-1
代码录屏

```
1  import numpy as np
2  import pandas as pd
3  from matplotlib import pyplot as plt
```

图 3-7 任务实施 3-1-1

二、对产品 S40 模具进行成本性态分析

任务实施 3-1-2

Step1 读取产品成本汇总表

读取数据源"产品成本汇总表.xlsx"中名为"Sheet1"的工作表,并保存为 df。示例

代码及运行结果如图 3-8 所示。

```
1  path ="产品成本汇总表.xlsx"
2  df = pd.read_excel(path, sheet_name='Sheet1')
3  df
```

	月份	产品名称	产量	产品生产成本
0	2019-01-01	S40模具	6158	210342.79
1	2019-01-01	A11模具	27767	813273.56
2	2019-02-01	S40模具	5688	194297.49
3	2019-02-01	A11模具	26127	765435.36
4	2019-03-01	S40模具	5948	204293.89
...	...	...	...	...

图 3-8 任务实施 3-1-2（1）

Step2 筛选 S40 模具产品数据

在变量 df 的基础上筛选出"产品名称"列中值为"S40 模具"的记录，并保存为 df1。示例代码及部分运行结果如图 3-9 所示。

```
1  df1=df[df['产品名称']=='S40模具']
2  df1
```

	月份	产品名称	产量	产品生产成本
0	2019-01-01	S40模具	6158	210342.79
2	2019-02-01	S40模具	5688	194297.49
4	2019-03-01	S40模具	5948	204293.89

图 3-9 任务实施 3-1-2（2）

Step3 绘制 S40 模具产量与成本散点图

根据变量 df1 的数据绘制表示 S40 模具产量与生产总成本关系的散点图。

示例代码及运行结果如图 3-10 所示。

代码行 7 的作用是使用 plt.scatter() 函数绘制以产量为横坐标，以产品生产成本为纵坐标的散点图，plt.scatter() 函数的语法规则是：

plt.scatter(x = 散点的 x 坐标值, y = 散点的 y 坐标值)

用代码实现以上工作过程的程序流程图，如图3-6所示。

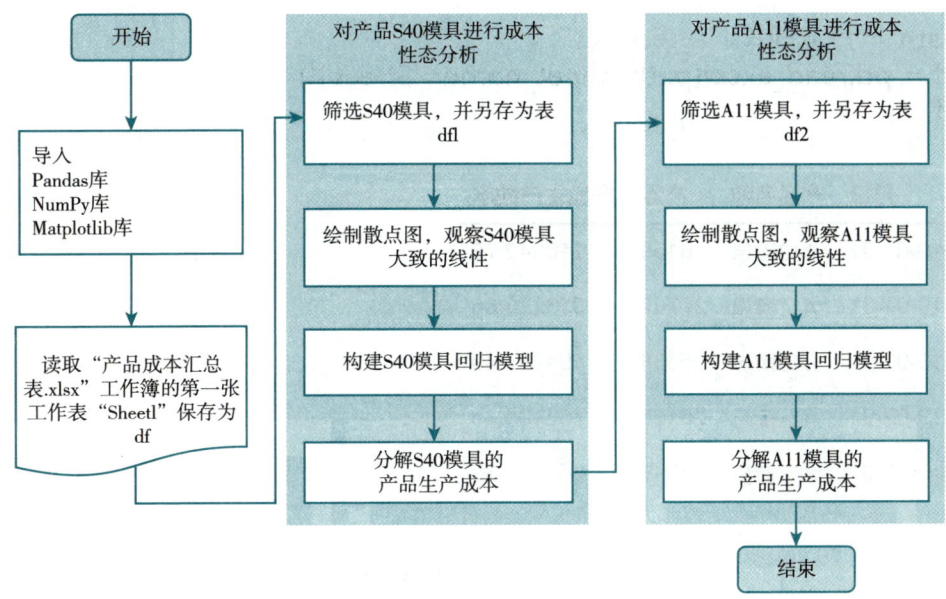

图3-6 成本性态分析程序流程图

因为要对数据进行分析处理，所以用到Pandas库和NumPy库，因为需要绘制散点图，所以用到Matplotlib库。

一、设置环境

任务实施3-1-1

导入需要的库，示例代码如图3-7所示。

任务实施3-1-1
代码录屏

```
1  import numpy as np
2  import pandas as pd
3  from matplotlib import pyplot as plt
```

图3-7 任务实施3-1-1

二、对产品S40模具进行成本性态分析

任务实施3-1-2

Step1 读取产品成本汇总表

读取数据源"产品成本汇总表.xlsx"中名为"Sheet1"的工作表，并保存为df。示例

代码及运行结果如图 3-8 所示。

```
1  path ="产品成本汇总表.xlsx"
2  df = pd.read_excel(path, sheet_name='Sheet1')
3  df
```

	月份	产品名称	产量	产品生产成本
0	2019-01-01	S40模具	6158	210342.79
1	2019-01-01	A11模具	27767	813273.56
2	2019-02-01	S40模具	5688	194297.49
3	2019-02-01	A11模具	26127	765435.36
4	2019-03-01	S40模具	5948	204293.89
...	...	...	...	...

图 3-8　任务实施 3-1-2（1）

Step2　筛选 S40 模具产品数据

在变量 df 的基础上筛选出"产品名称"列中值为"S40 模具"的记录，并保存为 df1。示例代码及部分运行结果如图 3-9 所示。

```
1  df1=df[df['产品名称'] =='S40模具']
2  df1
```

	月份	产品名称	产量	产品生产成本
0	2019-01-01	S40模具	6158	210342.79
2	2019-02-01	S40模具	5688	194297.49
4	2019-03-01	S40模具	5948	204293.89

图 3-9　任务实施 3-1-2（2）

Step3　绘制 S40 模具产量与成本散点图

根据变量 df1 的数据绘制表示 S40 模具产量与生产总成本关系的散点图。

示例代码及运行结果如图 3-10 所示。

代码行 7 的作用是使用 plt. scatter( ) 函数绘制以产量为横坐标，以产品生产成本为纵坐标的散点图，plt. scatter( ) 函数的语法规则是：

plt. scatter（x = 散点的 x 坐标值，y = 散点的 y 坐标值）

```
1  #绘制散点图
2  plt.matplotlib.rcParams['axes.unicode_minus']=False   # 正常显示负号
3  plt.matplotlib.rcParams['font.sans-serif']=['SimHei']  # 用黑体显示中文
4  plt.figure(figsize = (12,8))
5  plt.xlabel("产量",size = 23)   #x轴的名称
6  plt.ylabel("产品生产成本",size = 23)  #y轴的名称
7  plt.scatter(x =df1['产量'],y = df1['产品生产成本'])
8  plt.show()
```

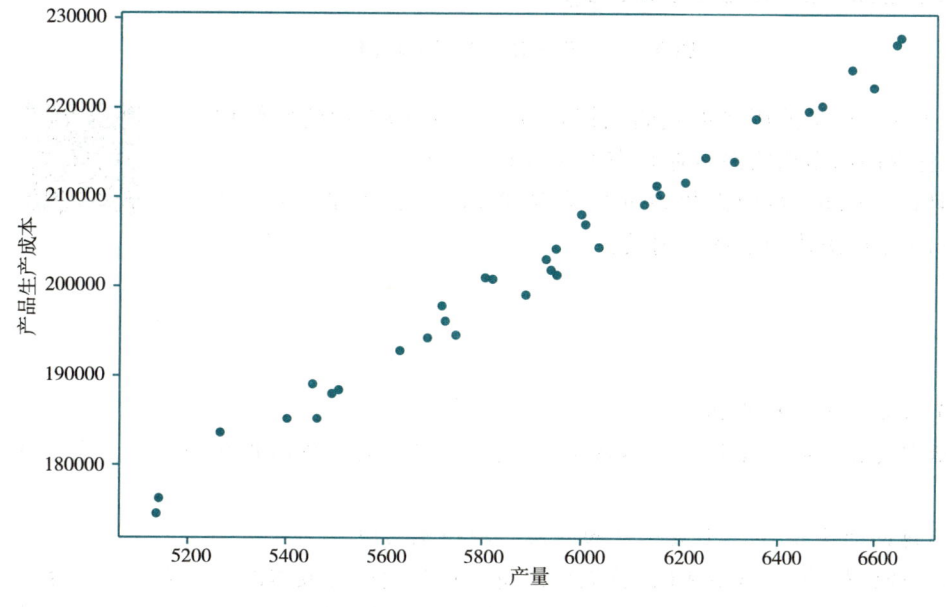

图 3-10　任务实施 3-1-2（3）

【参数说明】

这两个参数是一一对应的可迭代的系列数据。

如本步骤中的 ［［210342.79，6158］，［194297.49，5688］，［204293.89，5948］，……］

绘制 S40 模具散点图的目的是通过图像观察产量与生产总成本之间的联系，从图像中可以看到产量与生产总成本之间有线性关系，即符合模型 y = ax + b 的特征。

Step4　构建 S40 模具线性回归模型

回归模型是一种预测性的建模技术，它研究的是因变量（目标）和自变量（预测器）之间的关系。这种技术通常用于预测分析，时间序列模型以及发现变量之间的因果关系。例如，产量与生产总成本之间的关系，最好的研究方法是回归模型。

线性回归模型是回归模型中最为人熟知的建模技术之一，在这种技术中，因变量是连续的，自变量可以是连续的也可以是离散的，回归线的性质是线性的。线性回归使用最佳的拟合直线（也就是回归线）在因变量（y）和一个或多个自变量（x）之间建立一种关系。可用一个方程式来表示，即 y = ax + b。

Python财务应用

使用 NumPy 库中的 polyfit() 函数构建 S40 模具的线性回归模型。示例代码及运行结果如图 3-11 所示。

```
1  #构建回归模型
2  #polyfit(x,y,deg)模型有三个参数，因为是一元回归，因此deg为1
3  model1 = np.polyfit(df1['产量'],df1['产品生产成本'],1)
4  model1
```

array([33.19238115, 6078.53984015])

图 3-11 任务实施 3-1-2（4）

代码行 3 的作用是使用多项式曲线拟合 polyfit() 函数构建线性回归模型，并将返回的多项式系数储存在变量 model1 中。

p = polyfit(x,y,n) 返回次数为 n 的多项式 p(x) 的系数。多项式曲线拟合 polyfit() 函数的语法规则是：

polyfit(x,y,n)

NumPy 库 polyfit() 方法

【参数说明】

x，表示需要拟合的横坐标点。

y，表示需要拟合的纵坐标点。参数 x，y 是一一对应的，所以在数据集中，它们的数量是相等的。

n，表示返回的次数，n=1 表示返回一次，即一元回归。

根据线性回归模型：y = ax + b，我们可以将产量与生产总成本的关系表示为：生产总成本 = 产量 × 单位变动成本 + 固定成本。将变量 df1（见图 3-9）中每一行记录的数值代入以上模型，会得到一系列方程式，如下所示：

210342.79 = 6158 × 单位变动成本 + 固定成本
194297.49 = 5688 × 单位变动成本 + 固定成本
204293.89 = 5948 × 单位变动成本 + 固定成本
……

经过 polyfit() 函数对以上系列方程进行求解，可以求取单位变动成本和固定成本的值。

Step5 分解 S40 模具的产品生产成本

将 S40 模具中的固定成本和单位变动成本分解出来，并在变量 df1 的基础上新增"产品生产成本_固定成本"列和"产品生产成本_变动成本"列。示例代码及运行结果如图 3-12 所示。

观察模型 model1 发现，数组的第一个值为单位变动成本，第二个值为固定成本。

代码行 1 的作用是获取变量 model1 数组中的索引号为 1 的元素，保存到"产品生产成本_固定成本"列中。

代码行 2 的作用是用生产总成本减去固定成本求得变动成本，避免了小数尾数造成的误差。

```
1  #观察模型model1发现，数组中有两个值
2  #在数组0位上的元素是单位变动成本，在数组1位上的元素是固定成本。
3
4  df1['产品生产成本_固定成本'] = model1[1]
5  df1['产品生成成本_变动成本']=df1['产品生产成本']-df1['产品生产成本_固定成本']
6  df1
```

	月份	产品名称	产量	产品生产成本	产品生产成本_固定成本	产品生成成本_变动成本
0	2019-01-01	S40模具	6158	210342.79	6078.53984	204264.25016
2	2019-02-01	S40模具	5688	194297.49	6078.53984	188218.95016

图 3-12　任务实施 3-1-2（5）

三、对产品 A11 模具进行成本性态分析

任务实施 3-1-3

对产品 A11 模具进行成本性态分析的思路与方法同 S40 模具，此处不再赘述。

Step1　筛选 A11 模具产品数据

示例代码及运行结果如图 3-13 所示。

```
1  df2=df[df['产品名称'] =='A11模具']
2  df2
```

	月份	产品名称	产量	产品生产成本
1	2019-01-01	A11模具	27767	813273.56
3	2019-02-01	A11模具	26127	765435.36

图 3-13　任务实施 3-1-3（1）

Step2　绘制 A11 模具产量与成本散点图

绘制散点图，查看 A11 模具大致的线性，示例代码及运行结果如图 3-14 所示。

```
1  #绘制散点图
2  plt.matplotlib.rcParams['axes.unicode_minus']=False    # 正常显示负号
3  plt.matplotlib.rcParams['font.sans-serif']=['SimHei']   # 用黑体显示中文
4  plt.figure(figsize = (12,8))
5
6  plt.xlabel("产量")     #设置x轴的名称
7  plt.ylabel("产品生产成本")    #设置y轴的名称
8  plt.scatter(x =df2['产量'],y = df2['产品生产成本'])
9  plt.show()
```

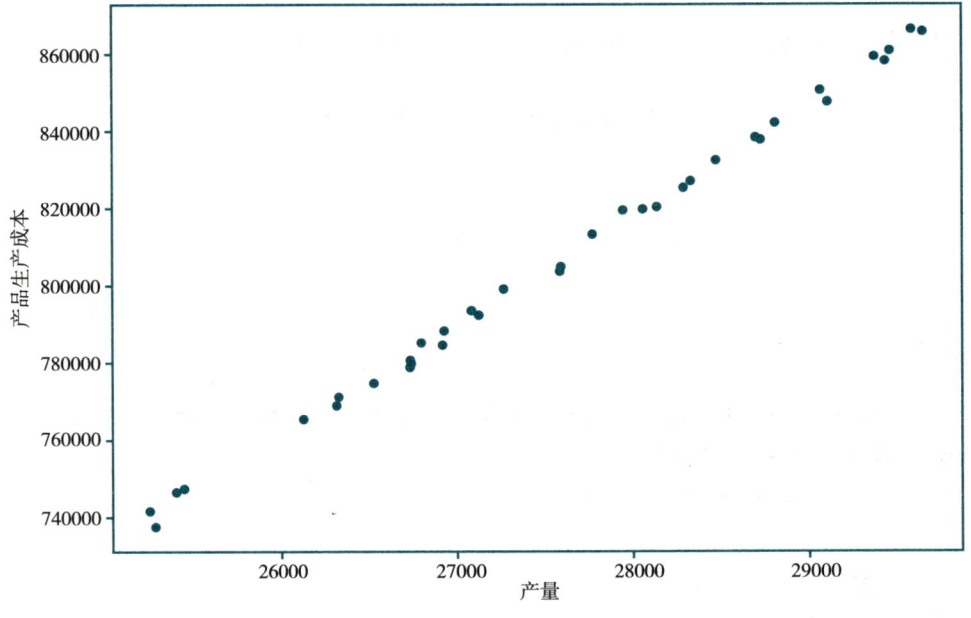

图 3-14　任务实施 3-1-3（2）

Step3　构建 A11 模具回归模型

示例代码及运行结果如图 3-15 所示。

```
1  #构建回归模型
2  model2 = np.polyfit(df2['产量'],df2['产品生产成本'],1)
3  model2
```

array([28.67292543, 15468.44391693])

图 3-15　任务实施 3-1-3（3）

Step4　分析 A11 模具的产品生产成本

示例代码及运行结果如图 3-16 所示。

```
1  '''观察模型发现，数组中有两个值，在数组0位上的元素是单位变动成本，
2  在数组1位上的元素是固定成本。'''
3
4  df2['产品生产成本_固定成本'] = model2[1]
5  df2['产品生成成本_变动成本']=df2['产品生产成本']-df2['产品生产成本_固定成本']
6  df2
```

	月份	产品名称	产量	产品生产成本	产品生产成本_固定成本	产品生成成本_变动成本
1	2019-01-01	A11模具	27767	813273.56	15468.443917	797805.116083
3	2019-02-01	A11模具	26127	765435.36	15468.443917	749966.916083

图 3-16 任务实施 3-1-3（4）

四、成本性态分析结果

S40 模具产品成本性态模型是：产品总成本 = 33.1924 × 产量 + 6078.5398。
A11 模具产品成本性态模型是：产品总成本 = 28.6729 × 产量 + 15468.4439。
至此，成本性态分析代码开发完毕。

考核与评价

考核的重点是理论知识的掌握水平、技术技能的应用水平以及职业素养，学习者可以从以上三个方面评价学习效果，具体评价项目及标准如表 3-3 所示。

表 3-3   模块考核评价标准

考核项目	考核内容		配分	得分
理论知识水平	能正确解释成本性态分析的程序流程		10	
	能正确复述以下方法的语法规则		10	
	Matplotlibs 库： scatter( ) 方法 Pandas 库： df.loc[ ] = df.iloc[ ].sum(axis =) drop( ) 方法	NumPy 库： polyfit( ) 方法		
	能正确举例说明上表各方法的参数作用与设置方法		10	

续表

考核项目	考核内容	配分	得分
	理论知识水平总分	30	
技术技能应用水平	能绘制成本性态分析程序流程图	10	
	能根据计算结果对产品 S40 和产品 A11 的成本性态进行分析	10	
	能应用 Matplotlibs 库中 scatter( ) 方法绘制散点图	10	
	能应用 NumPy 库中 polyfit( ) 方法构建成本性态线性回归模型	10	
	技术技能应用水平总分	40	
职业素养	向同学、老师请教时态度友好、诚恳	5	
	编程过程中遇到困难时主动寻求解决方法，耐心阅读方法说明与案例，如需求助于人时，先准备好咨询的问题，并准确、清晰地表达	5	
	检查任务成果时细致、认真、严谨，也可邀请别人一起检查	5	
	调试程序过程中能修改自己的错误	5	
	在别人的帮助下能将代码调试成功	5	
	面对同学的求助，积极响应	5	
	职业素养总分	30	
	综合评价总分	100	

一、任务实施情况分析

任务完成后，学习者根据任务实施情况，分析存在的问题及原因，并填写表 3-4。指导老师对任务实施情况进行评价。

表 3-4　　　　　　　　　成本性态分析任务实施情况分析表

任务实施过程	存在的问题	解决的办法
设置环境		
对产品 S40 模具进行成本性态分析		
对产品 A11 模具进行成本性态分析		
成本性态分析结果		

二、总结

（1）回归模型是一种预测性的建模技术，研究的是因变量（目标）和自变量（预测器）之间的关系。因变量是连续的，自变量可以是连续的也可以是离散的，回归线的性质是线性的。线性回归使用最佳的拟合直线（也就是回归线）在因变量（y）和一个或多个自变量（x）之间建立一种关系。可用一个方程式来表示，即 $y = ax + b$。使用 NumPy 库中的 polyfit( ) 函数构建线性回归模型。

（2）成本性态分析的思路是：

①在数据集中筛选出"产量"和"生产总成本"数据；

②绘制"产量"和"生产总成本"数据的散点图；

③通过图像观察产量与生产总成本之间的联系；

④构建与图像特征拟合度高的模型；

⑤得到产品成本性态模型。

模块二 本量利分析

描述工作任务

华凌公司成本管理部财务人员李梅在产品的基本数据基础上，对华凌公司准备投产新玩具 TOY123 的生产线进行盈亏平衡点销售量测算，并根据测算结果作出投产决策。

本量利分析工作任务与工作计划

表 3 – 5 工作任务卡

任务编号	6	任务名称	本量利分析	工作区域	财务大数据实训中心
建议学时	2～3	参考文件或资料	知识学习目标中相关的 Pandas 库中的方法说明		
德技兼修	（1）接到任务时，先对任务进行整体分析，基于数据源条件规划实现任务目的的路径 （2）编程过程中遇到困难时主动寻求解决方法，耐心阅读方法说明与案例，如需求助于人时，先准备好咨询的问题，并准确、清晰地表达 （3）根据任务的需求修改获取的代码 （4）检查任务成果时细致、认真、严谨，也可邀请别人一起检查 （5）养成勤学好问、勤于思考、诚恳待人、严谨细致的工作态度				
工作任务	（1）对华凌公司准备投产新玩具 TOY123 的生产线进行盈亏平衡点销售量测算 （2）设计与编写本量利分析的程序				

Python财务应用

制订工作计划

根据任务目的，我们可以梳理出完成此任务的大致的工作计划，如图3-17所示。

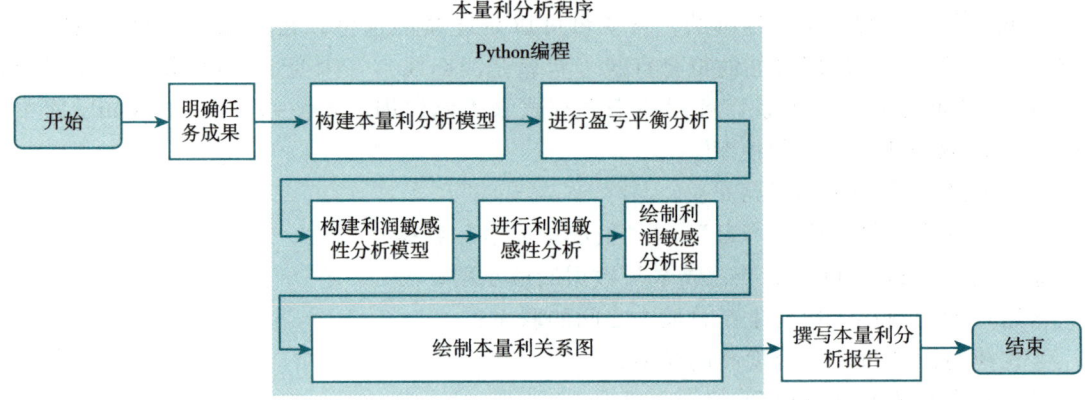

图3-17 本量利分析程序图

执行工作计划

首先，把工作过程还原出来，然后思考如何编写实现每一个步骤的代码。

通过流程图的方式把手工的工作过程还原出来，如图3-18所示。

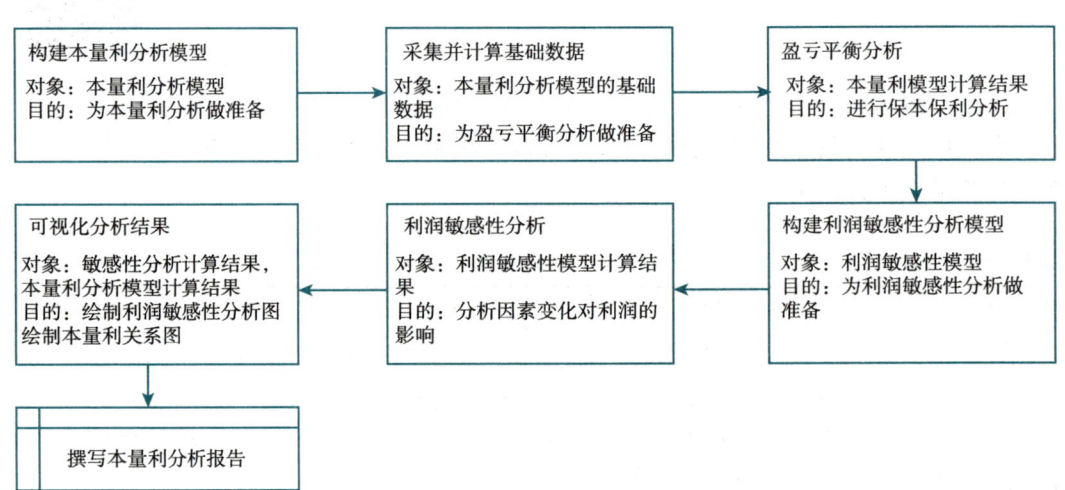

图3-18 本量利分析的工作流程图

用代码实现以上工作过程的程序流程图，如图3-19所示。

因为要对数据进行分析处理，所以用到Pandas库，因为需要绘制散点图，所以用到Matplotlib库。

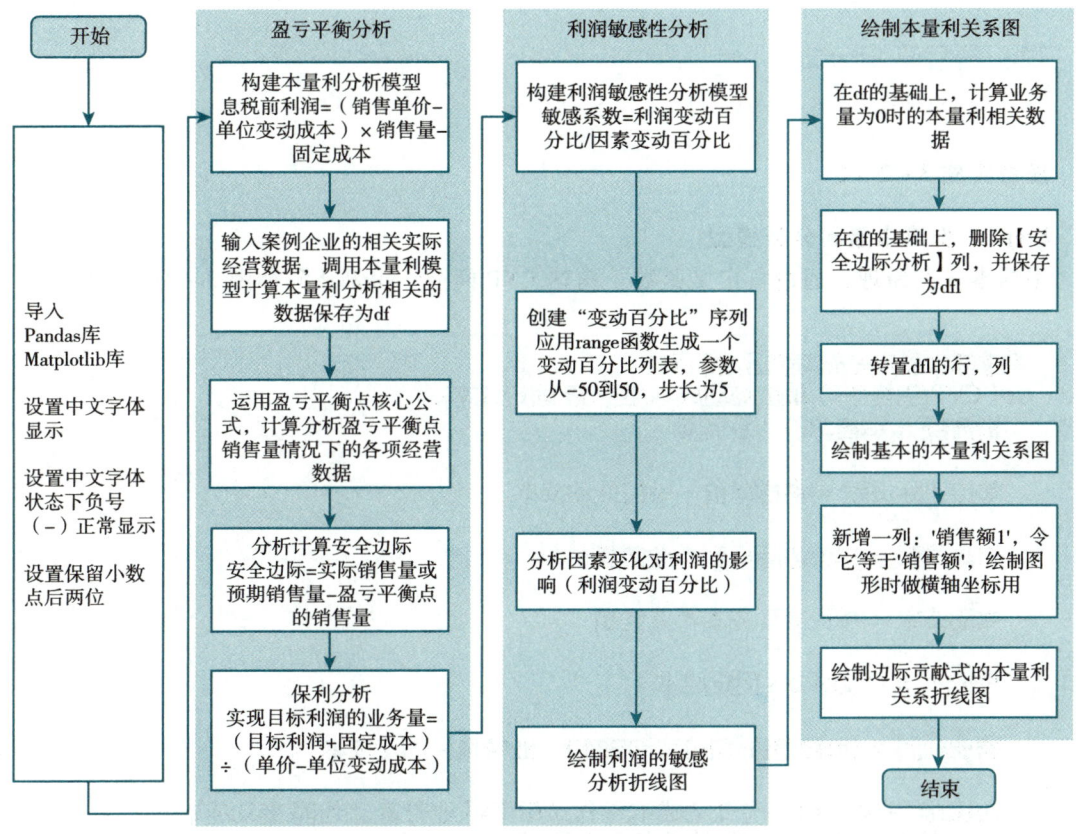

图 3-19 本量利分析程序流程图

一、设置环境

任务实施 3-2-1

导入需要的库,并设置小数保留的位数为 2 位,示例代码如图 3-20 所示。

任务实施 3-2 代码录屏

```
1  import pandas as pd
2  from matplotlib import pyplot as plt
3  plt.rcParams['font.family'] = 'SimHei'      #设置中文字体
4  plt.rcParams['axes.unicode_minus'] = False   #中文字体状态下负号（-）正常显示
5  pd.options.display.float_format = '{:,.2f}'.format
```

图 3-20 任务实施 3-2-1

二、盈亏平衡分析

任务实施 3-2-2

Step1　构建本量利分析模型

根据本量利原理，通过自定义函数，构建 CVP 模型。示例代码如图 3-21 所示。

```
1  # 构建本量利分析模型函数CVP
2  def CVP(销售单价,单位变动成本,业务量,固定成本):
3      销售额 = 销售单价 * 业务量
4
5      单位边际贡献 = 销售单价 - 单位变动成本
6
7      边际贡献 = 单位边际贡献 * 业务量
8
9      变动成本 = 单位变动成本 * 业务量
10
11     总成本 = 变动成本+固定成本
12
13     营业利润 = (销售单价-单位变动成本) * 业务量 - 固定成本
14
15     return [销售单价,单位变动成本,单位边际贡献,业务量,销售额,变动成本,\
16         边际贡献,固定成本,总成本,营业利润]
```

图 3-21　任务实施 3-2-2（1）

CVP（）函数有 4 个参数，分别是：销售单价、单位变动成本、业务量和固定成本，函数运行结果是返回"销售单价""单位变动成本""单位边际贡献""业务量""销售额""变动成本""边际贡献""固定成本""总成本""营业利润"变量的值。

Step2　调用本量利模型，计算本量利分析相关的数据

根据新玩具 TOY123 的基础数据，调用本量利模型，计算本量利分析的相关数据，示例代码及运行结果如图 3-22 所示。

代码行 2 至代码行 5 的作用是提供新产品预期数据的输入接口，并保存到相应变量中。

代码行 8 的作用是将调用 CVP 模型返回的值转换成 DataFrame 数据表格 df，并设置列名为"实际数据"，行索引为"销售单价""单位变动成本"等。

Step3　盈亏平衡分析

在 df 的基础上，增加"盈亏平衡分析"列，计算盈亏平衡点销售量，示例代码及运行结果如图 3-23 所示。

代码行 1 的作用是设置盈亏平衡点的销售量的计算公式。

代码行 4 的作用是调用 CVP 模型计算盈亏平衡时的业务量、销售额等，并填列在"盈

```
1   # 输入业务场景中玩具TOY123的产品预期数据
2   销售单价  = float(input('请输入销售单价:'))        #输入50
3   单位变动成本 = float(input('请输入单位变动成本:'))   #输入20
4   业务量    = float(input('请输入业务量:'))          #输入5000
5   固定成本   = float(input('请输入固定成本:'))       #输入60000
6
7   # 调用本量利分析模型计算数据,并存入表格
8   df=pd.DataFrame(CVP(销售单价,单位变动成本,业务量,固定成本),\
9                   columns=['实际数据'],\
10                  index=['销售单价','单位变动成本','单位边际贡献','业务量','销售额',\
11                  '变动成本','边际贡献','固定成本','总成本','营业利润'])
12  df
```

请输入销售单价:50
请输入单位变动成本:20
请输入业务量:5000
请输入固定成本:60000

	实际数据
销售单价	50.00
单位变动成本	20.00
单位边际贡献	30.00
业务量	5000.00
销售额	250000.00
变动成本	100000.00
边际贡献	150000.00
固定成本	60000.00
总成本	160000.00
营业利润	90000.00

图 3-22　任务实施 3-2-2（2）

亏平衡分析"列中。从代码行 4 中可以看到，CVP 模型中的第二个参数，由原来的"业务量"改为了"盈亏平衡点的销售量"，则计算出来的销售额、总成本为盈亏平衡点（营业利润为 0）时的销售额、总成本。

Step4　分析计算安全边际

在变量 df 的基础上，增加"安全边际分析"列，安全边际的计算公式为：

安全边际 = 实际销售量或预期销售量 - 盈亏平衡点的销售量

示例代码及运行结果如图 3-24 所示。

```
1  盈亏平衡点的销售量 = 固定成本 / (销售单价 - 单位变动成本)
2
3  #调用本量利CVP分析模型
4  df['盈亏平衡分析'] = CVP(销售单价,单位变动成本,盈亏平衡点的销售量,固定成本)
5  df
```

	实际数据	盈亏平衡分析
销售单价	50.00	50.00
单位变动成本	20.00	20.00
单位边际贡献	30.00	30.00
业务量	5000.00	2000.00
销售额	250000.00	100000.00
变动成本	100000.00	40000.00
边际贡献	150000.00	60000.00
固定成本	60000.00	60000.00
总成本	160000.00	100000.00
营业利润	90000.00	0.00

图 3-23　任务实施 3-2-2（3）

```
1  df['安全边际分析'] = df['实际数据']-df['盈亏平衡分析']
2  df
```

	实际数据	盈亏平衡分析	安全边际分析
销售单价	50.00	50.00	0.00
单位变动成本	20.00	20.00	0.00
单位边际贡献	30.00	30.00	0.00
业务量	5000.00	2000.00	3000.00
销售额	250000.00	100000.00	150000.00
变动成本	100000.00	40000.00	60000.00
边际贡献	150000.00	60000.00	90000.00
固定成本	60000.00	60000.00	0.00
总成本	160000.00	100000.00	60000.00
营业利润	90000.00	0.00	90000.00

图 3-24　任务实施 3-2-2（4）

Step5 保利分析

在程序中增加输入"目标利润"的接口，计算目标利润下的业务量，示例代码及运行结果如图 3-25 所示。

```
1  # 目标利润是：120000
2  目标利润 =float(input('请输入目标利润额:'))
3  目标利润业务量 = (目标利润+固定成本)/(销售单价 - 单位变动成本)
4  df['目标利润分析'] = CVP(销售单价,单位变动成本,目标利润业务量,固定成本)
5  df
```

请输入目标利润额:120000

	实际数据	盈亏平衡分析	安全边际分析	目标利润分析
销售单价	50.00	50.00	0.00	50.00
单位变动成本	20.00	20.00	0.00	20.00
单位边际贡献	30.00	30.00	0.00	30.00
业务量	5000.00	2000.00	3000.00	6000.00
销售额	250000.00	100000.00	150000.00	300000.00
变动成本	100000.00	40000.00	60000.00	120000.00
边际贡献	150000.00	60000.00	90000.00	180000.00
固定成本	60000.00	60000.00	0.00	60000.00
总成本	160000.00	100000.00	60000.00	180000.00
营业利润	90000.00	0.00	90000.00	120000.00

图 3-25 任务实施 3-2-2（5）

代码行 2 的作用是设置输入目标利润业务量的接口。

代码行 3 的作用是设置"目标利润业务量"计算公式。

代码行 4 的作用是在变量 df 中增加"目标利润分析"列，调用 CVP 模型计算目标利润下的销售额、营业利润数据。

三、利润敏感性分析

任务实施 3-2-3

Step1 构建利润敏感性分析模型

构建利润敏感性分析模型 Sens( ) 函数，函数的参数是影响利润变化的四个因素，函返回利润变动百分比。示例代码如图3-26所示。

```
1   # 构建Sens()函数，输入各参数值的变动百分比，输出利润变动百分比
2   
3   def Sens(销售单价变动率,单位变动成本变动率,业务量变动率,固定成本变动率):
4   
5       销售单价2 = 销售单价 * ( 1 + 销售单价变动率 / 100 )
6   
7       单位变动成本2 = 单位变动成本 * ( 1+ 单位变动成本变动率 / 100 )
8   
9       业务量2 = 业务量 * ( 1 + 业务量变动率 / 100 )
10  
11      固定成本2 = 固定成本 * ( 1 + 固定成本变动率 / 100 )
12  
13      营业利润 = ( 销售单价 - 单位变动成本 ) * 业务量 - 固定成本
14  
15      营业利润2 = ( 销售单价2 - 单位变动成本2) * 业务量2 - 固定成本2
16  
17      return 营业利润2 / 营业利润 - 1
```

图3-26　任务实施3-2-3（1）

Step2　创建"变动百分比"序列

创建"变动百分比"序列，用于控制影响利润的四个因素（销售单价变动率，单位变动成本变动率，业务量变动率，固定成本变动率）的变动幅度。

示例代码及运行结果如图3-27所示。

```
1   # 用range(-50,55,5)，构建一个从-50到50的变动百分比序列，步长为5
2   
3   df_sens = pd.DataFrame(range(-50,55,5),columns=['变动百分比'])
4   df_sens
```

	变动百分比
0	-50
1	-45
2	-40
3	-35

图3-27　任务实施3-2-3（2）

Step3　分析因素变化对利润的影响

在变量df的基础上增加"利润_销售单价""利润_变动成本""利润_业务量""利润_固定成本"四列，其值依赖"变动百分比"变化而变化。

示例代码及运行结果如图3-28所示。

```
1   '''上面自定义的Sens函数里有四个因素,按须序依次进行替换,
2   就可以算出每个因素对利润的影响变化了。'''
3
4   df_sens['利润_销售单价']=df_sens['变动百分比'].map(lambda x:Sens(x,0,0,0))
5   df_sens['利润_变动成本']=df_sens['变动百分比'].map(lambda x:Sens(0,x,0,0))
6   df_sens['利润_业务量']=df_sens['变动百分比'].map(lambda x:Sens(0,0,x,0))
7   df_sens['利润_固定成本']=df_sens['变动百分比'].map(lambda x:Sens(0,0,0,x))
8   df_sens
```

	变动百分比	利润_销售单价	利润_变动成本	利润_业务量	利润_固定成本
0	-50	-1.39	0.56	-0.83	0.33
1	-45	-1.25	0.50	-0.75	0.30
2	-40	-1.11	0.44	-0.67	0.27

图 3-28 任务实施 3-2-3（3）

代码行 4 的作用是在变量 df 的基础上增加"利润_销售单价"列，并计算变动的销售单价。第 0 行的"利润_销售单价"的计算过程是，将 -50 代入 Sens() 模型"销售单价变动率"参数中，其他参数不变，调用 Sens() 模型后返回 -1.39，即销售单价降低 50% 时，利润下降 1.39%。其余列的算法与此相同。

Step4 绘制利润的敏感分析图

在变量 df_sens 的基础上，绘制利润的敏感分析图，生成的图像的斜率表示各因素的敏感系数。

敏感系数 = 利润变动百分比/因素变动百分比

如果敏感系数绝对值大于 1，则该参数为敏感因素；

如果敏感系数绝对值小于 1，则该参数为不敏感因素。

敏感程度排序是按绝对值从大到小进行降序排列的。

示例代码及运行结果如图 3-29 所示。

代码行 4 的作用是使用 plot(x,y) 函数绘制折线图，x 坐标是变量 df_sens 中"变动百分比"列，y 坐标的值为变量 df_sens 中各列的数值。

```
1   '''横轴代表各因素的变动百分比,纵轴代表利润及利润变动百分比。
2   图中斜率表示各因素的敏感系数。'''
3
4   df_sens.plot(x='变动百分比',\
5               y=['利润_销售单价','利润_变动成本','利润_业务量','利润_固定成本'])
```

<AxesSubplot:xlabel='变动百分比'>

Python财务应用

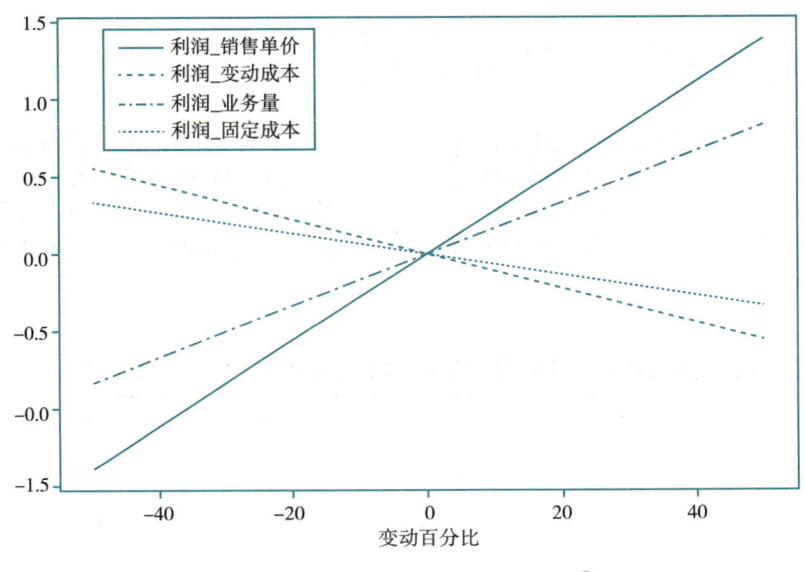

图 3–29 任务实施 3–2–3（4）[①]

四、绘制本量利关系图

任务实施 3–2–4

Step1 计算业务量为 0 时的本量利相关数据

在变量 df 的基础上增加"业务量 0"列，示例代码及运行结果如图 3–30 所示。

Step2 删除"安全边际分析"列

因为安全边际分析列是固定成本为 0 时计算的，在绘制图形时会导致图形直线关系的展示有误，所以删掉这一组数据，删除列后的数据保存在变量 df1 中。示例代码及运行结果如图 3–31 所示。

```
1  '''利用不同业务量下的几组数据，绘制本量利关系图。
2  设置计算销售量为0时的本量利相关数据，为画图轴线做准备。'''
3
4  业务量 = 0.00
5  总成本 = 固定成本
6  df['业务量为0'] = CVP(销售单价,单位变动成本,业务量,固定成本)
7  df
```

[①] 出于印刷需要，彩色的图像线条以不同的线形展示，代码运行的结果为不同颜色的直线，本教材其他代码生成的图像均作了类似处理。

	实际数据	盈亏平衡分析	安全边际分析	目标利润分析	业务量为0
销售单价	50.00	50.00	0.00	50.00	50.00
单位变动成本	20.00	20.00	0.00	20.00	20.00
单位边际贡献	30.00	30.00	0.00	30.00	30.00
业务量	5000.00	2000.00	3000.00	6000.00	0.00
销售额	250000.00	100000.00	150000.00	300000.00	0.00
变动成本	100000.00	40000.00	60000.00	120000.00	0.00
边际贡献	150000.00	60000.00	90000.00	180000.00	0.00
固定成本	60000.00	60000.00	0.00	60000.00	60000.00
总成本	160000.00	100000.00	60000.00	180000.00	60000.00
营业利润	90000.00	0.00	90000.00	120000.00	-60000.00

图 3-30　任务实施 3-2-4（1）

```
1  df1=df.drop(columns=['安全边际分析'])
2  df1
```

	实际数据	盈亏平衡分析	目标利润分析	业务量为0
销售单价	50.00	50.00	50.00	50.00
单位变动成本	20.00	20.00	20.00	20.00
单位边际贡献	30.00	30.00	30.00	30.00
业务量	5000.00	2000.00	6000.00	0.00
销售额	250000.00	100000.00	300000.00	0.00
变动成本	100000.00	40000.00	120000.00	0.00
边际贡献	150000.00	60000.00	180000.00	0.00
固定成本	60000.00	60000.00	60000.00	60000.00
总成本	160000.00	100000.00	180000.00	60000.00
营业利润	90000.00	0.00	120000.00	-60000.00

图 3-31　任务实施 3-2-4（2）

代码行 1 的作用是删除变量 df 中的"安全边际分析"列。使用了 Pandas 库中的 drop( ) 函数，drop( ) 函数的语法规则是：

df. drop（labels = None，axis = 0，
　　　　index = None，columns = None，
　　　　level = None，inplace = False，
　　　　errors = 'raise'）

Pandas 库 drop（）方法、dropna（）方法

【参数说明】

labels，表示要删除列或者行的名称，如果要删除多个，以列表表示。
axis，表示轴的方向，0 为行，1 为列，默认为 0。
index，表示指定的一行或多行。
columns，表示指定的一列或多列。
具体使用例子如图 3－32 所示。

```
1  import pandas as pd
2  data={'3月':[42,34,72,31], '1月':[56,20,120,81]}
3  df=pd.DataFrame(data=data).T
4  df
```

	0	1	2	3
3月	42	34	72	31
1月	56	20	120	81

```
1  df = df.drop(index='1月')
2  df
```

	0	1	2	3
3月	42	34	72	31

图 3－32　drop（）函数的用法

Step3　转置表格

为了照顾阅读习惯，将 df1 表格进行转置，示例代码及运行结果如图 3－33 所示。

Step4　绘制基本的本量利关系图

基于 df1，以"业务量"为 x 轴，绘制本量利关系图，示例代码及运行结果如图 3－34 所示。

Step5　新增"销售额 1"列，令它等于"销售额"列

在变量 df1 的基础上，新增"销售额 1"列，作为绘制边际贡献式的本量利关系图时的横轴使用，示例代码及运行结果如图 3－35 所示。

```
1  df1= df1.T
2  df1
```

	销售单价	单位变动成本	单位边际贡献	业务量	销售额	变动成本	边际贡献	固定成本	总成本
实际数据	50.00	20.00	30.00	5000.00	250000.00	100000.00	150000.00	60000.00	160000.00

图 3-33 任务实施 3-2-4 (3)

```
1  df1.plot(x='业务量',y=['固定成本','总成本','销售额'])
```
<AxesSubplot:xlabel='业务量'>

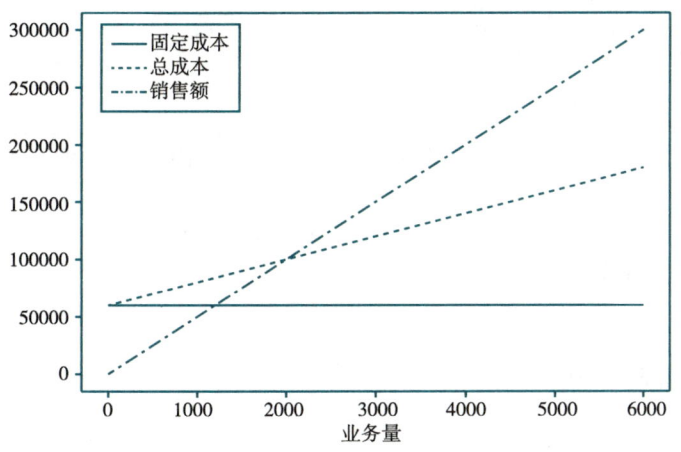

图 3-34 任务实施 3-2-4 (4)

```
1  df1['销售额1']=df1['销售额']
2  df1
```

	销售单价	单位变动成本	单位边际贡献	业务量	销售额	变动成本	边际贡献	固定成本	总成本	营业利润	销售额1
实际数据	50.00	20.00	30.00	5000.00	250000.00	100000.00	150000.00	60000.00	160000.00	90000.00	250000.00
盈亏平衡分析	50.00	20.00	30.00	2000.00	100000.00	40000.00	60000.00	60000.00	100000.00	0.00	100000.00
目标利润分析	50.00	20.00	30.00	6000.00	300000.00	120000.00	180000.00	60000.00	180000.00	120000.00	300000.00
业务量为0	50.00	20.00	30.00	0.00	0.00	0.00	0.00	60000.00	60000.00	-60000.00	0.00

图 3-35 任务实施 3-2-4 (5)

Step6 绘制边际贡献式的本量利关系图

基于变量 df1，以"销售额 1"列作为横轴，绘制边际贡献式的本量利关系图，示例代码及运行结果如图 3-36 所示。

```
1  df1.plot(x='销售额1',y=['变动成本','总成本','销售额'])
```

<AxesSubplot:xlabel='销售额1'>

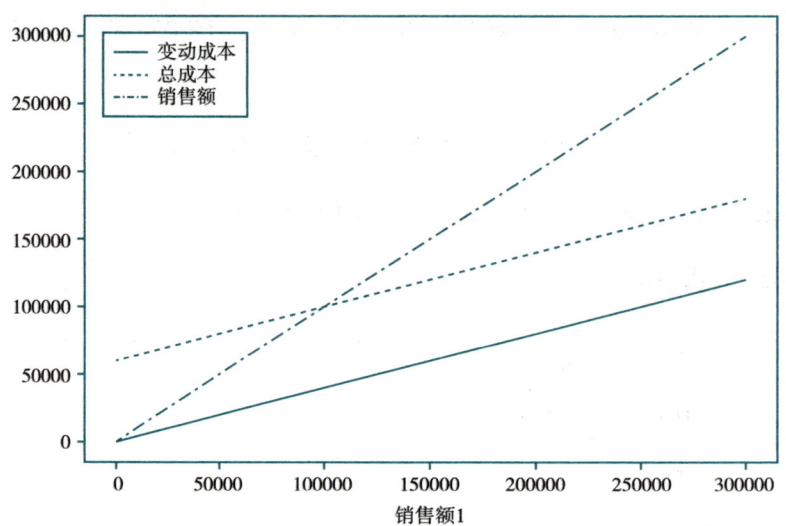

图 3-36　任务实施 3-2-4（6）

至此，本量利分析代码开发完成。

五、撰写本量利分析报告

玩具 TOY123 产品的本量利分析报告

1. 产品的利润敏感性分析

图 3-37 直观地显示出销售单价、业务量增加时，利润上升，反之则相反，且销售单价对利润的影响较业务量对利润的影响更为敏感；变动成本、固定成本增加时，利润下降，反之则相反，且变动成本对利润的影响较固定成本对利润的影响更为敏感。

2. 产品的本量利分析

（1）业务量与利润的关系分析。从图 3-38 中直观地看到当业务量为 2000 件时为盈亏临界点业务量，此时的销售额与总成本相等，如果产品业务量大于 2000 件会获得盈利，否则会出现亏损。而销售额随着业务量的增加而增加，总成本的起点为固定成本，并且随着业务量的增加而增加。

（2）销售额与利润的关系分析。从图 3-39 中直观地看出，销售额为 100000 元时为盈亏临界点销售额，此时销售额与总成本相等，如果销售收入大于 100000 元，会出现盈利，否则会出现亏损。

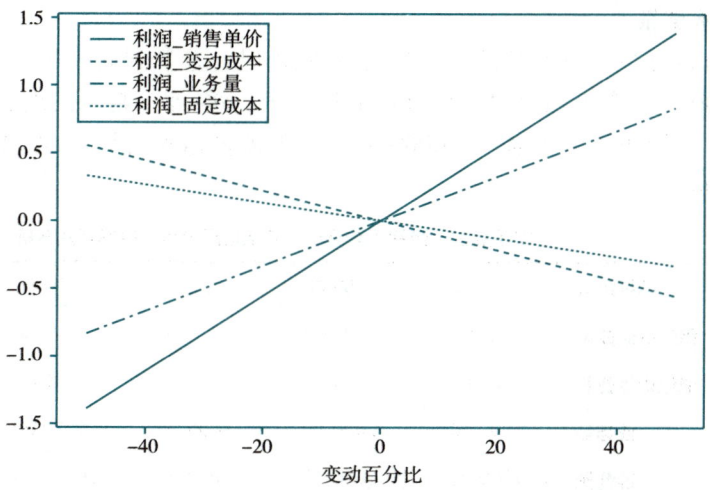

图 3-37 利润敏感性分析图

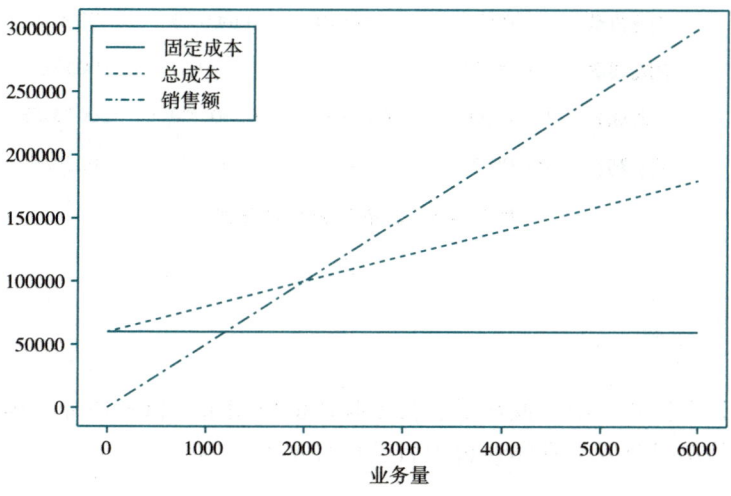

图 3-38 业务量与利润关系图

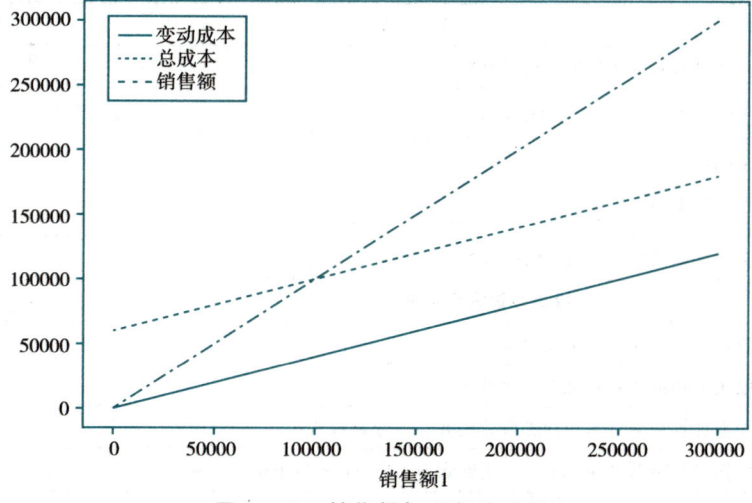

图 3-39 销售额与利润关系图

3. 本量利分析结果

从图 3-40 可以知道，当产品的业务量为 2000 件时，营业利润为 0，达到盈亏平衡，如果业务量少于 2000 件，会出现亏损，如果业务量大于 2000 件，则会出现盈利。在安全边际业务量的情况下，产品的营业利润为 90000 元，如果需要达到目标利润 120000 元，产品业务量需要达到 6000 件。

	实际数据	盈亏平衡分析	安全边际分析	目标利润分析
销售单价	50.00	50.00	0.00	50.00
单位变动成本	20.00	20.00	0.00	20.00
单位边际贡献	30.00	30.00	0.00	30.00
业务量	5000.00	2000.00	3000.00	6000.00
销售额	250000.00	100000.00	150000.00	300000.00
变动成本	100000.00	40000.00	60000.00	120000.00
边际贡献	150000.00	60000.00	90000.00	180000.00
固定成本	60000.00	60000.00	0.00	60000.00
总成本	160000.00	100000.00	60000.00	180000.00
营业利润	90000.00	0.00	90000.00	120000.00

图 3-40　本量利分析结果图

考核与评价

考核的重点是理论知识的掌握水平、技术技能的应用水平以及职业素养，学习者可以从以上三个方面评价学习效果，具体评价项目及标准见表 3-6。

表 3-6　　　　　　　　模块考核评价标准

考核项目	考核内容	配分	得分
理论知识水平	能正确解释本量利分析的程序流程	10	
	能正确复述以下方法的语法规则 Pandas 库： drop( ) 方法	10	
	能正确举例说明上表各方法的参数作用与设置方法	10	
	理论知识水平总分	30	
技术技能应用水平	能绘制本量利分析程序流程图	10	
	能使用 Python 语言构建本量利模型	10	
	能根据计算结果对本量利进行分析并写出分析报告	10	
	能应用 Pandas 库中 drop( ) 方法删除 DataFrame 表格中指定的列	10	

续表

考核项目	考核内容	配分	得分
	技术技能应用水平总分	40	
职业素养	向同学、老师请教时态度友好、诚恳	5	
	编程过程中遇到困难时主动寻求解决方法，耐心阅读方法说明与案例，如需求助于人时，先准备好咨询的问题，并准确、清晰地表达	5	
	检查任务成果时细致、认真、严谨，也可邀请别人一起检查	5	
	调试程序过程中能修改自己的错误	5	
	在别人的帮助下能将代码调试成功	5	
	面对同学的求助，积极响应	5	
	职业素养总分	30	
	综合评价总分	100	

一、任务实施情况分析

任务完成后，学习者根据任务实施情况，分析存在的问题及原因，并填写表 3-7。指导老师对任务实施情况进行评价。

表 3-7　　　　　　　　　　本量利分析任务实施情况分析表

任务实施过程	存在的问题	解决的办法
设置环境		
盈亏平衡分析		
利润敏感性分析		
绘制本量利关系图		
本量利分析报告		

二、总结

（1）用自定义函数的方式构建 CVP 模型，对新产品进行盈亏平衡分析。CVP( ) 函数有 4 个参数，分别是"销售单价""单位变动成本""业务量"和"固定成本"，函数运行结果是返回"销售单价""单位变动成本""单位边际贡献""业务量""销售额""变动成本""边际贡献""固定成本""总成本""营业利润"。

（2）用自定义函数的方式构建利润敏感性分析模型 Sens( ) 函数，函数的参数是影响利润变化的四个因素，分别是"销售单价变动率""单位变动成本变动率""业务量变动率"和"固定成本变动率"，函数返回利润变动百分比。

（3）本量利分析的思路是：

①从盈亏平衡分析、安全边际分析和目标利润分析中获得销售量与营业利润的关系数据；

②从利润敏感性分析模型中获得"销售单价""单位变动成本""业务量"和"固定成本"因素对营业利润的影响，以及营业利润对这四个因素的敏感程度。

③分析业务量与利润的关系，销售额与利润的关系。

模块三　成本差异分析

描述工作任务

成本差异分析
工作任务与
工作计划

华泰公司成本管理部财务人员尔乐根据双用型洗衣液的"产品单位标准成本卡.xlsx"和"产品实际成本明细表.xlsx"文件数据，对华泰公司双用型洗衣液进行成本差异分析。

表 3-8　　　　　　　　　　　工作任务卡

任务编号	7	任务名称	成本差异分析	工作区域	财务大数据实训中心
建议学时	2~3	参考文件或资料	知识学习目标中相关的 Pandas 库 df. loc[ ] = df. iloc[ ]. sum(axis =) 的方法说明		
德技兼修	（1）接到任务时，先对任务进行整体分析，基于数据源条件规划实现任务目的的路径 （2）编程过程中遇到困难时主动寻求解决方法，耐心阅读方法说明与案例，如需求助于人时，先准备好咨询的问题，并准确、清晰地表达 （3）根据任务的需求修改获取的代码 （4）检查任务成果时细致、认真、严谨，也可邀请别人一起检查 （5）养成勤学好问、勤于思考、诚恳待人、严谨细致的工作态度				
工作任务	（1）对华泰公司双用型洗衣液进行成本差异分析 （2）设计与编写成本差异分析的程序				

制订工作计划

根据任务目的,我们可以梳理出完成此任务的大致工作计划,如图3-41所示。

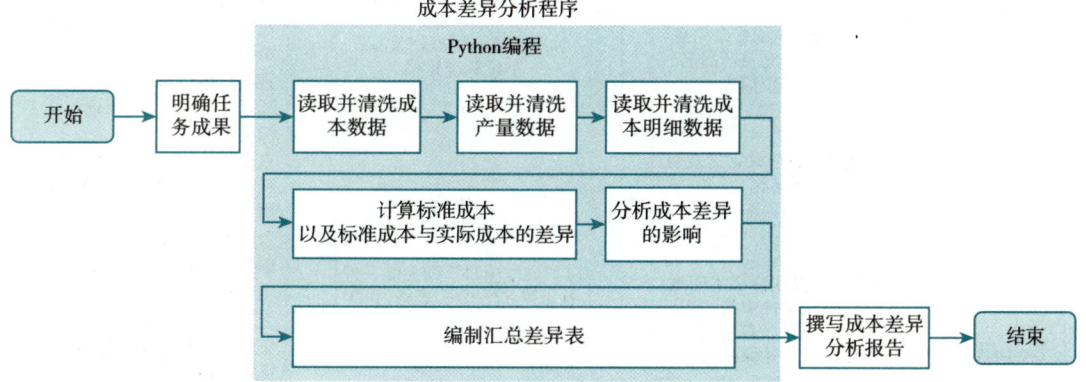

图 3-41 工作计划流程图

执行工作计划

首先,把工作过程还原出来,然后思考如何编写实现每一个步骤的代码。

通过流程图的方式把手工的工作过程还原出来,如图3-42所示。

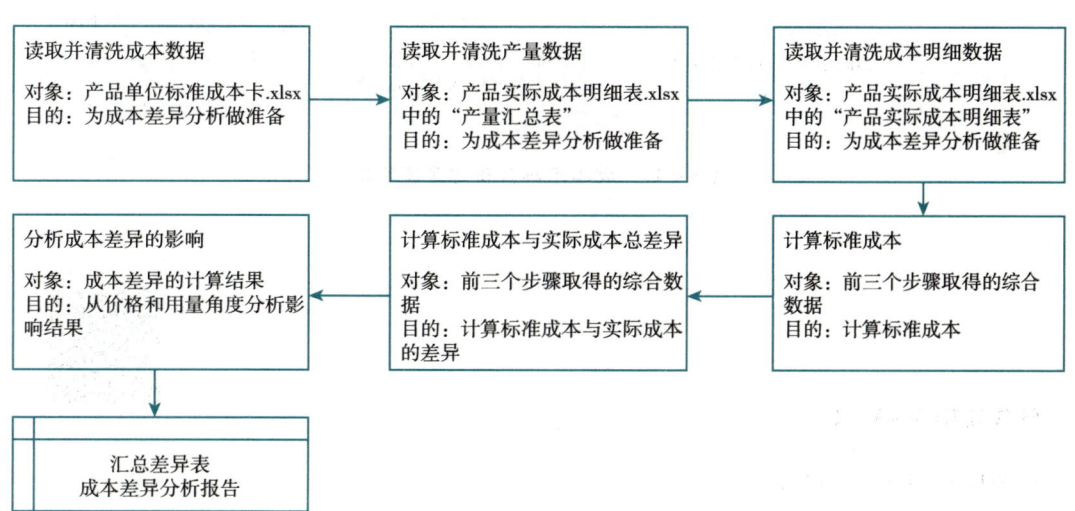

图 3-42 成本差异分析的工作流程图

用代码实现以上工作过程的程序流程图,如图3-43所示。

因为要对数据进行分析处理,所以用到 Pandas 库,因为需要绘制散点图,所以用到 Matplotlib 库。

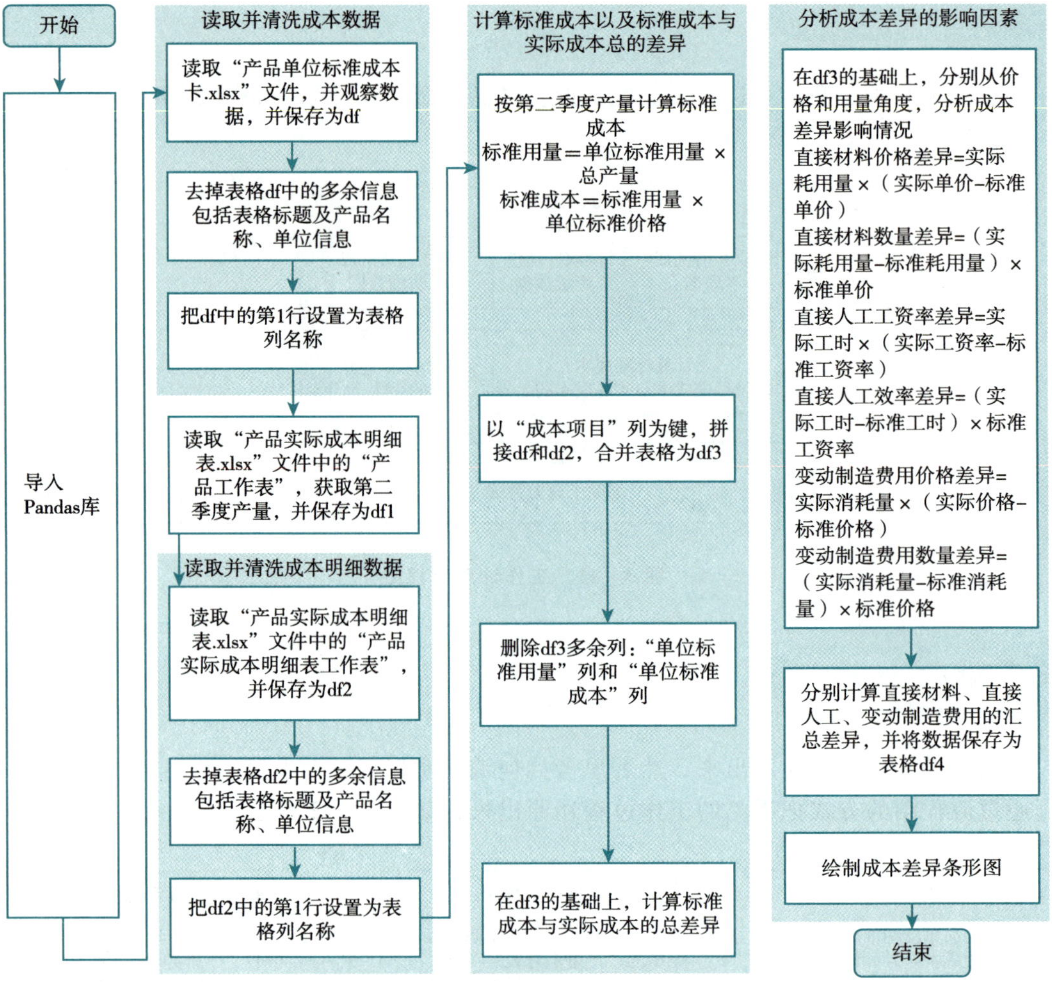

图 3-43 成本差异分析程序流程图

一、设置环境

任务实施 3-3-1

示例代码如图 3-44 所示。

任务实施 3-3
代码录屏

```
1  import pandas as pd
```

图 3-44 任务实施 3-3-1

二、读取并清洗成本数据

任务实施 3-3-2

1. 读取成本数据文件

为了对双用型洗衣液进行成本分析,读取该产品的"产品单位标准成本卡.xlsx"文件,示例代码及运行结果如图 3-45 所示。

```
1  path ="产品单位标准成本卡.xlsx"
2  df = pd.read_excel(path, sheet_name='产品单位标准成本卡')
3  df
```

	产品单位标准成本卡	Unnamed: 1	Unnamed: 2	Unnamed: 3	Unnamed: 4
0	产品名称:双用型洗衣液	NaN	NaN	单位:桶	NaN
1	成本项目	成本明细	单位标准用量	单位标准价格	单位标准成本
2	直接材料	洗衣液酵母料	0.5	138	69
3	直接材料	去污增效剂	0.5	138	69

图 3-45 任务实施 3-3-2(1)

【提示】单位标准用量的单位为千克,单位标准价格的单位为元/千克,单位标准成本的单位为元/千克。

2. 清洗数据

Step1 去掉表格多余信息

观察读取的数据,我们发现行 0 的数据对成本分析没有用处,删除之,以令数据更加简明清晰,示例代码及运行结果如图 3-46 所示。

```
1  df = df.drop(index=0)   #删除行名称为"0"的行。
2  df
```

	产品单位标准成本卡	Unnamed: 1	Unnamed: 2	Unnamed: 3	Unnamed: 4
1	成本项目	成本明细	单位标准用量	单位标准价格	单位标准成本
2	直接材料	洗衣液酵母料	0.5	138	69
3	直接材料	去污增效剂	0.5	138	69

图 3-46 任务实施 3-3-2(2-1)

Step2 设置列名称

观察上一步得到的数据,我们发现 DataFrame 表格的列名称没有实际的意义,而行 1 是

Python财务应用

行 2 及以后各行的数据说明，即列名称，所以把行 1 设计为列名称，示例代码及运行结果如图 3-47 所示。

```
1  df.columns = df.iloc[0]    #把第1行设置为列名称，即行索引为 "0" 的行
2  df = df.drop([1])          #删除与列名称相同的行，即行名称为 "1" 的行
3  df
```

	成本项目	成本明细	单位标准用量	单位标准价格	单位标准成本
1	成本项目	成本明细	单位标准用量	单位标准价格	单位标准成本
2	直接材料	洗衣液酵母料	0.5	138	69
3	直接材料	去污增效剂	0.5	138	69

图 3-47 任务实施 3-3-2 (2-2)

三、读取产量数据

任务实施 3-3-3

为了对双用型洗衣液进行成本分析，读取该产品的"产品实际成本明细表.xlsx"文件中"产量汇总表"工作表，示例代码及运行结果如图 3-48 所示。

```
1  path1 ="产品实际成本明细表.xlsx"
2  df1 = pd.read_excel(path1, sheet_name='产量汇总表')
3  df1
```

	月份	产量
0	4月	2946
1	5月	3280
2	6月	3394
3	合计	9620

图 3-48 任务实施 3-3-3

【提示】产量单位为桶。

四、读取并清洗成本明细数据

任务实施 3-3-4

1. 读取成本明细数据文件

为了对双用型洗衣液进行成本分析，读取该产品的"产品实际成本明细表.xlsx"文件中"产量实际成本明细表"工作表，示例代码及运行结果如图 3-49 所示。

```
1  df2 = pd.read_excel(path1, sheet_name='产品实际成本明细表')
2  df2
```

	第二季度产品实际成本明细表	Unnamed: 1	Unnamed: 2	Unnamed: 3	Unnamed: 4
0	产品：双用型洗衣液	NaN	NaN	NaN	NaN
1	实际产量：9620	NaN	NaN	NaN	NaN
2	成本项目	成本明细	实际用量	实际价格	实际成本
3	直接材料	洗衣液酵母料	4810	136	654160
4	直接材料	去污增效剂	4810	142	683020

图 3-49　任务实施 3-3-4（1）

【提示】"实际用量"单位为千克，"实际价格"单位为元，"实际成本"单位为元。

2. 清洗数据文件

Step1　去掉表格多余信息

观察读取的数据，我们发现行 0 和行 1 的数据对成本分析没有用处，删除之，以令数据更加简明清晰，示例代码及运行结果如图 3-50 所示。

```
1  df2 = df2.drop([0,1],axis=0)   #删除行名称为"0"和"1"的行
2  df2
```

	第二季度产品实际成本明细表	Unnamed: 1	Unnamed: 2	Unnamed: 3	Unnamed: 4
2	成本项目	成本明细	实际用量	实际价格	实际成本
3	直接材料	洗衣液酵母料	4810	136	654160
4	直接材料	去污增效剂	4810	142	683020

图 3-50　任务实施 3-3-4（2-1）

Step2　设置列名称

观察上一步得到的数据，我们发现 DataFrame 表格的列名称没有实际的意义，而行 2 是行 3 及以后各行的数据说明，即列名称，所以把行 2 设计为列名称，示例代码及运行结果如图 3-51 所示。

```
1  df2.columns = df2.iloc[0]    #把行名为"2"的行设置为列名
2  df2 = df2.drop([2])          #删除行名为"2"的2行
3  df2
```

Python财务应用

2	成本项目	成本明细	实际用量	实际价格	实际成本
3	直接材料	洗衣液酵母料	4810	136	654160
4	直接材料	去污增效剂	4810	142	683020

图3-51 任务实施3-3-4(2-2)

五、计算标准成本以及成本差异

任务实施3-3-5

Step1　计算标准成本

标准用量的计算公式是：标准用量=单位标准用量×总产量

标准成本的计算公式是：标准成本=标准用量×单位标准价格

示例代码及运行结果如图3-52所示。

```
1  output = df1[df1['月份'] == '合计']["产量"].iloc[0]  #获取产量合计
2  df['标准用量'] =df['单位标准用量'] * output
3  df['标准成本'] = df['标准用量'] * df['单位标准价格']
4  df
```

1	成本项目	成本明细	单位标准用量	单位标准价格	单位标准成本	标准用量	标准成本
2	直接材料	洗衣液酵母料	0.5	138	69	4810.0	663780.0
3	直接材料	去污增效剂	0.5	138	69	4810.0	663780.0

图3-52 任务实施3-3-5(1)

代码行1的作用是在变量df1中获取总产量。

代码行2的作用是设置标准用量的计算公式。

代码行3的作用是设置标准成本的计算公式。

Step2　合并数据列

将变量df和变量df2按"成本项目"和"成本明细"进行合并，示例代码及运行结果如图3-53所示。

```
1  df3 = pd.merge(df, df2, on=['成本项目','成本明细'])
2  df3
```

	成本项目	成本明细	单位标准用量	单位标准价格	单位标准成本	标准用量	标准成本	实际用量	实际价格	实际成本
0	直接材料	洗衣液酵母料	0.5	138	69	4810.0	663780.0	4810	136	654160
1	直接材料	去污增效剂	0.5	138	69	4810.0	663780.0	4810	142	683020

图 3-53 任务实施 3-3-5（2）

Step3　删除多余数据列

删除与计算成本差异无关的数据列，示例代码及运行结果如图 3-54 所示。

```
1  df3 =df3.drop(['单位标准用量','单位标准成本'],axis=1)
2  df3
```

	成本项目	成本明细	单位标准价格	标准用量	标准成本	实际用量	实际价格	实际成本
0	直接材料	洗衣液酵母料	138	4810.0	663780.0	4810	136	654160
1	直接材料	去污增效剂	138	4810.0	663780.0	4810	142	683020

图 3-54 任务实施 3-3-5（3）

Step4　计算标准成本与实际成本的总差异

成本总差异的计算公式是：实际成本 - 标准成本。

示例代码及运行结果如图 3-55 所示。

```
1  df3['总差异'] = df3['实际成本']-df3['标准成本']
2  df3
```

	成本项目	成本明细	单位标准价格	标准用量	标准成本	实际用量	实际价格	实际成本	总差异
0	直接材料	洗衣液酵母料	138	4810.0	663780.0	4810	136	654160	-9620.0
1	直接材料	去污增效剂	138	4810.0	663780.0	4810	142	683020	19240.0

图 3-55 任务实施 3-3-5（4）

六、分析成本差异的影响因素

任务实施 3-3-6

Step1 分别从价格和用量角度，分析成本差异影响情况

价格差异对成本影响额的计算公式是：实际用量×（实际价格-单位标准价格）。
用量差异对成本影响额的计算公式是：（实际用量-标准用量）×单位标准价格。
示例代码及运行结果如图3-56所示。

```
1  df3['价格差异对成本的影响'] = df3['实际用量']*(df3['实际价格']\
2                          -df3['单位标准价格'])
3
4  df3['用量差异对成本的影响'] = (df3['实际用量']-df3['标准用量'])*df3['单位标准价格']
5  df3
```

	成本项目	成本明细	单位标准价格	标准用量	标准成本	实际用量	实际价格	实际成本	总差异	价格差异对成本的影响	用量差异对成本的影响
0	直接材料	洗衣液酵母料	138	4810.0	663780.0	4810	136	654160	-9620.0	-9620	0.0
1	直接材料	去污增效剂	138	4810.0	663780.0	4810	142	683020	19240.0	19240	0.0

图3-56 任务实施3-3-6（1）

Step2 编制汇总差异表

计算出所有与成本差异相关的数据后，将数据编制成汇总差异表，示例代码及运行结果如图3-57所示。

代码行1的作用是按成本项目分组，并将总差异、价格差异和用量差异累加，然后重设行索引为默认索引。

代码行3的作用是添加"合计"行，将各类成本项目的差异进行合计。

代码行4的作用是，设置"合计"行，"成本项目"列的数值为字符串"成本总差异"。

Step3 可视化成本差异

在变量df4的基础上，绘制成本差异数据柱状图，示例代码如图3-58所示。

```
1  df4 =df3.groupby("成本项目")['总差异','价格差异对成本的影响','用量差异对成本的影响']\
2  .sum().reset_index()
3  df4.loc["合计"] = df4.iloc[:,1:].sum(axis = 0)
4  df4.loc["合计","成本项目"] ="成本总差异"
5  df4
```

```
C:\Users\admin\AppData\Local\Temp\ipykernel_13220\3723525185.py:1: FutureWarning:
Indexing with multiple keys (implicitly converted to a tuple of keys) will be deprecated, use
a list instead.
  df4 =df3.groupby("成本项目")['总差异','价格差异对成本的影响','用量差异对成本的影响']\
```

	成本项目	总差异	价格差异对成本的影响	用量差异对成本的影响
0	变动制造费用	25396.80	2308.80	23088.000
1	直接人工	-28186.60	5772.00	-33958.600
2	直接材料	39109.15	20076.94	19032.208
合计	成本总差异	36319.35	28157.74	8161.608

图3-57 任务实施3-3-6（2）

```
1   from matplotlib import pyplot as plt
2   import numpy as np
3   plt.rcParams['font.family']='SimHei'    #用黑体显示中文
4   plt.rcParams['axes.unicode_minus']=False   #正常显示负号
5
6   #设置画布大小及分辨率
7   fig = plt.figure(figsize=(20,12),dpi=120)
8
9   #统计出柱子的数组列表
10  index = np.arange(len(df4.index))
11
12  #绘制柱状图
13  plt.bar(index,df4['总差异'],width=0.2, color='#9F99EE', label='总差异')
14  plt.bar(index+0.2,df4['价格差异对成本的影响'],width=0.2, color='#ADFF9F', \
15      label='价格差异对成本的影响')
16  plt.bar(index+0.4,df4['用量差异对成本的影响'],width=0.2, color='#FFC188',\
17      label='用量差异对成本的影响')
18
19  #设置横坐标数值及显示格式
20  plt.xticks(index+0.2,df4['成本项目'],rotation=45,fontsize = 25)
21  #设置纵坐标显示格式
22  plt.yticks(fontsize = 25)
23  #设置标题
24  plt.title('成本差异分析图',fontsize = 30)
25  #设置图例字号
26  plt.legend(fontsize = 25)
```

图3-58 任务实施3-3-6（3）示例代码

运行结果如图3-59所示。

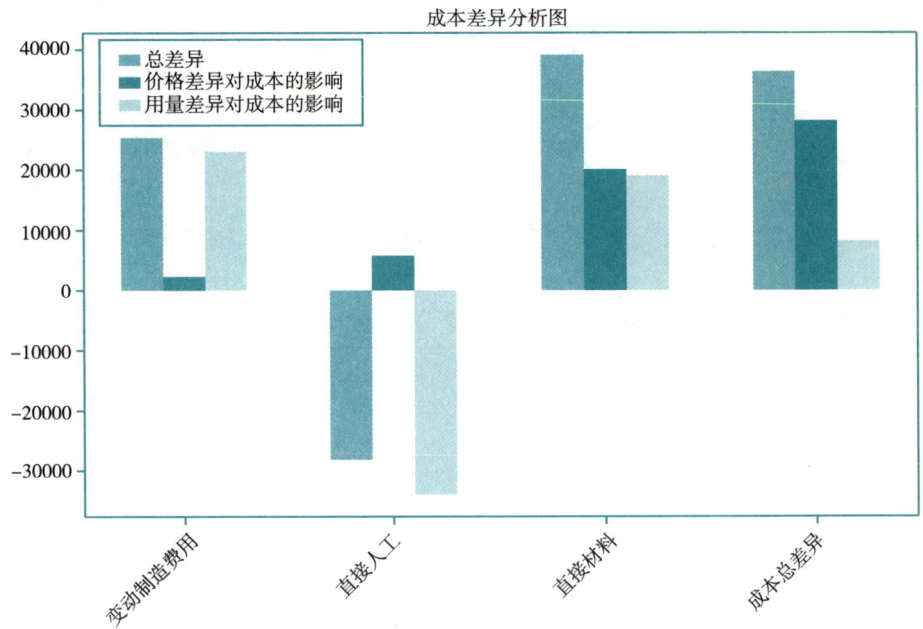

图3-59 任务实施3-3-6（3）运行结果

七、撰写成本差异分析报告

双用型洗衣液成本差异分析

1. 总差异分析

	成本项目	总差异	价格差异对成本的影响	用量差异对成本的影响
0	变动制造费用	25396.80	2308.80	23088.000
1	直接人工	-28186.60	5772.00	-33958.600
2	直接材料	39109.15	20076.94	19032.208
合计	成本总差异	36319.35	28157.74	8161.608

图3-60 成本差异数值图

从图3-60的结果中可以看到，双用型洗衣液实际成本与标准成本的成本差异总额为36319.35元，其中价格因素产生的总差异是28157.74元，占总差异的77.5%，用量因素产生的总差异是8161.608元，占总差异的22.5%，可见价格因素是产品总成本产生变化的主要原因。其中变动制造费用的价格差异是2308.8元，直接人工的价格差异是5772.00元，直接材料的价格差异是 20076.94 元，占价格差异的 71.3%，可见价格差异主要是由直接材料的价格差异引起的。

2. 各项目成本差异分析

（1）变动制造费用的成本差异。从图 3-60 和图 3-61 可以看到，变动制造费用项目的成本总差异是 25396.8 元，其中价格差异是 2308.8 元，用量差异是 23088.00 元，用量差异占比 90.9%，可见对于变动制造费用来说，用量的变化是该成本差异的主要动因。

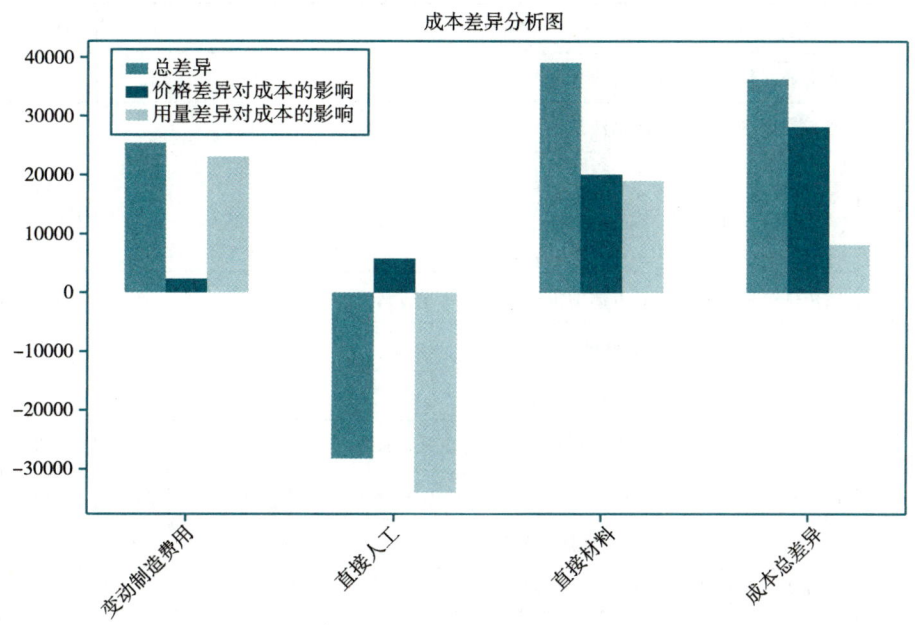

图 3-61 成本差异分析图

（2）直接人工的成本差异。从图 3-60 和图 3-61 可以看到，直接人工项目的成本总差异 -28186.6 元，其中工资率差异是 5772.0 元，工资率差异令直接人工项目的成本差异上升 5772.0 元，效率差异是 -33958.6 元，效率差异令直接人工项目的成本差异下降 19032.208 元，可见对于直接人工来说，效率的变化是该成本差异的主要动因。

（3）直接材料的成本差异。从图 3-60 和图 3-61 可以看到，直接材料项目的成本总差异是 39109.15 元，其中价格差异是 20076.94 元，价格差异占比 51.3%，用量差异是 23088.00 元，用量差异占比 48.7%，可见对于直接材料来说，价格差异和用量差异对该项目的成本差异的影响力相当。

综上所述，双用型洗衣液产品实际成本超出标准成本 36319.35 元，主要是受产品直接材料价格上升的影响。变动制造费用成本项目的变化同样令产品实际成本高于标准成本，令变动制造费用上升的主要因素是消耗材料用量的增加（请观察任务实施 3-3-6-Step1 运行结果的完整数据）。不同于以上两个成本项目，直接人工成本项目对产品总成本的影响是使产品实际成本低于标准成本，但令直接人工下降的主要因素是直接人工效率差异的降低。

考核的重点是理论知识的掌握水平、技术技能的应用水平以及职业素养，学习者可以从以上三个方面评价学习效果，具体评价项目及标准如表3-9所示。

表3-9 模块考核评价标准

考核项目	考核内容	配分	得分
理论知识水平	能正确解释成本差异分析的程序流程	10	
	能正确复述以下方法的语法规则 Pandas 库： df.loc[ ] = df.iloc[ ].sum(axis =)	10	
	能正确举例说明上表各方法的参数作用与设置方法	10	
	理论知识水平总分	30	
技术技能应用水平	能绘制成本差异分析程序流程图	10	
	能根据计算结果对成本差异进行分析并写出分析报告	20	
	能应用 Pandas 库中 df.loc[ ] = df.iloc[ ].sum(axis =) 方法增加列数据合计的行	10	
	技术技能应用水平总分	40	
职业素养	向同学、老师请教时态度友好、诚恳	5	
	编程过程中遇到困难时主动寻求解决方法，耐心阅读方法说明与案例，如需求助于人时，先准备好咨询的问题，并准确、清晰地表达	5	
	检查任务成果时细致、认真、严谨，也可邀请别人一起检查	5	
	调试程序过程中能修改自己的错误	5	
	在别人的帮助下能将代码调试成功	5	
	面对同学的求助，积极响应	5	
	职业素养总分	30	
	综合评价总分	100	

一、任务实施情况分析

任务完成后，学习者根据任务实施情况，分析存在的问题及原因，并填写表3-10。指导老师对任务实施情况进行评价。

表 3-10　　　　　　　　　成本差异分析任务实施情况分析表

任务实施过程	存在的问题	解决的办法
设置环境		
读取并清洗成本数据		
读取产量数据		
读取并清洗成本明细数据		
计算标准成本以及成本差异		
分析成本差异的影响因素		
撰写成本差异分析报告		

二、总结

1. 标准成本下的成本差异分析使用的公式有：
成本总差异的计算公式：实际成本 − 标准成本
标准用量的计算公式是：标准用量 = 单位标准用量 × 总产量
标准成本的计算公式是：标准成本 = 标准用量 × 单位标准价格
实际成本的计算公式是：实际成本 = 实际用量 × 实际价格
价格差异对成本影响额计算公式是：实际用量 ×（实际价格 − 单位标准价格）
用量差异对成本影响额计算公式是：（实际用量 − 标准用量）× 单位标准价格
2. 标准成本法下成本差异分析的思路是：
（1）计算产品的实际成本；
（2）计算产品的标准成本；
（3）计算价格差异对成本的影响额；
（4）计算用量差异对成本的影响额；
（5）结果分析。

实战演练

一、不定项选择题

1. 使用 Python 实现成本性态分析的步骤是（　　）。

A. 读取产品的历史生产成本数据表，绘制散点图观察产量与成本的变化关系，根据图像特征创建模型，对产品总成本进行分解，计算出产品固定成本和变动成本

B. 读取产品的历史生产成本数据表，筛选指定产品的数据并单独保存，绘制散点图观察产量与成本的变化关系，根据图像特征创建模型，根据历史数据计算产品的固定成本和单位变动成本，对产品总成本进行分解，计算出产品固定成本和变动成本

C. 读取产品的历史生产成本数据表，筛选指定产品的数据并单独保存，绘制散点图观察产量与成本的变化关系，根据图像特征创建模型，结合模型和历史数据计算产品的固定成本和单位变动成本，对产品总成本进行分解，计算出产品固定成本和变动成本

D. 读取产品的历史生产成本数据表，筛选指定产品的数据并单独保存，创建模型，结合模型和历史数据计算产品的固定成本和单位变动成本，对产品总成本进行分解，计算出产品固定成本和变动成本

2. 阅读图 3-62 代码，代码运行的结果是（　　）。

```
1  plt.matplotlib.rcParams['axes.unicode_minus']=False    # 正常显示负号
2  plt.matplotlib.rcParams['font.sans-serif']=['SimHei']   # 用黑体显示中文
3  plt.figure(figsize = (12,8))
4  plt.xlabel("产量",size = 23)  #x轴的名称
5  plt.ylabel("产品生产成本",size = 23)  #y轴的名称
6  plt.scatter(x =df1['产量'],y = df1['产品生产成本'],s=1000)
7  plt.show()
```

图 3-62

A.

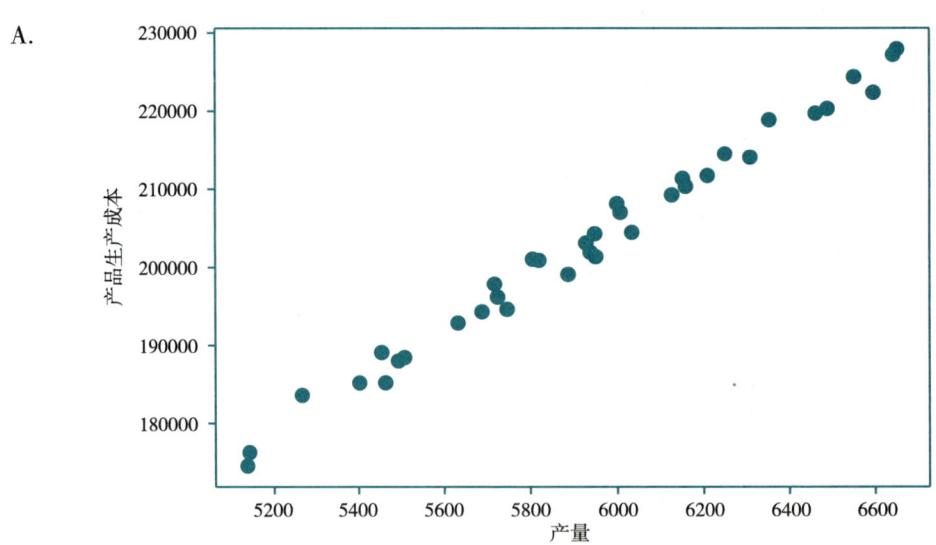

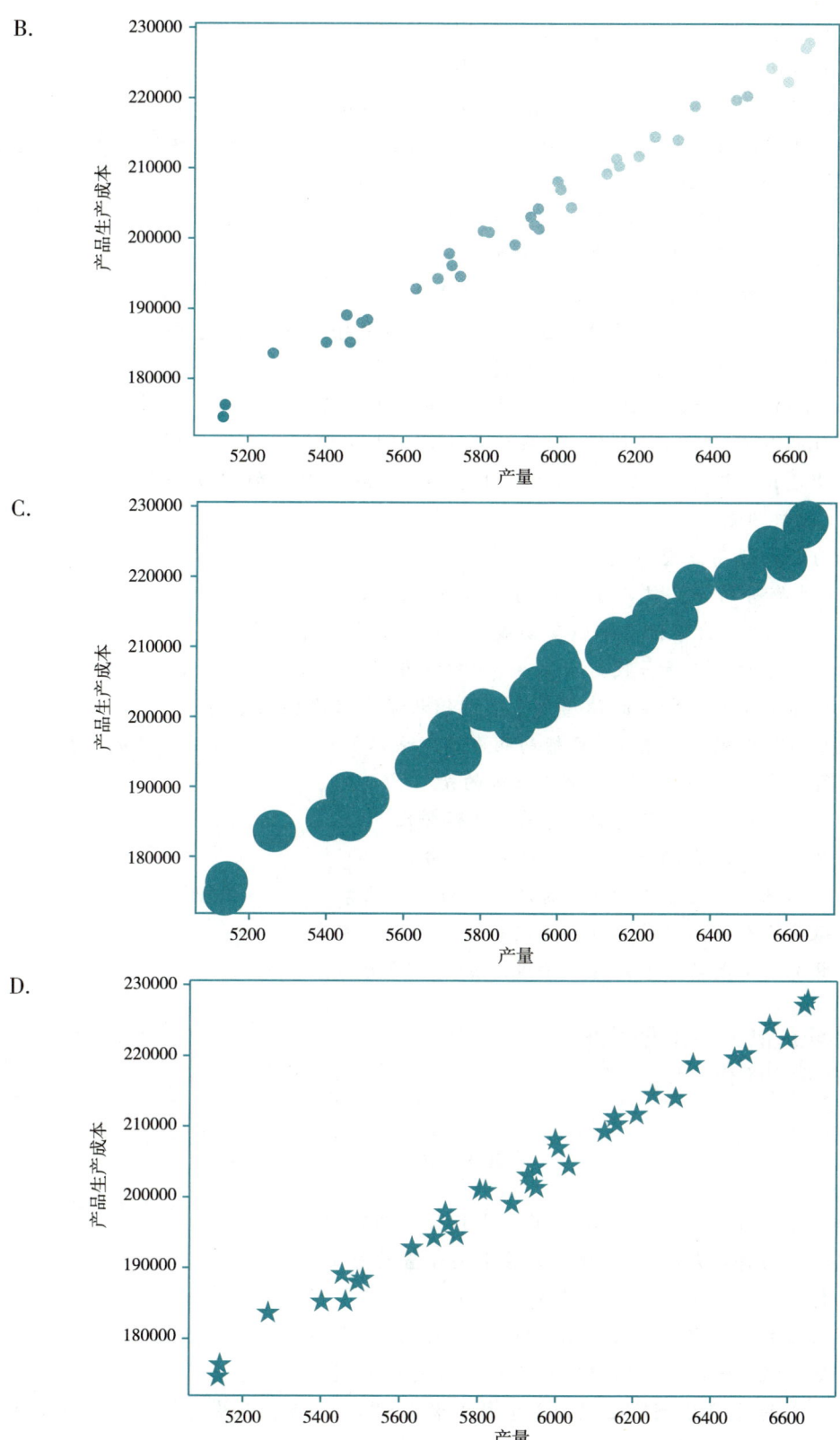

3. 研究产量与产品生产成本的关系，可以使用以下（　　）模型。

　　A. 多元线性回归　　　　　　　　B. 一元线性回归

　　C. 决策树回归　　　　　　　　　D. 以上都不对

4. 在 Python 中，可以根据需求构建自定义模型，比如本量利分析模型，对于构建自定义模型，以下说法正确的是（　　）。

　　A. 构建自定义模型时用 return 关键字带回结果

　　B. 用自定义函数的方式构建自定义模型

　　C. 调用自定义模型的方法与调用函数的方法一样

　　D. 定义模型返回的多个结果时，返回变量应该用中括号（[ ]）包裹

5. 关于构建回归模型，以下说法正确的是（　　）。

　　A. 可用 Pandas 库中的 polyfit( ) 方法构建一元回归模型

　　B. 可用 NumPy 库中的 polyfit( ) 方法构建一元回归模型

　　C. 通过设置 polyfit( ) 方法中的参数"deg = 1""deg = 2"和"deg = 3"实现一阶，二阶和三阶拟合回归预测

　　D. 拟合的阶数越高，模型越好

6. 在盈亏平衡分析中，使用了相关的计算公式，以下公式正确的有（　　）。

　　A. 营业利润 =（销售单价 - 单位变动成本）× 业务量 - 固定成本

　　B. 盈亏平衡点的销售量 = 固定成本 ÷（单价 - 单位变动成本）

　　C. 安全边际 = 盈亏平衡点的销售量 - 实际销售量或预期销售量

　　D. 实现目标利润的业务量 =（目标利润 + 固定成本）÷（单价 - 单位变动成本）

7. 在利润敏感性分析中，以下说法正确的是（　　）。

　　A. 敏感系数 = 因素变动百分比/利润变动百分比

　　B. 敏感系数 = 利润变动百分比/因素变动百分比

　　C. 如果敏感系数绝对值大于 1，则该参数为敏感因素

　　D. 如果敏感系数绝对值小于 1，则该参数为不敏感因素

8. 阅读图 3 - 63 代码，下列选项中说法正确的项为（　　）。

```
1  df.columns = df.iloc[0]
2  df = df.drop([1])
3  df
```

图 3 - 63

　　A. 代码行 1 的作用是把变量 df 中的第 1 行设置为列名称

　　B. 代码行 1 的作用是把变量 df 中的第 1 列设置为行名称

　　C. 代码行 2 的作用是删除变量 df 中的行索引为"1"的行

　　D. 代码行 2 的作用是删除变量 df 中的行名称为"1"的行

9. 阅读图 3 - 64 代码，下列选项中说法正确的项为（　　）。

　　A. 代码行 1 的作用是删除变量 df3 中行名称为"单位标准用量"和"单位标准成本"的行

```
1 df3 =df3.drop(['单位标准用量','单位标准成本'],axis=1)
2 df3
```

图 3－64

B. 代码行 1 的作用是删除变量 df3 中行名称为“单位标准用量”和“单位标准成本（元）”的列

C. drop( ) 方法中的参数“axis＝1”用于设置删除列

D. drop( ) 方法中的参数“axis＝0”用于设置删除行

10. 阅读图 3－65 中代码，xticks( ) 方法中，用于设置横坐标标识显示位置和角度的参数是（　　）。

```
plt.xticks(index+0.2,df4['成本项目'],rotation=45,fontsize = 25)
```

图 3－65

A. index＋0.2　　B. rotation＝45

C. fontsize＝25　　D. df4 ['成本项目']

二、实训题

【任务场景一】

根据海杰电子有限公司“产成品入库汇总台账.xlsx”（如图 3－66 所示）和“电费管理台账.xlsx”（如图 3－67 所示），对生产圆环铜合金材料制品的电费成本性态进行分析。

	B	C	D	E	F	G
1	产品名称	规格型号	入库时间	入库数量（	库管员	复核人
2	圆环XC	直径2700mm	2021/1/1	14.96	张兰	夏宇
3	圆环XC	直径2700mm	2021/2/1	17.96	张兰	夏宇
4	圆环XC	直径2700mm	2021/3/1	21.35	李婷	夏宇
5	圆环XC	直径2700mm	2021/4/1	22.84	张兰	夏宇
6	圆环XC	直径2700mm	2021/5/1	20.69	张兰	夏宇
7	圆环XC	直径2700mm	2021/6/1	23.56	张兰	夏宇
8	圆环XC	直径2700mm	2021/7/1	22.01	李婷	夏宇
9	圆环XC	直径2700mm	2021/8/1	22.95	张兰	夏宇
10	圆环XC	直径2700mm	2021/9/1	23.85	张兰	夏宇
11	圆环XC	直径2700mm	2021/10/1	20.87	张兰	夏宇
12	圆环XC	直径2700mm	2021/11/1	23.86	李婷	夏宇

2021年-2022年产成品入库汇总台账

图 3－66　产成品入库汇总台账

Python财务应用

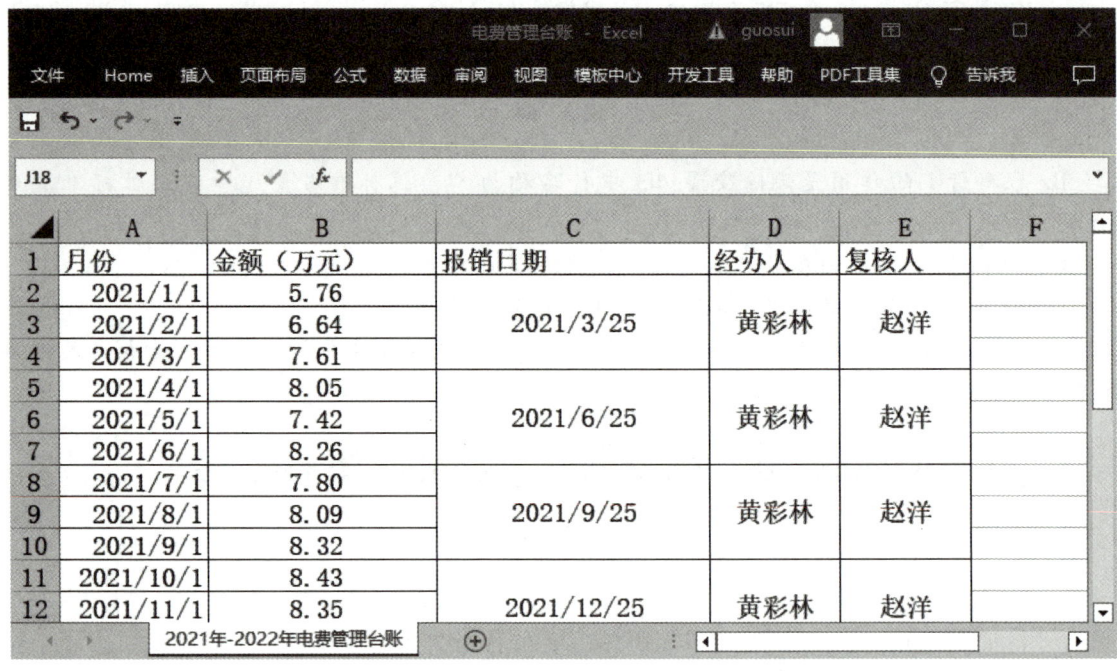

图 3-67 电费管理台账

【任务要求】

（1）通过补充程序中星号（***）处的代码，绘制分析目标产品散点图观察产量与成本的变化关系。

（2）分析图像，通过补充程序中星号（***）处的代码，创建回归模型，并根据历史数据计算产品的固定成本和单位变动成本。

（3）通过补充程序中星号（***）处的代码，对产品总成本进行分解，计算产品固定成本和变动成本。

（4）撰写海杰电子有限公司圆环 XC 产品成本性态分析。

【任务素材】

（1）产成品入库汇总台账.xlsx

（2）电费管理台账.xlsx

（3）成本性态分析（习题题目代码）.ipynb

成本性态分析实训题任务素材包

【任务场景二】

通过构建模型的方式，对海杰电子有限公司的产品进行本量利分析。
产品本量利实际数据如图 3-68 所示。

【任务要求】

1. 通过补充程序中星号（***）处的代码，构建本量利分析模型，进行盈亏平衡分析。

2. 通过补充程序中星号（***）处的代码，构建利润敏感分析模型，进行利润敏感性分析。

项目三 成本核算与分析

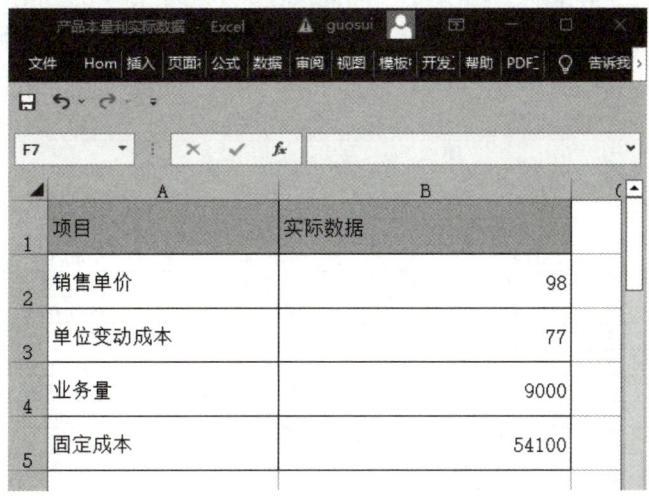

图3-68 产品本量利实际数据

3. 通过补充程序中星号（***）处的代码，绘制本量利关系图。
4. 撰写海杰电子有限公司产品本量利分析报告。

【任务素材】
1. 产品本量利实际数据.xlsx
2. 本量利分析（习题题目代码）.ipynb

本量利分析实训题任务素材包

【任务场景三】

在"产品单位标准成本卡"（见图3-69）和"产品实际成本明细表"（见图3-70）的数据基础上，分析明达生物科技有限公司注射用胸腺法新产品的标准成本与实际成本的差异。

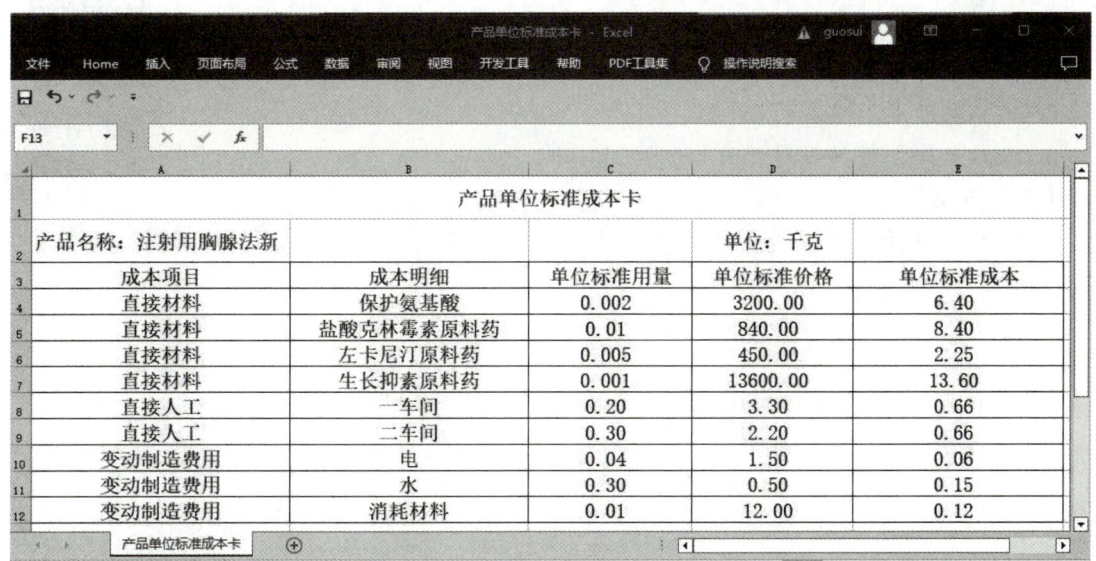

图3-69 产品单位标准成本卡

169

Python财务应用

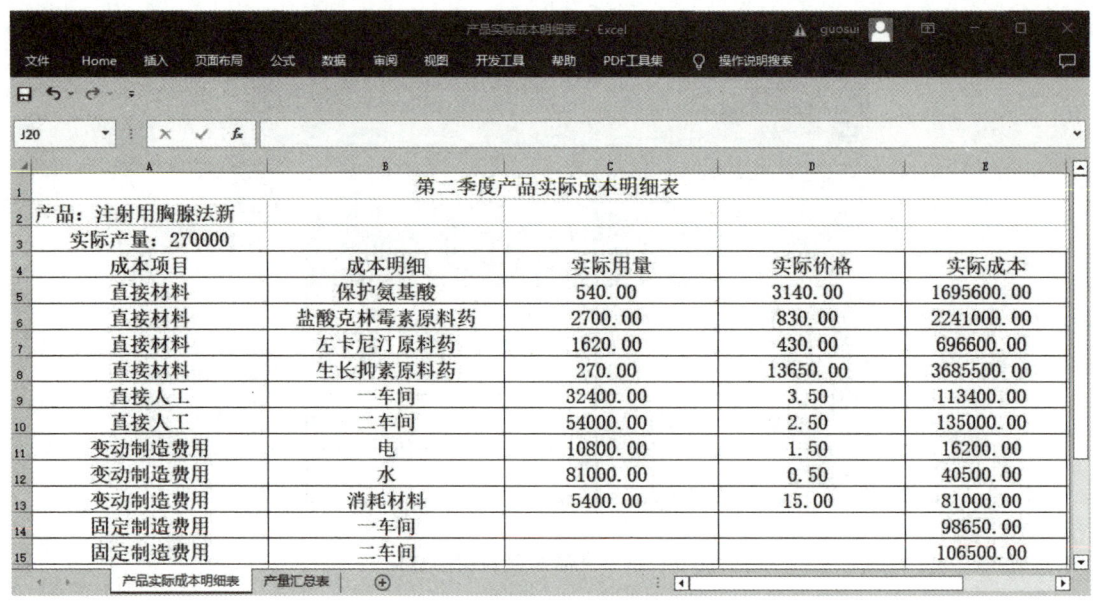

图 3-70　产品实际成本明细表

【任务要求】

1. 通过补充程序中星号（***）处的代码，计算注射用胸腺法新产品的标准成本。

2. 通过补充程序中星号（***）处的代码，计算注射用胸腺法新产品的标准成本与实际成本总的差异。

3. 通过补充程序中星号（***）处的代码，分别从价格和用量角度，分析成本差异影响情况，编制汇总差异表。

4. 通过补充程序中星号（***）处的代码，绘制成本差异条形图。

5. 撰写注射用胸腺法新产品成本差异分析报告。

【任务素材】

1. 产品单位标准成本卡.xlsx

2. 产品实际成本明细表.xlsx

3. 成本差异分析（习题题目代码）.ipynb

成本差异分析实训题任务素材包

【补充说明】

素材中，"单位标准成本"单位为：元，"实际用量"单位为：千克，"实际价格"单位为：元，"实际成本"单位为：元。

项目四
投资分析与决策

 学习目标

知识学习目标：

1. 能解释增量现金流量分析程序流程、资本投资分析程序流程、产品投资分析程序流程
2. 复述以下方法的语法规则

库（模块）名称	方法（函数）
Pandas 库	在 DateFrame 表格中根据一定的条件提取数据 resample( )　rename( ) 方法 columns.get_loc( ) 方法
NumPy 库	var( )
numpy_financial 库	npv( )　irr( )　pv( )
datetime 模块	timedelta( )
Scipy.interpolate 模块	interp1d( )（注：此方法名中字母"d"前的符号是数字"1"）
Matplotlib 库	plot( )

3. 举例说明以上方法的参数作用与设置方法

技能训练目标：

1. 绘制增量现金流量分析程序流程图、资本投资分析程序流程图、产品投资分析程序流程图
2. 能应用 Pandas 库中 loc[ ] 方法获取指定条件的数据
3. 能应用 numpy_financial 金融函数库中的 npv( ) 方法和 irr( ) 方法计算净现值率和内含报酬率
4. 能应用 Pandas 库中 resample( ) 方法对时间数据序列进行重采样

5. 能应用 NumPy 库中 var() 方法计算指定数据（数组元素）沿指定轴的方差
6. 能应用 datetime 模块中的 timedelta() 方法计算指定日期前或后的 n 天对应的日期
7. 能应用 numpy_financial 库中 pv() 方法计算投资金额的现值
8. 能应用 Scipy.interpolate 模块中的 interp1d() 方法进行插值运算
9. 能应用 Pandas 库中 rename() 方法重命名列名
10. 能应用 Pandas 库中 columns.get_loc() 方法获取索引的位置
11. 能应用 Matplotlib 库 pyplot 模块中的 plot() 方法绘制折线图
12. 根据数据分析结果撰写增量现金流量分析、资本投资分析以及产品投资分析

素养养成目标：
1. 提高程序阅读能力和代码修改能力
2. 培养数据管理与分析的能力
3. 培养忠于职守的事业责任心
4. 养成勤于思考、勇于创新的职业习惯
5. 坚持严谨细致、精益求精的职业态度

项目导图

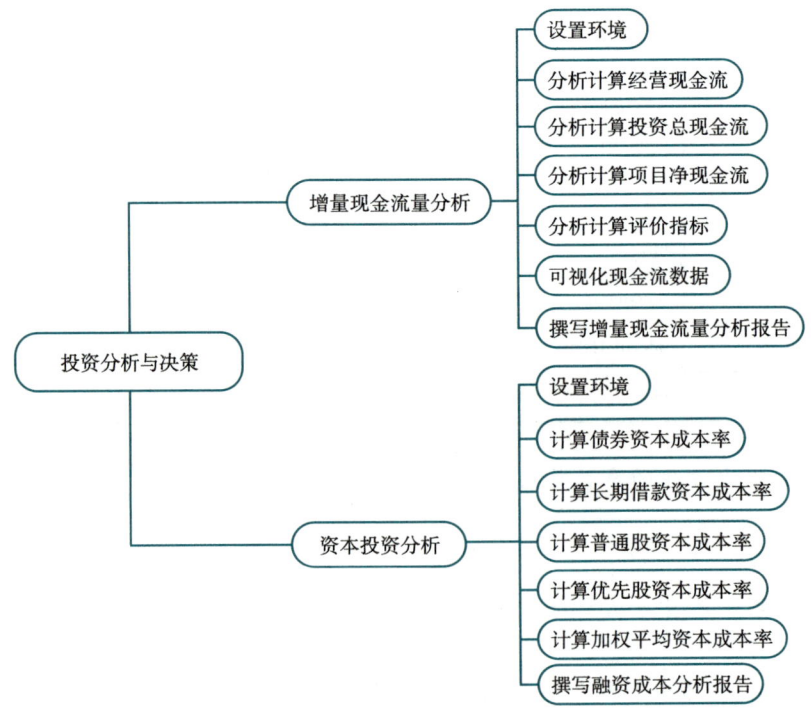

项目四 投资分析与决策

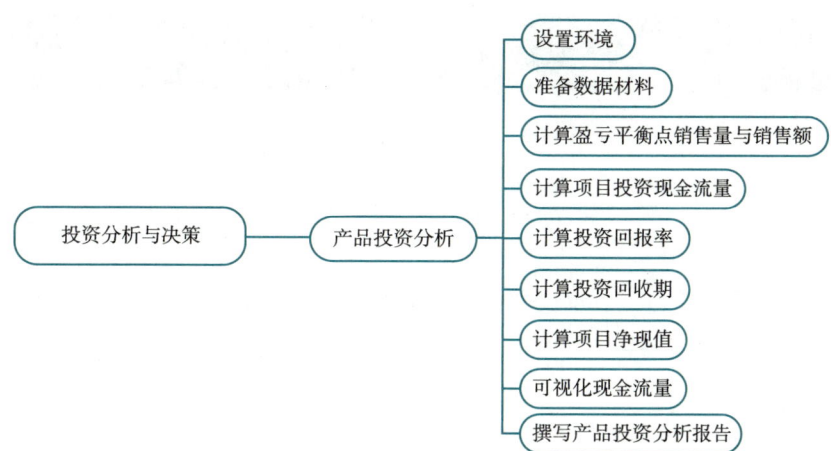

项目任务

本项目完成的目标：
1. 设计与编写增量现金流量分析的代码。
2. 设计与编写资本投资分析的代码。
3. 设计与编写产品投资分析的代码。

课程思政

完成以上工作任务应提交的标志性成果：
1. 增量现金流量分析报告。
2. 增量现金流量分析程序代码文件。
3. 资本投资分析报告。
4. 资本投资分析程序代码文件。
5. 产品投资分析报告。
6. 产品投资分析程序代码文件。

业务场景

诚都兴城投资集团有限公司目前计划投资两个项目：一是新建一条扫地机器人生产线；二是扩张已有的智能家居控制系统生产线的生产能力。

一、新建生产线

诚都兴城投资集团有限公司旗下子公司诚都华耀家电有限公司要投资新建一条扫地机器人生产线，公司投资部根据公司的相关基础数据（见图4-1）以及预计年产量数据（见图4-2），通过计算增量现金流的方式，采用 NPV 指标对投资项目进行评价。

173

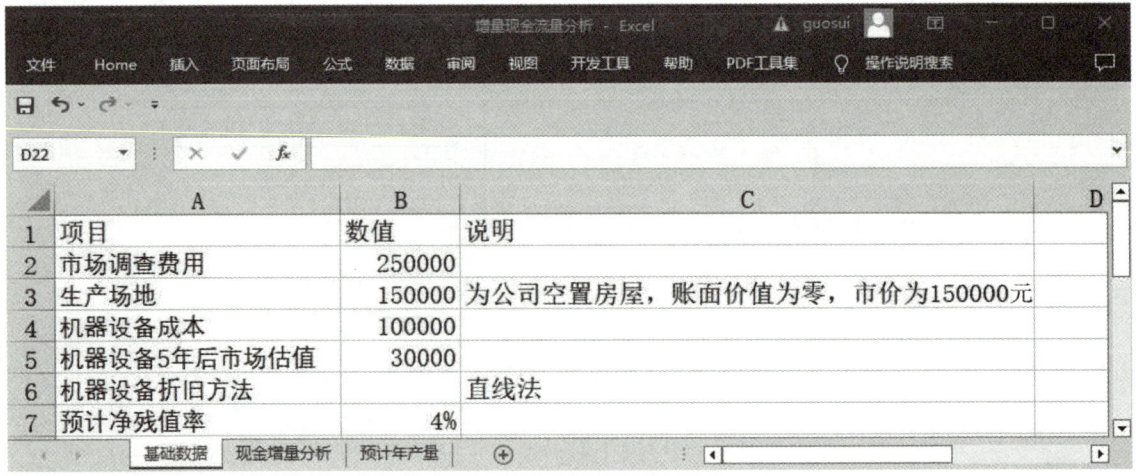

图 4-1 基础数据（部分）

图 4-2 预计年产量（部分）

二、扩张生产能力

诚都兴城投资集团有限公司准备扩张已有的智能家居控件系统生产线的生产能力，根据公司的外部融资需要量，制订了相应的融资计划：

（1）公司信用级别为 AA+级，拟于 2022 年 5 月 10 日发行 5 年期债券，债券面值 1000 元，按年付息，到期还本。公司目前没有已上市债券，为了确定拟发行债券的票面利率，公司决定采用风险调整法估计债券成本。

（2）公司向银行借款为 2000 万元，借款手续费为 0.3%，借款利率为 4.5%，每年计算一次，到期还本，其他条件不变。

（3）公司以同行业上市公司普通股资本成本作为公司权益资本成本，选择 10 家建筑行业上市公司（10 家上市公司见表 4-1），以其 β 值的算术平均值作为行业平均 β 值，无风险收益率为 5 年期的国债收益率 0.027。

表 4-1　　　　　　　　　　10 家建筑行业股票代码及公司名称

股票代码	公司名称	股票代码	公司名称
600667	太极实业	600133	东湖高新
600072	中船科技	600248	陕西建工
600170	上海建工	600284	浦东建设
600970	中材国际	600491	龙元建设
601789	宁波建工	600846	同济科技

（4）公司发行优先股，每股年股息 3.3 元，优先股发行价格 80 元，不考虑优先股发行费用率。

（5）目标资本结构是 20% 的长期债券、15% 的长期借款、45% 的优先股、20% 的优先股，用目标资本结构权重作为计算加权资本成本的基础。

（6）公司适用的所得税税率为 25%。

诚都兴城投资集团有限公司的基本信息如表 4-2 所示。

表 4-2　　　　　　　　　　企业基本信息表

项目	说明
注册名称	诚都兴城投资集团有限公司
法定代表人	黄杰
注册资本	伍亿贰仟伍佰肆拾万元人民币
实缴资本	伍亿贰仟伍佰肆拾万元人民币
设立（工商注册）日期	2009 年 3 月 26 日
统一社会信用代码	915101000987650928
住所（注册地）	北京市东城区河东路 9 号
邮政编码	610041
所属行业	建筑施工业
经营范围	土地整理与开发；城市配套基础设施，环境治理的投融资、建设和管理 住宅房屋建筑，道路、隧道和桥梁工程建筑，管道和设备安装 工程技术与设计服务，建材批发，园区管理 房地产开发经营，房地产租赁经营，物业管理 健康咨询，老年人养护服务；体育组织服务，体育场所服务，休闲健身活动，会议、展览及相关服务 特许经营；其他非行政许可的经营项目。（依法须经批准的项目，经相关部门批准后方可展开经营活动）
电话及传真号码	010-85359705
办公地址	北京市东城区河东路 9 号

三、产品投资分析

东莞市泰丰科技有限公司是一家专门生产家用电器的科技公司，公司的整体研发能力在行

Python财务应用

业处于领先地位。2021年5月泰丰公司计划投产一条新的生产线用于生产智能语音播放器,产品投资预算部分相关的资料如表4-3至表4-6所示。

表4-3　　　　　　　　　　智能语音播放器　产品销售数据估算

项目	建设期	经营期			
	1	2	3	4	5
	2021年	2022年	2023年	2024年	2025年
销量（件）		1000000	1000000	1000000	1000000
销售单价（元/件）		60	60	60	60
销售额（元）		60000000	60000000	60000000	60000000

表4-4　　　　　　　　　　智能语音播放器　产品成本数据估算

项目	建设期	经营期			
	1	2	3	4	5
	2021年	2022年	2023年	2024年	2025年
产量（件）		1000000	1000000	1000000	1000000
单位变动成本（元/件）		40	40	40	40
变动成本（元）		40000000	40000000	40000000	40000000
付现固定制造费用（元）		8000000	8000000	8000000	8000000

表4-5　　　　　　　　　　　　生产线相关数据

资产	类型	折旧方法	折旧或摊销年限（年）	残值率（%）	原值（元）	年折旧额/摊销额（元）	说明
固定资产	厂房	直线法				—	自有厂房,正在对外出租,年租金50万元,2021年末租期到期,2022年起收回自用
	机器设备		5	—	8000000	1600000	2021年末购置,无须安装,4年后变现价值
无形资产	专利技术使用费		4		2000000	500000	2021年末一次性支付,四年使用费

表4-6　　　　　　　　　　其他流动资金数据估算

项目	建设期	经营期			
	1	2	3	4	5
	2021年	2022年	2023年	2024年	2025年
年付现销售费用（元）		4000000	4000000	4000000	4000000
年付现管理费用（元）		2000000	2000000	2000000	2000000
项目营运资本（元）	-2000000				

请与公司财务人员一起使用 Python 语言实现：

（1）计算并分析新建扫地机器人生产线项目投资的可行性。

（2）计算扩张智能家居控制系统生产能力项目中每种融资方式的资本成本及全部融资方式的加权平均资本成本率。

（3）对东莞市泰丰科技有限公司智能语音播放器产品投资项目进行分析。

模块一　增量现金流量分析

描述工作任务

诚都华耀家电有限公司公司要投资建一条扫地机器人生产线，根据公司投资部给出的数据，财务人员姜维通过计算增量现金流的方式，采用 NPV 指标对投资项目进行评价。

此项目的基础信息存放在"增量现金流分析.xlsx 工作簿"的"基础数据"工作表中，运营期年产量数据存放在"增量现金流分析.xlsx 工作簿"的"预计年产量"工作表中，预计产量等于预计销售量，姜维计算出相关现金流，然后将结果存放到"项目现金流计算表.xlsx"中，最后基于结果分析项目投资的可行性。

增量现金流量分析工作任务与工作计划

表 4-7　　　　　　　　　　　工作任务卡

任务编号	8	任务名称	增量现金流量分析	工作区域	财务大数据实训中心
建议学时	3～4	参考文件或资料	知识学习目标中相关的 Pandas 库、numpy_financial 库中相关的方法说明		
德技兼修	（1）接到任务时，先对任务进行整体分析，基于数据源条件规划实现任务目的的路径 （2）编程过程中遇到困难时主动寻求解决方法，耐心阅读方法说明与案例，如需求助于人时，先准备好咨询的问题，并准确、清晰地表达 （3）根据任务的需求修改获取的代码 （4）检查任务成果时细致、认真、严谨，也可邀请别人一起检查 （5）养成勤学好问、勤于思考、诚恳待人、严谨细致的工作态度				
工作任务	（1）撰写增量现金流量分析报告 （2）设计与编写增量现金流量分析程序				

Python财务应用

制订工作计划

根据任务目的，我们可以梳理出完成此任务的大致的工作计划，如图4-3所示。

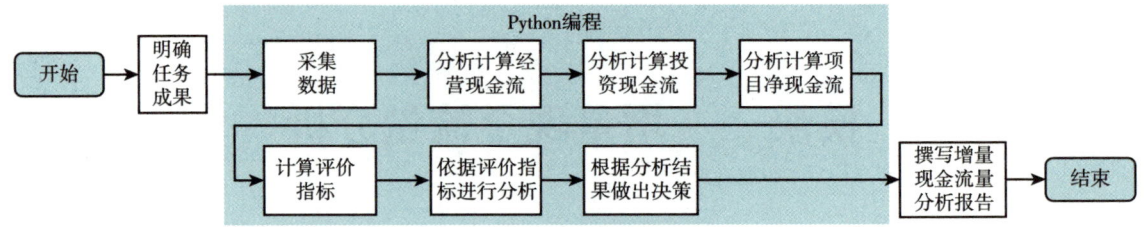

图4-3 工作计划流程图

执行工作计划

接下来，进行编程前的准备工作。

首先，把工作过程还原出来，然后思考如何编写实现每一个步骤的代码。

通过流程图的方式把手工工作过程还原出来，如图4-4所示。

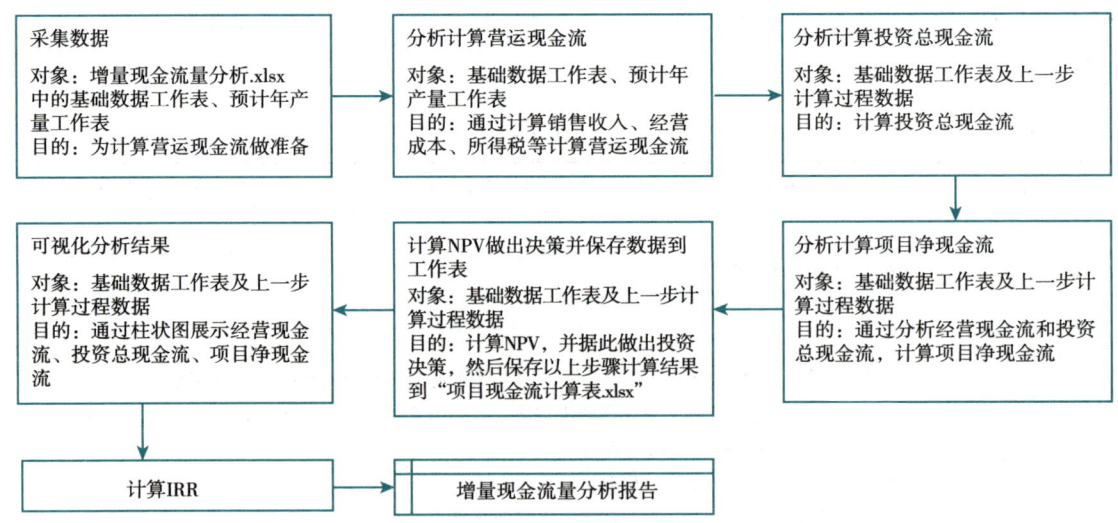

图4-4 增量现金流量分析工作流程图

因为要对数据进行分析处理，所以用到Pandas库、NumPy库、Matplotlib库，因为要求NPV等金融指标所以用到numpy_financial模块中与金融相关的函数。

用代码实现以上工作过程的程序流程图，如图4-5所示。

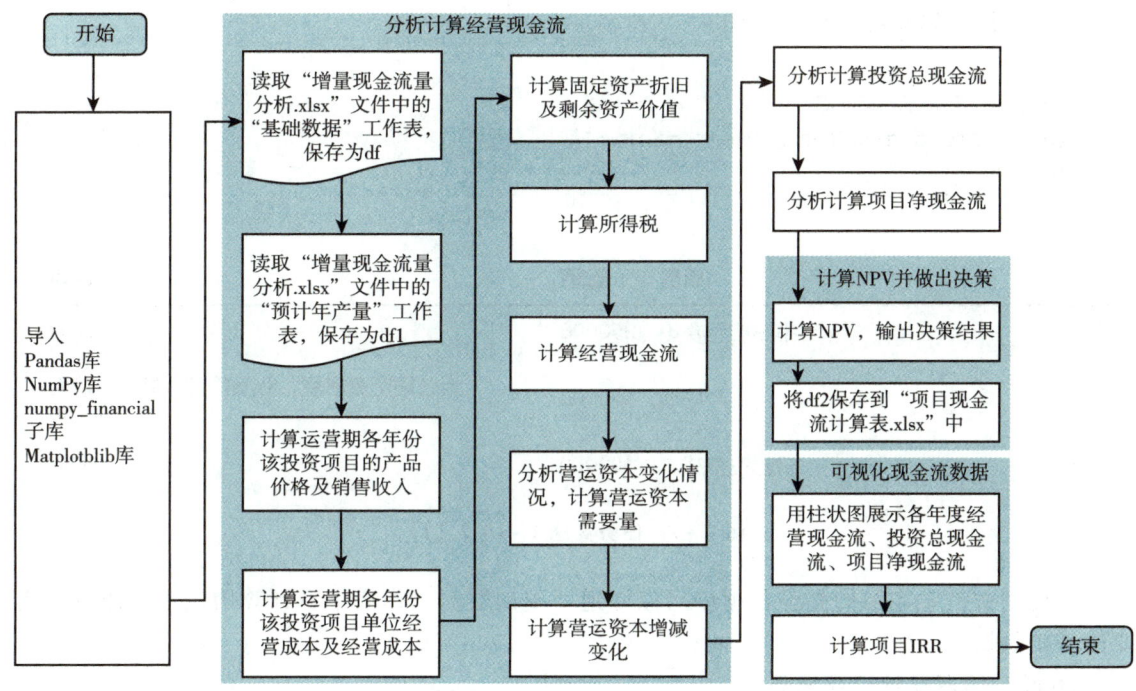

图4-5 增量现金流量程序流程图

一、设置环境

任务实施4-1-1

根据需要用到的函数，导入对应的库或模块。示例代码及运行结果如图4-6所示。

任务实施4-1-1
与4-1-2代码
录屏

```
1  import pandas as pd
2  import numpy as np
3  import numpy_financial as npf    #导入numpy金融函数库
4  pd.options.display.float_format = '{:,.2f}'.format    #设置小数保留位数
5  #从matplotlib库导入pyplot模块并将其命名为plt
6  from matplotlib import pyplot as plt
```

图4-6 任务实施4-1-1

二、分析计算经营现金流

任务实施4-1-2

Step1 读取基础数据工作表

读取"增量现金流量分析.xlsx"工作簿中的"基础数据"工作表，了解和观察基础信

息数据。示例代码及运行结果如图4-7所示。

```
1  path = '增量现金流量分析.xlsx'
2  df = pd.read_excel(path,sheet_name="基础数据")
3  df
```

	项目	数值	说明
0	市场调查费用	250000	NaN
1	生产场地	150000	为公司空置房屋，账面价值为零，市价为150000
2	机器设备成本	100000	NaN

图4-7 任务实施4-1-2（1）

从代码文件中显示的完整数据中可以知道，基础数据工作表中有计算增量现金流量所需要的基础数据。

Step2 读取预计产量信息

读取"增量现金流量分析.xlsx"工作簿中的"预计年产量"工作表，了解和观察预计年产量数据。示例代码及运行结果如图4-8所示。

```
1  df1 = pd.read_excel(path,sheet_name="预计年产量")
2  df1
```

	年份	年产量
0	2023年	0
1	2024年	5000
2	2025年	8000
3	2026年	12000
4	2027年	10000
5	2028年	6000

图4-8 任务实施4-1-2（2）

从预计年产量工作表中可以了解到2024年到2028年的预计年产量情况。

Step3 计算产品价格及销售收入

结合产量信息及基础信息，计算运营期各年份该投资项目的产品价格及销售收入。

由基础信息可以知道，产品价格每年预计上涨2%，产量等于销售量。

销售收入的计算公式为：

销售收入 = 年销售量 × 产品价格

示例代码及运行结果如图4-9所示。

```
1   #找到第一年产品价格对应的数值，定义为"第一年产品单价"变量
2   第一年产品单价 =  df[df['项目']=='第一年产品价格']["数值"].iloc[0]
3
4   #找到产品价格上涨率对应的数值，定义为"单价增长率"变量
5   单价增长率 = df[df['项目']=='产品单价上涨率']["数值"].iloc[0]
6
7   #遍历计算每年的产品单价
8   for i in range(0, len(df1)):
9       if i==0:
10          df1.loc[i, '产品价格'] = 0
11      elif i==1:
12          df1.loc[i, '产品价格'] = 第一年产品单价
13      else:
14          产品单价 = df1.loc[i-1, '产品价格']
15          df1.loc[i, '产品价格'] = round(产品单价*(1+单价增长率),2)
16
17  #计算产品销售收入
18  df1['销售收入']=df1['产品价格']*df1['年产量']
19  df1
```

	年份	年产量	产品价格	销售收入
0	2023年	0	0.00	0.00
1	2024年	5000	20.00	100000.00
2	2025年	8000	20.40	163200.00
3	2026年	12000	20.81	249720.00
4	2027年	10000	21.23	212300.00
5	2028年	6000	21.65	129900.00

图4-9 任务实施4-1-2（3）

此段代码的作用是在变量df1中增加"销售收入"列，根据销售收入的计算公式，我们有了基本的思路，首先计算每一年的"产品价格"，再用"产品价格"乘以"年产量"得到每年"销售收入"的数据。为了更清楚表达计算"产品单价"列数据的计算方法，我们用流程图（见图4-10）来表示。

图4-9中代码行2的作用是获取"第一年产品单价"，我们将代码进行分解，以观察数据的获取过程。

在DateFrame表格中根据一定的条件提取数据

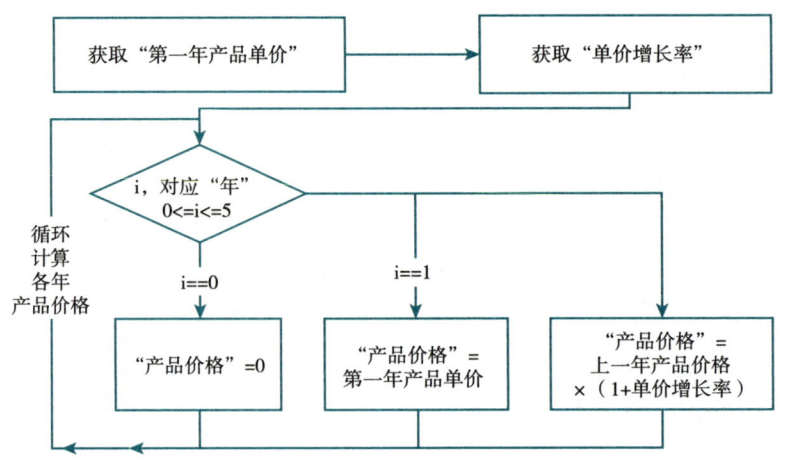

图 4-10 计算产品单价流程图

第一步,获取"第一年产品价格"所在行的数据,如图 4-11 所示。

```
1  #找到第一年产品价格对应的数值,定义为"第一年产品单价"变量
2  第一年产品单价 = df[df['项目']=='第一年产品价格']
3  print(第一年产品单价)
```

```
   项目       数值  说明
6  第一年产品价格  20   NaN
```

图 4-11 获取第一年产品价格代码

图 4-11 中代码行 2 中"df['项目'] == '第一年产品价格'"是判断条件,如果条件的值返回"True",则返回满足条件的 DataFrame 表格。

第二步,获取第一步结果表格中"数值"列的数据,如图 4-12 所示。

```
1  #找到第一年产品价格对应的数值,定义为"第一年产品单价"变量
2  第一年产品单价 = df[df['项目']=='第一年产品价格']['数值']
3  print(第一年产品单价)
```

```
6    20
Name: 数值, dtype: object
```

图 4-12 获取结果中的"数值"列数据

代码返回 Series 一维数组对象,列标签为"数值"。

第三步,获取 Series 对象中表示"数值"的数据,如图 4-13 所示。

```
1  #找到第一年产品价格对应的数值,定义为"第一年产品单价"变量
2  第一年产品单价 = df[df['项目']=='第一年产品价格']['数值'].iloc[0]
3  print(第一年产品单价)
```

20

图 4-13 获取第一年产品单价

使用iloc[ ]方法获取了第二步结果中的"20",因为第二步返回的对象是只有一行一列的一个数据,所以此步骤中"20"的行索引号是"0"。此时变量"第一年产品单价"是整型类型数据。

图4-9中代码行5的作用是获取"单价增长率",代码编写方法与此图代码行2相同。

图4-9中代码行8至代码行15是循环计算各年的"产品价格"。因为投资的第0年没有产品产出,所以"产品价格"为"0",第1年的产品价格为基础数据工作表中指定的单价20元,从第2年开始,产品价格逐年递增,递增率为基础数据工作表中指定的2%。其中代码行14是获取当前计算年份前一年的"产品价格",代码行15是计算递增后的产品价格。

Step4　计算单位经营成本及经营成本

结合产量信息及基础信息,计算运营期各年份该投资项目单位经营成本及经营成本。

由基础信息可以知道,单位经营成本每年预计上涨10%。

经营成本的计算公式是：

经营成本 = 年产量 × 单位经营成本

示例代码及运行结果如图4-14所示。

```
1   #找到第一年单位经营成本对应的数值,赋值给"第一年单位经营成本"变量
2   第一年单位经营成本 = df[df['项目']=='第一年单位经营成本']["数值"].iloc[0]
3
4   #找到单位经营成本上涨率对应的数值,赋值给"单位成本增长率"变量
5   单位成本增长率 = df[df['项目']=='单位经营成本年涨幅']["数值"].iloc[0]
6
7   for i in range(0, len(df1)): #遍历计算每年的单位经营成本
8       if i==0:
9           df1.loc[i, '单位经营成本'] = 0
10      elif i==1:
11          df1.loc[i, '单位经营成本'] = 第一年单位经营成本
12      else:
13          单位经营成本 = df1.loc[i-1, '单位经营成本']
14          df1.loc[i, '单位经营成本'] = round(单位经营成本*(1+单位成本增长率),2)
15
16  #计算运营期经营成本
17  df1['经营成本']=df1['单位经营成本']*df1['年产量']
18  df1
```

	年份	年产量	产品价格	销售收入	单位经营成本	经营成本
0	2023年	0	0.00	0.00	0.00	0.00
1	2024年	5000	20.00	100000.00	10.00	50000.00
2	2025年	8000	20.40	163200.00	11.00	88000.00
3	2026年	12000	20.81	249720.00	12.10	145200.00
4	2027年	10000	21.23	212300.00	13.31	133100.00
5	2028年	6000	21.65	129900.00	14.64	87840.00

图4-14　任务实施4-1-2（4）

此段代码的作用是在变量 df1 中增加"经营成本"列,根据经营成本的计算公式,我们有了基本的思路,即先计算每一年的"单位经营成本",再用"单位经营成本"乘以"年产量"得到每年"经营成本"的数据。

此步骤代码的编写思路与方法跟 Step3 的相同,在此不再赘述。

Step5　计算固定资产累计折旧

由基础信息可知,固定资产折旧采用直线法,净残值率为4%。

每期的累计折旧额＝固定资产原值×折旧率

示例代码及运行结果如图4－15所示。

```
1   #找到预计净残值率对应的数值,定义为"预计净残值率"变量
2   预计净残值率 = df[df['项目']=='预计净残值率']['数值'].iloc[0]
3
4   #找到机器设备成本对应的数值,定义为"固定资产原值"变量
5   固定资产原值 = df[df['项目']=='机器设备成本']['数值'].iloc[0]
6
7   折旧率 = round((1- 预计净残值率) / (len(df1)-1),4)
8   残值 = round(固定资产原值 * 预计净残值率,2)
9
10  #遍历计算每年的累计折旧
11  for i in range(0, len(df1)):
12      if i ==0:
13          df1.loc[i, '累计折旧'] = 0
14      elif i < len(df1):
15          df1.loc[i, '累计折旧'] = round(固定资产原值*折旧率,2)
16      else:
17          #保存固定资产残值数据
18          df1.loc[i, '累计折旧'] = 残值
19  df1
```

	年份	年产量	产品价格	销售收入	单位经营成本	经营成本	累计折旧
0	2023年	0	0.00	0.00	0.00	0.00	0.00
1	2024年	5000	20.00	100000.00	10.00	50000.00	19200.00
2	2025年	8000	20.40	163200.00	11.00	88000.00	19200.00
3	2026年	12000	20.81	249720.00	12.10	145200.00	19200.00
4	2027年	10000	21.23	212300.00	13.31	133100.00	19200.00
5	2028年	6000	21.65	129900.00	14.64	87840.00	19200.00

图4－15　任务实施4－1－2（5）

此段代码的作用是在变量 df1 中增加"累计折旧"列,根据财务会计中累计折旧的计算方法,我们有了基本的思路,为了更清楚表达计算"累计折旧"列数据的计算方法,我们用流程图(见图4－16)来表示。

项目四 投资分析与决策

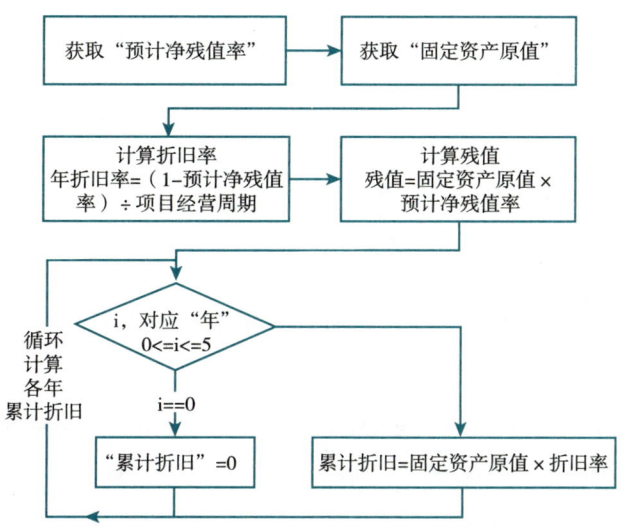

图 4-16 计算"累计折旧"列数据流程图

此步骤代码的编写思路与方法与 Step3 相同,在此不再赘述。

Step6 计算所得税

先计算税前利润,再计算所得税。示例代码及运行结果如图 4-17 所示。

```
1  #找到所得税税率对应的数值,赋值给"税率"变量
2  税率 = df[df['项目']=='所得税税率']["数值"].iloc[0]
3
4  df1['税前利润']=df1['销售收入']-df1['经营成本']-df1['累计折旧']
5  df1['所得税']=df1['税前利润']*税率
6  df1
```

	年份	年产量	产品价格	销售收入	单位经营成本	经营成本	累计折旧	税前利润	所得税
0	2023年	0	0.00	0.00	0.00	0.00	0.00	0.00	0.00
1	2024年	5000	20.00	100,000.00	10.00	50,000.00	19,200.00	30,800.00	7,700.00
2	2025年	8000	20.40	163,200.00	11.00	88,000.00	19,200.00	56,000.00	14,000.00
3	2026年	12000	20.81	249,720.00	12.10	145,200.00	19,200.00	85,320.00	21,330.00
4	2027年	10000	21.23	212,300.00	13.31	133,100.00	19,200.00	60,000.00	15,000.00
5	2028年	6000	21.65	129,900.00	14.64	87,840.00	19,200.00	22,860.00	5,715.00

图 4-17 任务实施 4-1-2 (6)

代码行 4 的作用是按投资项目预计数据计算税前利润,并在变量 df1 中增加"税前利润"列。

代码行 5 的作用是在预计的税前利润的基础上计算所得税,并在变量 df1 中增加"所得税"列。

Step7　计算经营现金流

经营现金流的计算公式是：

经营现金流 = 现金流入 – 现金流出

或

经营现金流 = 销售收入 – 经营成本 – 所得税

示例代码及运行结果如图4-18所示。

```
1  df1['经营现金流']=df1['销售收入']-df1['经营成本']-df1['所得税']
2  df1
```

	年份	年产量	产品价格	销售收入	单位经营成本	经营成本	累计折旧	税前利润	所得税	经营现金流
0	2023年	0	0.00	0.00	0.00	0.00	0.00	0.00	0.00	0.00
1	2024年	5000	20.00	100000.00	10.00	50000.00	19200.00	30800.00	7700.00	42300.00
2	2025年	8000	20.40	163200.00	11.00	88000.00	19200.00	56000.00	14000.00	61200.00
3	2026年	12000	20.81	249720.00	12.10	145200.00	19200.00	85320.00	21330.00	83190.00
4	2027年	10000	21.23	212300.00	13.31	133100.00	19200.00	60000.00	15000.00	64200.00
5	2028年	6000	21.65	129900.00	14.64	87840.00	19200.00	22860.00	5715.00	36345.00

图4-18　任务实施4-1-2（7）

代码行1的作用是计算经营现金流，并在变量df1中增加"经营现金流"列。

Step8　计算营运资本需要量

结合基础信息，分析营运资本变化情况，计算营运资本需要量。

由基础信息可以知道，第0年投入净营运资本为10000元，年净营运资本估计为当年销售收入的比例为10%。

示例代码及运行结果如图4-19所示。

此段代码的作用是计算各年的营运资本需要量，并在变量df1中增加"营运资本需要量"列。

此步骤代码的编写思路与方法与Step3的相同，流程图与Step5的相似，在此不再赘述。

Step9　计算营运资本增减变化

营运资本增减变化的计算方法是：

年初营运资本增加额（回收额）= 上年营运资本需要量 – 本年营运资本需要量

示例代码及运行结果如图4-20所示。

此段代码的作用是计算各年的净营运资本变化额，第0年的净营运资本变化额等于当年投资额，是企业支出的一笔投资款。

净营运资本是企业流动资产总额减去各类流动负债后的余额，反映由长期负债融资负担的流动资产的数额。由于长期资本投资项目在进行过程中必然涉及短期资产如应收账款、存货的增加，项目结束时占用在这类资产上的投资得以收回。因此在估算每期现金流时，这部分用于新增流动资产的投资必须加以考虑，从而更加客观地反映项目的现金流情况。

```
1   #找到第0年投入净营运资本对应的数值，赋值给"基础营运资本"变量
2   基础营运资本 = df[df['项目']=='第0年投入净营运资本']["数值"].iloc[0]
3
4   #找到年净营运资本估计占当年销售收入的比例对应的数值，定义为"营运资本率"变量
5   营运资本率 = df[df['项目']=='年净营运资本估计占当年销售收入的比例']["数值"].iloc[0]
6
7   #遍历计算每年的营运资本
8   for i in range(0, len(df1)):
9       if i==0:
10          df1.loc[i, '营运资本需要量'] = 基础营运资本
11      else:
12          营运资本 = round(df1['销售收入'][i]* 营运资本率,2)
13          df1.loc[i, '营运资本需要量'] = 营运资本
14  df1
```

	年份	年产量	产品价格	销售收入	单位经营成本	经营成本	累计折旧	税前利润	所得税	经营现金流	营运资本需要量
0	2023年	0	0.00	0.00	0.00	0.00	0.00	0.00	0.00	0.00	10000.00
1	2024年	5000	20.00	100000.00	10.00	50000.00	19200.00	30800.00	7700.00	42300.00	10000.00
2	2025年	8000	20.40	163200.00	11.00	88000.00	19200.00	56000.00	14000.00	61200.00	16320.00
3	2026年	12000	20.81	249720.00	12.10	145200.00	19200.00	85320.00	21330.00	83190.00	24972.00
4	2027年	10000	21.23	212300.00	13.31	133100.00	19200.00	60000.00	15000.00	64200.00	21230.00
5	2028年	6000	21.65	129900.00	14.64	87840.00	19200.00	22860.00	5715.00	36345.00	12990.00

图 4-19　任务实施 4-1-2（8）

```
1   #遍历计算每年的净营运资本变化
2   for i in range(0, len(df1)):
3       if i==0:
4           df1.loc[i, '净营运资本变化额'] = 0 - df1['营运资本需要量'].iloc[i]
5       else:
6           净营运资本变化额 = df1['营运资本需要量'].iloc[i-1] - df1['营运资本需要量'].iloc[i]
7           df1.loc[i, '净营运资本变化额'] = round(净营运资本变化额, 2)
8   df1
```

	年份	年产量	产品价格	销售收入	单位经营成本	经营成本	累计折旧	税前利润	所得税	经营现金流	营运资本需要量	净营运资本变化额
0	2023年	0	0.00	0.00	0.00	0.00	0.00	0.00	0.00	0.00	10000.00	-10000.00
1	2024年	5000	20.00	100000.00	10.00	50000.00	19200.00	30800.00	7700.00	42300.00	10000.00	0.00
2	2025年	8000	20.40	163200.00	11.00	88000.00	19200.00	56000.00	14000.00	61200.00	16320.00	-6320.00
3	2026年	12000	20.81	249720.00	12.10	145200.00	19200.00	85320.00	21330.00	83190.00	24972.00	-8652.00
4	2027年	10000	21.23	212300.00	13.31	133100.00	19200.00	60000.00	15000.00	64200.00	21230.00	3742.00
5	2028年	6000	21.65	129900.00	14.64	87840.00	19200.00	22860.00	5715.00	36345.00	12990.00	8240.00

图 4-20　任务实施 4-1-2（9）

三、分析计算投资总现金流

任务实施 4-1-3

在分析计算投资总现金流时,不考虑投资时发生的沉没成本,但需要考虑投资时发生的机会成本。所以可以不考虑作为沉没成本的市场调查费用,但需要考虑作为机会成本的闲置土地。

示例代码如图 4-21 所示。

任务实施 4-1-3
代码录屏

```
1   #找到"生产场地"对应的数值,定义为"机会成本"变量
2   机会成本 = df[df['项目']=='生产场地']['数值'].iloc[0]
3
4   #找到"机器设备5年后市场估值"的数值,定义为"机器设备5年后市场估值"变量
5   机器设备5年后市场估值 = df[df['项目']=='机器设备5年后市场估值']['数值'].iloc[0]
6
7   #找到"所得税税率"的数值,定义为"税率"变量
8   税率 = df[df['项目']=='所得税税率']['数值'].iloc[0]
9   税后残值 =机器设备5年后市场估值-round((机器设备5年后市场估值-残值)*税率,2)
10
11  # 创建计算投资总现金流的列
12  df1["机器设备投资"]=0
13  df1["机器设备税后残值收入"]=0
14  df1["机会成本"]=0
15  df1["投资总现金流"]=0
16
17  #循环填写新添加列的数据
18  for i in range(0, len(df1)):
19      if i ==0:
20          df1["机器设备投资"].iloc[i] = 0 - 固定资产原值
21          df1["机器设备税后残值收入"].iloc[i] = 0
22          df1["机会成本"].iloc[i]= 0 - 机会成本
23
24          df1["投资总现金流"].iloc[i] = df1['净营运资本变化额'].iloc[i] + df1["机器设备投资"].iloc[i] \
25              +df1["机器设备税后残值收入"].iloc[i]+df1["机会成本"].iloc[i]
26
27      elif i == len(df1)-1:
28          df1["机器设备投资"].iloc[i]=0
29          df1["机器设备税后残值收入"].iloc[i]=税后残值
30          df1["机会成本"].iloc[i]= 机会成本
31
32          df1["投资总现金流"].iloc[i]=df1['净营运资本变化额'].iloc[i] + df1["机器设备投资"].iloc[i] \
33              +df1["机器设备税后残值收入"].iloc[i]+df1["机会成本"].iloc[i]
34
35      else:
36          df1["投资总现金流"].iloc[i]=df1['净营运资本变化额'].iloc[i]+df1["机器设备投资"].iloc[i] \
37              +df1["机器设备税后残值收入"].iloc[i]+df1["机会成本"].iloc[i]
38  df1
```

图 4-21 任务实施 4-1-3

运行结果如图 4-22 所示。

单位经营成本	经营成本	累计折旧	税前利润	所得税	经营现金流	营运资本需要量	净营运资本变化额	机器设备投资	设备税后残值收入	机会成本	投资总现金流
0.00	0.00	0.00	0.00	0.00	0.00	10000.00	-10000.00	-100000	0	-150000	-260000
10.00	50000.00	19200.00	30800.00	7700.00	42300.00	10000.00	0.00	0	0	0	0
11.00	88000.00	19200.00	56000.00	14000.00	61200.00	16320.00	-6320.00	0	0	0	-6320
12.10	145200.00	19200.00	85320.00	21330.00	83190.00	24972.00	-8652.00	0	0	0	-8652
13.31	133100.00	19200.00	60000.00	15000.00	64200.00	21230.00	3742.00	0	0	0	3742
14.64	87840.00	19200.00	22860.00	5715.00	36345.00	12990.00	8240.00	0	23500	150000	181740

图 4-22 任务实施 4-1-3 运行结果

此段代码的作用是计算投资总现金流，并增加与之相关的"机器设备投资"列、"设备税后残值收入"列、"机会成本"列和"投资总现金流"列。

为了更清楚表达计算"投资总现金流"列数据的增加方法，我们用流程图（见图 4-23）来表示。

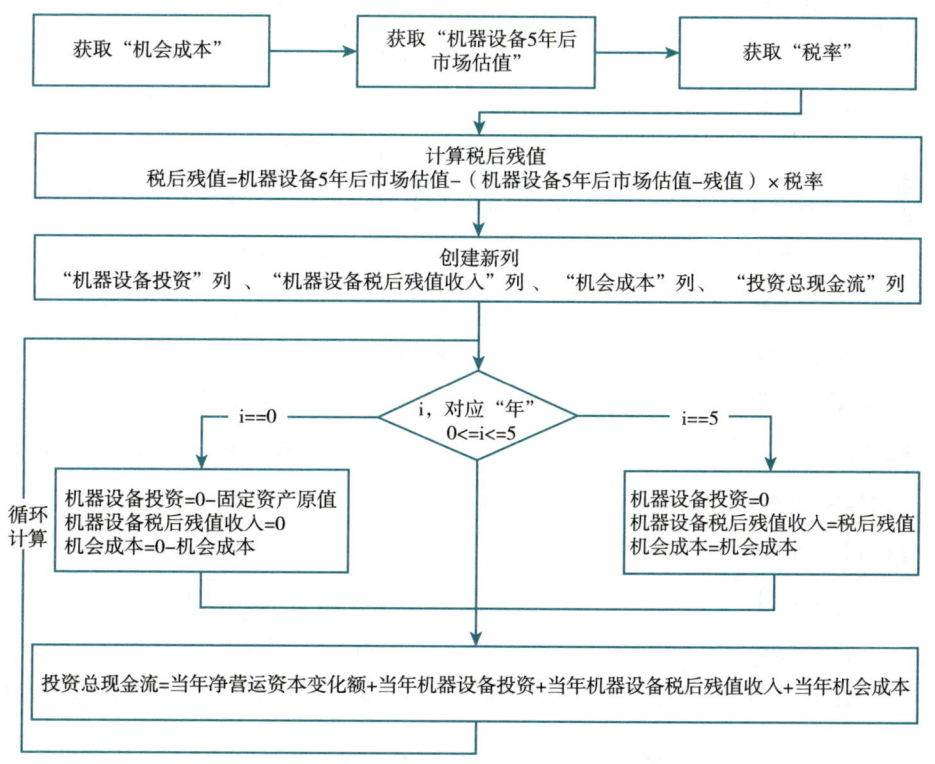

图 4-23 计算"投资总现金流"列数据流程图

四、分析计算项目净现金流

任务实施 4－1－4

项目净现金流等于经营现金流加投资现金流。
示例代码如图 4－24 所示。

任务实施 4－1－4
至 4－1－6 代码
录屏

```
1  df1["项目净现金流"]=round(df1["经营现金流"]+df1["投资总现金流"],2)
2  df2 =df1.T  #为了照顾阅读表格习惯，我们对表格进行转置展示
3  df2
```

图 4－24　任务实施 4－1－4

运行结果如图 4－25 所示。

	0	1	2	3	4	5
年份	2023年	2024年	2025年	2026年	2027年	2028年
年产量	0	5000	8000	12000	10000	6000
产品价格	0.00	20.00	20.40	20.81	21.23	21.65
销售收入	0.00	100000.00	163200.00	249720.00	212300.00	129900.00
单位经营成本	0.00	10.00	11.00	12.10	13.31	14.64
经营成本	0.00	50000.00	88000.00	145200.00	133100.00	87840.00
累计折旧	0.00	19200.00	19200.00	19200.00	19200.00	19200.00
税前利润	0.00	30800.00	56000.00	85320.00	60000.00	22860.00
所得税	0.00	7700.00	14000.00	21330.00	15000.00	5715.00
经营现金流	0.00	42300.00	61200.00	83190.00	64200.00	36345.00
营运资本需要量	10000.00	10000.00	16320.00	24972.00	21230.00	12990.00
净营运资本变化额	-10000.00	0.00	-6320.00	-8652.00	3742.00	8240.00
机器设备投资	-100000	0	0	0	0	0
机器设备税后残值收入	0	0	0	0	0	23500
机会成本	-150000	0	0	0	0	150000
投资总现金流	-260000	0	-6320	-8652	3742	181740
项目净现金流	-260000.00	42300.00	54880.00	74538.00	67942.00	218085.00

图 4－25　任务实施 4－1－4 运行结果

五、分析计算评价指标

任务实施 4-1-5

Step1 计算 NPV 并做出投资决策

计算出 NPV 后,根据 NPV 的结果做出投资决策,决策的依据是:

NPV>0 表示项目实施后,除保证可实现预定的收益率外,尚可获得更高的收益。

NPV<0 表示项目实施后,未能达到预定的收益率水平,而不是确定项目已亏损。

NPV=0 表示项目实施后的投资收益率正好达到预期,而不是投资项目盈亏平衡。

示例代码如图 4-26 所示。

numpy_financial
库金融方法

```
1   #找到项目"折现率"对应的数值,定义为"折现率" 变量
2   折现率 =  df[df['项目']=='项目折现率']["数值"].iloc[0]
3
4   #获取 "项目净现金流" 所在列数据,并转换为列表变量保存到"项目净现金流"变量中
5   cash_flow = np.array(df1["项目净现金流"])
6   项目净现金流 = cash_flow.tolist()
7
8   #计算NPV
9   NPV = round(npf.npv(折现率, 项目净现金流),2)
10
11  #依据NPV做出投资决策
12  if NPV > 0:
13      print("项目NPV为"+str(NPV)+",可获得更高的收益,项目可投资。")
14  elif NPV==0:
15      print("项目NPV为0"",可获得预期收益,项目可投资。")
16  else:
17      print("项目NPV为"+str(NPV)+",未达到预定的收益水平,项目不可投资。")
```

项目NPV为61630.35,可获得更高的收益,项目可投资。

图 4-26 任务实施 4-1-5 (1)

代码行 2 的作用是获取基础数据工作表中的折现率。

代码行 5 的作用是获取变量 df1 中的"项目净现金流"列数据,并通过 np.array( ) 函数转换为 array 类型数据,然后赋值给变量 cash_flow,最后,通过使用 tolist( ) 方法将变量 cash_flow 转换为列表并赋值给变量 "项目净现金流"。

代码行 9 的作用是使用 numpy_financial 库的 npv( ) 函数计算出 NPV 的值,并赋值给变量 NPV。npv( ) 函数的语法规则是:

numpy_financial. npv (折现率,项目净现金流列表)

代码行 12 至代码行 17 的作用是根据 NPV 的值和决策依据显示本投资项目的决策结果。

Step2 保存分析数据

将 df2 保存到 "项目现金流计算表.xlsx" 文件中,便于下载查看。

示例代码及运行结果如图 4-27 所示。

```
1  df2.to_excel('项目现金流计算表.xlsx',sheet_name='项目现金流计算表')
2  print("文件保存成功，请下载查阅。")
```

文件保存成功，请下载查阅。

图 4-27　任务实施 4-1-5（2）

六、可视化现金流数据

任务实施 4-1-6

Step1　展示分析后的数据

用柱状图展示各年度"经营现金流、投资总现金流、项目净现金流"。

示例代码及运行结果如图 4-28 所示。

```
1  plt.rcParams['font.family']='SimHei'    # 用黑体显示中文
2  plt.rcParams['axes.unicode_minus']=False   # 正常显示负号
3
4  #绘制各年项目净现金流量的柱状图
5  df1[['经营现金流','投资总现金流','项目净现金流']]\
6  .plot(kind='bar',figsize=(18,6),title='各年度项目净现金流',rot=0)
```

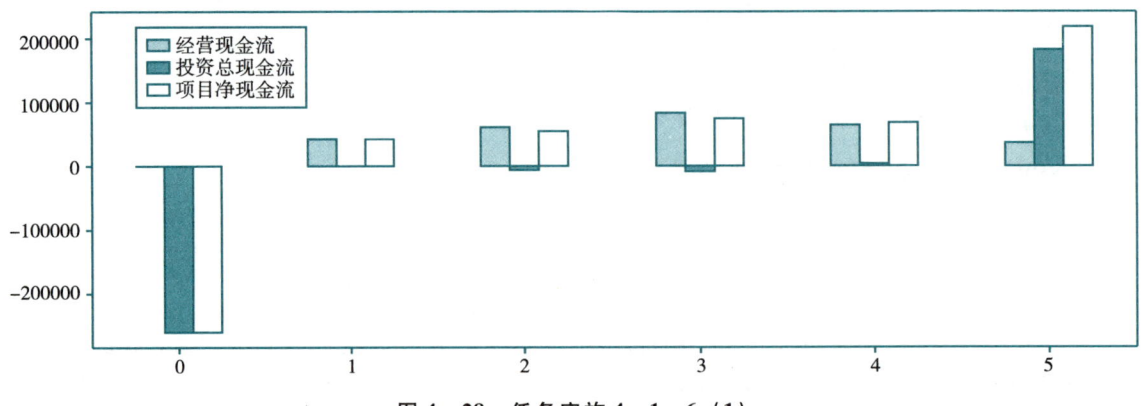

图 4-28　任务实施 4-1-6（1）

Step2　计算 IRR

计算 IRR。示例代码及运行结果如图 4-29 所示。

代码行 1 的作用是获取变量 df1 中的"项目净现金流"列数据，并通过 np.array() 函数转换为 array 类型数据，然后赋值给变量 pf。

代码行 2 的作用是通过使用 tolist() 方法将变量 pf 转换为列表并赋值给变量 values。

```
1  pf = np.array(df1["项目净现金流"])
2  values =pf.tolist()
3  irr = round(npf.irr(values),2)
4  print(irr)
```
0.17

图 4-29　任务实施 4-1-6（2）

代码行 3 的作用是通过使用 numpy_financial 库的 irr( ) 函数计算出 IRR 的值，并赋值给变量 irr。irr( ) 函数的语法规则是：

numpy_financial. irr（项目净现金流列表）

至此，增量现金流量分析代码开发完毕。

七、撰写增量现金流量分析报告

扫地机器人生产线投资分析报告

项目现金流计算表
单位：元

	0	1	2	3	4	5
年份	2023 年	2024 年	2025 年	2026 年	2027 年	2028 年
年产量	0	5000	8000	12000	10000	6000
产品价格	0	20	20.4	20.81	21.23	21.65
销售收入	0	100000	163200	249720	212300	129900
单位经营成本	0	10	11	12.1	13.31	14.64
经营成本	0	50000	88000	145200	133100	87840
累计折旧	0	19200	19200	19200	19200	19200
税前利润	0	30800	56000	85320	60000	22860
所得税	0	7700	14000	21330	15000	5715
经营现金流	0	42300	61200	83190	64200	36345
营运资本需要量	10000	10000	16320	24972	21230	12990
净营运资本变化额	-10000	0	-6320	-8652	3742	8240
机器设备投资	-100000	0	0	0	0	0
机器设备税后残值收入	0	0	0	0	0	23500
机会成本	-150000	0	0	0	0	150000
投资总现金流	-260000	0	-6320	-8652	3742	181740
项目净现金流	-260000	42300	54880	74538	67942	218085

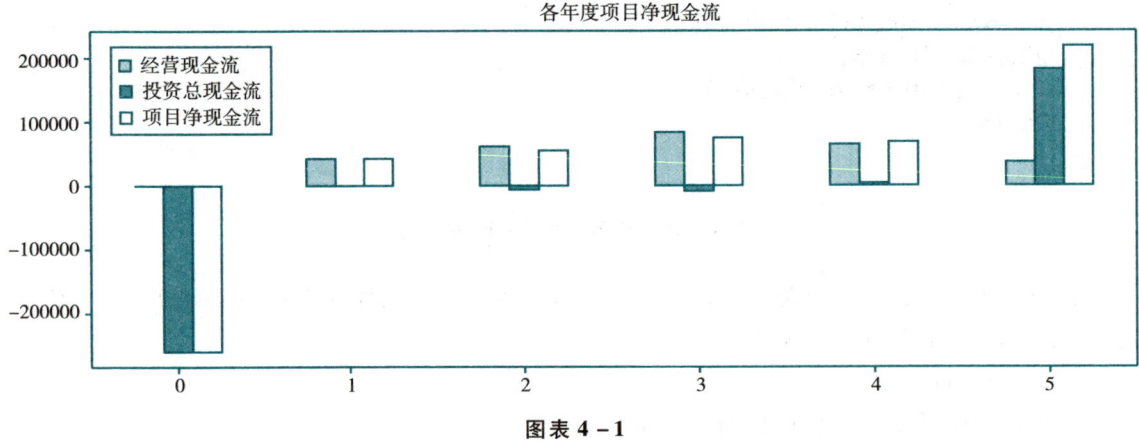

图表 4-1

在图表 4-1 中可以看到扫地机器人生产线投资项目的现金流数据，项目总投入资金额为 260000 元，各年的项目净现金流总额为 457745 元。从经营期第 1 年起的各年"项目净现金流"金额均为正数，项目的 NPV 为 61630.35 元，IRR 为 0.17，也均为正数，说明此项目投资风险较小，可进行投资。

考核与评价

考核的重点是理论知识的掌握水平、技术技能的应用水平以及职业素养，学习者可以从以上三个方面评价学习效果，具体评价项目及标准见表 4-8。

表 4-8　　　　　　　　　　模块考核评价标准

考核项目	考核内容	配分	得分
理论知识水平	能正确解释增量现金流分析的程序流程	10	
	能正确复述以下方法的语法规则 Pandas 库： 在 DataFrame 表格中根据一定的条件提取数据　　numpy_financial 库： npv() irr()	10	
	能正确举例说明上表各方法的参数作用与设置方法	10	
	理论知识水平总分	30	
技术技能应用水平	能绘制增量现金流分析程序流程图	10	
	能根据计算结果对增量现金流进行分析并写出分析报告	10	
	能应用 Pandas 库中 .loc[ ] 方法获取指定条件的数据	10	
	能应用 numpy_financial 金融函数库中的 npv() 方法和 irr() 方法计算净现值率和内含报酬率	10	
	技术技能应用水平总分	40	

续表

考核项目	考核内容	配分	得分
职业素养	向同学、老师请教时态度友好、诚恳	5	
	编程过程中遇到困难时主动寻求解决方法，耐心阅读方法说明与案例，如需求助于人时，先准备好咨询的问题，并准确、清晰地表达	5	
	检查任务成果时细致、认真、严谨，也可邀请别人一起检查	5	
	调试程序过程中能修改自己的错误	5	
	在别人的帮助下能将代码调试成功	5	
	面对同学的求助，积极响应	5	
	职业素养总分	30	
	综合评价总分	100	

一、任务实施情况分析

任务完成后，学习者根据任务实施情况，分析存在的问题及原因，并填写表4-9。指导老师对任务实施情况进行评价。

表4-9　　　　　　　　增量现金流量分析任务实施情况分析表

任务实施过程	存在的问题	解决的办法
设置环境		
采集数据		
分析计算营运现金流		
分析计算投资总现金流		
分析计算项目净现金流		

续表

任务实施过程	存在的问题	解决的办法
计算 NPV 并做出决策		
可视化现金流数据		
撰写增量现金流量分析报告		

二、总结

（1）分析计算经营现金流是在一定的基础数据之上，通过计算销售收入、经营成本等，逐步推算出营运资本变化额，用到的计算公式：

①销售收入 = 年销售量 × 产品价格

②经营成本 = 年产量 × 单位经营成本

③每期的累计折旧额 = 固定资产原值 × 折旧率

④经营现金流 = 现金流入 − 现金流出

或

经营现金流 = 销售收入 − 经营成本 − 所得税

⑤年初营运资本增加额（回收额）= 上年营运资本需要量 − 本年营运资本需要量

净营运资本是企业流动资产总额减去各类流动负债后的余额。反映由长期负债融资负担的流动资产的数额。由于长期资本投资项目在进行过程中必然涉及短期资产如应收账款、存货的增加，项目结束时占用在这类资产上的投资得以收回。因此在估算每期现金流时，这部分用于新增流动资产的投资必须加以考虑，从而更加客观地反映项目的现金流情况。

（2）分析计算投资总现金流不考虑沉没成本，主要考虑以下因素："机器设备投资""设备税后残值收入""机会成本"和"投资总现金流"，将以上因素的值相加便是投资总现金流。

（3）项目净现金流是经营现金流与投资现金流之和。

（4）分析计算评价指标 NPV，净现值（NPV）是反映投资方案在计算期内获利能力的动态评价指标。投资方案的净现值是指用一个预定的基准收益率（或设定的折现率）i，分别把整个计算期间内各年所发生的净现金流量都折现到投资方案开始实施时的现值之和。另一个指标是 IRR，内部收益率（Internal Rate of Return），就是资金流入现值总额与资金流出现值总额相等、净现值等于零时的折现率。如果不使用电子计算机，内部收益率要用若干个折现率进行试算，直至找到净现值等于零或接近于零的那个折现率。内部收益率，是一项投资渴望达到的报酬率，是能使投资项目净现值等于零时的折现率。

（5）增量现金流量分析的思路是在一定的基础数据之上，分析计算出经营现金流、投资总现金流、项目净现金流、指标 NPV、指标 IRR，可视化分析计算的结果，在结果的基础上撰写增量现金流量分析报告。

模块二　资本投资分析

描述工作任务

资本投资分析
工作任务与
工作计划

诚都兴城集团根据业务发展需要，计划对一项生产能力进行扩张，根据公司资金情况，财务总监李峰需要制订公司相应的融资计划，并对融资方式的资本成本率进行分析（见表 4-10）。

表 4-10　　　　　　　　　　工作任务卡

任务编号	10	任务名称	资本投资分析	工作区域	财务大数据实训中心
建议学时	3~4	参考文件或资料	知识学习目标中相关的 Pandas 库、datetime 模块、numpy_financial 库、Scipy.interpolate 模块、NumPy 库中的方法说明		
课程思政	（1）接到任务时，先对任务进行整体分析，基于数据源条件规划实现任务目的的路径 （2）编程过程中遇到困难时主动寻求解决方法，耐心阅读方法说明与案例，如需求助于人时，先准备好咨询的问题，并准确、清晰地表达 （3）根据任务的需求修改获取的代码 （4）检查任务成果时细致、认真、严谨，也可邀请别人一起检查 （5）养成勤学好问、勤于思考、诚恳待人、严谨细致的工作态度				
工作任务	（1）计算出个别资本成本率以及加权平均资本成本率 （2）撰写资本成本分析报告 （3）设计与编写计算个别资本成本率及加权平均资本成本率的程序				

制订工作计划

根据任务目的，我们可以梳理出完成此任务的大致工作计划，如图 4-30 所示。

执行工作计划

接下来，进行编程前的准备工作。

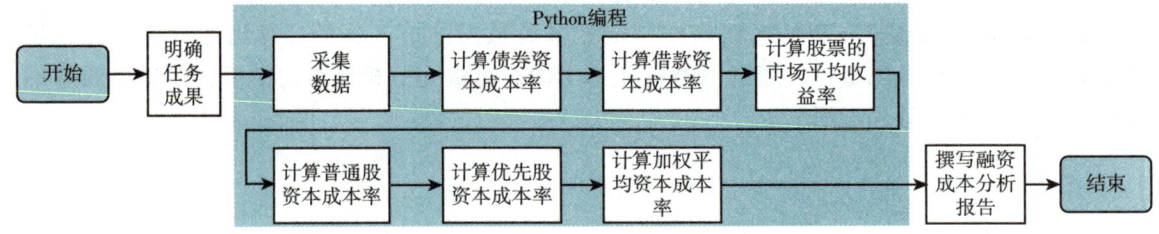

图 4-30　工作计划流程图

首先，把工作过程还原，然后思考如何编写实现每一个步骤的代码。

通过流程图的方式把手工的工作过程还原，如图 4-31 所示。

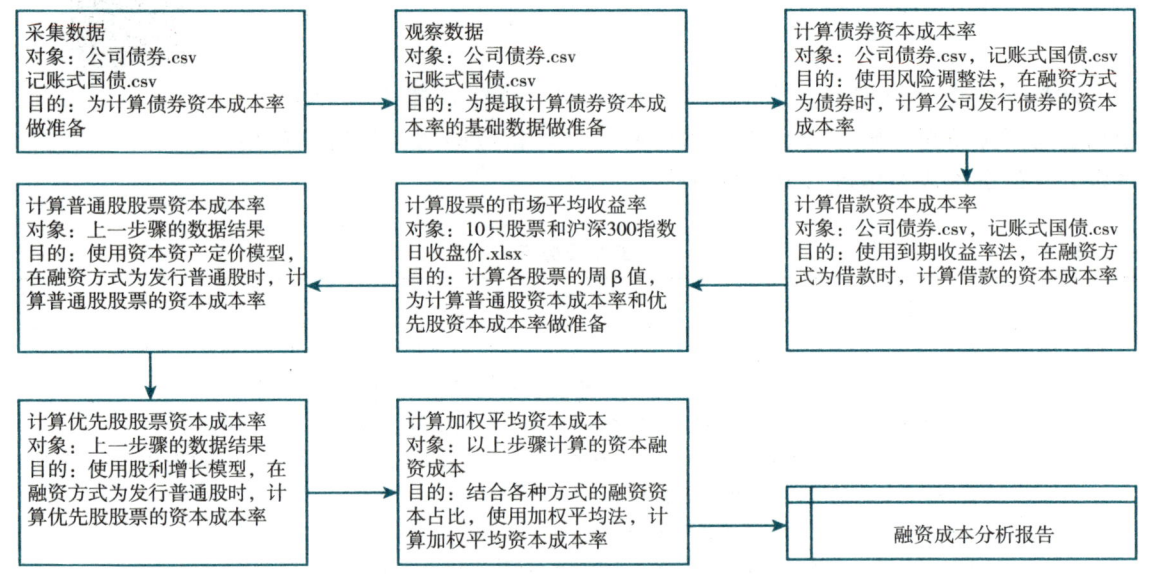

图 4-31　资本成本分析工作流程图

因为要对数据进行分析处理，所以用到 Pandas 库、NumPy 库、Matplotlib 库，因为存在时间分析，所以用到 datetime 模块，因为使用内插法求折现率所以用到 scipy.interpolate 模块。因为要求现值系数所以用到 numpy_financial 模块中与金融相关的函数。

用代码实现以上工作过程的程序流程图，如图 4-32 所示。

一、设置环境

任务实施 4-2-1

导入所需要的库。示例代码如图 4-33 所示。

任务实施 4-2-1
与 4-2-2 代码
录屏

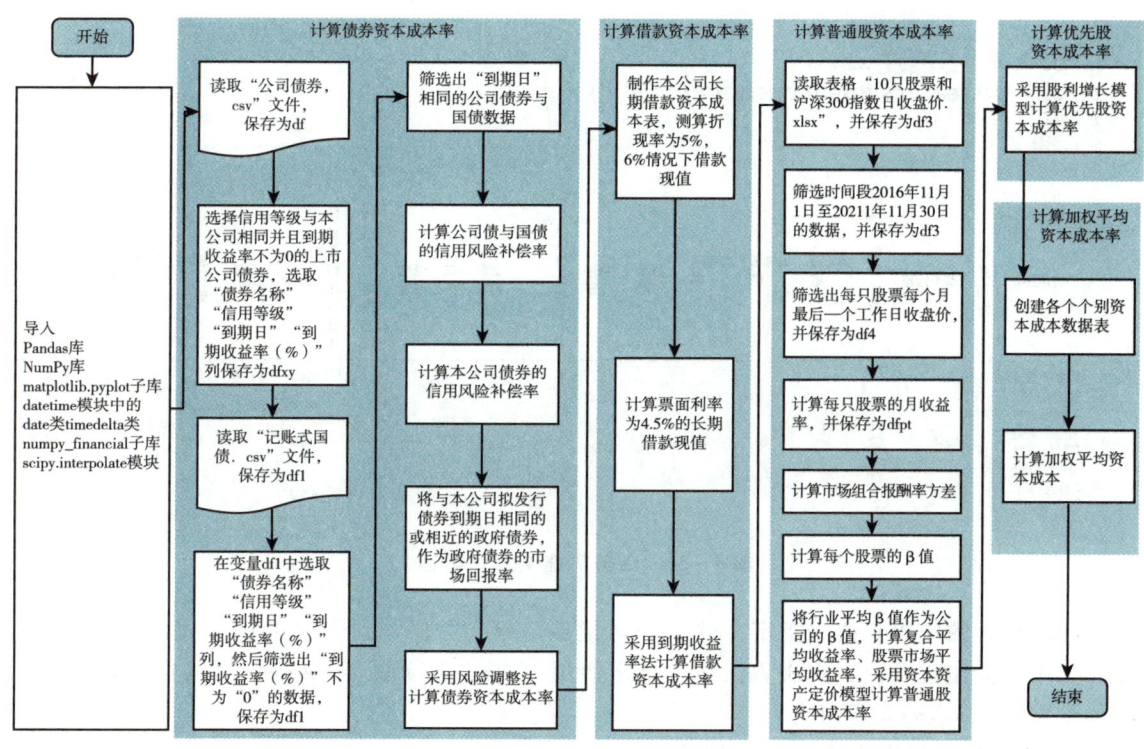

图 4-32 资本成本分析程序流程图

```
1  import pandas as pd
2  import numpy as np
3  import matplotlib.pyplot as plt
4  from datetime import date   #导入时间库
5  import numpy_financial as npf
6  import scipy.interpolate as scii  #从scipy模块中导入子模块interpolate
7  from datetime import timedelta
```

图 4-33 任务实施 4-2-1

二、计算债券资本成本率

任务实施 4-2-2

采用风险调整法计算债券资本成本率的计算公式是:

税前债券资本成本率 = 政府债券的市场回报率 + 企业的信用风险补偿率

我们按照图 4-32 流程图中"计算债券资本成本率"的步骤计算政府债券的市场回报率和企业的信用风险补偿率,进而计算出税前债券资本成本率。

Step1 读取企业债券数据

读取"公司债券.csv"。示例代码及运行结果如图 4-34 所示。

```
1  path = '公司债券.csv'
2  df = pd.read_csv(path,encoding='GBK')
3  df
```

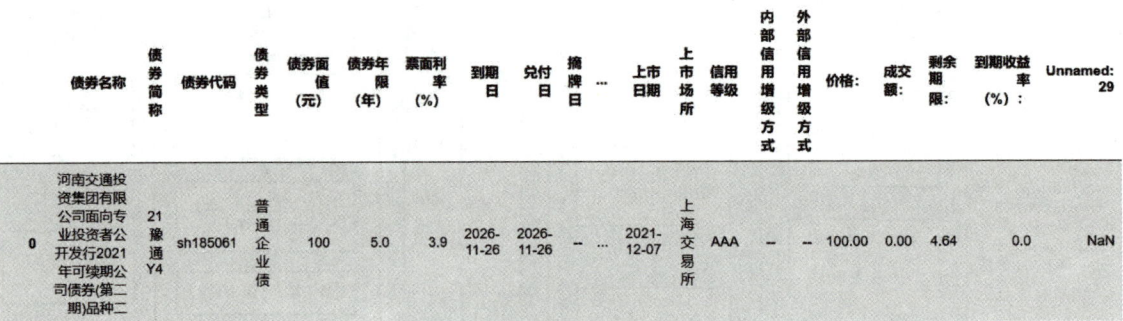

图 4-34　任务实施 4-2-2（1）

代码行 3 的作用是读取指定文件"公司债券.csv"并保存到变量 df 中。我们读取 csv 文件时，中文会出现乱码，解决方法是，指定使用'GBK'来读取 csv 文件，所以在代码行 3 中增加参数：encoding ='GBK'。

Step2　筛选债券数据

选择信用等级与本公司同为 AA + 级，并且到期收益率不为"0"的上市的公司债券。示例代码及运行结果如图 4-35 所示。

```
1  dfxy = df[(df['信用等级']== 'AA+' )& (df['到期收益率（%）：']!=0)]
2  #选取其中的【债券名称】、【信用等级】、【到期日】、【到期收益率（%）：】列
3  dfxy = dfxy[['债券名称','信用等级','到期日','到期收益率（%）：']]
4  dfxy
```

	债券名称	信用等级	到期日	到期收益率（%）：
4367	恒力集团有限公司公开发行2016年第一期公司债券	AA+	2019-12-19	6.72
4373	宁夏宝丰能源集团股份有限公司公开发行2016年公司债券(第二期)	AA+	2021-11-23	6.21
4399	上海长峰(集团)有限公司2016年面向合格投资者公开发行公司债券(第一期)	AA+	2019-10-14	3.93
4404	上海永达投资控股集团有限公司2016年公开发行公司债券(第一期)	AA+	2019-10-31	3.67
4408	江苏中南建筑产业集团有限责任公司公开发行2016年公司债券(第一期)	AA+	2021-11-07	6.47
...	...	...	...	...

图 4-35　任务实施 4-2-2（2）

代码行 1 的作用是，设置筛选条件。在变量 df 中筛选出"信用等级"为"AA +"且"到期收益率（%）："不等于"0"的数据。需要注意语句的格式为 df[（筛选条件）]，外层的 df 后接中括号（[]），里面的筛选条件因为不止一个，所以用小括号（()）包裹起来了。

代码行 3 的作用是，筛选出 dfxy 中的部分列另存到变量 dfxy 中。需要注意语句的格式为 df[[列标签1,列标签2,…]]，因为选择的不止一列，所以所有被选取的列标签用中括号

（［］）包裹起来，df 后有两层中括号。

Step3　读取政府债券数据

读取"记账式国债.csv"文件中的政府债券数据。示例代码及运行结果如图 4－36 所示。

```
1  path = '记账式国债.csv'
2  df1 = pd.read_csv(path,encoding='GBK')
3  #选取其中的【债券名称】、【到期日】、【到期收益率（%）：】列
4  df1 = df1[['债券名称','到期日','到期收益率（%）：']]
5  #筛选【到期收益率（%）：】不为0的数据
6  df1 = df1[df1['到期收益率（%）：']!=0]
7  df1
```

	债券名称	到期日	到期收益率（%）：
0	2021年记账式贴现(五十九期)国债	2022-06-06	2.16
3	2021年记账式附息(十三期)国债	2028-10-14	2.80
4	2021年记账式贴现(五十八期)国债	2022-02-28	2.33
5	2021年记账式贴现(五十六期)国债	2022-05-23	1.01
7	2021年记账式附息(十六期)国债	2022-10-28	1.97
...	...	...	...

图 4－36　任务实施 4－2－2（3）

代码行 6 的作用是从变量 df1 中筛选出"到期收益率（%）："列中不等于"0"的数据，因为只有一个筛选条件，所以不需用小括号（()）包裹筛选条件。

Step4　筛选公司债券与政府债券

将变量 dfxy 与 df1 中"到期日"相同的公司债券与政府债券筛选出来，并拼接起来，保存到变量 dfzq 中。示例代码及运行结果如图 4－37 所示。

```
1  dfzq = pd.merge(dfxy,df1,on='到期日',how='inner',suffixes=('上市债券','政府债券'))
2  dfzq
```

	债券名称上市债券	信用等级	到期日	到期收益率（%）：上市债券	债券名称政府债券	到期收益率（%）：政府债券
0	上海长峰(集团)有限公司2016年面向合格投资者公开发行公司债券(第一期)	AA+	2019-10-14	3.93	2019年记账式贴现(十五期)国债	1.97

图 4－37　任务实施 4－2－2（4）

代码行 1 的作用是以"到期日"作为连接键拼接 dfxy 表格和 df1 表格，拼接的方式是"inner"，即取两表格的交集，只保留两表格中"到期日"相同的数据。

代码行 1 中参数"suffixes ="的作用是，如果两表格中有相同的列标签，则给左表列

标签加上"上市债券",右表列标签加上"政府债券"。例如,两个表格都有"债券名称"列,拼接后的表格中原左表的"债券名称"列列标签改为"债券名称上市债券",原右表的则为"债券名称政府债券"。

Step5 计算信用风险补偿率

计算上述两个到期收益率的差额,即信用风险补偿率。示例代码及运行结果如图 4-38 所示。

```
1  dfzq['信用风险补偿率'] = dfzq['到期收益率(%):上市债券']\
2  -dfzq['到期收益率(%):政府债券']
3  dfzq
```

	债券名称上市债券	信用等级	到期日	到期收益率(%):上市债券	债券名称政府债券	到期收益率(%):政府债券	信用风险补偿率
0	上海长峰(集团)有限公司2016年面向合格投资者公开发行公司债券(第一期)	AA+	2019-10-14	3.93	2019年记账式贴现(十五期)国债	1.97	1.96

图 4-38 任务实施 4-2-2(5)

代码行 1 的作用是在表格 dfzq 中增加"信用风险补偿率"列,信用风险补偿率等于公司债券的到期收益率减国债的到期收益率。

Step6 计算本公司信用风险率

计算各信用风险补偿率的平均值,作为本公司的信用风险补偿率。示例代码及运行结果如图 4-39 所示。

```
1  信用风险补偿率 = dfzq['信用风险补偿率'].mean()
2  信用风险补偿率
```

1.9036842105263159

图 4-39 任务实施 4-2-2(6)

Step7 计算市场回报率

将与本公司拟发行债券到期日(2022 年 5 月 10 日)相同的或相近的政府债券,作为政府债券的市场回报率。示例代码及运行结果如图 4-40 所示。

代码行 2 的作用是设置一个时间点,该时间点是从 2022 年 5 月 10 日向前推 15 天,即 2022 年 4 月 25 日。此处使用 timedelta()函数计算时间增量,timedelta(days = -15)表示计算指定日期前的 15 天对应的日期,timedelta(hours = +15)表示计算指定时间后的 15 小时对应的时间。

代码行 4 的作用是设置一个时间点,该时间点是从 2022 年 5 月 10 日向后推 15 天,即 2022 年 5 月 30 日。

代码行 6 的作用是在变量 df1 中将"到期日"列中值在 2027 年 4 月 25 日至 2027 年 5 月 30 日的数据筛选出来,以此作为计算国债市场回报率的数据基础。

```
1  #公司拟发行债券到期日往前推15天
2  start_time = str(date(2022,5,10)+timedelta(days = 365*5-15))
3  #公司拟发行债券到期日往后推15天
4  end_time = str(date(2022,5,10)+timedelta(days = 365*5+15))
5
6  dfgz = df1[(df1['到期日']>start_time) & (df1['到期日'] <end_time)]
7  dfgz
```

	债券名称	到期日	到期收益率（%）：
371	2017年记账式附息(十期)国债	2027-05-04	2.83

图 4-40　任务实施 4-2-2（7）

Step8　计算债券资本成本率

采用风险调整法计算债券资本成本率。

税前债券资本成本 = 政府债券的市场回报率 + 企业的信用风险补偿率

示例代码及运行结果如图 4-41 所示。

```
1  #计算债券资本成本率
2  税前债券资本成本率 = (信用风险补偿率+dfgz.loc[371,'到期收益率（%）：'])/100
3  债券资本成本率 = round(税前债券资本成本率*(1-0.25),4)
4  print('债券资本成本率',债券资本成本率)
```

债券资本成本率 0.0355

图 4-41　任务实施 4-2-2（8）

三、计算长期借款资本成本率

任务实施 4-2-3

Step1　制作长期借款资本成本表

制作本公司长期借款资本成本表，测算折现率为 5% 与 6% 情况下借款的现值。

对于长期借款的现值可以理解为"每年支付利息的总现值"加上"借款本金的现值"。

示例代码及运行结果如图 4-42 所示。

代码行 1 至 4 实际上是一个语句，作用是创建字典 data，结果如图 4-43 所示。

折现率为 5% 与 6% 情况下借款的现值系数是用 numpy_financial 模块中的 pv() 函数计算出来的。npf.pv() 函数的语法规则是：

numpy_financial.pv(每期的利率,总期数,每期支付的金额,终值,when =)

任务实施 4-2-3
代码录屏

```python
1  data = {'项目':['用PV函数计算年金现值系数','用PV函数计算复利现值系数'],
2          '折现率为5%':[npf.pv(0.05,5,-1),npf.pv(0.05,5,0,-1)],
3          '折现率为6%':[npf.pv(0.06,5,-1),npf.pv(0.06,5,0,-1)],
4          }
5  dfjk = pd.DataFrame(data)
6  dfjk = dfjk.set_index('项目')
7  dfjk.loc['用PV函数计算年金现值'] = dfjk.loc['用PV函数计算年金现值系数'] *2000*0.045
8  dfjk.loc['用PV函数计算复利现值'] = dfjk.loc['用PV函数计算复利现值系数'] *2000
9  dfjk.loc['目标公司借款现值'] = (dfjk.loc['用PV函数计算年金现值']\
10         +dfjk.loc['用PV函数计算复利现值']).round(2)
11 dfjk
```

项目	折现率为5%	折现率为6%
用PV函数计算年金现值系数	4.329477	4.212364
用PV函数计算复利现值系数	0.783526	0.747258
用PV函数计算年金现值	389.652900	379.112741
用PV函数计算复利现值	1567.052333	1494.516346
目标公司借款现值	1956.710000	1873.630000

图 4-42 任务实施 4-2-3 (1)

{'项目': ['用PV函数计算年金现值系数', '用PV函数计算复利现值系数'], '折现率为5%': [4.329476670630823, 0.7835261664684589], '折现率为6%': [4.212363785565716, 0.747258172866057]}

图 4-43 代码行 1 至 4 创建的字典

【参数说明】

代码 npf.pv(0.05,5,-1) 用于计算年金现值系数,参数 0.05 是指年利率为 5%,参数 5 指时间为 5 年,参数 -1 是指每期支付的金额为 1。

代码行 npf.pv(0.05,5,0,-1) 用于计算复利现值系数,参数 0.05 是指年利率为 5%,参数 5 指时间为 5 年,参数 0 是指每期支付的金额为 0,即不存在每期支付的金额,系数 -1 是指终值为 -1,最后的总支付金额为 1。

when = 1 为默认值,表示期末计数,即普通年金,when = 0 表示期初计数,即预付年金。

图 4-42 中代码行 5 的作用是根据 data 字典创建 DataFrame 数据 dfjk,如图 4-44 所示。

	项目	折现率为5%	折现率为6%
0	用PV函数计算年金现值系数	4.329477	4.212364
1	用PV函数计算复利现值系数	0.783526	0.747258

图 4-44 dfjk 表格

代码行 6 的作用是将"项目"列标签转换为行索引，转换后的结果，如图 4-45 所示。

项目	折现率为5%	折现率为6%
用PV函数计算年金现值系数	4.329477	4.212364
用PV函数计算复利现值系数	0.783526	0.747258

图 4-45　转换行索引后的 dfjk 表格

图 4-42 中代码行 7 的作用是计算 5 年中公司支付长期借款总利息的现值，代码实现的方法是在 dfjk 表格中增加一行"用 PV 函数计算年金现值"，该行在"折现率为 5%"列的值为同列"用 PV 函数计算年金现值系数"行数据乘以预计长期借款本金乘以借款利率，即 4.329477 乘以 2000 乘以 0.045（注：可在业务场景中查询到借款利率信息）。同理得出在"折现率为 6%"列的值。

图 4-42 中代码行 8 的作用是计算长期借款本金的现值，代码实现方法同代码行 7（注：计算时采用了复利现值系数），但不需要乘以借款利率，因为此行计算的是本金现值。

图 4-42 中代码行 9 的作用是增加"目标公司借款现值"行，该行在"折现率为 5%"列的值为同列中"用 PV 函数计算年金现值"行和"用 PV 函数计算复利现值"行两个值之和，即折现率为 5% 时，5 年支付总利息的现值与本金现值之和。

Step2　计算长期借款现值

计算当票面利率为 4.5% 的长期借款现值，

长期借款现值 = 借款本金 × 借款手续费率

可在业务场景中查询至借款手续费率数据。

示例代码及运行结果如图 4-46 所示。

```
1  #长期借款现值 = 借款本金X（1-借款手续费率）
2  2000*(1-0.03)
```

1940.0

图 4-46　任务实施 4-2-3（2）

Step3　求折现率

采用到期收益率法计算借款资本成本率，使用内插法求折现率，示例代码及运行结果如图 4-47 所示。

代码行 2 的数值来自任务实施 4-2-3（1）（见图 4-42）。

代码行 4 的数值来自任务实施 4-2-3（1）和任务实施 4-2-3（2）（见图 4-42 和图 4-46）。

以上两行的数值其实可以用变量来替代，比如 1956.71 可以用 "dfjk.loc['目标公司借款现值','折现率为5%']" 来替代，这里直接用数据表示更能清晰地观察到插值法的参数。

代码行 7 是使用 scipy.interpolate 模块中的 interpld() 函数完成插值运算的定义，即定义测算利率下的现值列表（如变量 current_value），测算利率列表（如变量 shibor）以及插值

```
1   shibor=[0.05,0.06]    #测算利率列表
2   current_value=[1956.71,1873.63]    #在测算利率下的借款现值列表
3   #在current_value列表中间传入票面利率为4.5%的借款现值,作为"新测算借款现值列表"
4   current_value_new = [1956.71,1940,1873.63]
5
6   #设定用于逼近某个函数f的值数组一维函数
7   f_nearest=scii.interp1d(x=current_value,y=shibor,kind='slinear')
8   #使用线性插值法,测算借款现值为1940万元时的利率
9   shibor_nearest = f_nearest(current_value_new)
10  print(shibor_nearest)
11
12  #计算贷款资本成本率
13  税前借款资本成本率 = shibor_nearest[current_value_new.index(1940)]
14  借款资本成本率 = round(税前借款资本成本率*(1-0.25),4)
15  print('借款资本成本率',借款资本成本率)
```

[0.05   0.05201131 0.06   ]
借款资本成本率 0.039

图4-47 任务实施4-2-3(3)

类型(如一维线性插值'slinear')。interp1d()函数返回值也是函数,因此,定义完成后需赋值给函数f_nearest(),然后通过调用f_nearest()函数进行插值计算。

interp1d类的语法规则是:

scipy.interpolate.interp1d(x=测算利率列表下的现值列表,y=测算利率列表,kind=)

scipy.interpolate.interp1d(x=一维数据,y=N维数据,kind=)

Scipy.interpolate模块
interp1d()方法

【参数说明】

x=,定义测算利率下的借款现值列表。

y=,定义测算利率列表,其中测算利率列表的长度必须与x测算利率下的借款现值列表长度相同。

kind=,表示插值类型,kind='slinear'表示线性插值。

代码行8的作用是调用f_nearest()函数对变量current_value_new进行插值计算,计算结果为新测算借款现值列表current_value_new对应的利率shibor_nearest,变量shibor_nearest的值如图4-48所示。

array([0.05   , 0.05201131, 0.06   ])

图4-48 插值法计算出来的新借款现值的利率列表

从结果中可知,借款现值为1940万元时的利率为0.05201131。

代码行9的作用是,提取借款现值为1940的利率,即图4-48中的0.05201131。代码current_value_new.index(1940)的作用是获取current_value_new列表中元素1940的索引号,索引号为1。然后原代码shibor_nearest[current_value_new.index(1940)]就转变为shibor_nearest[1],最后代码运行的结果就是0.5201131。计算过程如图4-49所示。

shibor_nearest[current_value_new.index(1940)]

图 4-49 代码行 7 的计算过程

代码行 10 的作用是计算缴纳企业所得税后的借款资本成本率,因为企业为长期借款支出的利息可以在税前扣除,起到了节约企业所得税的作用,所以相当于借款的资本成本率降低了 25%。

四、计算普通股资本成本率

任务实施 4-2-4
代码录屏

资本资产定价模型（CAPM 模型）是估计普通股资本成本的常用方法。按照资本资产定价模型,普通股资本成本等于无风险利率加上风险溢价。计算公式如下:

$$r_s = r_{RF} + \beta \times (r_m - r_{RF})$$

其中：r_{RF} 表示无风险利率；β 表示股票的贝塔系数；r_m 表示平均风险股票报酬率；$(r_m - r_{RF})$ 表示市场风险溢价；$\beta \times (r_m - r_{RF})$ 表示股票的风险溢价。

采用资本资产定价模型计算普通股资本成本率的步骤是：

（1）采集 10 家建筑业上市公司股票及沪深 300 指数 2016 年 11 月 1 日至 2021 年 11 月 30 日开盘价；

（2）计算这 10 家公司股票周收益率各自的 β 值,然后将其 β 值的算术平均值作为行业平均 β 值；

（3）利用几何平均法计算股票的市场平均收益率；

（4）采用资本资产定价模型计算普通股资本成本率。

任务实施 4-2-4

（1）采集 10 家建筑业上市公司股票及沪深 300 指数 2016 年 11 月 1 日至 2021 年 11 月 30 日开盘价。

Step1　读取股票收盘价

读取表格 "10 只股票和沪深 300 指数日收盘价.xlsx" 文件数据。示例代码及运行结果如图 4-50 所示。

```
1  path = '10只股票和沪深300指数日收盘价.xlsx'
2  df3 = pd.read_excel(path)
3  df3
```

	日期	太极实业	浦东建设	中船科技	中材国际	宁波建工	东湖高新	上海建工	陕西建工	龙元建设	同济科技	沪深300指数
0	2021-12-03	8.42	5.98	15.57	11.80	3.67	5.25	3.40	4.61	6.74	8.05	4901.02

图 4-50　任务实施 4-2-4（1）

Step2　筛选股票数据

为分析近 5 年的股票收盘价数据，筛选时间段在 2016 年 11 月 1 日至 2021 年 11 月 30 日的数据。示例代码及运行结果如图 4-51 所示。

```
1  sta_date = str(date(2016,11,1))
2  end_date = str(date(2021,11,30))
3  df3 = df3[(df3['日期']>=sta_date) & (df3['日期']<=end_date)]
4  df3
```

	日期	太极实业	浦东建设	中船科技	中材国际	宁波建工	东湖高新	上海建工	陕西建工	龙元建设	同济科技	沪深300指数
3	2021-11-30	8.27	5.86	15.42	11.69	3.53	5.16	3.10	4.45	6.56	7.90	4832.03

图 4-51　任务实施 4-2-4（2）

Step3　筛选股票每月最后一个工作日收盘价数据

筛选出每只股票每个月最后一个工作日收盘价。示例代码及运行结果如图 4-52 所示。

```
1  df4 = df3.set_index('日期')
2  #时间索引从字符串格式转为日期格式
3  df4.index = pd.to_datetime(df4.index)
4  # resample函数对时间序列数据进行重采样,BM指每月最后一个工作日
5  df4 = df4.resample('BM').last()
6  df4
```

日期	太极实业	浦东建设	中船科技	中材国际	宁波建工	东湖高新	上海建工	陕西建工	龙元建设	同济科技	沪深300指数
2016-11-30	9.03	11.74	15.10	7.13	7.56	7.88	5.02	7.69	12.04	10.19	3538.00

图 4-52　任务实施 4-2-4（3）

代码行 1 的作用是将变量 df3 中的"日期"列设置为行索引。

代码行 5 的作用是对变量 df4 进行重采样，采集每月最后一个工作日各股票的收盘价。重采样即在原来的数据样本上根据新的规则再取样。此行代码使用了 resample() 函数，它是一个对常规时间序列数据重新采样和频率转换的便捷方法。resample() 函数的语法规则是：

　　resample（频率）. 对重采样对象的操作方法函数

【参数说明】

频率，即间隔多久采集一个数据，频率有多种表示方法，比如'M'、'5min'、'15S'，分别表示"月底""5 分钟""15 秒"。

对重采样对象的操作方法函数，比如 sum()，mean() 等。

Pandas 库 resample() 方法

代码行 5 中 resample() 函数中的频率参数为 "BM"（Business month end frequency），表示"每月最后一个工作日"，df4.resample('BM') 返回的是一个重采样日期索引对象（Datetime Index Resampler Object），如图 4 – 53 所示。

```
1  df4 = df3.set_index('日期')
2  #时间从字符串格式转为日期格式
3  df4.index = pd.to_datetime(df4.index)
4  # resample函数对时间序列数据进行重采样,BM指每月最后一个工作日
5  #df4 = df4.resample('BM').last()
6  df4
```

<pandas.core.resample.DatetimeIndexResampler object at 0x000001E455E4FC40>

图 4 – 53 resample() 函数返回的对象

代码行 5 中对重采样对象的操作方法是 last() 函数，last() 函数的作用是采集某时间索引的数据，在代码行 5 中的作用是采集"每月最后一个工作日"这个时间点中的数据，即每月最后一个工作日的股票收盘价。

Step4 计算股票月收益率

将各股票月环比比率作为股票的月收益率，计算每只股票的月收益率。示例代码及运行结果如图 4 – 54 所示。

```
1  dfpt = df4.pct_change(periods=1)    #环比,周期为1
2  dfpt = dfpt.dropna()    #删除缺失值行
3  dfpt.head(5)
```

日期	太极实业	浦东建设	中船科技	中材国际	宁波建工	东湖高新	上海建工	陕西建工	龙元建设	同济科技	沪深300指数
2016-12-30	-0.124031	0.096252	0.202649	0.054698	-0.080688	0.069797	-0.045817	-0.244473	-0.016611	-0.099117	-0.064421

图 4 – 54 任务实施 4 – 2 – 4（4）

代码行 1 的作用是计算各股票每月最后一个工作日的股票收盘价的环比比率，比如，太极实业 12 月的环比比率 =（7.91 − 9.03）/9.03 = − 0.124031。计算环比比率使用函数 pct_change()，参数 periods = 1 表示环比周期为 1，如果 periods = 2，则表示每 2 个月计算一次环比比率。

代码行 2 的作用是丢弃含有空值的行或列后，返回新的 DataFrame 表格，起到数据清洗和整理的作用。

（2）计算这 10 家公司股票周收益率各自的 β 值，然后将其 β 值的算术平均值作为行业平均 β 值。

β 值的计算公式如图 4-55 所示。

$$\beta = \frac{\mathrm{cov}(r_i, r_m)}{\sigma_m^2}$$

图 4-55 β 值计算公式

其中，$\mathrm{cov}(r_i, r_m)$ 表示证券 i 的报酬率与市场组合报酬率的协方差；σ_m^2 表示市场组合报酬率的方差。

Step5 计算市场组合报酬率方差

计算市场组合报酬率方差。示例代码及运行结果如图 4-56 所示。

```
1  #计算市场组合报酬率方差
2  市场组合报酬率方差 =np.var(dfpt['沪深300指数'],axis=0)
3  print(市场组合报酬率方差)
```

0.002189127639216229

图 4-56 任务实施 4-2-4（5）

代码行 2 的作用是计算市场组合报酬率方差，方法是使用 NumPy 库中的 var( ) 函数，var( ) 函数的作用是计算指定数据（数组元素）沿指定轴的方差。var( ) 函数的语法规则是：

var(指定数据, axis =)

【参数说明】

指定数据，表示计算方差的数据集。

axis = ，表示按行或列的方向进行，axis = 0 表示按行的方向进行，axis = 1 表示按列的方向进行。

代码行 2 是将"沪深 300 指数"列中每行的数据进行方差计算，结果作为市场组合报酬率方差。

Step6 计算每个股票的 β 值

计算每个股票的 β 值，示例代码及运行结果如图 4-57 所示。

```
1  period= dfpt.drop('沪深300指数',axis=1)
2  amounts = []     #创建一个空数据表
3  for r in period:
4      cov_num= dfpt[r].cov(dfpt['沪深300指数'])    #单只股票的报酬率与市场组合报酬率的协方差
5      amount= cov_num/市场组合报酬率方差            #单只股票β系数
6      amounts.append(amount)
7  amounts=pd.DataFrame(amounts,index=period.columns+'β值').T
8  amounts
```

	太极实业β值	浦东建设β值	中船科技β值	中材国际β值	宁波建工β值	东湖高新β值	上海建工β值	陕西建工β值	龙元建设β值	同济科技β值
0	0.677968	0.686726	0.633034	0.223922	0.80762	0.264394	0.467236	0.379538	0.79999	0.797028

图 4-57 任务实施 4-2-4（6）

代码行 1 的作用是把变量 dfpt 中"沪深 300 指数"列的数据剔除后，赋值给变量 period。通过图 4-58 观察变量 period 的内容。

```
1  period= dfpt.drop('沪深300指数',axis=1)
2  amounts = []    #创建一个空数据表
3  for r in period:
4      print(r)
5  #    cov_num= dfpt[r].cov(dfpt['沪深300指数'])    #单只股票的报酬率与市场组合报酬率的协方差
6  #    amount= cov_num/市场组合报酬率方差    #单只股票β系数
7  #    amounts.append(amount)
8  # amounts=pd.DataFrame(amounts,index=period.columns+'β值').T
9  # amounts
```

太极实业
浦东建设
中船科技
中材国际
宁波建工
东湖高新
上海建工
陕西建工
龙元建设
同济科技

图 4-58 period 的内容

图 4-58 代码行 3 的作用是循环遍历变量 period，循环变量 r 的值为股票名称。

图 4-57 代码行 4 中的 dfpt[r] 的值为各股票每月最后一个工作日的收益率，通过图 4-59 观察变量 dfpt[r] 的内容。

```
1  period= dfpt.drop('沪深300指数',axis=1)
2  amounts = []    #创建一个空数据表
3  for r in period:
4      print(dfpt[r])
5  #    cov_num= dfpt[r].cov(dfpt['沪深300指数'])    #单只股票的报酬率与市场组合报酬率的协方差
6  #    amount= cov_num/市场组合报酬率方差    #单只股票β系数
7  #    amounts.append(amount)
8  # amounts=pd.DataFrame(amounts,index=period.columns+'β值').T
9  # amounts
```

日期
2016-12-30 -0.124031
2017-01-31 -0.078382
2017-02-28   0.041152
2017-03-31 -0.015810
2017-04-28 -0.143240

图 4-59 dfpt[r] 的内容

图 4-57 代码行 4 的作用是计算单只股票的报酬率与市场组合报酬率的协方差，结果赋值给变量 cov_num。NumPy 库中的 cov() 函数可以直接求得矩阵的协方差矩阵。在概率论和统计学中，协方差用于衡量两个变量的总体误差。

图4-57代码行5至6的作用是根据 β 值计算公式计算单只股票的 β 值，结果赋值给变量 amount，然后将各只股票的 β 值添加到 amounts 列表中。通过图4-60观察变量 amounts 的内容。

```
1  period= dfpt.drop('沪深300指数',axis=1)
2  amounts = []    #创建一个空数据表
3  for r in period:
4      cov_num= dfpt[r].cov(dfpt['沪深300指数'])    #单只股票的报酬率与市场组合报酬率的协方差
5      amount= cov_num/市场组合报酬率方差    #单只股票β系数
6      amounts.append(amount)
7  amounts
8  # amounts=pd.DataFrame(amounts,index=period.columns+'β值').T
9  # amounts
```

[0.6779684712981648,
 0.6867263938695071,
 0.6330337039054209,
 0.223922008290198,
 0.807619644737497,
 0.26439406151873657,
 0.4672355717335521,
 0.379538304196054605,
 0.7999899257044644,
 0.7970284124109906]

图4-60 amounts 变量的内容

图4-57代码行7的作用是将 amounts 列表转换成 DataFrame 表格，同时在变量 period 的列标签后添加"β 值"二字作为表格的行标签，最后通过 .T 将表格转置。变化过程如图4-61所示。

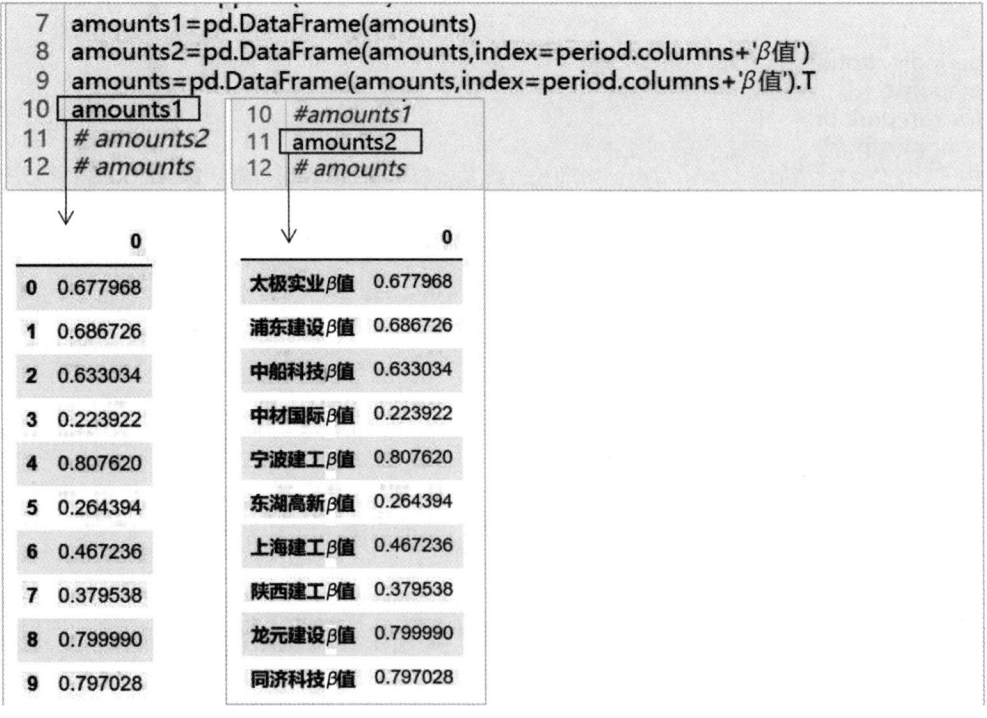

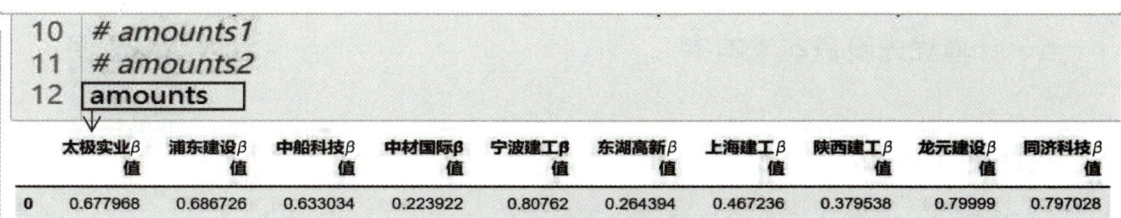

图4-61 分解代码行7的结果

Step7 计算股票的市场平均收益率和普通股资本成本率

（3）（4）选择发行期与 β 预测期一致的国债收益率：0.027（注：可在业务场景中查询到国债收益率信息）作为无风险报酬率，利用几何平均法计算股票的市场平均收益率。采用资本资产定价模型计算普通股资本成本率。

示例代码及运行结果如图4-62所示。

```
1  行业平均β值 = round(amounts.iloc[0].mean(),2)
2  print('行业平均β值',行业平均β值)
3  #复合平均收益率 = 第5年年末的开盘价/第1年年初的开盘价
4  复合平均收益率 = df4['沪深300指数'].iloc[-1]/df4['沪深300指数'].iloc[0]
5  print('复合平均收益率',复合平均收益率)
6  股票市场平均收益率 = (pow(复合平均收益率,0.2)-1).round(4)
7  print('股票市场平均收益率',股票市场平均收益率)
8  无风险收益率 = 0.027
9  普通股资本成本率=round(无风险收益率+行业平均β值\
10         *(股票市场平均收益率-无风险收益率),4)
11 print('普通股资本成本率',普通股资本成本率)
```

行业平均β值 0.57
复合平均收益率 1.365751837196156
股票市场平均收益率 0.0643
普通股资本成本率 0.0483

图4-62 任务实施4-2-4（7）

代码行1的作用是计算行业平均 β 值，即变量 amounts 的平均数。

代码行4的作用是计算复合平均收益率，计算方法是用第5年年末的开盘价（df4['沪深300指数'].iloc[-1]）除以第1年年初的开盘价（df4['沪深300指数'].iloc[0]）。

代码行6的作用是利用几何平均法计算股票的市场平均收益率，几何平均数是对各变量值的连乘积开项数次方根，求几何平均数的方法称为几何平均法。

代码行8的数据来自业务场景的资料：无风险收益率为5年期的国债收益率0.027。
代码行9是套用资本资产定价模型（CAPM模型）的公式计算普通股资本成本率。

五、计算优先股资本成本率

任务实施 4-2-5

采用股利增长模型计算优先股资本成本率。示例代码及运行结果如图 4-63 所示。

```
1  优先股资本成本率 = round(3.3/80,4)
2  print('优先股资本成本率',优先股资本成本率)
```

优先股资本成本率 0.0412

图 4-63 任务实施 4-2-5

股利增长模型的计算公式为：优先股每股年股息 ÷ [优先股每股发行价格 × (1 - 发行费用率)]。

根据业务场景的资料，每股年股息 3.3 元，优先股发行价格 80 元，不考虑优先股发行费用率，优先股资本成本率 = 3.3 ÷ [80 × (1 - 0)]。

代码行 1 的作用是计算优先股资本成本率并设置结果保留 4 位小数。

六、计算加权平均资本成本率

任务实施 4-2-6

Step1　创建个别资本成本数据表

创建个别资本成本数据表。示例代码及运行结果如图 4-64 所示。

代码行 1 至代码行 5 的作用是创建字典变量 data，内容是个别资本成本数值与融资资本结构权重。资本结构权重数据来自业务场景，20% 的长期债券，15% 的长期借款，45% 的优先股，20% 的优先股。

代码行 6 的作用是把字典 data 转换为 DataFrame 表格，结果保存在变量 df5 中，并设置行索引为"个别资本成本率，目标资本结构权重"。

代码行 7 的作用是在变量 df5 的基础上添加"综合资本成本率"行，个别资本的综合资本成本率等于个别资本成本率乘以目标资本结构权重。

Step2　计算加权平均资本成本率

计算加权平均资本成本率。示例代码及运行结果如图 4-65 所示。

将 Step1 计算得到的综合资本成本率累加得到加权资本成本率。

至此，资本投资分析代码开发完毕。

```
1  data = {'债券资本':[债券资本成本率,0.2],
2          '借款资本':[借款资本成本率,0.15],
3          '普通股资本':[普通股资本成本率,0.45],
4          '优先股资本':[优先股资本成本率,0.2]
5         }
6  df5 = pd.DataFrame(data,index=['个别资本成本率','目标资本结构权重'])
7  df5.loc['综合资本成本率'] = df5.loc['个别资本成本率']*df5.loc['目标资本结构权重']
8  df5
```

	债券资本	借款资本	普通股资本	优先股资本
个别资本成本率	0.0355	0.03900	0.048300	0.04120
目标资本结构权重	0.2000	0.15000	0.450000	0.20000
综合资本成本率	0.0071	0.00585	0.021735	0.00824

图 4-64　任务实施 4-2-6（1）

```
1  加权资本成本率 = df5.loc['综合资本成本率'].sum().round(4)
2  加权资本成本率
```

0.0429

图 4-65　任务实施 4-2-6（2）

七、撰写融资成本分析报告

生产能力扩张融资成本分析报告

根据诚都兴城投资集团有限公司因满足 2022 年生产能力扩张的需求而计划从公司外部筹措资金的计划量分析出来的加权平均资本成本率为 0.0429，即每融资 10000 元，需要支付的成本是 429 元。而每种融资方式的资本成本率如图 4-66 所示。

	债券资本	借款资本	普通股资本	优先股资本
个别资本成本率	0.0355	0.03900	0.048300	0.04120
目标资本结构权重	0.2000	0.15000	0.450000	0.20000
综合资本成本率	0.0071	0.00585	0.021735	0.00824

图 4-66　个别资本成本率

从图 4-66 中可以分析出以下结果：

（1）从 4 种融资方式方面看，发行债券的融资方式的资本成本率最低，为 0.0355，发行普通股的资本成本率最高，为 0.0483。

（2）从融资金额的结构权重方面看，公司准备以发行普通股的融资方式取得的资金占总融资量的 45%，是 4 种融资方式中占比最大的，而以长期借款方式取得的资金占总融资量的 15%，是 4 种融资方式中占比最小的。

（3）综合资本成本率的高低受到个别资本成本率高低和目标资本结构权重高低的共同影响，如普通股的资本成本率为 0.0483，目标资本结构权重为 0.45，两个因素在 4 种融资方式中的影响力都是最大的，因此综合资本成本率 0.0429 与普通股的个别资本成本率 0.0483 较接近。

考核与评价

考核的重点是理论知识的掌握水平、技术技能的应用水平以及职业素养，学习者可以从以上三个方面评价学习效果，具体评价项目及标准如表 4-11 所示。

表 4-11　　　　　　　　　　　模块考核评价标准

考核项目	考核内容			配分	得分
理论知识水平	能正确解释资本成本分析的程序流程			10	
	能正确复述以下方法的语法规则			10	
	Pandas 库：resample( ) var( )	datetime 模块：timedelta( )	numpy_financial 库：pv( )		
	Scipy. interpolate 模块：interp1d( )	NumPy 库：var( )			
	能正确举例说明上表各方法的参数作用与设置方法			10	
	理论知识水平总分			30	
技术技能应用水平	能绘制资本成本分析程序流程图			5	
	能根据计算结果对融资成本进行分析并写出分析报告			10	
	能应用 Pandas 库中 resample( ) 方法对时间数据序列进行重采样			5	
	能应用 NumPy 库中应用 var( ) 方法计算指定数据（数组元素）沿指定轴的方差			5	
	能应用 datetime 模块中的 timedalta( ) 方法计算指定日期前或后的 n 天对应的日期			5	
	能应用 numpy_financial 库中 pv( ) 方法计算投资金额的现值			5	
	能应用 Scipy. interpolate 模块中的 interp1d( ) 方法进行插值运算设定			5	
	技术技能应用水平总分			40	

续表

考核项目	考核内容	配分	得分
职业素养	向同学、老师请教时态度友好、诚恳	5	
	编程过程中遇到困难时主动寻求解决方法,耐心阅读方法说明与案例,如需求助于人时,先准备好咨询的问题,并准确、清晰地表达	5	
	检查任务成果时细致、认真、严谨,也可邀请别人一起检查	5	
	调试程序过程中能修改自己的错误	5	
	在别人的帮助下能将代码调试成功	5	
	面对同学的求助,积极响应	5	
	职业素养总分	30	
	综合评价总分	100	

一、任务实施情况分析

任务完成后,学习者根据任务实施情况,分析存在的问题及原因,并填写表4–12。指导老师对任务实施情况进行评价。

表4–12　　　　　　　　资本投资分析任务实施情况分析表

任务实施过程	存在的问题	解决的办法
设置环境		
计算债券资本成本率		
计算长期借款资本成本率		
计算普通股资本成本率		
计算优先股资本成本率		
计算加权平均资本成本率		
撰写融资成本分析报告		

二、总结

（1）采用风险调整法计算债券资本成本率的计算公式是：

税前债券资本成本率＝政府债券的市场回报率＋企业的信用风险补偿率

将与本公司拟发行债券到期日相同的或相近的政府债券利率，作为政府债券的市场回报率。

筛选出"到期日"相同的公司债券与国债数据，计算上述两个债券的到期收益率的差额即是信用风险补偿率。

（2）计算长期借款资本成本率的方法是，先利用PV( )函数测算利率为5%和6%的年金现值系数和现值以及利息现值系数和现值，然后计算利率为4.5%时的长期借款现值，最后用到期收益率法使用内插法求折现率计算借款资本成本率。

（3）普通股资本成本率计算方法是从收集的近5年的10只股票的收盘价中计算出股票的月收益率，进而计算市场组合报酬率方差、计算每个股票的β值、将行业平均β值作为公司的β值，计算复合平均收益率、股票市场平均收益率，采用资本资产定价模型计算普通股资本成本率。

（4）采用股利增长模型计算优先股资本成本率，股利增长模型的计算公式为：

优先股每股年股息÷[优先股每股发行价格×(1－发行费用率)]

（5）资本分析的思路是：先计算各种融资方式的资本成本率，然后计算加权平均资本成本率，通过计算结果对融资方案进行分析并撰写分析报告。

模块三　产品投资分析

描述工作任务

为了了解产品投资预算，东莞泰丰公司财务总监杜明制作一个产品投资预算模型，通过模型快速编制智能语音播放器产品投资预算，了解此项目的决策数据依据。

产品投资分析
工作任务与
工作计划

表4-13　　　　　　　　　　　工作任务卡

任务编号	10	任务名称	产品投资分析	工作区域	财务大数据实训中心
建议学时	2~3	参考文件或资料	知识学习目标中相关的 Pandas 库、Numpy 库、numpy_financial 库中相关的方法说明		
德技兼修		（1）接到任务时，先对任务进行整体分析，基于数据源条件规划实现任务目的的路径 （2）编程过程中遇到困难时主动寻求解决方法，耐心阅读方法说明与案例，如需求助于人时，先准备好咨询的问题，并准确、清晰地表达			

续表

德技兼修	（3）根据任务的需求修改获取的代码 （4）检查任务成果时细致、认真、严谨，也可邀请别人一起检查 （5）养成勤学好问、勤于思考、诚恳待人、严谨细致的工作态度
工作任务	（1）结合预算结果对产品投资进行简单分析 （2）设计与编写产品投资预算程序

制订工作计划

根据任务目的，我们可以梳理出完成此任务的大致工作计划，如图4-67所示。

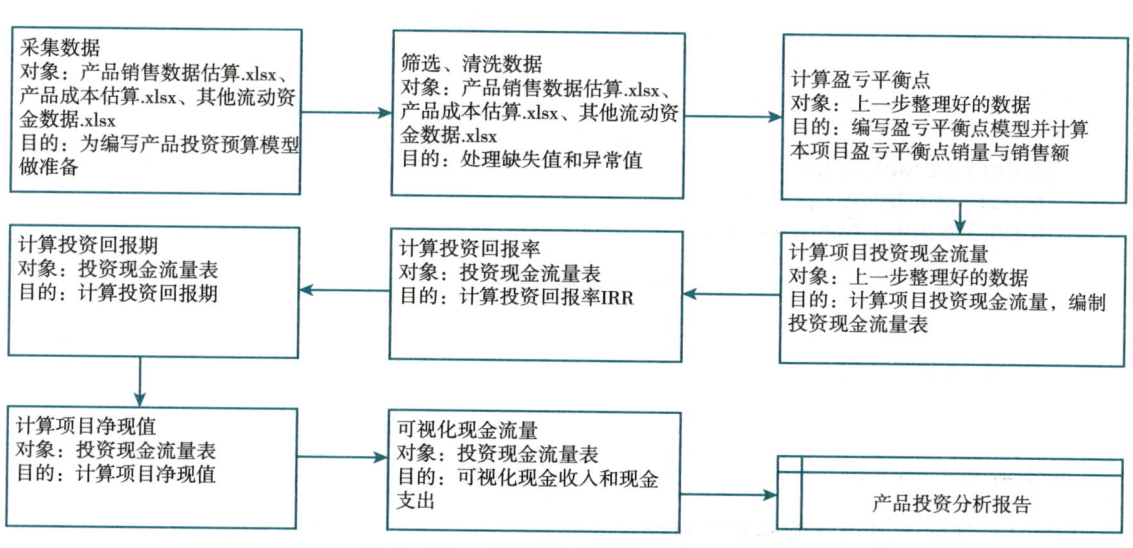

图 4-67　工作计划流程图

执行工作计划

首先，把工作过程还原出来，然后思考如何编写实现每一个步骤的代码。
通过流程图的方式把手工的工作过程还原出来，如图4-68所示。

采集数据
对象：产品销售数据估算.xlsx、产品成本估算.xlsx、其他流动资金数据.xlsx
目的：为编写产品投资预算模型做准备

筛选、清洗数据
对象：产品销售数据估算.xlsx、产品成本估算.xlsx、其他流动资金数据.xlsx
目的：处理缺失值和异常值

计算盈亏平衡点
对象：上一步整理好的数据
目的：编写盈亏平衡点模型并计算本项目盈亏平衡点销量与销售额

计算投资回报期
对象：投资现金流量表
目的：计算投资回报期

计算投资回报率
对象：投资现金流量表
目的：计算投资回报率IRR

计算项目投资现金流量
对象：上一步整理好的数据
目的：计算项目投资现金流量，编制投资现金流量表

计算项目净现值
对象：投资现金流量表
目的：计算项目净现值

可视化现金流量
对象：投资现金流量表
目的：可视化现金收入和现金支出

产品投资分析报告

图 4-68　产品投资预算的工作流程图

Python财务应用

用代码实现以上工作过程的程序流程图,如图4-69所示。

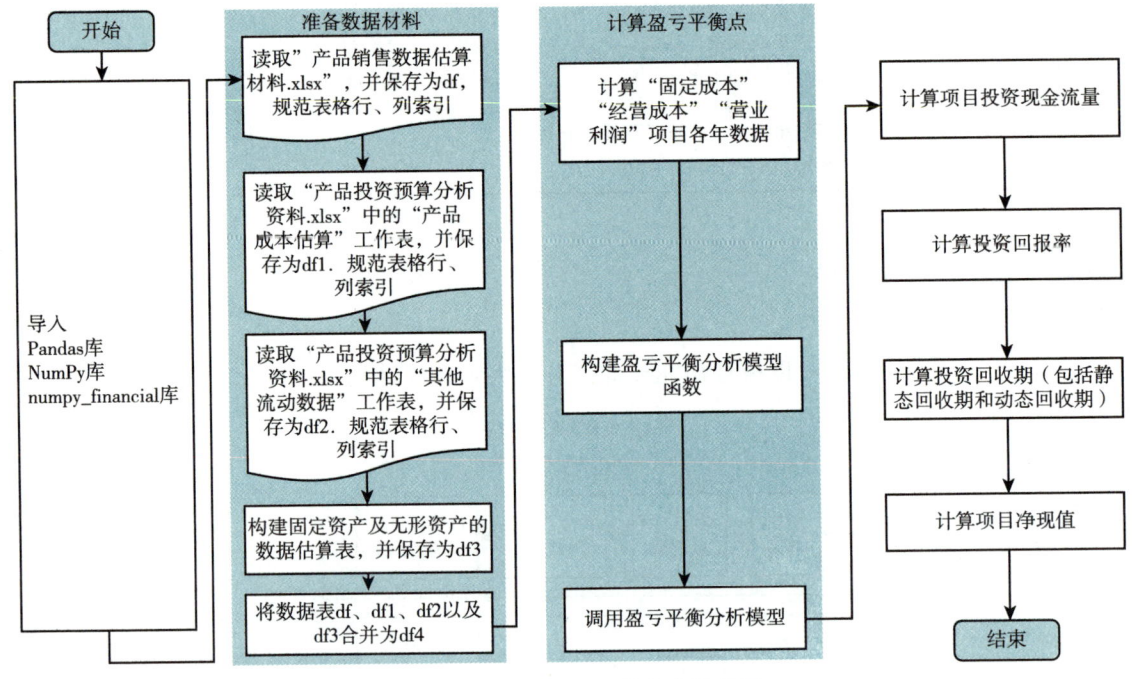

图4-69 产品投资预算程序流程图

因为要对数据进行分析处理,所以用到Pandas库和NumPy库,因为需要使用金融函数,所以用到numpy_financial库。

任务实施4-3-1
与4-3-2代码
录屏

一、设置环境

任务实施4-3-1

示例代码如图4-70所示。

```
1  import pandas as pd
2  import numpy as np
3  import numpy_financial as npf
```

图4-70 任务实施4-3-1

二、准备数据材料

任务实施4-3-2

Step1 读取产品销售数据估算材料

产品投资预算的基础数据是估算的产品销量、销售单价及销售额等,读取基础数据的示例代码及运行结果如图 4-71 所示。

```
1  #读取数据，并指定第4行为列名
2  df = pd.read_excel('产品投资预算分析资料.xlsx',
3              sheet_name='产品销售数据估算',header=3)
4  df
```

	Unnamed: 0	2021年	2022年	2023年	2024年	2025年
0	销量	NaN	1000000	1000000	1000000	1000000
1	销售单价	NaN	60	60	60	60
2	销售额	NaN	60000000	60000000	60000000	60000000

图 4-71 任务实施 4-3-2（1）

代码行 2 至代码行 3 的作用是读取"产品销售数据估算"工作簿，并保存为 df。

参数"header = 3"的作用为指定作为列名的行为 Excel 表格中的第四行（观察表 4-3），此参数默认值为"0"，即取第一行作为列名，数据内容为列名行以下的数据。若数据不含列名，则设定 header = None。

Step2　整理销售数据

读取的数据需要整理，为后续的分析所用，这里将"Unnamed：0"重命名为"项目"，并将原来的第一列设置为行索引，这样作为获取、计算、修改数据带来方便，示例代码及运行结果如图 4-72 所示。

```
1  df = df.rename(columns={'Unnamed: 0':'项目'}) #将列名'Unnamed: 0'重命名为'项目'
2  df = df.set_index('项目')  #将"项目"列设置为行索引
3  df
```

	2021年	2022年	2023年	2024年	2025年
项目					
销量	NaN	1000000	1000000	1000000	1000000
销售单价	NaN	60	60	60	60
销售额	NaN	60000000	60000000	60000000	60000000

图 4-72 任务实施 4-3-2（2）

代码行 1 的作用是将列名称"Unnamed：0"重命名为"项目"，使用 Pandas 库中的 rename() 方法实现，rename() 方法可指定任意多个列名或行名的重命名，rename() 方法的语法规则是：

<DataFrame 对象>.rename（columns = {} , index = {} , axis =, inplace =）

Pandas 库 rename() 方法

【参数说明】

columns =，指定重命名的列名和设置新的列名。

index =，指定重命名的行索引和设置新的行索引。

axis =，指定修改行索引或列名，此时只能修改一类名称，一般不与参数 columns = 或 index = 同时用。

inplace =，指定是否用新生成的内容替换原有内容，inplace = Fales 表示变量自身不被改变，是此参数的默认值，inplace = True 表示用新生成的内容替换原有的内容。

具体使用方法如下：

【例 4-1】创建数据表并同时重命名列名和行索引，示例代码及运行结果如图 4-73 所示。

```
1  import pandas as pd
2  data = {"项目":["智能手表m-10","智慧屏va-3.4","颈椎按摩仪dg-98"],
3         "单价":[2599,5999,299],
4         "销售量":[263,121,4988]}
5  df = pd.DataFrame(data)
6  df
```

	项目	单价	销售量
0	智能手表m-10	2599	263
1	智慧屏va-3.4	5999	121
2	颈椎按摩仪dg-98	299	4988

```
1  # 同时重命名列名和行索引
2  df1 = df.rename(columns={"单价":"销售单价"},index={0:"运动系列"})
3  df1
```

	项目	销售单价	销售量
运动系列	智能手表m-10	2599	263
1	智慧屏va-3.4	5999	121
2	颈椎按摩仪dg-98	299	4988

图 4-73　rename() 方法使用说明（1）

第一段代码创建了数据字典 data，并将字典 data 转换成 DataFrame 表格后赋值给变量 df。

第二段代码对变量 df 进行重命名列名和行索引，并将修改好的表格赋值给变量 df1。

【例 4-2】使用 axis = 参数重命名行索引，示例代码及运行结果如图 4-74 所示。

```
1  df2 = df.rename({0:'运动系列',1:'智慧家居'},axis=0)    # axis=0表示逐行替换
2  df2
```

	项目	单价	销售量
运动系列	智能手表m-10	2599	263
智慧家居	智慧屏va-3.4	5999	121
2	颈椎按摩仪dg-98	299	4988

图 4-74 rename( ) 方法使用说明 (2)

先使用字典结构重新定义索引名称，然后用参数 axis=0 指定逐行替换，如果 axis=1，则为逐列替换。

【例 4-3】inplace= 参数对变量内容的影响，示例代码及运行结果如图 4-75 所示。

```
1  df  #先运行df, 观察数据
```

	项目	单价	销售量
0	智能手表m-10	2599	263
1	智慧屏va-3.4	5999	121
2	颈椎按摩仪dg-98	299	4988

```
1  # 设置inplace=True改变原变量的内容
2  df3 = df.rename({0:'运动系列',1:'智慧家居'},axis=0,inplace=True)
3  # 打印变量df3
4  print(df3)
```

None

```
1  df  #再次运行df, 观察df变化
```

	项目	单价	销售量
运动系列	智能手表m-10	2599	263
智慧家居	智慧屏va-3.4	5999	121
2	颈椎按摩仪dg-98	299	4988

图 4-75 rename( ) 方法使用说明 (3)

从【例 4-3】中,我们发现,使用了参数 inplace = True 后,变量 df 的内容被修改了,而虽然变量 df3 有被赋值,但它的内容为 None。

Step3　读取并整理产品成本估算数据材料

为了做产品投资分析,我们还需要产品成本估算的数据,用前两步的方法获取数据,并做好整理,示例代码及运行结果如图 4-76 所示。

```
1  df1 = pd.read_excel('产品投资预算分析资料.xlsx',
2         sheet_name='产品成本估算',header=3)   #读取数据
3
4  #将列名'Unnamed: 0'重命名为'项目'
5  df1 = df1.rename(columns={'Unnamed: 0':'项目'})
6  df1 = df1.set_index('项目')   #将"项目"列设置为行索引
7  df1
```

	2021年	2022年	2023年	2024年	2025年
项目					
产量	NaN	1000000	1000000	1000000	1000000
单位变动成本	NaN	40	40	40	40
变动成本	NaN	40000000	40000000	40000000	40000000
付现固定制造费用	NaN	8000000	8000000	8000000	8000000

图 4-76　任务实施 4-3-2(3)

Step4　读取并整理其他流动资金数据材料

为了做产品投资分析,我们还需要其他流动资金的数据,用前两步的方法获取数据,并做好整理,示例代码及运行结果如图 4-77 所示。

```
1  df2 = pd.read_excel('产品投资预算分析资料.xlsx',
2         sheet_name='其他流动资金数据',header=3)   #读取数据
3
4  #将列名'Unnamed: 0'重命名为'项目'
5  df2 = df2.rename(columns={'Unnamed: 0':'项目'})
6  df2 = df2.set_index('项目')   #将"项目"列设置为行索引
7  df2
```

	2021年	2022年	2023年	2024年	2025年
项目					
年付现销售费用	NaN	4000000.0	4000000.0	4000000.0	4000000
年付现管理费用	NaN	2000000.0	2000000.0	2000000.0	2000000
项目营运资本	-2000000.0	NaN	NaN	NaN	2000000

图 4-77　任务实施 4-3-2(4)

Step5 构建固定资产及无形资产的数据估算表

在获取了产品销售数据、成本数据和其他流动资金数据的基础上，根据生产线相关数据，我们来构建固定资产及无形资产的数据估算表，示例代码及运行结果如图4-78所示。

```
1   #构建数据表
2   data = {'项目':['丧失租金收入','设备变现价值','设备购置成本','支付专利使用费',
3          '机器设备折旧','专利技术使用费摊销'],
4          '2021年':[0,0,-8000000,-2000000,0 ,0 ],
5          '2022年':[-500000,0,0,0,1600000,500000 ],
6          '2023年':[-500000,0,0,0,1600000,500000],
7          '2024年':[-500000,0,0,0, 1600000,500000],
8          '2025年':[-500000,1100000,0,0,1600000,500000 ]}
9   df3 = pd.DataFrame(data)        #将变量data转换成DataFrame数据表
10  df3 = df3.set_index('项目')     #将"项目"列设置为行索引
11  df3
```

项目	2021年	2022年	2023年	2024年	2025年
丧失租金收入	0	-500000	-500000	-500000	-500000
设备变现价值	0	0	0	0	1100000
设备购置成本	-8000000	0	0	0	0
支付专利使用费	-2000000	0	0	0	0
机器设备折旧	0	1600000	1600000	1600000	1600000
专利技术使用费摊销	0	500000	500000	500000	500000

图4-78 任务实施4-3-2（5）

代码行2至代码行8的作用是创建字典data用于存放固定资产与无形资产的估算数据。
代码行9的作用是将data字典转换成DataFrame表格。
代码行10的作用是重置行索引。

Step6 合并DataFrame表格

将以上整理的数据表合并到一个变量df4中，方便后续进行产品投资分析时使用，示例代码及运行结果如图4-79所示。

三、计算盈亏平衡点销售量与销售额

任务实施4-3-3

Step1 计算"固定成本"行、"经营成本"行、"营业利润"行数据

在变量df4的基础上，增加"固定成本"行、"经营成本"行、

任务实施4-3-3
代码录屏

```
1  df4= pd.concat([df,df1,df2,df3],axis=0)
2  df4.fillna(0, inplace=True)    #把NAN替换为0
3  df4
```

项目	2021年	2022年	2023年	2024年	2025年
销量	0.0	1000000.0	1000000.0	1000000.0	1000000
销售单价	0.0	60.0	60.0	60.0	60
销售额	0.0	60000000.0	60000000.0	60000000.0	60000000
产量	0.0	1000000.0	1000000.0	1000000.0	1000000
单位变动成本	0.0	40.0	40.0	40.0	40
变动成本	0.0	40000000.0	40000000.0	40000000.0	40000000
付现固定制造费用	0.0	8000000.0	8000000.0	8000000.0	8000000
年付现销售费用	0.0	4000000.0	4000000.0	4000000.0	4000000
年付现管理费用	0.0	2000000.0	2000000.0	2000000.0	2000000
项目营运资本	-2000000.0	0.0	0.0	0.0	2000000
丧失租金收入	0.0	-500000.0	-500000.0	-500000.0	-500000
设备变现价值	0.0	0.0	0.0	0.0	1100000
设备购置成本	-8000000.0	0.0	0.0	0.0	0
支付专利使用费	-2000000.0	0.0	0.0	0.0	0
机器设备折旧	0.0	1600000.0	1600000.0	1600000.0	1600000
专利技术使用费摊销	0.0	500000.0	500000.0	500000.0	500000

图 4-79 任务实施 4-3-2（6）

"营业利润"行。各行数据的计算方法是：

固定成本＝付现固定制造费用＋年付现销售费用＋年付现管理费用

经营成本＝固定成本＋变动成本

营业利润＝销售额－经营成本－机器设备折旧－专利技术使用费摊销

示例代码如图 4-80 所示。

运行结果如图 4-81 所示。

Step2　构建盈亏平衡分析模型函数

此模型的作用是计算"盈亏平衡点销售量"和"盈亏平衡点销售额"。

```
1  df4.loc['固定成本'] = df4.loc['付现固定制造费用']+\
2  df4.loc['年付现销售费用']+df4.loc['年付现管理费用']
3
4  df4.loc['经营成本'] = df4.loc['固定成本']+df4.loc['变动成本']
5
6  df4.loc['营业利润'] = df4.loc['销售额']-df4.loc['经营成本']-\
7  df4.loc['机器设备折旧']-df4.loc['专利技术使用费摊销']
8
9  df4
```

图4-80 任务实施4-3-3（1）

项目	2021年	2022年	2023年	2024年	2025年
销量	0.0	1000000.0	1000000.0	1000000.0	1000000.0
销售单价	0.0	60.0	60.0	60.0	60.0
销售额	0.0	60000000.0	60000000.0	60000000.0	60000000.0
产量	0.0	1000000.0	1000000.0	1000000.0	1000000.0
单位变动成本	0.0	40.0	40.0	40.0	40.0
变动成本	0.0	40000000.0	40000000.0	40000000.0	40000000.0
付现固定制造费用	0.0	8000000.0	8000000.0	8000000.0	8000000.0
年付现销售费用	0.0	4000000.0	4000000.0	4000000.0	4000000.0
年付现管理费用	0.0	2000000.0	2000000.0	2000000.0	2000000.0
项目营运资本	-2000000.0	0.0	0.0	0.0	2000000.0
丧失租金收入	0.0	-500000.0	-500000.0	-500000.0	-500000.0
设备变现价值	0.0	0.0	0.0	0.0	1100000.0
设备购置成本	-8000000.0	0.0	0.0	0.0	0.0
支付专利使用费	-2000000.0	0.0	0.0	0.0	0.0
机器设备折旧	0.0	1600000.0	1600000.0	1600000.0	1600000.0
专利技术使用费摊销	0.0	500000.0	500000.0	500000.0	500000.0
固定成本	0.0	14000000.0	14000000.0	14000000.0	14000000.0
经营成本	0.0	54000000.0	54000000.0	54000000.0	54000000.0
营业利润	0.0	3900000.0	3900000.0	3900000.0	3900000.0

图4-81 任务实施4-3-3（1）运行结果

盈亏平衡点销售量＝固定成本÷（销售单价－单位变动成本）

盈亏平衡点销售额＝［固定成本÷（1－单位变动成本÷销售单价）］×销售量

在 BEF（）模型函数中，第一个参数是 DataFrame 数据表格，示例代码如图 4-82 所示。

```
1  def BEF(df,销售单价,销售量,单位变动成本,固定成本):
2      df.loc['盈亏平衡点销售量'] = df.loc[固定成本] / (df.loc[销售单价] - df.loc[单位变动成本])
3
4      df.loc['盈亏平衡点销售额'] = df.loc[固定成本]/(1-df.loc[单位变动成本]/df.loc[销售单价])\
5      * df.loc[销售量]
6
7      return df
```

图 4-82　任务实施 4-3-3（2）

Step3　调用盈亏平衡分析模型

调用上一步的盈亏平衡分析模型，在 df4 数据基础上计算盈亏平衡点销售量和销售额，示例代码及运行结果如图 4-83 所示。

```
1  BEF(df4,'销售单价','销量','单位变动成本','固定成本')
```

项目	2021年	2022年	2023年	2024年	2025年
销量	0.0	1.000000e+06	1.000000e+06	1.000000e+06	1.000000e+06
销售单价	0.0	6.000000e+01	6.000000e+01	6.000000e+01	6.000000e+01
销售额	0.0	6.000000e+07	6.000000e+07	6.000000e+07	6.000000e+07
产量	0.0	1.000000e+06	1.000000e+06	1.000000e+06	1.000000e+06
单位变动成本	0.0	4.000000e+01	4.000000e+01	4.000000e+01	4.000000e+01
变动成本	0.0	4.000000e+07	4.000000e+07	4.000000e+07	4.000000e+07
付现固定制造费用	0.0	8.000000e+06	8.000000e+06	8.000000e+06	8.000000e+06
年付现销售费用	0.0	4.000000e+06	4.000000e+06	4.000000e+06	4.000000e+06
年付现管理费用	0.0	2.000000e+06	2.000000e+06	2.000000e+06	2.000000e+06
项目营运资本	-2000000.0	0.000000e+00	0.000000e+00	0.000000e+00	2.000000e+06
丧失租金收入	0.0	-5.000000e+05	-5.000000e+05	-5.000000e+05	-5.000000e+05
设备变现价值	0.0	0.000000e+00	0.000000e+00	0.000000e+00	1.100000e+06
设备购置成本	-8000000.0	0.000000e+00	0.000000e+00	0.000000e+00	0.000000e+00
支付专利使用费	-2000000.0	0.000000e+00	0.000000e+00	0.000000e+00	0.000000e+00
机器设备折旧	0.0	1.600000e+06	1.600000e+06	1.600000e+06	1.600000e+06
专利技术使用费摊销	0.0	5.000000e+05	5.000000e+05	5.000000e+05	5.000000e+05
固定成本	0.0	1.400000e+07	1.400000e+07	1.400000e+07	1.400000e+07
经营成本	0.0	5.400000e+07	5.400000e+07	5.400000e+07	5.400000e+07
营业利润	0.0	3.900000e+06	3.900000e+06	3.900000e+06	3.900000e+06
盈亏平衡点销售量	NaN	7.000000e+05	7.000000e+05	7.000000e+05	7.000000e+05
盈亏平衡点销售额	NaN	4.200000e+13	4.200000e+13	4.200000e+13	4.200000e+13

图 4-83　任务实施 4-3-3（3）

四、计算项目投资现金流量

任务实施 4-3-4

创建表格 df5,用于计算项目投资现金流量。首先,从变量 df4 中获取以下数据:

初始投资 = 设备购置成本 + 支付专利使用费
产品营业收入 = 销售额
回收固定资产余值 = 设备变现价值
流动资金 = 项目营运资本
经营成本 = -经营成本
利润总额 = 营业利润
所得税 = -营业利润×25%

任务实施 4-3-4
至 4-3-6 代码
录屏

其次,在变量 df5 中新增"所得税后净现金流量"行和"累计所得税后净现金流量"行,

所得税后净现金流量 = 初始投资 + 产品营业收入 + 回收固定资产余值 + 流动资金 + 经营成本(减项) + 所得税(减项)

示例代码及运行结果如图 4-84 所示。

```
1   df5 = pd.DataFrame(index=['初始投资','产品营业收入','回收固定资产余值'],
2               columns=list(str(i)+'年' for i in range(2021,2026)))
3   df5.index.name = '项目'    #将索引命名为 '项目'
4
5   df5.loc['初始投资'] = df4.loc['设备购置成本']+df4.loc['支付专利使用费']
6   df5.loc['产品营业收入'] = df4.loc['销售额']
7
8   df5.loc['回收固定资产余值'] = df4.loc['设备变现价值']
9   df5.loc['流动资金'] = df4.loc['项目营运资本']
10
11  df5.loc['经营成本'] = -df4.loc['经营成本']
12  df5.loc['利润总额'] = df4.loc['营业利润']
13  df5.loc['所得税'] = -df4.loc['营业利润']*0.25
14
15  df5.loc['所得税后净现金流量'] = df5.loc['初始投资']+df5.loc['产品营业收入']+\
16  df5.loc['回收固定资产余值']+df5.loc['流动资金']+df5.loc['经营成本']+df5.loc['所得税']
17
18  df5.loc['累计所得税后净现金流量'] = df5.loc['所得税后净现金流量'].cumsum()
19
20  df5
```

Python财务应用

项目	2021年	2022年	2023年	2024年	2025年
初始投资	-10000000.0	0.0	0.0	0.0	0.0
产品营业收入	0.0	60000000.0	60000000.0	60000000.0	60000000.0
回收固定资产余值	0.0	0.0	0.0	0.0	1100000.0
流动资金	-2000000.0	0.0	0.0	0.0	2000000.0
经营成本	-0.0	-54000000.0	-54000000.0	-54000000.0	-54000000.0
利润总额	0.0	3900000.0	3900000.0	3900000.0	3900000.0
所得税	-0.0	-975000.0	-975000.0	-975000.0	-975000.0
所得税后净现金流量	-12000000.0	5025000.0	5025000.0	5025000.0	8125000.0
累计所得税后净现金流量	-12000000.0	-6975000.0	-1950000.0	3075000.0	11200000.0

图 4-84 任务实施 4-3-4

代码行 1 和代码行 2 的作用是构建 DataFrame 表格，行索引是"初始投资""产品营业收入""回收固定资产余值"。列名是从 2021 年到 2025 年，采用了 for 语句的简写方法，自动生成 2021，2022，2023，2024 和 2025。

代码行 18 的作用是计算累计的所得税后净现金流量，当年的金额是把从 2021 年起到当年止的所得税后净现金流量相加得到，使用了 cumsum( ) 函数，此函数的作用是从第一列累计到当前列的指定行的数据。如 2022 年累计所得税后净现金流量等于所得税后净现金流量行中的 -120000000.0 加上 5025000.0，差等于 -6975000.0。

五、计算投资回报率

投资回报率（IRR）是指对投资方案的每年现金净流量进行贴现，使所得的现值恰好与原始投资额现值相等，从而使净现值等于零时的贴现率。

任务实施 4-3-5

在变量 df5 的基础上，计算投资回报率，示例代码及运行结果如图 4-85 所示。

```
1  投资回报率 = '{:.2%}'.format(npf.irr(df5.loc['所得税后净现金流量']))
2  '投资回报率:'+投资回报率
```

'投资回报率:29.86%'

图 4-85 任务实施 4-3-5

代码行 1 的作用是根据变量 df5 中"所得税后净现金流量"行的数据，使用 numpy_financial 库中的 irr( ) 函数直接计算项目的投资回报率。format( ) 函数用于控制结果所保留的小数位数，":.2f%" 是指设置保留小数点后 2 位小数的常用写法。

· 代码行 2 的作用是输出结果。

六、计算投资回收期

投资回收期指投资项目的未来现金净流量与原始投资额相等时所经历的时间，即通过未来现金流量回收原始投资额所需要的时间。收回的时间越长，风险越大，因此，回收期长短也是投资者十分关心的问题。

任务实施 4-3-6

Step1　计算静态投资回收期

在变量 df5 的基础上，计算静态投资回收期，静态投资回收期是指在不考虑货币时间价值因素下将未来现金净流量累积到原始投资时所经历的时间。

用程序实现静态投资回收期的自动计算，首先我们要判断累计净现金流量出现正负转折的地方，即出现累计净现金流量大于 0 的时间点。

如果累计净现金流小于 0，则说明投资额尚未全部收回。

如果累计净现金流量大于 0，则说明当年已经实现投资额全部收回，我们就用上一年的累计净现金流量绝对值除以当年的净现金流量，以求取当年的回收期。

示例代码及运行结果如图 4-86 所示。

```
1   col1 = df5.loc['所得税后净现金流量']
2   col2 = df5.loc['累计所得税后净现金流量']
3
4   #创建计算投资回收期的自定义函数，arr1为净现金流量,arr2为累计净现金流量
5   def dpp(arr1,arr2):
6
7       # df.columns.get_loc匹配对应值的位置
8       matchIdx = df.columns.get_loc(arr2[arr2 >0].index[0])
9
10      #获得转折点记录之前的数据，并统计数据的个数，此个数就是尚未收回期
11      tcount1 = arr2[:matchIdx].count()
12
13      #因为上一年的累计值是负数，用绝对值函数abs()将其转换成正数
14      tcount2 = round(abs(arr2[matchIdx-1] )/arr1[matchIdx],2)
15
16      return tcount1+tcount2
17
18  静态投资回收期 = dpp(col1,col2)
19  '静态投资回收期:'+str(静态投资回收期)+'年'
```

'静态投资回收期:3.39年'

图 4-86　任务实施 4-3-6（1）

代码行 1 的作用是获取变量 df5 中的"所得税后净现金流量"行的数据，并赋值给变量

col1，col1 是 Series 类型数据。

代码行 2 的作用是获取变量 df5 中的"累计所得税后净现金流量"行的数据，并赋值给变量 col2，col2 是 Series 类型数据。

代码行 5 的作用是创建计算投资回收期的自定义函数 dpp()。此函数的参数有两个，分别为 arr1 与 arr2，其中 arr1 为"所得税后净现金流量"，arr2 为"累计所得税后净现金流量"。

代码行 8 的作用是通过调用函数 dpp() 并传入参数 col1 与 col2，获取"累计所得税后净现金流量"中出现正负数转折时数据元素所在的索引的位置。计算过程如图 4-87 所示，其中变量 arr2 的值参考图 4-84 任务实施 4-3-4 结果数据中的"累计所得税后净现金流量"行。

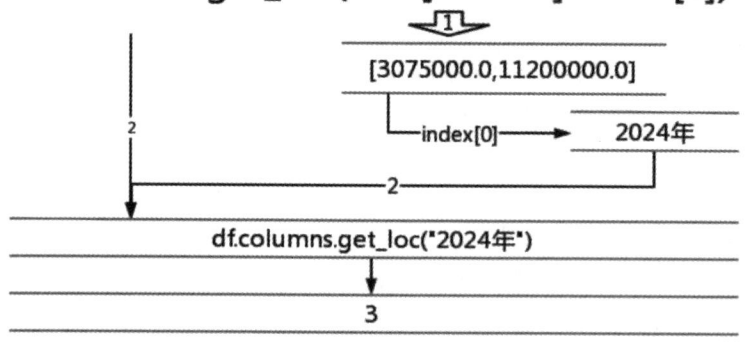

图 4-87 代码行 8 的计算过程

columns. get_loc() 函数的作用是查找列索引所在的位置，返回到索引号。

具体案例如图 4-88 所示。

Pandas 库 columns. get_ loc() 方法

```
1  import pandas as pd
2  data = {"1月":180,"2月":210,"4月":300,"5月":320,"6月":230}
3  df = pd.DataFrame(data,index=["智能手表"])
4  df
```

	1月	2月	4月	5月	6月
智能手表	180	210	300	320	230

```
1  df.columns.get_loc('2月')
```

1

```
1  df.columns.get_loc('3月')
```

```
KeyError                    Traceback (most recent call last)
File D:\Anaconda3\lib\site-packages\pandas\core\indexes\base.py:3621, in Index.get_
loc(self, key, method, tolerance)
   3620 try:
-> 3621     return self._engine.get_loc(casted_key)
   3622 except KeyError as err:
```

图 4 – 88　columns. get_loc( ) 函数使用说明

其语法规则是：

＜DataFrame 对象＞. columns. get_loc（查找值）

【参数说明】

查找值，指需要在对象中查找的索引值。

图 4 – 86 中代码行 11 的作用是获取 "累计所得税后净现金流量" 行中正负转折点之前的数据，并统计其个数，假设个数为 n，n 的意义是经过 n 年，项目的累计所得税后净现金流量比投资额少，投资额未全部收回。

图 4 – 86 中代码行 14 的作用是求 "累计所得税后净现金流量" 行中正负转折点的两数 – 1950000.0 和 3075000.0 之商，假设为 m，m 的含义是转折点所处的年，累计所得税后净现金流量变成正数所经历的年数。本例中是收回 1950000 元经历了 0.39 年。

图 4 – 86 中代码行 16 的作用是计算投资回报期，计算方法是 n 加 m。

图 4 – 86 中代码行 18 的作用是调用 dpp ( ) 函数计算投资回报期。

Step2　计算动态投资回收期

在变量 df5 的基础上，计算动态投资回收期，动态投资回收期是指考虑货币时间价值因素下将未来现金净流量累积到原始投资时所经历的时间，所以我们需要根据折现率重新计算变量 df5 中 "所得税后净现金流量现值" 行和 "累计所得税后净现金流量现值" 行的数据。

（1）增加 "折现年限" 行、"所得税后净现金流量现值" 行和 "累计所得税后净现金流量现值" 行。

折现年限是从 0 到 4，共 5 年。

所得税后净现金流量现值 = 所得税后净现金流量 × 收益下的现值系数

示例代码及运行结果如图 4 – 89 所示。

```
1  #假设投资者可接受的收益率10%, 即折现率
2  rate = 0.10
3  df5.loc['折现年限'] = [i for i in range(len(df5.columns))]
4
5  df5.loc['所得税后净现金流量现值'] = (-npf.pv(rate,df5.loc['折现年限'],0,
6                          df5.loc['所得税后净现金流量'])).astype(float).round(2)
7
8  df5.loc['累计所得税后净现金流量现值'] = df5.loc['所得税后净现金流量现值'].cumsum()
9  df5
```

项目	2021年	2022年	2023年	2024年	2025年
初始投资	-10000000.0	0.0	0.0	0.0	0.0
产品营业收入	0.0	60000000.0	60000000.0	60000000.0	60000000.0
回收固定资产余值	0.0	0.0	0.0	0.0	1100000.0
流动资金	-2000000.0	0.0	0.0	0.0	2000000.0
经营成本	-0.0	-54000000.0	-54000000.0	-54000000.0	-54000000.0
利润总额	0.0	3900000.0	3900000.0	3900000.0	3900000.0
所得税	-0.0	-975000.0	-975000.0	-975000.0	-975000.0
所得税后净现金流量	-12000000.0	5025000.0	5025000.0	5025000.0	8125000.0
累计所得税后净现金流量	-12000000.0	-6975000.0	-1950000.0	3075000.0	11200000.0
折现年限	0	1	2	3	4
所得税后净现金流量现值	-12000000.0	4568181.82	4152892.56	3775356.87	5549484.32
累计所得税后净现金流量现值	-12000000.0	-7431818.18	-3278925.62	496431.25	6045915.57

图 4-89 任务实施 4-3-6（2）

代码行 5 中使用了 numpy_financial 库中的 pv( ) 函数计算现值系数。

代码行 6 中 astype( ) 函数的作用是将计算结果的数据类型更改为浮点型。

（2）计算动态投资回收期。示例代码及运行结果如图 4-90 所示。

```
1  col3 = df5.loc['所得税后净现金流量现值']
2  col4 = df5.loc['累计所得税后净现金流量现值']
3  #调用dpp()函数计算投资回收期
4  动态投资回收期 = dpp(col3,col4)
5  '动态投资回收期:'+str(动态投资回收期)+'年'
```

'动态投资回收期:3.87年'

图 4-90 任务实施 4-3-6（3）

代码行 1 的作用是获取变量 df5 中的"所得税后净现金流量"行的数据，并赋值给变量 col3，col3 是 Series 类型数据。

代码行 2 的作用是获取变量 df5 中的"累计所得税后净现金流量"行的数据，并赋值给变量 col4，col4 是 Series 类型数据。

代码行 4 的作用是调用 dpp( ) 函数计算投资回报期，传入的参数是 col3 和 col4。

七、计算项目净现值

净现值是一项投资所产生的未来现金流的折现值与项目投资成本的现值之间的差值。

净现值为正值，投资方案是可以接受的；净现值是负值，从理论上来讲，投资方案是不可接受的，但是从实际操纵层面来说这也许会跟公司的战略性的决策有关，如为了支持其他项目，开发新的市场和产品，寻找更多的机会获得更大的利润。

任务实施4－3－7
与4－3－8代码
录屏

任务实施4－3－7

计算项目净现值，示例代码及运行结果如图4－91所示。

```
1  净现值 = round(npf.npv(rate,df5.loc['所得税后净现金流量']),2)
2  '净现值:'+str(净现值)+'万元'
```
'净现值:6045915.58万元'

图4－91 任务实施4－3－7

八、可视化现金流量

任务实施4－3－8

可视化变量df5的现金流量，示例代码及运行结果如图4－92所示。
代码行2的作用是导入matplotlib.pyplot模块并将其命名为plt。
代码行3至代码行5的作用是设置可视化图像显示的字体、字号和正负号显示问题。
代码行7的作用是设置图像的长与宽。
代码行8的作用是获取变量df5的列数量，并赋值给变量x。
代码行9的作用是获取"所得税后净现金流量"行的数据，并赋值给变量y。
代码行10的作用是获取"所得税后净现金流量现值"行的数据，并赋值给变量z。
代码行12的作用是绘制折线图，以变量x的值作为横坐标，以变量z的值作为纵坐标，设置图例标签为"所得税后净现金流量现值"（label＝），设置颜色为红色（color＝）。
代码行13的作用是绘制条形图，以变量x的值作为横坐标，以变量y的值作为纵坐标，设置图例标签为"所得税后净现金流量"（label＝），设置条状的宽度是0.5（width＝），设置颜色为红色（color＝）。
代码行17至代码行18的作用是添加箭头的标注文本，使用了annotate()方法，annotate()方法的语法规则是：
plt.annotate（'注释文本内容',xy＝（被注释的坐标点）,xytext＝（注释文字的坐标位置）,arrowprops＝箭头参数）

```python
#从matplotlib库导入pyplot模块并将其命名为plt
import matplotlib.pyplot as plt
plt.rcParams['font.family']='kaiTi' # 用楷体显示中文
plt.rcParams['axes.unicode_minus']=False # 正常显示负号
plt.rcParams["font.size"] = 14 #设置字体大小

plt.figure(figsize=(14,8))
x = df5.columns
y = df5.loc['所得税后净现金流量']
z = df5.loc['所得税后净现金流量现值']

plt.plot(x,z,label='所得税后净现金流量现值',color='r')
plt.bar(x,y,label='所得税后净现金流量',width=0.5,color='c')

# 添加标注文本,第一个参数是要添加的标注文本,xy参数指定箭头的坐标,
#xytext指定标注文本的坐标,arrowprops设置箭头属性,这里设置了箭头的颜色
plt.annotate("净现金流量盈亏转折点", xy=(1, 1000), xytext=(1.3,4000),
             arrowprops=dict(facecolor="yellow"))

plt.title('新产品现金流量和现金流量现值')
plt.ylabel('金额')
plt.legend()
plt.grid()
plt.show()
```

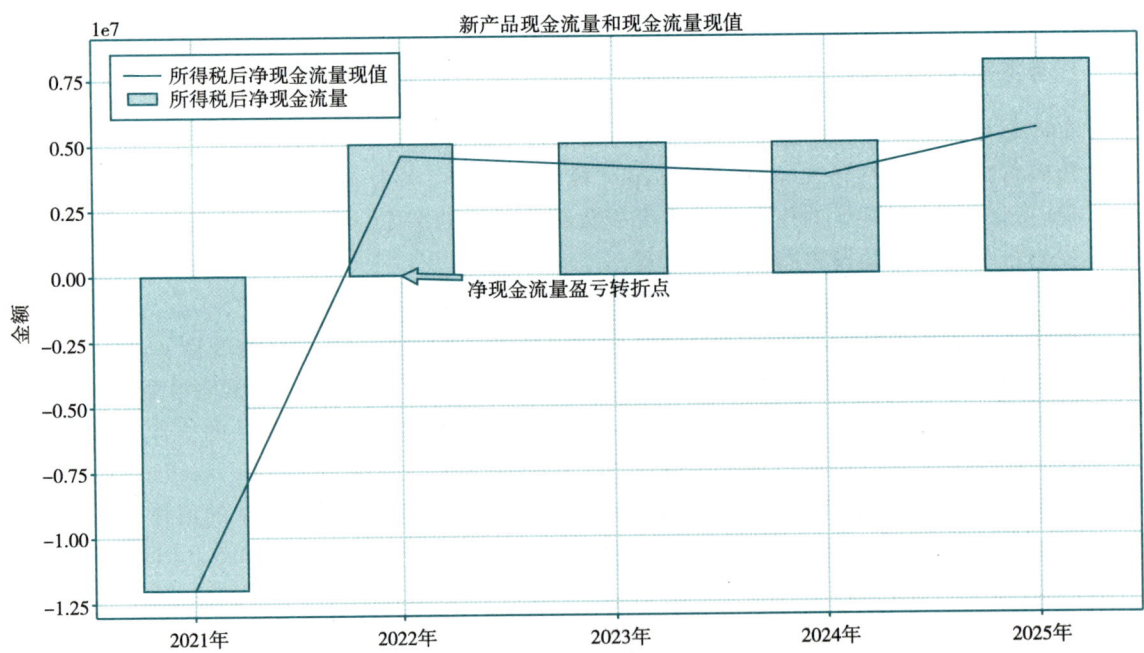

图4-92 任务实施4-3-8

【参数说明】

arrowprops＝，箭头参数，参数类型为字典 dict，此参数的项目有：
  width：箭头的宽度（以点为单位）
  headwidth：箭头底部以点为单位的宽度
  headlength：箭头的长度（以点为单位）
  shrink：总长度的一部分，从两端"收缩"
  facecolor：箭头颜色

对于 annotate() 函数中的 xy＝参数值的设置，我们可以根据需要放置箭头的位置设置一对坐标，然后运行代码，如果结果不理想，则调整参数直至位置合适为止。

代码行 20 的作用是增加图像的标题。
代码行 21 的作用是增加 y 坐标的标题。
代码行 22 的作用是添加默认的图例。
代码行 23 的作用是生成网格。
代码行 24 的作用是显示图像。

至此，产品投资分析的代码开发完成。

九、撰写产品投资分析报告

智能语音播放器项目产品投资分析

经分析，智能语音播放器项目的产品投资分析指标如表 4－14 所示，现金流量和现金流量现值如图 4－93 所示。

表 4－14   产品投资分析指标

指标	数值
投资回报率（IRR）	29.86%
静态投资回报期	3.39 年
动态报效回报期	3.87 年
项目净现值（NPV）	6045915.58 万元

从表 4－14 中可以看到，投资回报率为 29.86%，只要投资回报率高于市场平均回报率的项目多数为可行的，项目净现值为正数，多数情况下，项目是值得投资的，风险较小。从表 4－14 和图 4－92 可以看出，投资回报期皆比项目期短，且从投资的第二年开始，项目的所得税后净现金流量呈稳步上升的状态，说明投入的资金可以在项目期内回收，项目多数为可行的。

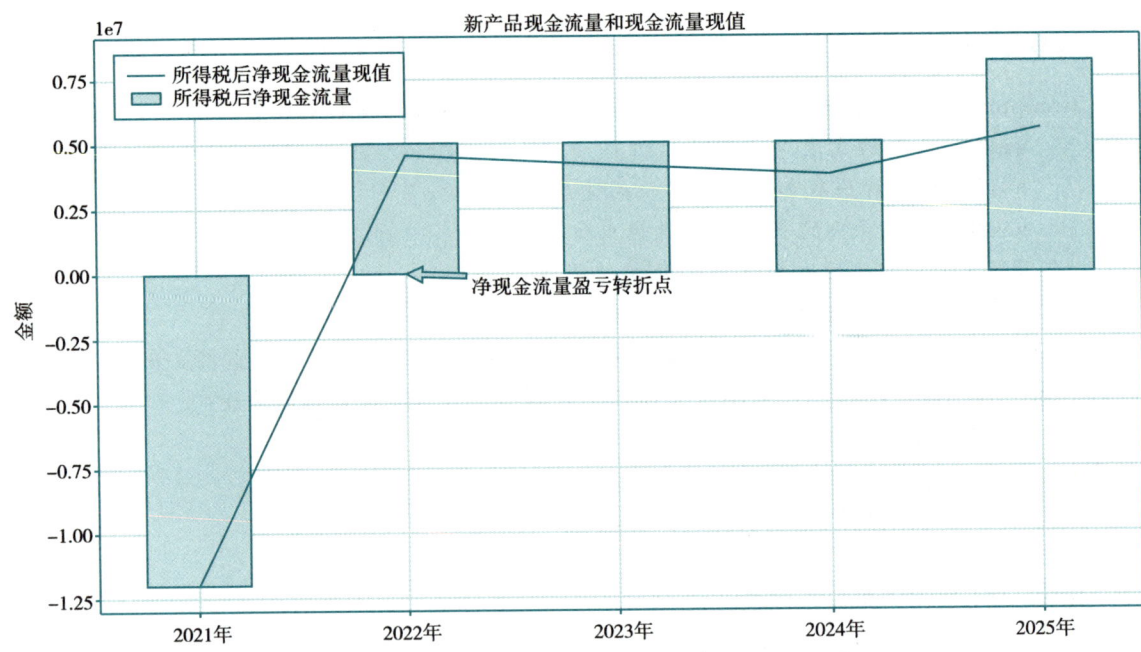

图 4-93　新产品现金流量和现金流量现值对比图

考核与评价

考核的重点是理论知识的掌握水平、技术技能的应用水平以及职业素养，学习者可以从以上三个方面评价学习效果，具体评价项目及标准如表 4-15 所示。

表 4-15　　　　　　　　　　模块考核评价标准

考核项目	考核内容	配分	得分
理论知识水平	能正确解释产品投资分析的程序流程	10	
	能正确复述以下方法的语法规则 Pandas 库： read_excel( )方法 header 参数　rename( )方法　columns. get_loc( ) 方法 Matplotlib 库 annotate( )　方法	10	
	能正确举例说明上表各方法的参数作用与设置方法	10	
	理论知识水平总分	30	
技术技能应用水平	能绘制产品投资分析程序流程图	5	
	能根据计算结果对产品投资进行分析并写出分析报告	10	
	能应用 Pandas 库中 read_excel( ) 方法 header 参数的设定指定 DataFrame 表格的列名	5	
	能应用 Pandas 库中 rename( ) 方法重命名列名	5	
	能应用 Pandas 库中 columns. get_loc( ) 方法获取索引的位置	10	
	能应用 Matplotlib 库中的 annotate( ) 方法为图像添加箭头标注	5	

续表

考核项目	考核内容	配分	得分
	技术技能应用水平总分	40	
职业素养	向同学、老师请教时态度友好、诚恳	5	
	编程过程中遇到困难时主动寻求解决方法,耐心阅读方法说明与案例,如需求助于人时,先准备好咨询的问题,并准确、清晰地表达	5	
	检查任务成果时细致、认真、严谨,也可邀请别人一起检查	5	
	调试程序过程中能修改自己的错误	5	
	在别人的帮助下能将代码调试成功	5	
	面对同学的求助,积极响应	5	
	职业素养总分	30	
	综合评价总分	100	

 总结与提高

一、任务实施情况分析

任务完成后,学习者根据任务实施情况,分析存在的问题及原因,并填写表 4 – 16。指导老师对任务实施情况进行评价。

表 4 – 16　　　　　　　　产品投资分析任务实施情况分析表

任务实施过程	存在的问题	解决的办法
设置环境		
准备数据材料		
计算盈亏平衡点销售量与销售额		
计算项目投资现金流量		
计算投资回报率		

续表

任务实施过程	存在的问题	解决的办法
计算投资回报期		
计算项目净现值		
撰写产品投资分析报告		

二、总结

（1）当读取的 Excel 工作表带有多层列名时，可以使用 pd.read_excel(path, header = m, n) 来指定读取工作表后生成的 DataFrame 表格的列名。其中，m，n 表示原工作表的行号，行号从 0 开始算，所以第二行的行号是 1。

（2）<DataFrame 对象>.rename() 方法可以灵活地重命名列名和行索引，是数据清洗的好帮手。

（3）<DataFrame 对象>.columns.get_loc() 用来获取列名的列索引号。

（4）产品投资分析是企业投资新产品前进行的投资经济可行性分析的一部分，主要预测产品的盈亏平衡点销售量与销售额、投资回报率、投资回报期和项目净现值等，根据指标数值并结合企业的战略进行投资决策。

（5）项目投资预算分析的思路是：
①计算项目的盈亏平衡点销售量与销售额；
②计算项目投资现金流量；
③计算项目投资回报率；
④计算项目静态投资回报期和动态投资回报期；
⑤计算项目净现值。

实战演练

一、不定项选择题

1. 变量 df 的值如图 4-94 所示，定位"第一年产品价格"对应的数值，下列选项中的代码，正确的是（　　）。

	项目	数值	说明
0	市场调查费用	250000	NaN
1	生产场地	150000	为公司空置房屋，账面价值为零，市价为150000
2	机器设备成本	100000	NaN
3	机器设备5年后市场估值	30000	NaN
4	机器设备折旧方法	NaN	直线法
5	预计净残值率	0.04	NaN
6	第一年产品价格	20	NaN
7	产品单价上涨率	0.02	NaN
8	第一年单位经营成本	10	NaN
9	单位经营成本年涨幅	0.10	NaN
10	第0年投入净营运资本	10000	NaN
11	年净营运资本估计占当年销售收入的比例	0.10	NaN
12	所得税税率	0.25	NaN
13	建设年份	2023年	NaN
14	项目折现率	0.10	NaN

图 4-94

A. `df[df['项目']=='第一年产品价格']["数值"].iloc[0]`

B. `df['项目']==['第一年产品价格']["数值"].iloc[0]`

C. `df[df['项目']=='第一年产品价格']["数值"].iloc[1]`

D. `df(df['项目']=='第一年产品价格')["数值"].iloc[1]`

2. 变量 df1 的值如图 4-95 所示，通过循环遍历的方法（见图 4-96）在变量 df1 表格中增加"产品价格"列并按产品价格每年预计上涨2%的规则计算各年的"产品价格"。下列选项正确的是（　　）。

	年份	年产量
0	2023年	0
1	2024年	5000
2	2025年	8000
3	2026年	12000
4	2027年	10000
5	2028年	6000

图 4-95

```
1  for i in range(0, ***):
2      if i==0:
3          df1**** = 0
4      elif i==1:
5          df1.loc[i, '产品价格'] = 第一年产品单价
6      else:
7          产品单价 = df1.loc[*****, '产品价格']
8          df1.loc[i, '产品价格'] = round(******,2)
```

图 4-96

A. *** 处填入 len（df1）

B. **** 处填入 .loc[i,'产品价格']

C. ***** 处填入'i'

D. ****** 处填入产品单价*（1+单价增长率）

3. 在对华耀公司要投资建一条扫地机器人生产线的增量现金流量分析任务中，分析步骤正确的是（　　）。

A. 分析投资现金流，分析经营现金流，计算项目净现金流，计算评价指标，依据评价指标进行分析，做出投资决策，可视化分析结果

B. 分析经营现金流，分析投资现金流，计算项目净现金流，计算评价指标，依据评价指标进行分析，做出投资决策，可视化分析结果

C. 计算项目净现金流，分析经营现金流，分析投资现金流，计算评价指标，依据评价指标进行分析，做出投资决策，可视化分析结果

D. 分析投资现金流，分析经营现金流，计算项目净现金流，计算评价指标，依据评价指标进行分析，做出投资决策，可视化分析结果

4. 下列选项说法正确的是（　　）。

A. 方法 npv()是 NumPy 库中的方法，用于计算净现值

B. 方法 irr()是 numpy_financial 库中的方法，用于计算净现金流量

C. <对象>.tolist() 方法是将对象转换为列表类型数据

D. <DataFrame 对象>.plot() 不可以绘制条形图

5. 将变量 dfxy（见图 4-97）与 df1（见图 4-98）中"到期日"相同的公司债券与政府债券筛选出来，下列选项的代码，正确的是（　　）。

	债券名称	信用等级	到期日	到期收益率（%）:
4367	恒力集团有限公司公开发行2016年第一期公司债券	AA+	2019-12-19	6.72
4373	宁夏宝丰能源集团股份有限公司公开发行2016年公司债券(第二期)	AA+	2021-11-23	6.21
4399	上海长峰(集团)有限公司2016年面向合格投资者公开发行公司债券(第一期)	AA+	2019-10-14	3.93

图 4-97

	债券名称	到期日	到期收益率（%）:
0	2021年记账式贴现(五十九期)国债	2022-06-06	2.16
3	2021年记账式附息(十三期)国债	2028-10-14	2.80
4	2021年记账式贴现(五十八期)国债	2022-02-28	2.33

图 4-98

A. `1  dfzq = pd.merge(dfxy,df1,on='到期日',how='outer',suffixes=('上市债券','政府债券'))`

B. `1  pd.merge(dfxy,df1,on='到期日',how='outer',suffix=('上市债券','政府债券'))`

C.
```
1  dfzq = pd.merge(dfxy,df1,on='到期日',how='inner',suffixes=('上市债券','政府债券'))
```

D.
```
1  pd.merge(dfxy,df1,on='到期日',how='inner',suffix=('上市债券','政府债券'))
```

6. 阅读图 4-99 代码，判断下列选项中说法正确的项为（　　）。

```
1  from datetime import date
2  from datetime import timedelta
3  A_time = str(date(2022,5,10)+timedelta(days=-15))
4  D_time = str(date(2022,5,10)+timedelta(days=+15))
```

图 4-99

A. 变量 A_time 的值为 "2022-04-25"
B. 变量 D_time 的值为 "2022-05-25"
C. 变量 A_time 的值为 "2022-05-25"
D. 变量 D_time 的值为 "2022-04-25"

7. 阅读图 4-100 代码，其中变量 df3 的值如图 4-101 所示。判断下列选项中说法正确的项为（　　）。

```
1  df4 = df3.set_index('日期')
2  df4.index = pd.to_datetime(df4.index)
3  df4 = df4.resample('BM').last()
4  df4
```

图 4-100

	日期	太极实业	浦东建设	中船科技	中材国际	宁波建工	东湖高新	上海建工	陕西建工	龙元建设	同济科技	沪深300指数
3	2021-11-30	8.27	5.86	15.42	11.69	3.53	5.16	3.10	4.45	6.56	7.90	4832.03
4	2021-11-29	8.14	5.80	14.02	11.52	3.49	5.11	3.10	4.37	6.62	7.78	4851.42

图 4-101

A. 代码行 1 的作用是将变量 df3 中的"日期"列设置为行索引
B. 代码行 2 的作用是把"日期"列从字符串格式转为日期格式
C. 代码行 3 中，对重采样对象的操作方法是 last() 函数，last() 函数的作用是采集某时间索引的数据，在代码行 3 中的作用是采集"每月最后一个工作日"这个时间点中的数据
D. 代码行 3 中，resample 函数对时间序列数据进行重采样，BM 指每月最后一个工作日

8. 阅读图 4-102 代码，其中变量 df4 的值如图 4-103 所示。判断下列选项中说法正确的项为（　　）。

```
1  dfpt = df4.pct_change(periods=1)
2  dfpt = dfpt.dropna()
3  dfpt.head(5)
```

图 4 – 102

日期	太极实业	浦东建设	中船科技	中材国际	宁波建工	东湖高新	上海建工	陕西建工	龙元建设	同济科技	沪深300指数
2016-11-30	9.03	11.74	15.10	7.13	7.56	7.88	5.02	7.69	12.04	10.19	3538.00
2016-12-30	7.91	12.87	18.16	7.52	6.95	8.43	4.79	5.81	11.84	9.18	3310.08

图 4 – 103

A. 代码行 1 的作用是计算各股票每月最后一个工作日的股票收盘价的环比比率

B. 代码行 2 的作用是丢弃含有空值的行或列后，返回新的 DataFrame 表格，起到数据清洗和整理的作用

C. 代码行 1 的作用是计算各股票每月最后一个工作日的股票收盘价的定比比率

D. 代码行 2 的作用是删除所有行或列中的空值，返回新的 DataFrame 表格，起到数据清洗和整理的作用

9. 在资本投资分析任务中，以下计算公式正确的是（　　）。

A. 税前债券资本成本 = 政府债券的市场回报率 + 企业的信用风险补偿率

B. 长期借款现值 = 借款本金 × (1 − 借款手续费率)

C. 普通股资本成本率 = 无风险收益率 + β × (股票市场平均收益率 − 无风险收益率)

D. 优先股资本成本率 = 优先股每股年股息 ÷ [优先股每股发行价格 × (1 − 发行费用率)]

10. 阅读图 4 – 104 代码，判断下列选项中说法正确的项为（　　）。

```
1  path = '公司债券.csv'
2  df = pd.read_csv(path,encoding='GBK')
3  df
```

图 4 – 104

A. read_csv( ) 方法用于读取 csv 格式的文件

B. 在读取带有汉字的 csv 格式文件时，read_csv( ) 方法中的参数 "encoding =" 可以省略，因为 Python 支持 utf – 8 和 GBK 编码自动识别

C. 在读取带有汉字的 csv 格式文件后，出现乱码时，设置参数 "encodin = GBK"

D. read_csv( ) 方法中的参数 "encoding =" 不可以省略，否则读取的文件包含汉字时会出现乱码

11. 对于公司而言，新产品的投资决策阶段是整个投资过程的开始阶段，也是最重要的

阶段。对于使用 Python 进行产品投资预算的过程，我们需要按顺序执行（　　）步骤，来判断和决策新产品是否值得投资。

①读取产品销售预算信息和产品成本计算信息表；②数据清洗与整理；③计算动态投资回收期；④计算净现值；⑤计算投资回报率；⑥计算盈亏平衡点。

A. ①②⑥⑤③④　　　　　　　　　　B. ①②③④⑥⑤
C. ①②③⑥⑤④　　　　　　　　　　D. ①②④⑤⑥③

12. 阅读图 4－105 代码，判断下列选项中说法正确的项为（　　）。

```
1  df4= pd.concat([df,df1,df2,df3],axis=0)
```

图 4－105

A. 变量 df4 是表格 df、df1、df2、df3 的补集，表格按横向拼接
B. 变量 df4 是表格 df、df1、df2、df3 的补集，表格按纵向拼接
C. 变量 df4 是表格 df、df1、df2、df3 的并集，表格按纵向拼接
D. 变量 df4 是表格 df、df1、df2、df3 的并集，表格按横向拼接

13. 以下（　　）方法可以绘制图 4－106。

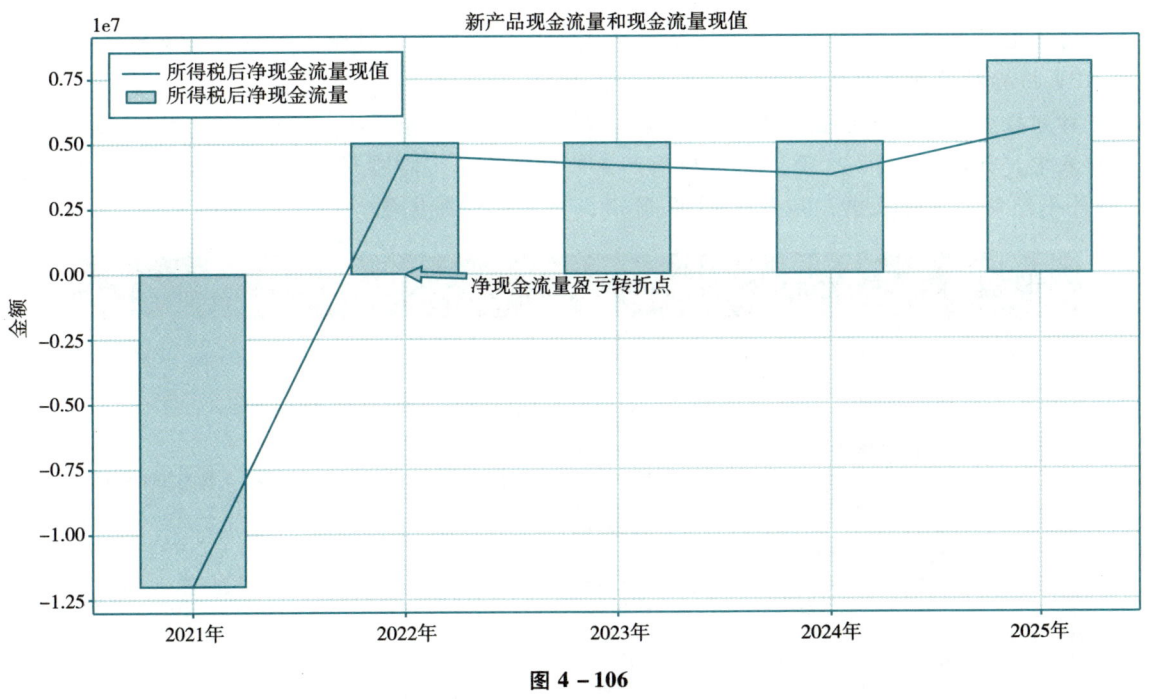

图 4－106

A.
```
1  import matplotlib.pyplot as plt
2  plt.barh()
```

B.
```
1  import matplotlib.pyplot as plt
2  plt.plot()
```

C.
```
1  import matplotlib.pyplot as plt
2  plt.bar()
```

D.
```
1  import matplotlib.pyplot as plt
2  plt.pie()
```

二、实训题

【任务场景一】

海杰电子有限公司要投资兴建一条生产线，公司投资部通过计算增量现金流的方式，采用 NPV 指标对投资项目进行评价。

计划投资项目的一些基础信息存放在"增量现金流分析.xlsx"工作簿的"基础数据"工作表中，如图 4-107 所示，运营期年产量数据存放在"增量现金流分析.xlsx"的工作簿"预计年产量"工作表中，如图 4-108 所示，产量等于销售量。

项目	数值	说明
市场调查费用	35000.00	
生产场地	200000.00	为公司空置房屋，账面价值为零，市价为200000元
机器设备成本	150000.00	
机器设备6年后市场估值	50000.00	
机器设备折旧方法		直线法
预计净残值率	5.00%	
第一年产品价格	35.00	
产品单价上涨率	5.00%	
第一年单位经营成本	15.00	
单位经营成本年涨幅	8.00%	
第0年投入净营运资本	20000.00	
年净营运资本估计占当年销售收入的比例	10.00%	
所得税税率	25.00%	
建设年份	2023年	
项目折现率	10.00%	

图 4-107　基础数据

项目四 投资分析与决策

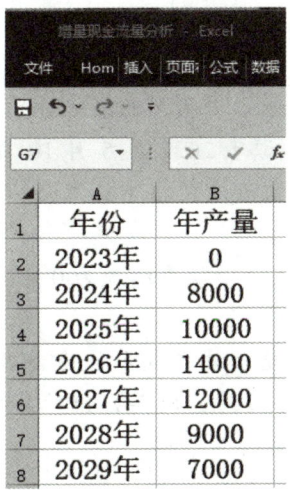

图 4-108 预计年产量

【任务要求】

(1) 通过补充程序中星号（***）处的代码，分析经营现金流。

(2) 通过补充程序中星号（***）处的代码，分析投资现金流。

(3) 通过补充程序中星号（***）处的代码，计算项目净现金流。

(4) 通过补充程序中星号（***）处的代码，计算评价指标，依据评价指标进行分析，做出投资决策。

(5) 通过补充程序中星号（***）处的代码，可视化分析结果。

(6) 撰写海杰电子有限公司增量现金流量分析报告。

【任务素材】

(1) 增量现金流量分析.xlsx

(2) 增量现金流量分析（习题题目代码）.ipynb

增量现金流量
分析实训题任
务素材包

【任务场景二】

2022 年，根据企业发展战略的需要，华伦生物科技集团股份有限公司计划扩建互联网营销平台，华伦生物科技集团股份有限公司的信息如表 4-17 所示：

(一) 企业基本信息

表 4-17 华伦生物科技股份集团有限公司基本信息表

项目	说明
注册名称	华伦生物科技股份集团有限公司
法定代表人	李诚
注册资本	5 亿元人民币
实缴资本	5 亿元人民币
设立（工商注册）日期	2004 年 10 月 05 日

（二）企业融资相关信息说明

根据公司的外部融资需要量，制订了相应的融资计划，具体如下：

（1）公司信用级别为 AA 级，拟于 2022 年 5 月 10 日发行 5 年期债券，债券面值 1000 元，按年付息，到期还本。公司目前没有已上市债券，为了确定拟发行债券的票面利率，公司决定采用风险调整法估计债券成本。

（2）公司向银行借款 3000 万元，借款手续费为 0.4%，借款利率为 4.5%，每年计算一次，到期还本，其他条件不变。

（3）公司以同行业上市公司普通股资本成本作为公司权益资本成本，选择 10 家医药行业上市公司（10 家上市公司见表 4-18），以其 β 值的算术平均值作为行业平均 β 值，无风险收益率为 5 年期的国债收益率 0.03。

表 4-18　　　　　　　10 家医药行业上市公司股票代码表

股票代码	公司名称	股票代码	公司名称
300685	艾德生物	603718	海利生物
300142	沃森生物	600873	梅花生物
002007	华兰生物	603077	和邦生物
603387	基蛋生物	600161	天坛生物
603658	安图生物	600201	生物股份

（4）公司发行优先股，每股年股息 3 元，优先股发行价格 78 元，不考虑优先股发行费用率。

（5）目标资本结构是 20% 的长期债券、15% 的长期借款、40% 的优先股、25% 的普通股，用目标资本结构权重作为计算加权资本成本的基础。

（6）公司适用的所得税税率为 25%。

【任务要求】

（1）通过补充程序中星号（***）处的代码，采用风险调整法计算债券资本成本率。

（2）通过补充程序中星号（***）处的代码，采用到期收益率计算借款资本成本率。

（3）通过补充程序中星号（***）处的代码，采用资本资产定价模型计算普通股资本成本率。

（4）通过补充程序中星号（***）处的代码，采用股利增长模型计算优先股资本成本率。

（5）通过补充程序中星号（***）处的代码，计算加权平均资本成本率。

（6）撰写华伦生物科技股份集团有限公司资本投资分析报告。

【任务素材】

（1）记账式国债.xlsx

（2）公司债券.xlsx

（3）10 只股票和沪深 300 指数日收盘价.xlsx

（4）资本投资分析（习题题目代码）.ipynb

资本投资分析实训题任务素材包

【任务场景三】

海杰电子科技有限公司计划在 2021 年 1 月投资新产品 HC88 电饭煲，2021 年度为项目投资建设期，2022 至 2025 年度为项目经营期。请根据产品投资的资料（查看素材产品投资预算分析资料.xlsx）对 HC88 电饭煲生产项目进行产品投资预算分析，并结合上述分析及预算的结果撰写 HC88 电饭煲产品投资与预算分析报告。

【任务要求】

通过补充程序中星号（***）处的代码，1. 计算项目盈亏平衡点。

通过补充程序中星号（***）处的代码，2. 计算项目投资现金流量。

通过补充程序中星号（***）处的代码，3. 计算投资回报率。

通过补充程序中星号（***）处的代码，4. 计算投资回收期。

通过补充程序中星号（***）处的代码，5. 计算项目净现值。

通过补充程序中星号（***）处的代码，6. 可视化新产品现金流量和现金流量现值。

【任务素材】

1. 产品投资分析资料.xlsx
2. 产品投资分析（习题题目代码）.ipynb

产品投资分析实训题任务素材包

项目五
销售预算与计划

 学习目标

知识学习目标：

1. 能解释产品销售预算程序的流程、滚动销售计划程序的流程
2. 能复述以下方法的语法规则

库（模块）名称	方法（函数）	
Pandas 库	filter( )	melt( )
	stack( )	shift( )

3. 举例说明以上方法的参数作用与设置方法
4. 描述产品投资项目经济可行性分析的评估方法

技能训练目标：

1. 绘制产品销售预算程序流程图以及滚动销售计划程序流程图
2. 能应用 Pandas 库中 filter( ) 方法根据指定行或列索引中的标签对 DataFrame 的行或列进行过滤，返回符合条件的 DataFrame 数据表
3. 能应用 Pandas 库中 melt( ) 方法重塑 DataFrame 表格
4. 能应用 Pandas 库中 stack( ) 方法将指定层列名转换成行索引
5. 能应用 Pandas 库中 shift ( ) 方法设置数据移动的幅度
6. 编制产品销售预算表
7. 结合实际销售数据调整销售计划

职业素养目标：

1. 提高程序阅读能力和代码修改能力
2. 培养数据管理与分析能力

3. 培养忠于职守的事业责任心
4. 养成勤于思考、勇于创新的职业习惯
5. 坚持严谨细致、精益求精的职业态度

项目导图

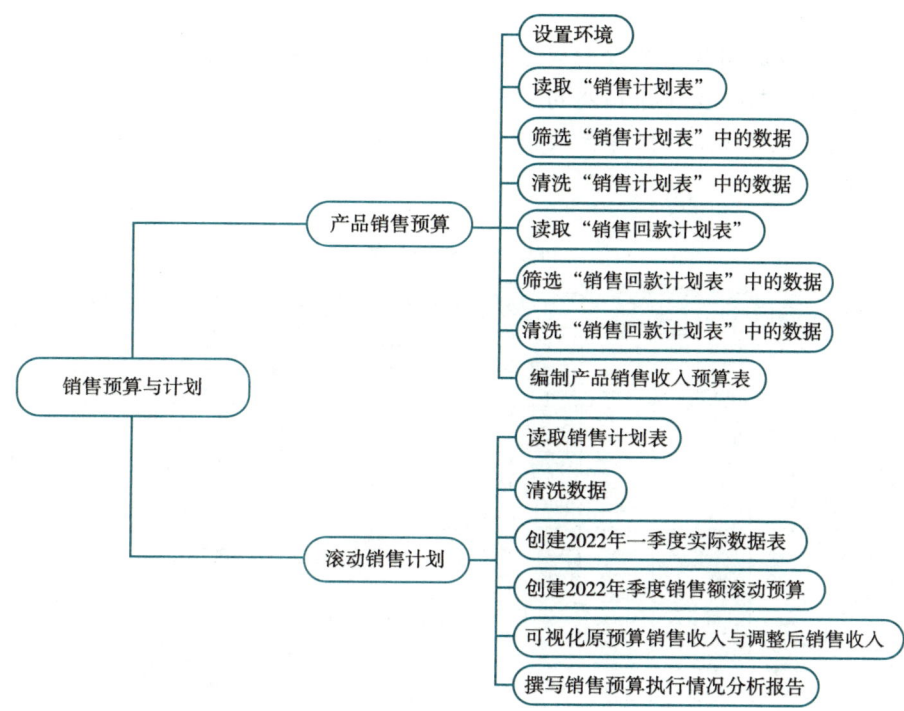

项目任务

本项目完成的目标：
1. 设计与编写产品销售预算的代码。
2. 设计与编写滚动销售计划的代码。

完成以上工作任务应提交的标志性成果：
1. 产品销售预算的代码文件。
2. 滚动销售计划的代码文件。
3. 产品销售预算表及滚动销售计划。

课程思政

Python财务应用

业务场景

东莞市泰丰科技有限公司是一家专门生产家用电器的科技公司，公司的整体研发能力在行业处于领先地位。2021年5月泰丰公司计划投产一条新的生产线用于生产智能语音播放器，经过公司财务部和资产管理部门的评估，项目具有可行性，并于2021年年末完成生产线的筹备建设，2022年1月1日正式投入生产。

产品销售预算工作任务与工作计划

销售部门根据市场调研结果及相关业绩目标按季度制订了相关销售计划，为了提高新产品效益，保证公司业绩目标及销售计划的完成，财务部需要按季度制定新产品的销售收入预算。编制销售收入预算的部分相关资料如表5-1和表5-2所示。

表5-1　2022年销售计划表

序号	渠道	产品	责任人	1季度			2季度			3季度			4季度			年度合计			备注
				业绩(元)	销量(个)	单价(元)	业绩(元)	销量(个)	单价(元)	业绩(元)	销量(个)	单价(元)	业绩(元)	销量(个)	单价(元)	业绩(元)	销量(个)	单价(元)	
1	直销	语音门铃	销售一组	9000000	200000	45	8550000	190000	45	9540000	212000	45	9360000	208000	45	36450000	810000	45	
2		智能语音播放器	销售一组	9600000	160000	60	9120000	152000	60	10176000	169600	60	9984000	166400	60	38880000	648000	60	
3		智能扩音器	销售一组	5400000	300000	18	5130000	285000	18	5724000	318000	18	5616000	312000	18	21870000	1215000	18	
4		智能小麦克	销售一组	17500000	700000	25	16625000	665000	25	18550000	742000	25	18200000	728000	25	70875000	2835000	25	
5	代理	语音门铃	销售二组	6660000	180000	37	6327000	171000	37	7059600	190800	37	6926400	187200	37	26973000	729000	37	
6		智能语音播放器	销售二组	3744000	72000	52	3556800	68400	52	3968640	76320	52	3893760	74880	52	15163200	291600	52	
7		智能扩音器	销售二组	600000	50000	12	570000	47500	12	636000	53000	12	624000	52000	12	2430000	202500	12	
8		智能小麦克	销售二组	483000	23000	21	458850	21850	21	511980	24380	21	502320	23920	21	1956150	93150	21	
9	线上	语音门铃	销售三组	6600000	120000	55	6270000	114000	55	6996000	127200	55	6864000	124800	55	26730000	486000	55	
10		智能语音播放器	销售三组	1036000	14800	70	994000	14200	70	1120000	16000	70	10780000	154000	70	13930000	199000	70	
11		智能扩音器	销售三组	5000000	200000	25	4750000	190000	25	5300000	212000	25	5200000	208000	25	20250000	810000	25	
12		智能小麦克	销售三组	900000	30000	30	855000	28500	30	954000	31800	30	936000	31200	30	3645000	121500	30	
9	合计	语音门铃		22260000	500000	45	21147000	475000	45	23595600	530000	45	23150400	520000	45	90153000	2025000	45	
10		智能语音播放器		14380000	246800	58	13670800	234600	58	15264640	261920	58	24657760	395200	62	67973200	1138600	60	
11		智能扩音器		11000000	550000	20	10450000	522500	20	11660000	583000	20	11440000	572000	20	44550000	2227500	20	
12		智能小麦克		18883000	753000	25	17938550	715350	25	20015980	798180	25	19638320	783120	25	76476150	3049650	25	

表5-2　2022年销售回款计划表

序号	渠道	产品	责任人	1季度			2季度			3季度			4季度			备注
				上期销售回款率	当期销售回款率	下期销售回款率	上期销售回款率	当期销售回款率	下期销售回款率	上期销售回款率	当期销售回款率	下期销售回款率	上期销售回款率	当期销售回款率	下期销售回款率	
1	直销	智能语音播放器	销售一组	20%	80%	20%	20%	80%	20%	20%	80%	20%	20%	80%	20%	
5	代理	智能语音播放器	销售二组	30%	70%	30%	30%	70%	30%	30%	70%	30%	30%	70%	30%	
9	线上	智能语音播放器	销售三组		100%			100%			100%			100%		

2022年第2季度，泰丰公司对新投资的智能语音播放器项目销售预算执行情况进行分析，发现1季度实际数据与预算数据之间有一定的差异，为了更好地保持预算的持续性，有效结合企业的短期目标和长期目标，充分发挥预算的指导和控制作用，财务部提议将固定预算改为按滚动预算进行预算编制与考核，公司经理办公会议讨论后通过该提议，对智能语音播放器项目按季编制滚动预算。按季编制滚动预算的部分相关资料如表5-1所示。

请与泰丰公司财务人员一起使用Python语言实现：
1. 按季度制定新产品的销售预算。
2. 按季编制新产品的滚动销售计划。

模块一 产品销售预算

描述工作任务

东莞市泰丰科技有限公司财务部人员米娜根据"销售计划表"和"销售回款计划表",按季度编制新产品智能语音播放器的销售收入预算。

表 5–3　　　　　　　　　　　工作任务卡

任务编号	11	任务名称	产品销售预算	工作区域	财务大数据实训中心
建议学时	2~3	参考文件或资料	知识学习目标中相关的 Pandas 库中的相关方法说明		
德技兼修	(1) 接到任务时,先对任务进行整体分析,基于数据源条件规划实现任务目的的路径 (2) 编程过程中遇到困难时主动寻求解决方法,耐心阅读方法说明与案例,如需求助于人时,先准备好咨询的问题,并准确、清晰地表达 (3) 根据任务的需求修改获取的代码 (4) 检查任务成果时细致、认真、严谨,也可邀请别人一起检查 (5) 养成勤学好问、勤于思考、诚恳待人、严谨细致的工作态度				
工作任务	(1) 生成产品销售预算表 (2) 设计与编写产品销售预算程序				

制订工作计划

根据任务目的,我们可以梳理出完成此任务的大致工作计划,如图 5–1 所示。

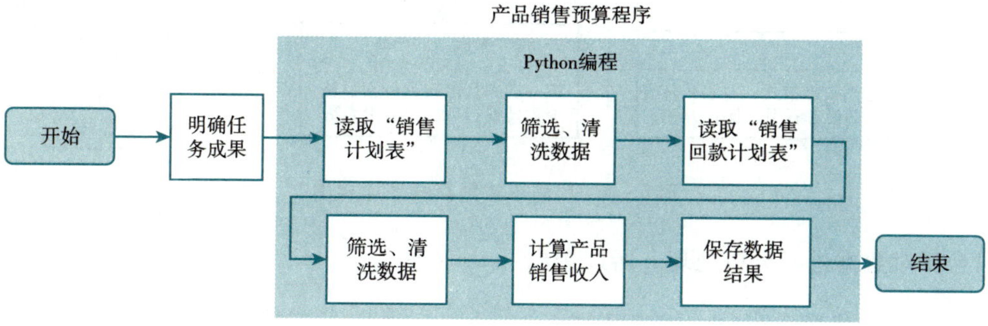

图 5–1　工作计划流程图

> Python财务应用

首先,把工作过程还原出来,然后思考如何编写实现每一个步骤的代码。

通过流程图的方式把手工工作过程还原出来,如图5-2所示。

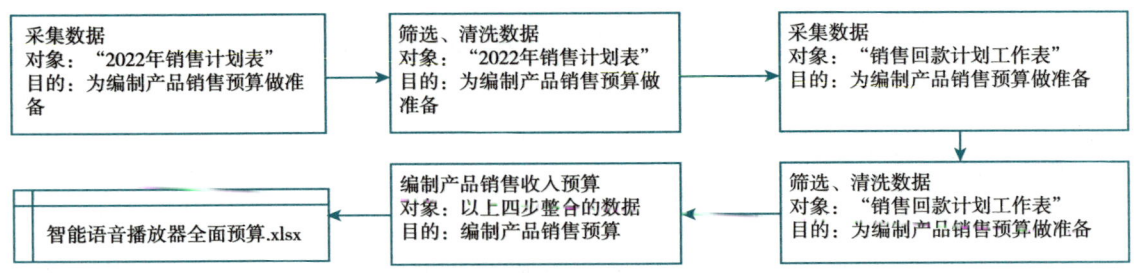

图5-2 产品销售预算的工作流程图

用代码实现以上工作过程的程序流程图,如图5-3所示。

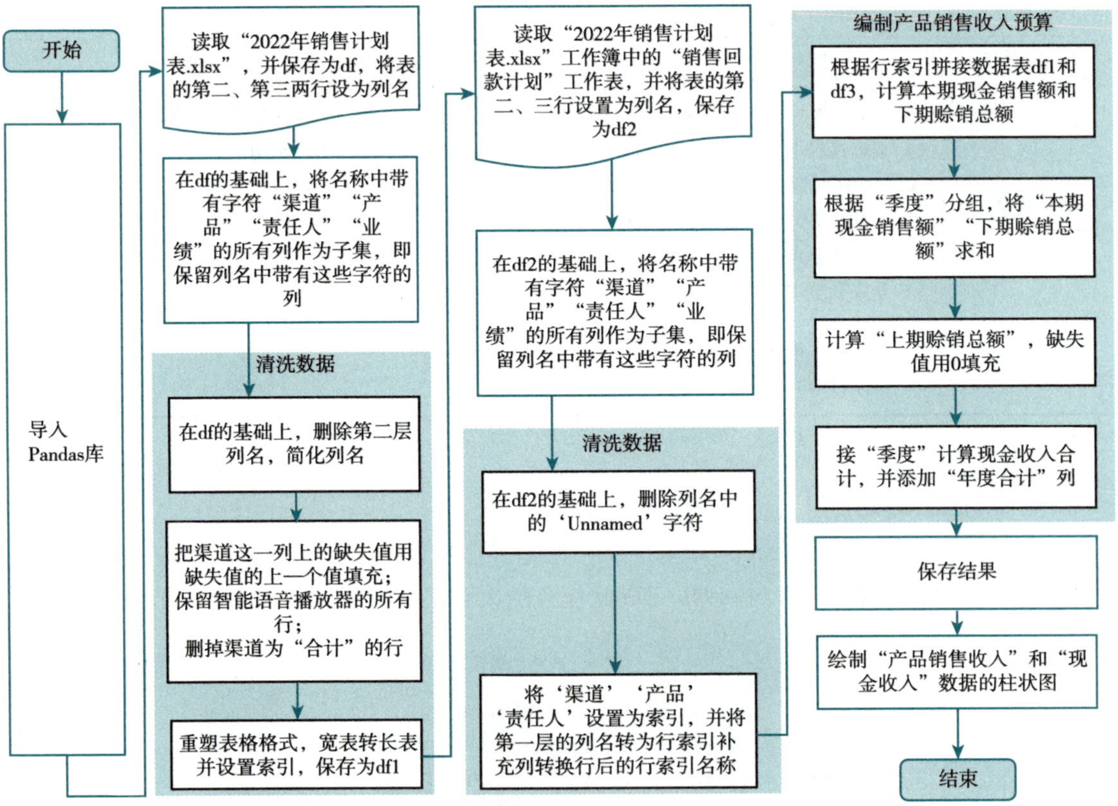

图5-3 产品销售预算程序流程图

因为要对数据进行分析处理,所以用到Pandas库。

执行工作计划

一、设置环境

任务实施 5-1-1

示例代码如图 5-4 所示。

任务实施 5-1-1
至 5-1-4 代码
录屏

```
1  import pandas as pd
```

图 5-4　任务实施 5-1-1

二、读取"销售计划表"

任务实施 5-1-2

读取"销售计划表.xlsx"中的第一个工作表，示例代码及运行结果如图 5-5 所示。

```
1  path = '2022年销售计划表.xlsx'
2  df = pd.read_excel(path,header=[1,2])
3  df
```

	序号	渠道	产品	责任人	1季度				
	Unnamed: 0_level_1	Unnamed: 1_level_1	Unnamed: 2_level_1	Unnamed: 3_level_1	业绩\n(元)	销量\n(只)	单价\n(元)	业绩\n(元)	销量\n(只
0	1	直销	语音门铃	销售一组	9000000	200000	45.00	8550000	1900...
1	2	NaN	智能语音播放器	销售一组	9600000	160000	60.00	9120000	1520...

图 5-5　任务实施 5-1-2

代码行 2 的作用是设定 Excel 表中的第二和第三行为变量 df 的列名。

三、筛选"销售计划表"中的数据

任务实施 5-1-3

筛选列名称中包含"渠道""产品""责任人""业绩"的列，这些列数据与产品销售

预算相关，示例代码及运行结果如图5-6所示。

```
1  #使用正则表达式'[渠道产品责任人业绩]',
2  #筛选出列名称中带有正则表达式的所有列
3  df = df.filter(regex ='[渠道产品责任人业绩]')
4  df
```

	渠道	产品	责任人	1季度	2季度	3季度	4季度	年度合计
	Unnamed: 1_level_1	Unnamed: 2_level_1	Unnamed: 3_level_1	业绩\n(元)	业绩\n(元)	业绩\n(元)	业绩\n(元)	业绩\n(元)
0	直销	语音门铃	销售一组	9000000	8550000	9540000	9360000	36450000
1	NaN	智能语音播放器	销售一组	9600000	9120000	10176000	9984000	38880000

图5-6 任务实施5-1-3

代码行3的作用是筛选列名中包含"渠道产品责任人业绩"中任意字段的列，使用了正则表达式模式表示过滤条件。正则表达式是对字符串操作的一种逻辑公式，是用事先定义好的一些特定字符及这些特定字符的组合，组成一个"规则字符串"，这个"规则字符串"用来表达对字符串的一种过滤逻辑。所以，我们可以把正则表达式理解为一个特殊的字符序列，它能帮助我们方便地检查一个字符串是否与某种模式匹配。Python中的re模块提供了正则表达式模式。

Pandas dataframe.filter()方法用于根据指定行或列索引中的标签对DataFrame的行或列进行过滤，返回符合条件的DataFrame数据表。filter()方法的语法规则是：

<DataFrame 对象>.filter(items =, like =, regex =, axis =)

Pandas 库 filter() 方法

【参数说明】

items =，此参数的值为列表，定义要保留的行索引或列名或索引列表。

like =，此参数的值为字符串，定义行索引或列名应包含的内容的字符串。

regex =，此参数的值为正则表达式，定义指定行索引或列名应包含的内容的正则表达式。

axis =，此参数的值为0，1，"index"，"column"，None，

具体使用方法如下：

【例5-1】过滤列名为"项目"和"单价"的列，示例代码及运行结果如图5-7所示。

```
1  import pandas as pd
2  data = {"项目":["智能手表m-10","智慧屏va-3.4","颈椎按摩仪dg-98"],
3         "单价":[2599,5999,299],
4         "销售量":[263,121,4988]}
5  df = pd.DataFrame(data)
6  df
```

	项目	单价	销售量
0	智能手表m-10	2599	263
1	智慧屏va-3.4	5999	121
2	颈椎按摩仪dg-98	299	4988

```
1  df4 = df.filter(items=["项目","单价"])
2  df4
```

	项目	单价
0	智能手表m-10	2599
1	智慧屏va-3.4	5999
2	颈椎按摩仪dg-98	299

图 5-7　filter( ) 方法参数 items = 的使用

【例 5-2】过滤列名包含"项"的列，示例代码及运行结果如图 5-8 所示。

```
1  df5 = df.filter(like = "项")
2  df5
```

	项目
0	智能手表m-10
1	智慧屏va-3.4
2	颈椎按摩仪dg-98

图 5-8　filter( ) 方法参数 like = 的使用

【例 5-3】过滤列名包含"项""量"的列，示例代码及运行结果如图 5-9 所示。

```
1  df6 = df.filter(regex="[项量]")
2  df6
```

	项目	销售量
0	智能手表m-10	263
1	智慧屏va-3.4	121
2	颈椎按摩仪dg-98	4988

图 5-9　filter( ) 方法与正则表达式的配合使用

【例 5-4】过滤行索引为"0"和"1"的行，示例代码及运行结果如图 5-10 所示。

```
1  df7 = df.filter(items=[0,1],axis=0)
2  df7
```

	项目	单价	销售量
0	智能手表m-10	2599	263
1	智慧屏va-3.4	5999	121

图 5-10　filter( ) 方法参数 axis = 的使用

四、清洗"销售计划表"中的数据

任务实施 5-1-4

Step1　删除第二层列名

上一步筛选的数据中，列名的第二层为多余列名，可以删除，示例代码及运行结果如图 5-11 所示。

```
1  # 直接去除指定的一层列名
2  df.columns = df.columns.droplevel(1)
3  df
```

	渠道	产品	责任人	1季度	2季度	3季度	4季度	年度合计
0	直销	语音门铃	销售一组	9000000	8550000	9540000	9360000	36450000
1	NaN	智能语音播放器	销售一组	96000000	91200000	101760000	99840000	388800000

图 5-11　任务实施 5-1-4（1）

代码行 2 的作用是删除指定层的列名，多层列名中，层的索引从上至下分别为 0，1，2……，所以 droplevel(1) 表示删除第二层列名。

Step2　填充缺失值及删除"合计"行

清洗及整理数据，填充缺失值及删除"合计"行，示例代码及运行结果如图 5-12 所示。

```
1  df['渠道'] = df['渠道'].fillna(method = 'ffill')
2  df = df[df['产品'] =='智能语音播放器']
3  df = df[~(df['渠道'] =='合计')]
4  df
```

```
<ipython-input-5-ee41d0ffde3c>:1: SettingWithCopyWarning:
A value is trying to be set on a copy of a slice from a DataFrame.
Try using .loc[row_indexer,col_indexer] = value instead

See the caveats in the documentation: https://pandas.pydata.org/pandas-docs/stable/user_guide/indexing.html#returning-a-view-versus-a-copy
  df['渠道'] = df['渠道'].fillna(method = 'ffill')
```

	渠道	产品	责任人	1季度	2季度	3季度	4季度	年度合计
1	直销	智能语音播放器	销售一组	9600000	9120000	10176000	9984000	38880000
5	代理	智能语音播放器	销售二组	3744000	3556800	3968640	3893760	15163200
9	线上	智能语音播放器	销售三组	1036000	994000	1120000	10780000	13930000

图 5-12　任务实施 5-1-4（2）

代码行 1 的作用是把"渠道"这一列上的缺失值用缺失值的上一个值填充。

代码行 2 的作用是筛选"产品"列值为"智能语音播放器"的所有行。

代码行 3 的作用是删掉"渠道"列值为"合计"的行。波浪号（~）在 Pandas 中表示否定的意思。

Step3　重塑表格格式

将宽表转为长表并重新设置行索引。示例代码及运行结果如图 5-13 所示。

```
1  #将'1季度','2季度','3季度','4季度'这四列数据转换
2  df1 = pd.melt(df,id_vars=['渠道','产品','责任人'],
3          value_vars=['1季度','2季度','3季度','4季度'],var_name='季度',
4          value_name='销售额')
5  #将'渠道','产品','责任人','季度'设置为索引
6  df1 = df1.set_index(['渠道','产品','责任人','季度'])
7  df1
```

渠道	产品	责任人	季度	销售额
直销	智能语音播放器	销售一组	1季度	9600000
代理	智能语音播放器	销售二组	1季度	3744000
线上	智能语音播放器	销售三组	1季度	1036000
直销	智能语音播放器	销售一组	2季度	9120000
代理	智能语音播放器	销售二组	2季度	3556800
线上	智能语音播放器	销售三组	2季度	994000
直销	智能语音播放器	销售一组	3季度	10176000
代理	智能语音播放器	销售二组	3季度	3968640
线上	智能语音播放器	销售三组	3季度	1120000
直销	智能语音播放器	销售一组	4季度	9984000
代理	智能语音播放器	销售二组	4季度	3893760
线上	智能语音播放器	销售三组	4季度	10780000

图 5-13 任务实施 5-1-4（3）

代码行 2 的作用是重塑 DataFrame 表格，使用了 pandas.melt( ) 方法，pandas.melt( ) 方法的语法规则是：

pandas.melt（DataFrame 对象, id_vars =, var_name =, value_name =, value_vars =）

或

<DataFrame 对象>.melt（DataFrame 对象, id_vars =, var_name =, value_name =, value_vars =）

Pandas 库 melt( ) 方法

【参数说明】

DataFrame 对象，即要重塑的表格。

id_vars =，指定要保持原状的列名，除此参数指定的列外，将其他列转换成行。

var_name =，设置转换成行的列名（如"1季度""2季度"等）的列名。

value_name =，设置转换成行的值的列名。

value_vars =，除了指定要保留原状的列外，指定要转换成行的列。

具体案例如下所示：

【例 5-5】基础数据代码与运行结果，示例代码及运行结果如图 5-14 所示。

```
1  import pandas as pd
2  data = {"项目":["智能手表m-10","智慧屏va-3.4","颈椎按摩仪dg-98"],
3          "2022-7":[2599,5999,299],
4          "2022-8":[2632,6121,498],
5          "2022-9":[1458,2569,365],
6          }
7  df = pd.DataFrame(data)
8  df
```

	项目	2022-7	2022-8	2022-9
0	智能手表m-10	2599	2632	1458
1	智慧屏va-3.4	5999	6121	2569
2	颈椎按摩仪dg-98	299	498	365

图 5 – 14　基础数据代码与运行结果

【例 5 – 6】宽表转长表，示例代码及运行结果如图 5 – 15 所示。

```
1  df8 = pd.melt(df)
2  df8
```

	variable	value
0	项目	智能手表m-10
1	项目	智慧屏va-3.4
2	项目	颈椎按摩仪dg-98
3	2022-7	2599
4	2022-7	5999
5	2022-7	299
6	2022-8	2632
7	2022-8	6121
8	2022-8	498
9	2022-9	1458
10	2022-9	2569
11	2022-9	365

图 5 – 15　宽表转长表

如果将整个表转换输出通常没有多大意义，所以通常情况下至少指定了 id_vars 参数。

【例 5 – 7】指定保留的列名，示例代码及运行结果如图 5 – 16 所示。

```
1  df8 = df.melt(id_vars="项目")
2  df8
```

	项目	variable	value
0	智能手表m-10	2022-7	2599
1	智慧屏va-3.4	2022-7	5999
2	颈椎按摩仪dg-98	2022-7	299
3	智能手表m-10	2022-8	2632
4	智慧屏va-3.4	2022-8	6121
5	颈椎按摩仪dg-98	2022-8	498
6	智能手表m-10	2022-9	1458
7	智慧屏va-3.4	2022-9	2569
8	颈椎按摩仪dg-98	2022-9	365

图 5 – 16 melt( ) 方法 id_vars = 参数说明

【例 5 – 8】设置转换成行的变量的列名及值的列名，让数据的意义更清晰，示例代码及运行结果如图 5 – 17 所示。

```
1  df8 = df.melt(id_vars="项目",var_name="月份",value_name="销售额")
2  df8
```

	项目	月份	销售额
0	智能手表m-10	2022-7	2599
1	智慧屏va-3.4	2022-7	5999
2	颈椎按摩仪dg-98	2022-7	299
3	智能手表m-10	2022-8	2632
4	智慧屏va-3.4	2022-8	6121
5	颈椎按摩仪dg-98	2022-8	498
6	智能手表m-10	2022-9	1458
7	智慧屏va-3.4	2022-9	2569
8	颈椎按摩仪dg-98	2022-9	365

图 5 – 17 melt( ) 方法 var_name = ，value_name = 参数说明

【例 5-9】 指定要转换成行的列,只输出 2022 年 7 月的数据,示例代码及运行结果如图 5-18 所示。

```
1  df8 = df.melt(id_vars="项目",var_name="月份",value_name="销售额",
2            value_vars="2022-7")
3  df8
```

	项目	月份	销售额
0	智能手表m-10	2022-7	2599
1	智慧屏va-3.4	2022-7	5999
2	颈椎按摩仪dg-98	2022-7	299

图 5-18　melt( ) 方法 value_vars 参数说明

五、读取"销售回款计划表"

任务实施 5-1-5

读取"销售计划表.xlsx"中的"销售回款计划表",示例代码如图 5-19 所示。

任务实施 5-1-5 至 5-1-9 代码录屏

```
1  df2 = pd.read_excel(path,sheet_name = '销售回款计划',header=[1,2])
2  df2
```

	序号	渠道	产品	责任人	1季度			2季度			3季度		
	Unnamed: 0_level_1	Unnamed: 1_level_1	Unnamed: 2_level_1	Unnamed: 3_level_1	上期销售回款率	当期销售回款率	下期销售回款率	上期销售回款率	当期销售回款率	下期销售回款率	上期销售回款率	当期销售回款率	下期销售回款率
0	1	直销	智能语音播放器	销售一组	0.2	0.8	0.2	0.2	0.8	0.2	0.2	0.8	0.2
1	5	代理	智能语音播放器	销售二组	0.3	0.7	0.3	0.3	0.7	0.3	0.3	0.7	0.3
2	9	线上	智能语音播放器	销售三组	NaN	1.0	NaN	NaN	1.0	NaN	NaN	1.0	NaN

图 5-19　任务实施 5-1-5

六、筛选"销售回款计划表"中的数据

任务实施 5-1-6

筛选列名包含"渠道""产品""责任人""销售回款率"的列,示例代码及运行结果如图 5-20 所示。

```
1  df2 = df2.filter(regex ='[渠道产品责任人销售回款率]')
2  df2
```

渠道	产品	责任人	1季度			2季度			3季度			4季度		
Unnamed: 1_level_1	Unnamed: 2_level_1	Unnamed: 3_level_1	上期销售回款率	当期销售回款率	下期销售回款率	上期销售回款率	当期销售回款率	下期销售回款率	上期销售回款率	当期销售回款率	下期销售回款率	上期销售回款率	当期销售回款率	下期销售回款率
直销	智能语音播放器	销售一组	0.2	0.8	0.2	0.2	0.8	0.2	0.2	0.8	0.2	0.2	0.8	0.2
代理	智能语音播放器	销售二组	0.3	0.7	0.3	0.3	0.7	0.3	0.3	0.7	0.3	0.3	0.7	0.3
线上	智能语音播放器	销售三组	NaN	1.0	NaN	NaN	1.0	NaN	NaN	1.0	NaN	NaN	1.0	NaN

图 5-20 任务实施 5-1-6

观察结果,二层列名中含有无意义的列名,比如 Unnamed:1_level_1,这些列名需要清除。

七、清洗"销售回款计划表"中的数据

任务实施 5-1-7

Step1 删除含有"Unnamed"的列名

去除掉列名中含有' Unnamed '的列名称,示例代码及运行结果如图 5-21 所示。

代码行 1 的作用是在变量 df2 中获取第一层列名,即"渠道"、"产品"等。获取的列名

```
1  a = df2.columns.get_level_values(0)
2  b = df2.columns.get_level_values(1)
3  b = [x if not x.startswith('Unnamed') else '' for x in b]
4  df2.columns = [a,b]
5  df2
```

渠道	产品	责任人	1季度			2季度			3季度			4季度		
			上期销售回款率	当期销售回款率	下期销售回款率	上期销售回款率	当期销售回款率	下期销售回款率	上期销售回款率	当期销售回款率	下期销售回款率	上期销售回款率	当期销售回款率	下期销售回款率
0	直销	智能语音播放器	销售一组	0.2	0.8	0.2	0.2	0.8	0.2	0.2	0.8	0.2	0.2	0.8	0.2

图 5-21 任务实施 5-1-7（1）

以列表的形式保存在变量 a 中。使用了 <DataFrame 对象>.columns.get_level_values（索引号）的方法获取指定层的列名。

代码行 2 的作用是在变量 df2 中获取第二层列名，即"Unnamed：1_level_1""Unnamed：2_level_1"等。获取的列名以列表的形式保存在变量 b 中。

代码行 3 的作用是获取变量 b 中不含"Unnamed"字符串的列名，并重新赋值给变量 b。

代码行 3 的具体理解如图 5-22 所示。

```
1  a = df2.columns.get_level_values(0)
2  b = df2.columns.get_level_values(1)
3  b = [x if not x.startswith('Unnamed') else '' for x in b]
```

2-如果循环变量中不包含以"Unnamed"字符串开头的字符，则返回循环变量x

1-遍历变量b

3-否则返回空字符 一对单引号，表示空字符串

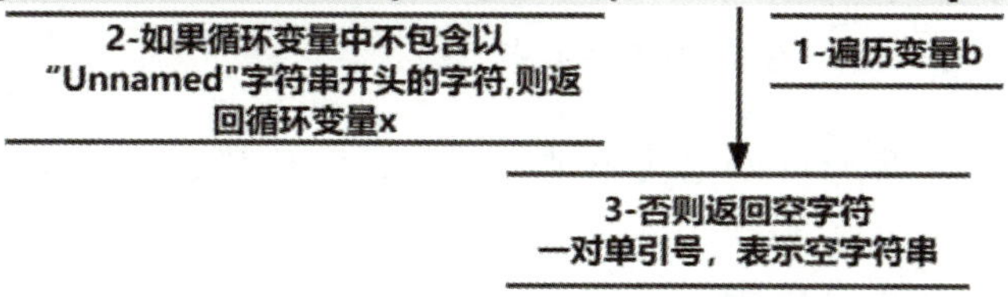

图 5-22 解读代码行 3

Python财务应用

图 5-21 中代码行 4 的作用是将变量 a, b 组合成列表后,作为变量 df2 的列名,此时,变量 b 已经是重新获取的列名,即不含"Unnamed"字符串的列名。

Step2　设置行索引并重命名行索引名称

将"渠道""产品""责任人"设置为行索引,同时将第一层的列名转为行索引,补充由列名转换成行索引的索引名称,示例代码及运行结果如图 5-23 所示。

```
1  #将'渠道','产品','责任人'设置为行索引,并将第一层的列名转为行索引
2  df3 = df2.set_index(['渠道','产品','责任人']).stack(0)
3
4  #补充列名转换行索引后的索引名称
5  df3.index.names = ['渠道', '产品', '责任人', '季度']
6  df3
```

渠道	产品	责任人	季度	上期销售回款率	下期销售回款率	当期销售回款率
直销	智能语音播放器	销售一组	1季度	0.2	0.2	0.8
			2季度	0.2	0.2	0.8
			3季度	0.2	0.2	0.8
			4季度	0.2	0.2	0.8
代理	智能语音播放器	销售二组	1季度	0.3	0.3	0.7
			2季度	0.3	0.3	0.7
			3季度	0.3	0.3	0.7
			4季度	0.3	0.3	0.7
线上	智能语音播放器	销售三组	1季度	NaN	NaN	1.0
			2季度	NaN	NaN	1.0
			3季度	NaN	NaN	1.0
			4季度	NaN	NaN	1.0

图 5-23　任务实施 5-1-7(2)

代码行 1 的作用是重塑索引,我们可以把代码进行分解,以理解它们的作用,请观察图 5-24 和图 5-25。

stack(列名索引号)方法的作用是将指定层的列名转换为行索引,参数 0 表示第一层列名,1 表示第二层列名。

```
1  #将'渠道','产品','责任人'设置为行索引, 并将第一层的列名转为行索引
2  df3 = df2.set_index(['渠道','产品','责任人'])
3
4  #补充列名转换行索引后的索引名称
5  #df3.index.names = ['渠道', '产品', '责任人', '季度']
6  df3
```

渠道	产品	责任人	1季度 上期销售回款率	1季度 当期销售回款率	1季度 下期销售回款率	2季度 上期销售回款率	2季度 当期销售回款率	2季度 下期销售回款率	3季度 上期销售回款率	3季度 当期销售回款率	3季度 下期销售回款率	4季度 上期销售回款率	4季度 当期销售回款率	4季度 下期销售回款率
直销	智能语音播放器	销售一组	0.2	0.8	0.2	0.2	0.8	0.2	0.2	0.8	0.2	0.2	0.8	0.2

图 5-24 重设索引

```
1  #将'渠道','产品','责任人'设置为行索引, 并将第一层的列名转为行索引
2  df3 = df2.set_index(['渠道','产品','责任人']).stack(0)
3
4  #补充列名转换行索引后的索引名称
5  #df3.index.names = ['渠道', '产品', '责任人', '季度']
6  df3
```

渠道	产品	责任人		上期销售回款率	下期销售回款率	当期销售回款率
直销	智能语音播放器	销售一组	1季度	0.2	0.2	0.8
			2季度	0.2	0.2	0.8
			3季度	0.2	0.2	0.8
			4季度	0.2	0.2	0.8
代理	智能语音播放器	销售二组	1季度	0.3	0.3	0.7

图 5-25 将第一层列名设为索引

八、编制产品销售预算表

任务实施 5-1-8

Pandas 库 stack() 方法

Step1　计算现金销售额及下期赊销总额

将变量 df1 和变量 df3 进行合并,并添加"本期现金销售额"列和"下期赊销总额"列。

本期现金销售额 = 销售额 × 当期销售回款率

下期赊销总额 = 销售额 × 下期销售回款率

示例代码及运行结果如图 5-26 所示。

```
1  df4 = pd.merge(df1,df3,right_index=True,left_index=True)
2  df4['本期现金销售额'] = df4['销售额']*df4['当期销售回款率']
3  df4['下期赊销总额'] = df4['销售额']*df4['下期销售回款率']
4  df4
```

渠道	产品	责任人	季度	销售额	上期销售回款率	下期销售回款率	当期销售回款率	本期现金销售额	下期赊销总额
直销	智能语音播放器	销售一组	1季度	96000000	0.2	0.2	0.8	76800000.0	19200000.0
代理	智能语音播放器	销售二组	1季度	37440000	0.3	0.3	0.7	26208000.0	11232000.0
线上	智能语音播放器	销售三组	1季度	10360000	NaN	NaN	1.0	10360000.0	NaN
直销	智能语音播放器	销售一组	2季度	91200000	0.2	0.2	0.8	72960000.0	18240000.0
代理	智能语音播放器	销售二组	2季度	35568000	0.3	0.3	0.7	24897600.0	10670400.0
线上	智能语音播放器	销售三组	2季度	9940000	NaN	NaN	1.0	9940000.0	NaN
直销	智能语音播放器	销售一组	3季度	101760000	0.2	0.2	0.8	81408000.0	20352000.0
代理	智能语音播放器	销售二组	3季度	39686400	0.3	0.3	0.7	27780480.0	11905920.0
线上	智能语音播放器	销售三组	3季度	11200000	NaN	NaN	1.0	11200000.0	NaN
直销	智能语音播放器	销售一组	4季度	99840000	0.2	0.2	0.8	79872000.0	19968000.0
代理	智能语音播放器	销售二组	4季度	38937600	0.3	0.3	0.7	27256320.0	11681280.0
线上	智能语音播放器	销售三组	4季度	10780000	NaN	NaN	1.0	10780000.0	NaN

图 5-26　任务实施 5-1-8(1)

代码行 1 的作用是使用来自左右表格的索引作为连接键拼接 df1 表格和 df2 表格。

代码行 2 和代码行 3 的作用是计算"本期现金销售额"和"下期赊销总额",并增加相应的列。

Step2　按季度汇总本期现金销售额和下期赊销总额

按季度汇总数据后,将表格转置,示例代码及运行结果如图 5-27 所示。

```
1  df5 = df4.groupby(['季度'])['销售额','本期现金销售额','下期赊销总额'].sum().T
2  df5
```

```
C:\Users\admin\AppData\Local\Temp\ipykernel_70108\3175751224.py:1: Future
Warning: Indexing with multiple keys (implicitly converted to a tuple of keys) will
be deprecated, use a list instead.
  df5 = df4.groupby(['季度'])['销售额','本期现金销售额','下期赊销总额'].sum().T
```

季度	1季度	2季度	3季度	4季度
销售额	143800000.0	136708000.0	152646400.0	149557600.0
本期现金销售额	113368000.0	107797600.0	120388480.0	117908320.0
下期赊销总额	30432000.0	28910400.0	32257920.0	31649280.0

图 5-27　任务实施 5-1-8（2）

Step3　计算上期赊销总额

示例代码及运行结果如图 5-28 所示。

```
1  df5.loc['上期赊销总额'] = df5.loc['下期赊销总额'].shift(1)
2  df5 = df5.fillna(0) #缺失值用0填充
3  df5
```

季度	1季度	2季度	3季度	4季度
销售额	143800000.0	136708000.0	152646400.0	149557600.0
本期现金销售额	113368000.0	107797600.0	120388480.0	117908320.0
下期赊销总额	30432000.0	28910400.0	32257920.0	31649280.0
上期赊销总额	0.0	30432000.0	28910400.0	32257920.0

图 5-28　任务实施 5-1-8（3）

代码行 1 的作用是复制出"下期赊销总额"行的值，赋值给"上期赊销总额"，赋值时位置往右移动一列，使用了 Pandas 库中的 shift( ) 方法设置移动的幅度，shift( ) 方法的语法规则是：

＜DataFrame 对象＞. shift(periods = 移动幅度）

【参数说明】

periods = ，表示位置移动的幅度，正数表示向下移动，负数表示向上

Pandas 库
shift( ) 方法

> Python财务应用

移动，如果 shift( ) 作用的对象是 Series 对象，正数表示向右移动，负数表示向左移动。

观察图 5-29 和图 5-30 的案例，理解 shift( ) 方法参数的作用。

```
1  df5.loc['上期赊销总额'] = df5.loc['下期赊销总额'].shift(2)
2  df5 = df5.fillna(0)#缺失值用0填充
3  df5
```

季度	1季度	2季度	3季度	4季度	年度合计
销售额	143800000.0	136708000.0	152646400.0	149557600.0	582712000.0
本期现金销售额	113368000.0	107797600.0	120388480.0	117908320.0	459462400.0
下期赊销总额	30432000.0	28910400.0	32257920.0	31649280.0	123249600.0
上期赊销总额	0.0	0.0	30432000.0	28910400.0	32257920.0
现金收入合计	113368000.0	138229600.0	149298880.0	150166240.0	551062720.0

图 5-29 shift( ) 方法中 periods = 2

```
1  df5.loc['上期赊销总额'] = df5.loc['下期赊销总额'].shift(-1)
2  df5 = df5.fillna(0)#缺失值用0填充
3  df5
```

季度	1季度	2季度	3季度	4季度	年度合计
销售额	143800000.0	136708000.0	152646400.0	149557600.0	582712000.0
本期现金销售额	113368000.0	107797600.0	120388480.0	117908320.0	459462400.0
下期赊销总额	30432000.0	28910400.0	32257920.0	31649280.0	123249600.0
上期赊销总额	28910400.0	32257920.0	31649280.0	123249600.0	0.0
现金收入合计	113368000.0	138229600.0	149298880.0	150166240.0	551062720.0

图 5-30 shift( ) 方法中 periods = -1

Step4 汇总数据

将 df5 中各季度的"上期赊销额"和"本期现金销售额"数据按列进行合计，计算出产品销售总收入，把每个指标各季度的数据进行合计，计算出"年度合计"，并增加"年度合计"列，示例代码及运行结果如图 5-31 所示。

```
1  df5.loc['现金收入合计'] = df5.loc['上期赊销总额']+df5.loc['本期现金销售额']
2  df5['年度合计'] = df5['1季度']+df5['2季度']+df5['3季度']+df5['4季度']
3  df5
```

季度	1季度	2季度	3季度	4季度	年度合计
销售额	14380000.0	13670800.0	15264640.0	24657760.0	67973200.0
本期现金销售额	11336800.0	10779760.0	12038848.0	21492832.0	55648240.0
下期赊销总额	3043200.0	2891040.0	3225792.0	3164928.0	12324960.0
上期赊销总额	0.0	3043200.0	2891040.0	3225792.0	9160032.0
现金收入合计	11336800.0	13822960.0	14929888.0	24718624.0	64808272.0

图 5-31　任务实施 5-1-8（4）

九、保存数据结果

任务实施 5-1-9

将变量 df 保存到"智能语音播放器全面预算.xlsx"的"销售预算表"工作表中，将变量 df5 保存到相同的工作簿下的"预计现金收入表"工作表中，示例代码如图 5-32 所示。

```
1  with pd.ExcelWriter('智能语音播放器全面预算.xlsx') as writer:
2      df.to_excel(writer, sheet_name='销售预算表',index=False)
3      df5.to_excel(writer, sheet_name='预计现金收入表')
```

图 5-32　任务实施 5-1-9

代码行 1 的作用是打开"智能语音播放器全面预算.xlsx"工作簿，并将此对象保存在变量 writer 中。

代码行 2 和代码行 3 的作用是在变量 writer 中增加"销售预算表"和"预计现金收入表"。

十、可视化产品销售收入和现金收入

任务实施 5-1-10

绘制"产品销售收入"和"现金收入"数据的柱状图，示例代码及运行结果如图 5-33 所示。

任务实施 5-1-10
代码录屏

```
1   #从matplotlib库导入pyplot模块并将其命名为plt
2   import matplotlib.pyplot as plt
3   import numpy as np
4   plt.rcParams['font.family']='kaiTi'  # 用楷体显示中文
5   plt.rcParams['axes.unicode_minus']=False # 正常显示负号
6   plt.rcParams["font.size"] = 14 #设置字体大小
7
8   plt.figure(figsize=(14,8))
9   df6 = df5.drop('年度合计',axis=1)
10  x =  np.array([i for i in range(len(df6.columns))])
11  y = df6.loc['销售额']
12  z = df6.loc['现金收入合计']
13  width = 0.2
14
15  plt.bar(x, y, width=width, label='销售额',color='#3399cc')
16  plt.bar(x+width, z, width=width, label='现金收入合计',color='#99ff66')
17  plt.xticks(x+width/2,df6.columns)
18
19  plt.title('产品销售收入和现金收入')
20  plt.ylabel('金额')
21  plt.legend()
22  plt.grid()
23  plt.show()
```

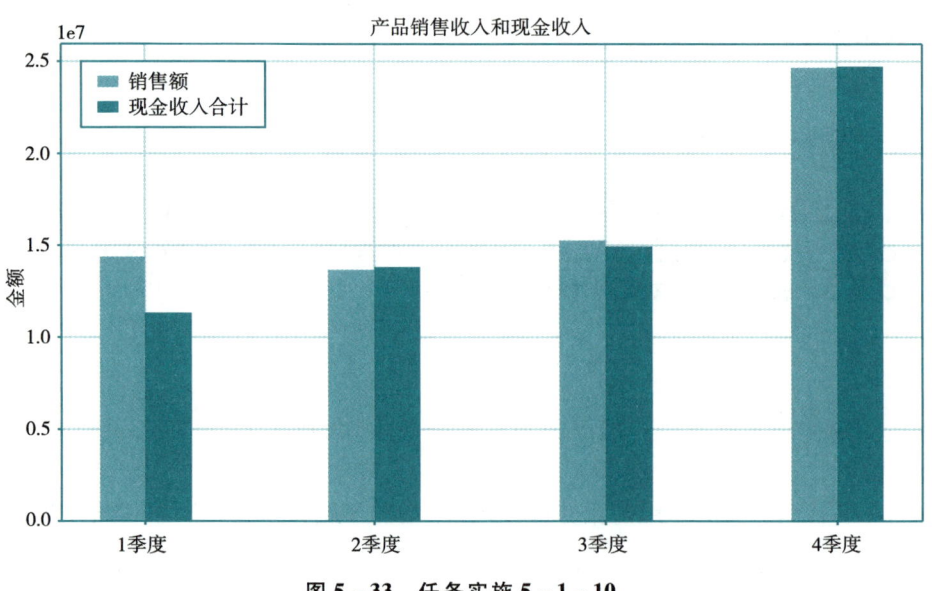

图 5-33　任务实施 5-1-10

至此，产品销售预算程序代码开发完成。

考核的重点是理论知识的掌握水平、技术技能的应用水平以及职业素养，学习者可以从

以上三个方面评价学习效果，具体评价项目及标准如表 5-4 所示。

表 5-4　　　　　　　　　　　　模块考核评价标准

考核项目	考核内容	配分	得分
理论知识水平	能正确解释产品销售预算的程序流程	10	
	能正确复述以下方法的语法规则 Pandas 库： filter( ) 方法　melt( ) 方法　stack( ) 方法　shift( ) 方法	10	
	能正确举例说明上表各方法的参数作用与设置方法	10	
	理论知识水平总分	30	
技术技能应用水平	能绘制产品销售预算程序流程图	10	
	能将产品销售预算结果保存到 Excel 工作表中	5	
	能应用 Pandas 库中 filter( ) 方法根据指定索引中的标签对 DataFrame 的行或列进行过滤，返回符合条件的 DataFrame 数据表	10	
	能应用 Pandas 库中 melt( ) 方法重塑 DataFrame 表格	5	
	能应用 Pandas 库中 stack( ) 方法将指定层列名转换成行索引	5	
	能应用 Pandas 库中 shift( ) 方法设置数据移动的幅度	5	
	技术技能应用水平总分	40	
职业素养	向同学、老师请教时态度友好、诚恳	5	
	编程过程中遇到困难时主动寻求解决方法，耐心阅读方法说明与案例，如需求助于人时，先准备好咨询的问题，并准确、清晰地表达	5	
	检查任务成果时细致、认真、严谨，也可邀请别人一起检查	5	
	调试程序过程中能修改自己的错误	5	
	在别人的帮助下能将代码调试成功	5	
	面对同学的求助，积极响应	5	
	职业素养总分	30	
	综合评价总分	100	

总结与提高

一、任务实施情况分析

任务完成后，学习者根据任务实施情况，分析存在的问题及原因，并填写表 5-5。指导老师对任务实施情况进行评价。

表 5-5   产品销售预算任务实施情况分析表

任务实施过程	存在的问题	解决的办法
设置环境		
读取销售计划表		
筛选及清理"销售计划表"中的数据		
读取销售回款计划表		
筛选及清理"销售回款计划表"中的数据		
编制产品销售预算		
保存数据结果		

二、总结

（1）正则表达式是对字符串操作的一种逻辑公式，就是用事先定义好的一些特定字符及这些特定字符的组合，组成一个"规则字符串"，这个"规则字符串"用来表达对字符串的一种过滤逻辑。

（2）结合 <DataFrame 对象>.filter() 方法与正则表达式，可以对表格进行灵活的数据筛选。

（3）在数据分析过程中能对现有数据进行重塑是一项重要的技能，<DataFrame 对象>.melt 是表格数据重塑的重要方法。

（4）销售预算，是指为销售活动编制的预算，是总预算的基础，它同其他各项预算之间，在不同程度上有着直接或间接的相互关系。销售预算一经确定，就成为生产预算以及各项生产成本预算等的编制依据。

（5）产品销售预算是对销售估计规模的保守估计，主要用于购买、生产和现金流量的决策。显然，销售预算既要考虑销售预测，又要避免过高的风险，一般销售预算要略低于企业预测值。

（6）销售收入预算最终形成销售预算表和预计现金收入表。

模块二　滚动销售计划

> 描述工作任务

在智能语音播放器产品销售预算的基础上，结合运营期第 1 季度的实际销售收入，按季度编制新产品的滚动销售计划。

滚动销售计划
工作任务与
工作计划

表 5 - 6　　　　　　　　　　　工作任务卡

任务编号	12	任务名称	滚动销售计划	工作区域	财务大数据实训中心
建议学时	2～3	参考文件或资料	知识学习目标中相关的 Pandas 库中的相关方法说明		
德技兼修	（1）接到任务时，先对任务进行整体分析，基于数据源条件规划实现任务目的的路径 （2）编程过程中遇到困难时主动寻求解决方法，耐心阅读方法说明与案例，如需求助于人时，先准备好咨询的问题，并准确、清晰地表达 （3）根据任务的需求修改获取的代码 （4）检查任务成果时细致、认真、严谨，也可邀请别人一起检查 （5）养成勤学好问、勤于思考、诚恳待人、严谨细致的工作态度				
工作任务	（1）编制 2022 年季度销售额滚动销售计划表 （2）设计与编写销售额滚动计划程序				

> 制订工作计划

根据任务目的，我们可以梳理出完成此任务的大致工作计划，如图 5 - 34 所示。

图 5 - 34　工作计划流程图

Python财务应用

执行工作计划

首先，把工作过程还原出来，然后思考如何编写实现每一个步骤的代码。

通过流程图的方式把手工的工作过程还原出来，如图5-35所示。

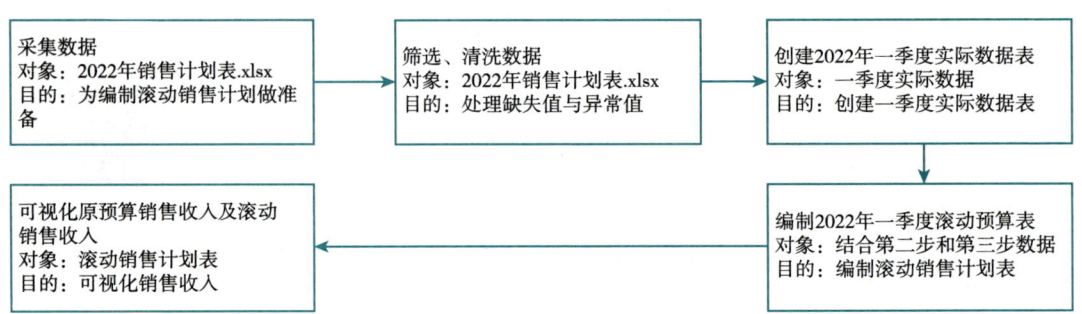

图5-35 滚动预算表的工作流程图

用代码实现以上工作过程的程序流程图，如图5-36所示。

因为要对数据进行分析处理，所以用到Pandas库和NumPy库，因为需要绘制散点图，所以用到Matplotlib库。

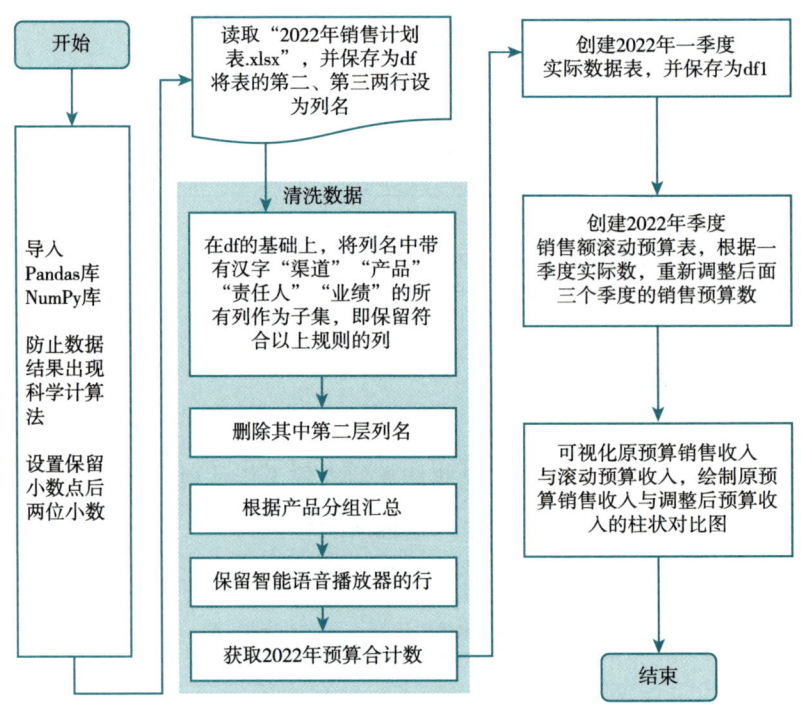

图5-36 滚动预算程序流程图

一、设置环境

任务实施 5-2-1

示例代码如图 5-37 所示。

任务实施 5-2
代码录屏

```
1  import pandas as pd
2  import numpy as np
3  #防止数据结果出现科学计算法
4  np.set_printoptions(suppress=True)
5  pd.set_option('display.float_format',lambda x : '%.2f' % x)
```

图 5-37　任务实施 5-2-1

二、读取"销售计划表"

任务实施 5-2-2

读取"2022 年销售计划表.xlsx",将表的第二、第三两行设为列名,示例代码及运行结果如图 5-38 所示。

```
1  df = pd.read_excel('./2022年销售计划表.xlsx',header =[1,2])
2  df
```

	序号	渠道	产品	责任人	1季度				
	Unnamed: 0_level_1	Unnamed: 1_level_1	Unnamed: 2_level_1	Unnamed: 3_level_1	业绩\n(元)	销量\n(只)	单价\n(元)	业绩\n(元)	销量\n(只)
0	1	直销	语音门铃	销售一组	9000000	200000	45.00	8550000	190000
1	2	NaN	智能语音播放器	销售一组	9600000	160000	60.00	9120000	152000

图 5-38　任务实施 5-2-2

代码行 1 的作用是读取 Excel 工作簿,并赋值给变量 df。

三、清洗数据

任务实施 5-2-3

Step1 筛选数据

筛选列名中包含"渠道""产品""责任人"和"业绩"的列,这些列数据与滚动销售预测相关,示例代码及运行结果如图 5-39 所示。

```
1  df = df.filter(regex ='[渠道产品责任人业绩]')
2  df
```

	渠道 Unnamed: 1_level_1	产品 Unnamed: 2_level_1	责任人 Unnamed: 3_level_1	1季度 业绩\n (元)	2季度 业绩\n (元)	3季度 业绩\n (元)	4季度 业绩\n (元)	年度合计 业绩\n (元)
0	直销	语音门铃	销售一组	9000000	8550000	9540000	9360000	36450000
1	NaN	智能语音播放器	销售一组	9600000	9120000	10176000	9984000	38880000

图 5-39 任务实施 5-2-3(1)

代码行 1 的作用是使用正则表达式筛选列名中包含"渠道产品责任人业绩"中任意字段的列。

Step2 整理列名

删除第二层列名,示例代码及运行结果如图 5-40 所示。

```
1  # 直接去除一层
2  df.columns = df.columns.droplevel(1)
3  df
```

	渠道	产品	责任人	1季度	2季度	3季度	4季度	年度合计
0	直销	语音门铃	销售一组	9000000	8550000	9540000	9360000	36450000
1	NaN	智能语音播放器	销售一组	9600000	9120000	10176000	9984000	38880000

图 5-40 任务实施 5-2-3(2)

Step3 根据产品分组汇总

根据"产品"列,对数据进行汇总,示例代码及运行结果如图 5-41 所示。

```
1  df = df.groupby('产品').sum()
2  df
```

	1季度	2季度	3季度	4季度	年度合计
产品					
智能小麦克	37766000	35877700	40031960	39276640	152952300
智能扩音器	22000000	20900000	23320000	22880000	89100000
智能语音播放器	28760000	27341600	30529280	49315520	135946400
语音门铃	44520000	42294000	47191200	46300800	180306000

图 5-41 任务实施 5-2-3（3）

Step4 保留智能语音播放器的行

只保留"智能语音播放器"产品的数据，示例代码及运行结果如图 5-42 所示。

```
1  df = df[df.index =='智能语音播放器']
2  df
```

	1季度	2季度	3季度	4季度	年度合计
产品					
智能语音播放器	28760000	27341600	30529280	49315520	135946400

图 5-42 任务实施 5-2-3（4）

代码行 1 的作用是通过设置筛选条件获取目标数据行，此处的筛选条件是行索引为"智能语音播放器"，当筛选条件满足时，数据被保留下来。

Step5 获取 2022 年 1 季度实际数据表

获取 2022 年 1 季度的实际数据，示例代码如图 5-43 所示。

```
1  #获取2022年预算合计数据，并赋值给变量total_data
2  total_data = df.iloc[0,-1]
3  total_data
```

图 5-43 任务实施 5-2-3（5）

代码行 1 的作用是获取变量 df 中第一行的倒数第一个数据，即智能语音播放器的年度合计数据。

四、创建 2022 年 1 季度实际数据表

任务实施 5-2-4

创建智能语音播放器 2022 年 1 季度的实际销售额数据表，示例代码及运行结果如图 5-44 所示。

```
1  #创建数据表
2  df1 = pd.DataFrame(index=['智能语音播放器'])
3  #2022年1季度实际数22688000元
4  df1['1季度实际数'] = [22688000]
5  df1
```

	1季度实际数
智能语音播放器	22688000

图 5-44 任务实施 5-2-4

代码行 2 的作用是创建 DataFrame 数据表，并设置行索引为"智能语音播放器"，并赋值给变量 df1。

代码行 3 的作用是在变量 df1 中增加"1 季度实际数"列，并赋值 2022 年 1 季度实际销售额数据。

五、创建 2022 年季度销售额滚动预算表

任务实施 5-2-5

根据 1 季度的实际销售额以及第 2、第 3 和第 4 季度的销售额预测数据，调整销售预算数。

$$\text{调整后的第 n 季度预算数} = (\text{销售额预算总额} - 1\text{季度实际销售额}) \times \frac{n\text{季度预算销售额}}{1 - 1\text{季度预算销售额}}$$

示例代码及运行结果如图 5-45 所示。

代码行 1 的作用是自动生成季度数字，i 的值是 2，3，4。

代码行 2 和代码行 3 的作用是计算第 n 季度的调整后销售额预算数，并使用 map() 方法进行计算结果的自动填充。

【提示】代码行中引号内的%d 是一个占位符，表示此位置有一个数字，具体内容由%i 决定。

```
1  for i in range(2,5):
2      df1['%d季度'%i] =(total_data-df1['1季度实际数'])* \
3      df['%d季度'%i]/(df['年度合计']-df['1季度']).map(round)
4  df1
```

	1季度实际数	2季度	3季度	4季度
智能语音播放器	22688000	28890473.69	32258732.51	52109193.80

图 5-45 任务实施 5-2-5

六、可视化原预算销售收入与调整后预算收入

任务实施 5-2-6

可视化原预算销售收入与调整后预算收入，示例代码及运行结果如图 5-46 所示。

```
1   #从matplotlib库导入pyplot模块并将其命名为plt
2   import matplotlib.pyplot as plt
3   import numpy as np
4   plt.rcParams['font.family']='kaiTi' # 用楷体显示中文
5   plt.rcParams['axes.unicode_minus']=False # 正常显示负号
6   plt.rcParams["font.size"] = 14 #设置字体大小
7
8   plt.figure(figsize=(18,8))
9
10  x =  np.array([i for i in range(len(df1.columns))])
11  y = df1.loc['智能语音播放器']
12  z = df.loc['智能语音播放器'].drop('年度合计')
13  df3 = df.drop("年度合计",axis=1)
14
15  width = 0.2
16  plt.bar(x, y, width=width, label='调整后预算收入',color='#DEB887')
17  plt.bar(x+width, z, width=width, label='原预算销售收入',color='y')
18  plt.xticks(x+width/2,df3.columns)
19  plt.title('产品1-4季度原预算销售收入与调整后预算销售收入')
20  plt.ylabel('金额')
21
22  plt.legend()
23  plt.grid()
24  plt.show()
```

Python财务应用

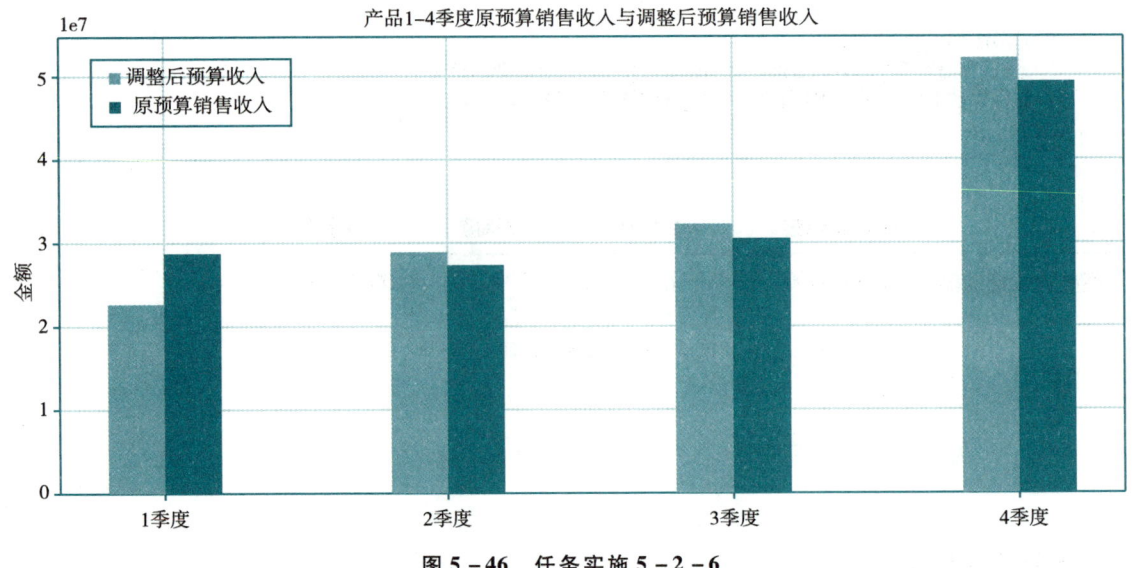

图 5-46 任务实施 5-2-6

至此,智能语音播放器销售滚动预算程序开发完毕。

七、撰写销售预算执行情况分析报告

销售预算执行情况分析报告

智能语音播放器产品预算销售收入数据如图 5-47 所示。

图 5-47 产品预算销售收入

经营期第 1 年的滚动销售计划如图 5-48 所示。

从图 5-47 和图 5-48 中可知,智能语音播放器在经营期第 1 年第 1 季度的实际销售额略低于预期,需要查找产生差异的原因,是执行力度问题?还是预算不准确的问题?另外,可以考虑加强以下几方面的管理:

(1)绩效管理。对每个月销售收入预算准确度和实际销售收入进行绩效考核并严肃执行,完成好的奖励,完成差的处罚。

(2)流程控制。详细了解销售收入变化的问题点和管控点,协助销售部门形成销售收入管理制度,进行事前、事中、事后的参与和管控。

(3)应急储备。财务要有一定额度的储备资金,用于由于销售收入未及预期造成的销售回款严重偏差的应急处理,再通过今后的销售回款予以补足。

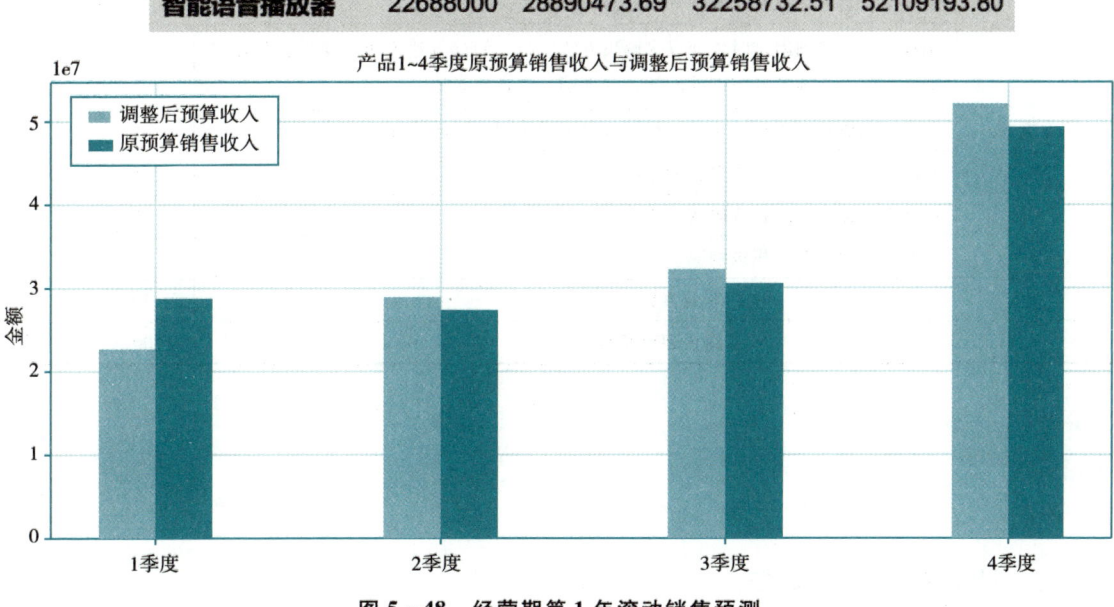

图 5-48　经营期第 1 年滚动销售预测

（4）配套措施。在对销售端的销售渠道、销售方式管理的充分挖潜下，通过增加销售渠道，丰富销售方式，在节假日加大促销力度等手段增加销售量，多管齐下，增加销售收入。

考核与评价

考核的重点是理论知识的掌握水平、技术技能的应用水平以及职业素养，学习者可以从以上三个方面评价学习效果，具体评价项目及标准如表 5-7 所示。

表 5-7　　　　　　　　　　　模块考核评价标准

考核项目	考核内容	配分	得分
理论知识水平	能正确解释滚动销售计划的程序流程	20	
	理论知识水平总分	20	
技术技能应用水平	能绘制滚动销售计划程序流程图	10	
	能综合应用技能编制 2022 年度产品季度滚动销售计划并可视化销售预算数据和滚动销售计划数据	20	
	能撰写智能语音播放器销售预算执行情况分析报告	20	
	技术技能应用水平总分	50	

续表

考核项目	考核内容	配分	得分
职业素养	向同学、老师请教时态度友好、诚恳	5	
	编程过程中遇到困难时主动寻求解决方法，耐心阅读方法说明与案例，如需求助于人时，先准备好咨询的问题，并准确、清晰地表达	5	
	检查任务成果时细致、认真、严谨，也可邀请别人一起检查	5	
	调试程序过程中能修改自己的错误	5	
	在别人的帮助下能将代码调试成功	5	
	面对同学的求助，积极响应	5	
	职业素养总分	30	
	综合评价总分	100	

总结与提高

一、任务实施情况分析

任务完成后，学习者根据任务实施情况，分析存在的问题及原因，并填写表 5－8。指导老师对任务实施情况进行评价。

表 5－8　　　　　　　　滚动销售计划任务实施情况分析表

任务实施过程	存在的问题	解决的办法
设置环境		
读取销售计划表		
清洗数据		
创建 2022 年 1 季度实际数据表		
创建 2022 年季度销售额滚动预算表		

二、总结

（1）Python 语言工具在众多的标准库和第三方库的加持下，能解决多个专业领域的问题，Python 数据分析是财务领域使用得最多的。

（2）滚动计划法是一种定期修订未来计划的方法。根据计划的执行情况和环境变化情况定期修订未来的计划，并逐期向前推移，使短期计划、中期计划有机结合起来的方法。

（3）滚动计划对保证项目的顺利完成具有十分重要的意义，在预算计划编制好并开始执行时，由于各种原因，在项目进行过程中经常出现偏离计划的情况，因此要跟踪计划的执行过程，以及时发现存在的问题，及时对问题进行处理，以保证原计划的完成。

一、不定项选择题

1. 有一个表格 df（见图 5-49），执行图 5-50 代码，以下说法正确的是（　　）。

| 渠道 | 产品 | 责任人 | 1季度 | 2季度 | 3季度 | 4季度 | 年度合计 |
Unnamed: 1_level_1	Unnamed: 2_level_1	Unnamed: 3_level_1	业绩\n（元）	业绩\n（元）	业绩\n（元）	业绩\n（元）	业绩\n（元）
0 直销	语音门铃	销售一组	9000000	8550000	9540000	9360000	36450000
1 NaN	智能语音播放器	销售一组	9600000	9120000	10176000	9984000	38880000
2 NaN	智能扩音器	销售一组	5400000	5130000	5724000	5616000	21870000

图 5-49

```
1  df.columns = df.columns.droplevel(1)
```

图 5-50

A. 代码的作用是删除某些行
B. 代码的作用是删除某些行名
C. 代码的作用是删除某些列
D. 代码的作用是删除某些列名

2. 在表格 df（见图 5-49）的基础上，执行图 5-51 代码，以下说法正确的是（　　）。

A. 代码行 1 的作用是用"ffill"字符串填充"渠道"列的缺失值
B. 代码行 2 的作用是在"产品"列中筛选出"智能语音播放器"的行

C. 代码行1的作用是用"直销"字符串填充"渠道"列的缺失值
D. 代码行2执行后,原变量df的内容没有发生改变,只是提取了部分数据出来

```
1  df['渠道'] = df['渠道'].fillna(method = 'ffill')
2  df = df[df['产品'] =='智能语音播放器']
```

图 5-51

3. 在表格df(见图5-49)的基础上,执行图5-52代码,以下说法正确的是(　　)。

```
1  a = df.columns.get_level_values(0)
2  b = df.columns.get_level_values(1)
3  b = [x if not x.startswith('Unnamed') else '' for x in b]
4  df.columns = [a,b]
5  df
```

图 5-52

A. 变量a的值是变量df的第1层列名称
B. 变量b的值是变量df的第1层列名称
C. 代码行3相当于以下语句结构(见图5-53):

```
1  for x in b:
2    if not x.startswith('Unnamed'):
3      ''
4    else:
5      x
```

图 5-53

D. 代码行4的作用是将列表[a,b]定义为新的列名,且列名有两层

4. 阅读图5-54代码,判断下列选项中说法正确的项为(　　)。

```
1  df = df.filter(regex ='[渠道产品责任人业绩]')
2  df
```

图 5-54

A. 在变量df存在的情况下,如果变量df中没有以"渠道产品责任人业绩"为列名称的列,代码执行会报错
B. 代码行1的作用是筛选出列名称中带有"渠道产品责任人业绩"中部分汉字的所有列
C. "[渠道产品责任人业绩]"是正则表达式
D. 代码行1的作用是筛选出列名称中带有"渠道产品责任人业绩"中一个或几个相连

汉字的所有列

5. 变量 df 的值如图 5-55 所示，阅读图 5-56 代码，判断下列选项中说法正确的项为（   ）。

	渠道	产品	责任人	1季度	2季度	3季度	4季度	年度合计
1	直销	智能语音播放器	销售一组	9600000	9120000	10176000	9984000	38880000
5	代理	智能语音播放器	销售二组	3744000	3556800	3968640	3893760	15163200
9	线上	智能语音播放器	销售三组	1036000	994000	1120000	10780000	13930000

图 5-55

```
1  df1 = pd.melt(df,id_vars=['渠道','产品','责任人'],
2         value_vars=['1季度','2季度','3季度','4季度'],
3         var_name='季度',
4         value_name='销售额')
```

图 5-56

A. 代码行 1 中 melt( ) 方法的第二个参数的作用是把变量 df 中的"渠道""产品"和"责任人"列转换为行

B. Pandas 库中的 melt( ) 方法用于重塑 DataFrame 表格

C. 代码行 2 中 melt( ) 方法的第三个参数的作用是把变量 df 中的"1 季度""2 季度""3 季度"和"4 季度"列转换为行

D. 代码行 3 中 melt( ) 方法的第四个参数的作用是设置转换成行的列名

6. 阅读图 5-57 代码，判断下列选项中说法正确的项为（   ）。

```
1  df = pd.read_excel('2022年生产预算.xlsx',header=[1,2])
```

图 5-57

A. 代码的作用是打开名为"2022 年生产预算.xlsx"工作簿

B. 代码的作用是将打开的工作簿对象保存在变量 df 中

C. 代码的作用是读取工作簿后显示第 1 行和第 2 行

D. 代码的作用是读取工作簿后显示索引号为 0 和 1 的两行

7. 阅读图 5-58 代码，判断下列选项中说法正确的项为（   ）。

A. 代码行 2 的作用是读取"智能语音播放器全面预算.xlsx"工作簿并赋值给变量 book

B. 代码行 3 的作用是将"智能语音播放器全面预算.xlsx"工作簿设置为可写入的对象，并赋值给变量 writer

C. 代码行 7~8 的作用是将指定的变量写入"智能语音播放器全面预算.xlsx"工作簿中，同时指定相应的工作表名称

D. 代码行 5 的作用是将变量 writer 设定为添加工作表模式而非覆盖

```
1  from openpyxl import load_workbook
2  book = load_workbook('智能语音播放器全面预算.xlsx')
3  writer = pd.ExcelWriter('智能语音播放器全面预算.xlsx',engine='openpyxl')
4
5  writer.book = book
6
7  df.to_excel(writer, sheet_name='生产预算表')
8  df1.to_excel(writer, sheet_name='材料采购预算表')
9  writer.save()
```

图 5-58

8. 阅读图 5-59 代码，判断下列选项中说法正确的项为（   ）。

```
1  df1 = df1.drop_duplicates()
2  df.columns = df.columns.droplevel(1)
3  df = df[~(df['渠道'] == '合计')]
```

图 5-59

A. 代码行 3 的作用是删除指定列中的指定行

B. 代码行 1 的作用是删除重复列名的列，只保留一列

C. 代码行 2 的作用是直接删除指定的一层列名

D. 代码行 1 的作用是删除重复值

9. 阅读图 5-60 代码，判断下列选项中说法正确的项为（   ）。

```
1  df2 = pd.DataFrame()
2  df3 = pd.DataFrame(columns=['项目','期末数'])
3  df3 = df3.set_index('项目')
```

图 5-60

A. 变量 df2 是一个空数据表

B. 变量 df3 是一个列名为"项目""期末数"的空数据表

C. 变量 df3 是一个行名为"项目"，列名为"期末数"的空数据表

D. 代码行 2 创建的数据表有两列

10. 观察图 5-61，判断下列选项中说法正确的项为（   ）。

A. 图像中靠右且靠下的气泡表示现金收入少同时现金支出多

B. 图像表达了销售现金收入与现金支出的关系

C. 图像中靠近左下角的气泡表示现金收入少同时现金支出也少

D. 图像中靠左且靠上的气泡表示现金收入少同时现金支出多

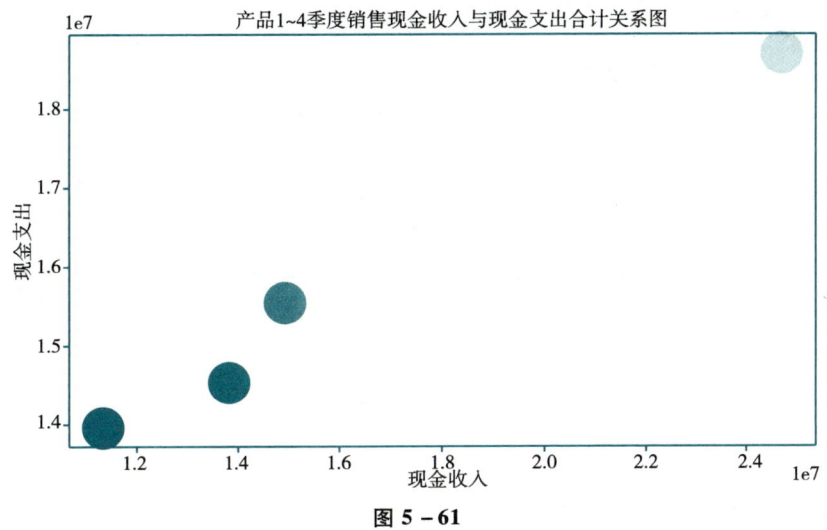

图 5-61

二、实训题

【任务场景一】

海杰电子科技有限公司计划在 2021 年 1 月投资新产品 HC88 电饭煲，2021 年度为项目投资建设期，2022 年度至 2025 年度为项目经营期。请根据 2022 年销售计划数据（详见产品销售预算实训题任务素材包）编制 HC88 电饭煲产品销售预算。

【任务要求】

1. 通过补充程序中星号（***）处的代码：编制产品销售预算表并保存为 Excel 文件。
2. 通过补充程序中星号（***）处的代码：可视化产品销售收入和现金收入。

【任务素材】

1. 2022 年销售计划表.xlsx
2. 产品销售预算（习题题目代码）.ipynb

产品销售预算实训题任务素材包

【任务场景二】

海杰电子科技有限公司计划在 2021 年 1 月投资新产品 HC88 电饭煲，2021 年度为项目投资建设期，2022 至 2025 年度为项目经营期。请根据 2022 年销售计划表.xlsx 工作表（详见滚动销售计划实训题任务素材包）编制 HC88 电饭煲产品 2022 年滚动销售计划。

【任务要求】

1. 通过补充程序中星号（***）处的代码：结合 2022 年销售计划表及 1 季度实际数，重新调整后面三个季度的销售预算数。
2. 通过补充程序中星号（***）处的代码：可视化产品 1~4 季度原预算销售收入与调整后预算销售收入。

【任务素材】

1. 2022 年销售计划表.xlsx
2. 滚动销售计划（习题题目代码）.ipynb

滚动销售计划实训题任务素材包

项目六
财务成果预算与分析

学习目标

知识学习目标：

1. 能解释财务成果预算程序的流程、财务成果分析程序的流程
2. 复述以下方法的语法规则

库（模块）名称	方法（函数）
Pandas 库	drop_duplicates( ) read_excel( )　　DataFrame 对象 str 属性及 str[起始索引：终止索引：步长] contains( )　　isin( )　　diff( )　　applymap( ) dropna( )
Matplotlib 库	scatter( )　　twinx( )　　legend( )

3. 举例说明以上方法的参数作用与设置方法

技能训练目标：

1. 绘制财务成果预算程序流程图以及财务成果分析程序流程图
2. 能应用 Pandas 库中 drop_duplicates( ) 方法对表格内容进行去重
3. 能应用 Pandas 库中 scatter( ) 方法绘制散点图
4. 能应用 Pandas 库中 read_excel( ) 方法读取一个工作簿中的多个工作表
5. 能应用 Pandas 库中 DataFrame 对象 str 属性、contains( ) 方法过滤表格指定列数据
6. 能应用 Pandas 库中 isin( ) 筛选出不同表格中相同的列数据
7. 能应用 Pandas 库中 diff( ) 函数进行差分计算
8. 能应用 Pandas 库中 applymap( ) 方法对表格中各单元格进行指定操作
9. 能应用 Pandas 库中 dropna( ) 方法删除表格中全为 0 的行
10. 能应用 Matplotlib 库中 twinx( ) 方法绘制同一横坐标的不同图像
11. 能应用 Matplotlib 库中 legend( ) 方法设置图像图例

12. 编制财务成果预算预算表
13. 结合实际与预算数据对财务成果实际偏离预算的情况进行分析

职业素养目标：

1. 提高程序阅读能力和代码修改能力
2. 培养数据管理与分析能力
3. 培养忠于职守的事业责任心
4. 养成勤于思考、勇于创新的职业习惯
5. 坚持严谨细致、精益求精的职业态度

项目导图

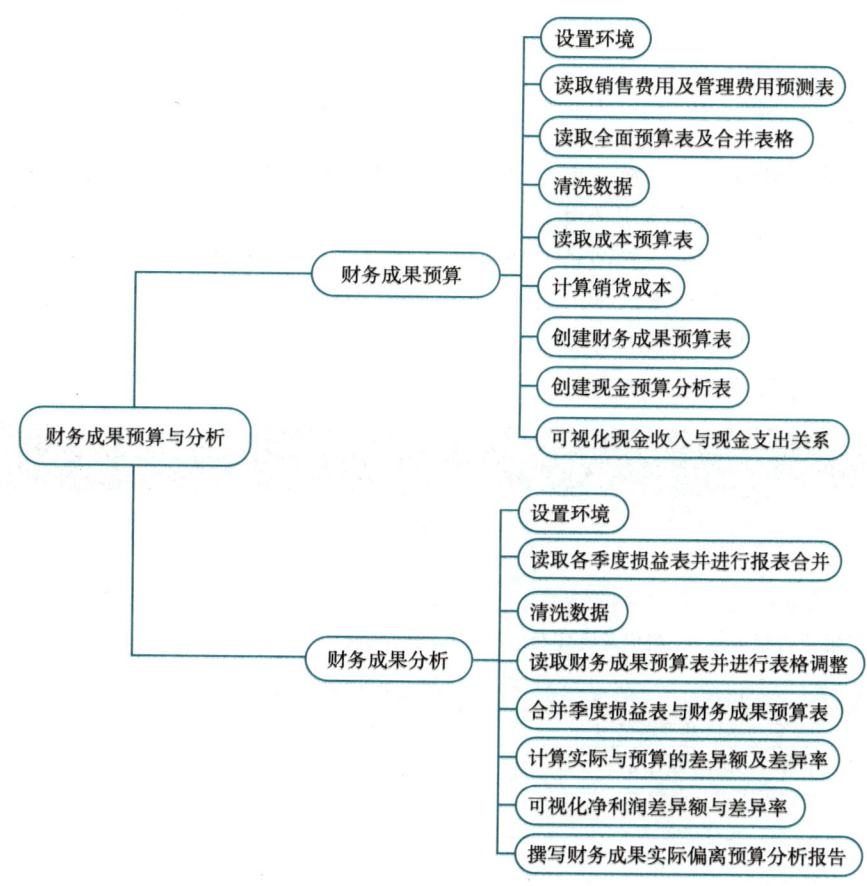

Python财务应用

项目任务

本项目完成的目标：
1. 设计与编写财务成果预算的代码。
2. 设计与编写财务成果分析的代码。

课程思政

完成以上工作任务应提交的标志性成果：
1. 财务成果预算的代码文件。
2. 财务成果分析的代码文件。
3. 产品季度损益表。
4. 财务成果实际与差异表。
5. 财务成果实际偏离预算情况的分析报告。

业务场景

东莞市泰丰科技有限公司是一家专门生产家用电器的科技公司，公司的整体研发能力在行业处于领先地位。2021年5月泰丰公司计划投产一条新的生产线用于生产智能语音播放器，在完成了产品投资分析、产品销售预算后，财务人员根据2022年销售费用及管理费用预测.xlsx工作簿（见图6-1），智能语音播放器全面预算.xlsx工作簿（见图6-2）内数据，编制运营期产品财务成果预算，并在第一年运营期结束后，结合实际与预算数据对财务成果实际偏离预算的情况进行分析。

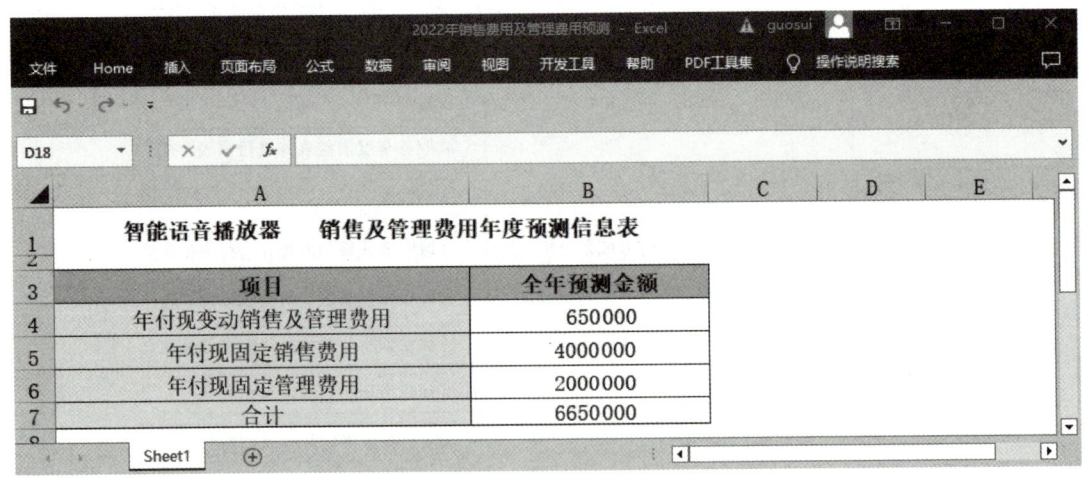

图6-1 2022年销售费用及管理费用预测表

请与泰丰公司财务人员一起使用Python语言实现：
1. 编制智能语音播放器的财务成果预算表及现金预算分析表。
2. 结合实际与预算数据对财务成果实际偏离预算的情况进行分析，并可视化分析结果。

项目六 财务成果预算与分析

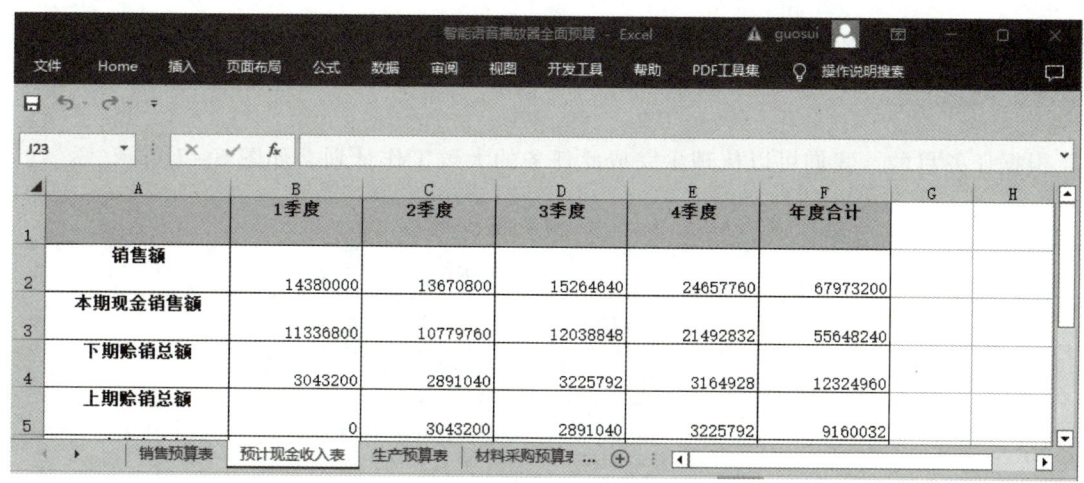

图 6-2 智能语音播放器全面预算表

模块一 财务成果预算

> 描述工作任务

泰丰科技有限公司财务人员徐慧根据 2022 年销售费用及管理费用预测.xlsx 工作簿，智能语音播放器全面预算.xlsx 工作簿内数据，编制东莞市泰丰科技有限公司智能语音播放器运营期产品财务成果预算。

财务成果预算
工作任务与
工作计划

表 6-1　　　　　　　　　工作任务卡

任务编号	13	任务名称	财务成果预算	工作区域	财务大数据实训中心
建议学时	2~3	参考文件或资料	知识学习目标中相关的 Pandas 库、NumPy 库中相关方法的说明		
德技兼修	（1）接到任务时，先对任务进行整体分析，基于数据源条件规划实现任务目的的路径 （2）编程过程中遇到困难时主动寻求解决方法，耐心阅读方法说明与案例，如需求助于人时，先准备好咨询的问题，并准确、清晰地表达 （3）根据任务的需求修改获取的代码 （4）检查任务成果时细致、认真、严谨，也可邀请别人一起检查 （5）养成勤学好问、勤于思考、诚恳待人、严谨细致的工作态度				
工作任务	（1）编制智能语音播放器的财务成果预算表及现金预算分析表 （2）设计与编写财务成果预算程序				

293

Python财务应用

制订工作计划

根据任务目的,我们可以梳理出完成此任务的大致工作计划,如图6-3所示。

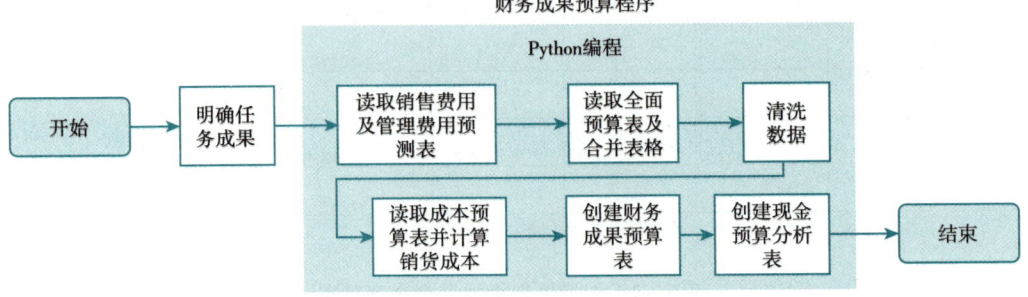

图6-3 工作计划流程图

执行工作计划

首先,把工作过程还原出来,然后思考如何编写实现每一个步骤的代码。通过流程图的方式把手工工作过程还原出来,如图6-4所示。

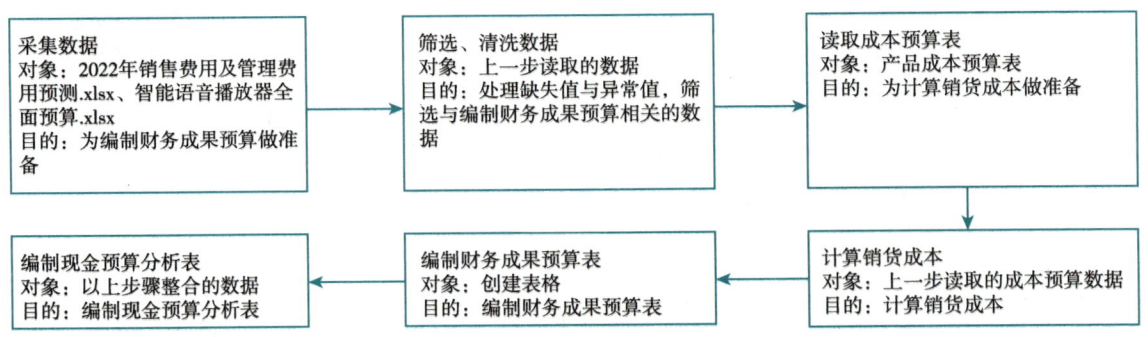

图6-4 损益表预算的工作流程图

用代码实现以上工作过程的程序流程图,如图6-5所示。

因为要对数据进行分析处理,所以用到Pandas库和NumPy库。

一、设置环境

任务实施6-1-1

设置环境,示例代码如图6-6所示。

任务实施6-1-1
至6-1-4代码
录屏

项目六 财务成果预算与分析

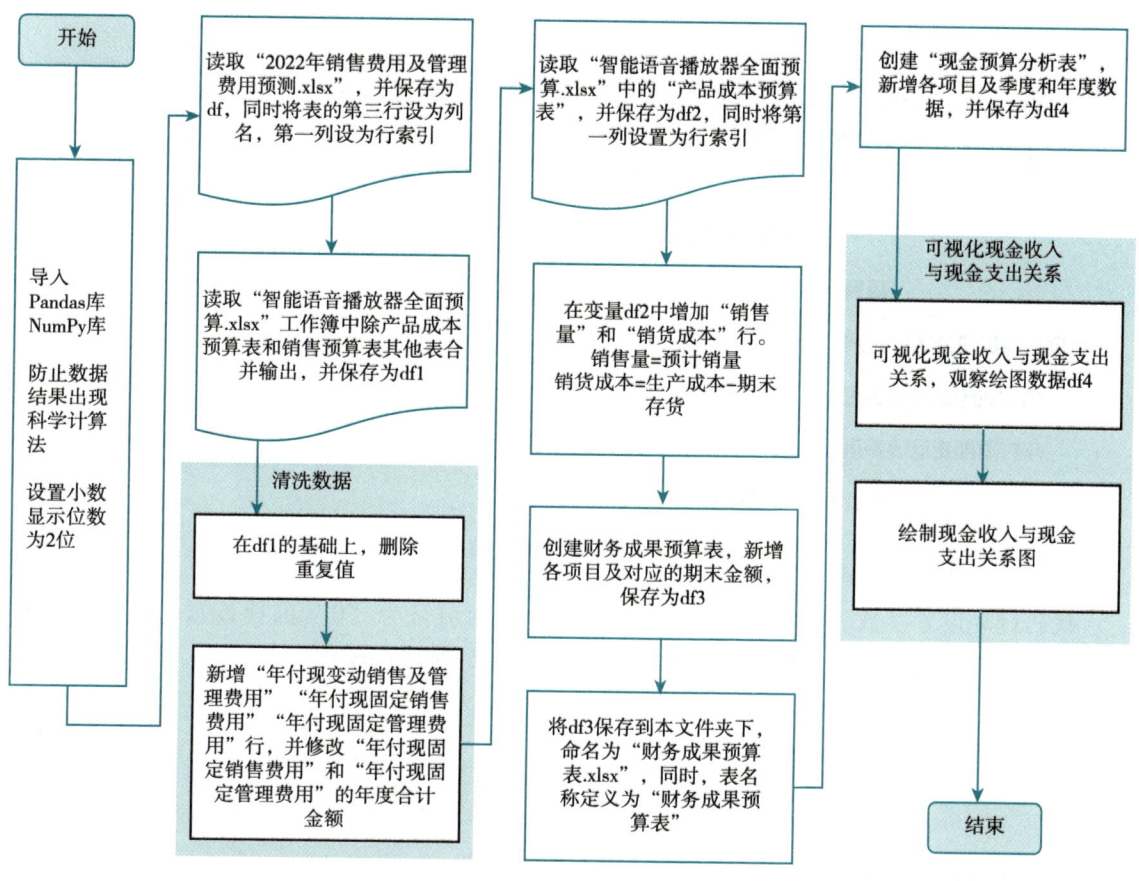

图 6-5 财务成果预算程序流程图

```
1  import pandas as pd
2  import numpy as np
3  #防止数据结果出现科学计算法
4  np.set_printoptions(suppress=True)
5  #设置小数显示位数为2位
6  pd.set_option('display.float_format',lambda x : '%.2f' % x)
```

图 6-6 任务实施 6-1-1

代码行 4 的作用是在数据位数较多时,防止显示为科学记数的形式。

代码行 6 的作用是设置小数显示位数为 2 位。

二、读取销售费用及管理费用预测表

任务实施 6-1-2

读取"2022 年销售费用及管理费用预测 .xlsx",示例代码及运行结果如图 6-7 所示。

295

```
1  df = pd.read_excel('2022年销售费用及管理费用预测.xlsx',header=2,
2          index_col=0)
3  df
```

项目	全年预测金额
年付现变动销售及管理费用	581640
年付现固定销售费用	4000000
年付现固定管理费用	2000000
合计	6581640

图 6-7 任务实施 6-1-2

代码行 2 设置参数 "index_col = 0" 的作用是将索引号为 "0" 的列设置为行索引。我们可以从任务实施 6-1-2 的运行结果，看到 "项目" 列转换成行索引。

三、读取全面预算表及合并表格

任务实施 6-1-3

读取智能语音播放器全面预算.xlsx 工作簿中除 "产品成本预算表" 和 "销售预算表" 外其余表格的数据，示例代码及运行结果如图 6-8 和图 6-9 所示。

```
1   dfs= []
2   data = pd.read_excel('智能语音播放器全面预算.xlsx',sheet_name = None,
3           index_col=0)
4   print('工作簿中包含工作表名：',data.keys())
5   for key ,value in data.items():
6       if key!='产品成本预算表' and key!='销售预算表':
7           dfs.append(value)
8   df1 = pd.concat(dfs)
9   df1
10
```

工作簿中包含工作表名： dict_keys(['销售预算表', '预计现金收入表', '生产预算表', '材料采购预算表', '直接人工预算表', '制造费用预算表', '产品成本预算表'])

图 6-8 任务实施 6-1-3

	1季度	2季度	3季度	4季度	年度合计
销售额	14380000	13670800	15264640	24657760	67973200
本期现金销售额	11336800	10779760	12038848	21492832	55648240
下期赊销总额	3043200	2891040	3225792	3164928	12324960
上期赊销总额	0	3043200	2891040	3225792	9160032
现金收入合计	11336800	13822960	14929888	24718624	64808272
期初存货	0	23460	26192	39528	0
预计期末存货	23460	26192	39528	24680	0
预计生产量	270260	237332	275256	380432	1163280
预计销量	246800	234600	261920	395280	1138600
预计需求量	270260	260792	301448	419960	1252460
预计材料采购量	270260	260792	301448	419960	1252460
预计单价	15	15	15	15	15
预计金额	4053900	3911880	4521720	6299400	18786900
本期现金采购额	2837730	2738316	3165204	4409580	13150830
下期现金赊购额	1216170	1173564	1356516	1889820	5636070
上期现金赊购额	0	1216170	1173564	1356516	1889820
现金支出合计	2837730	3954486	4338768	5766096	15040650
预计生产量	270260	237332	275256	380432	1163280
单位产品人工定额	12	12	12	12	12
预计人工总成本	3243120	2847984	3303072	4565184	13959360
预计生产量	270260	237332	275256	380432	1163280
单位产品变动制造费用	4	4	4	4	4
变动制造费用	1081040	949328	1101024	1521728	4653120
固定制造费用	2525000	2525000	2525000	2525000	10100000
折旧摊销费	525000	525000	525000	525000	2100000
现金支出的费用	3081040	2949328	3101024	3521728	12653120

图 6-9　任务实施 6-1-3 运行结果

Python财务应用

图 6-8 代码行 2 中设置 read_excel() 方法的参数 "sheet_name = None" 的作用是读取工作簿中的所有表格，此时读入的多个表格在 Python 中是字典类型数据，即此处变量 data 是字典类型的数据，如图 6-10 所示。

```
1  import pandas as pd
2  data = pd.read_excel('智能语音播放器全面预算.xlsx',sheet_name = None,
3              index_col=0)
4  print(type(data))
```

`<class 'dict'>`

图 6-10　读取工作簿中多个工作表的变量类型

data 中"键"是读取工作簿中工作表的名称，"值"是工作表的具体内容（见图 6-8）。

如果缺省此参数，读取的是工作簿中的第一个工作表，此时读入的表格在 Python 中是 DataFrame 类型数据，如图 6-11 所示。

```
1  data_single = pd.read_excel('智能语音播放器全面预算.xlsx',
2              index_col=0)
3  print(type(data_single))
```

`<class 'pandas.core.frame.DataFrame'>`

图 6-11　读取工作簿中单个工作表的变量类型

图 6-8 代码行 4 的作用是获取并打印变量 data 中"键"的值，以了解"2022 年销售费用及管理费用预测.xlsx"工作簿中包含哪些工作表。

图 6-8 代码行 5 的作用是遍历变量 data 中键值对，即遍历所读取工作簿的工作表名称和工作表内容。

图 6-8 代码行 6 的作用是将循环变量中的 key 变量与字符串"产品成本预算表"及"销售预算表"进行比对，如果不相同，则将循环变量 value 变量添加到变量 dfs 列表中。当循环遍历结束后，变量 dfs 就包含了智能语音播放器全面预算.xlsx 工作簿中除"产品成本预算表"和"销售预算表"外其余工作表的具体内容。

图 6-8 代码行 8 的作用是把列表 dfs 的元素，即代码行 7 添加的工作表，合并成新的 DataFrame 表格，并保存到变量 df1 中。

观察图 6-9 代码运行结果，我们发现有重复的数据行，如"预计生产量"行，接下来，对数据进行清洗，只保留一行重复的行数据。

四、清洗数据

任务实施 6-1-4

Step1 删除重复值

示例代码及运行结果如图 6-12 所示。

```
1  df1 = df1.drop_duplicates()
2  df1
3
```

	1季度	2季度	3季度	4季度	年度合计
销售额	14380000	13670800	15264640	24657760	67973200
本期现金销售额	11336800	10779760	12038848	21492832	55648240
下期赊销总额	3043200	2891040	3225792	3164928	12324960
上期赊销总额	0	3043200	2891040	3225792	9160032
现金收入合计	11336800	13822960	14929888	24718624	64808272
期初存货	0	23460	26192	39528	0
预计期末存货	23460	26192	39528	24680	0
预计生产量	270260	237332	275256	380432	1163280
预计销量	246800	234600	261920	395280	1138600
预计需求量	270260	260792	301448	419960	1252460
预计单价	15	15	15	15	15
预计金额	4053900	3911880	4521720	6299400	18786900
本期现金采购额	2837730	2738316	3165204	4409580	13150830
下期现金赊购额	1216170	1173564	1356516	1889820	5636070
上期现金赊购额	0	1216170	1173564	1356516	1889820
现金支出合计	2837730	3954486	4338768	5766096	15040650
单位产品人工定额	12	12	12	12	12
预计人工总成本	3243120	2847984	3303072	4565184	13959360
单位产品变动制造费用	4	4	4	4	4
变动制造费用	1081040	949328	1101024	1521728	4653120
固定制造费用	2525000	2525000	2525000	2525000	10100000
折旧摊销费	525000	525000	525000	525000	2100000
现金支出的费用	3081040	2949328	3101024	3521728	12653120

图 6-12 任务实施 6-1-4（1）

Python财务应用

代码行 1 实现了 DataFrame 表格的去重。"去重"就是删除重复的数据,在一个数据集中,找出重复的数据并将其删除,最终只保存一个唯一存在的数据项。

drop_duplicates( ) 方法的语法规则是:

df. drop_duplicates(subset = 列表类型数据, keep = ' first ', inplace = True)

Pandas 库 drop_duplicates( ) 方法

【参数说明】

subset = ,设置需要去重的列名,默认为 None。

keep = ,有三个可选参数,分别是'first''last'及'False',默认为'first',表示只保留第一次出现的重复项,删除其余重复项,'last'表示只保留最后一次出现的重复项,'False'则表示删除所有重复项。

inplace = ,布尔值参数,默认为 False 表示删除重复项后返回一个副本,若为 True 则表示直接在原数据上删除重复项。

具体案例如下:

创建二维表数据 df,示例代码及运行结果如图 6 – 13 所示。

```
1  import pandas as pd
2  data={
3
4      '12月':[56,20,120,81],
5      '2月':[90,27,90,35],
6      '3月':[42,34,72,31],
7      '1月':[56,20,120,81]
8  }
9  df=pd.DataFrame(data=data).T
10 df
```

	0	1	2	3
12月	56	20	120	81
2月	90	27	90	35
3月	42	34	72	31
1月	56	20	120	81

图 6 – 13 创建二维表数据 df

【例 6 – 1】从图 6 – 13 中,可以看到,在变量 df 中,除行标签外,第一行和第四行的数据值是相同的,现删除重复数值行,默认保留第一次出现的重复项,示例代码及运行结果如图 6 – 14 所示。

```
1  #默认保留第一次出现的重复项
2  df.drop_duplicates()
```

	0	1	2	3
12月	56	20	120	81
2月	90	27	90	35
3月	42	34	72	31

图 6–14 drop_duplicates() 方法使用说明

【例 6–2】如需删除变量 df 中所有的重复项，示例代码及运行结果如图 6–15 所示。

```
1  #删除所有重复项目
2  df.drop_duplicates(keep=False)
```

	0	1	2	3
2月	90	27	90	35
3月	42	34	72	31

图 6–15 drop_duplicates() 方法 keep = 参数使用说明

【例 6–3】如需删除指定列中存在重复数据的行，示例代码及运行结果如图 6–16 所示。

```
1   import pandas as pd
2   data={
3   
4       '1月':[56,20,120,81],
5       '2月':[90,27,90,35],
6       '3月':[42,34,72,31],
7       '4月':[56,20,120,81]
8   }
9   df1=pd.DataFrame(data=data)
10  df1
```

	1月	2月	3月	4月
0	56	90	42	56
1	20	27	34	20
2	120	90	72	120
3	81	35	31	81

```
1  #根据指定列标签去重，对于"2月"列来说，90是重复项
2  df1.drop_duplicates(subset=['2月'],keep=False)
```

	1月	2月	3月	4月
1	20	27	34	20
3	81	35	31	81

图 6-16　drop_duplicates( ) 方法 subset = 参数使用说明

Step2　新增行并更新合计金额

在变量 df1（见图 6-12）中增加"年付现变动销售及管理费用"行，"年付现固定销售费用"行等。

年付现变动销售及管理费用 =（变量 df1 中"年付现变动销售及管理费用"行，"全年预测金额"列的金额）÷（变量 df1 中"预计生产量"行，"年度合计"列中的金额）× 预计生产量

年付现固定销售费用 =（变量 df 中"年付现固定销售费用"行，"全年预测金额"列的金额）÷ 4

年付现固定管理费用 =（变量 df 中"年付现固定管理费用"行，"全年预测金额"列的金额）÷ 4

示例代码及运行结果如图 6-17 和图 6-18 所示。

```
1   df1.loc['年付现变动销售及管理费用'] =\
2   df.loc['年付现变动销售及管理费用','全年预测金额']/\
3   df1.loc['预计生产量','年度合计']*\
4   df1.loc['预计生产量']
5
6   df1.loc['年付现固定销售费用'] = df.loc['年付现固定销售费用','全年预测金额']/4
7   df1.loc['年付现固定管理费用'] = df.loc['年付现固定管理费用','全年预测金额']/4
8
9   df1.loc['年付现固定销售费用','年度合计'] = df.loc['年付现固定销售费用','全年预测金额']
10  df1.loc['年付现固定管理费用','年度合计'] = df.loc['年付现固定管理费用','全年预测金额']
11  df1
```

图 6-17　任务实施 6-1-4（2）

	1季度	2季度	3季度	4季度	年度合计
销售额	14380000.00	13670800.00	15264640.00	24657760.00	67973200.00
本期现金销售额	11336800.00	10779760.00	12038848.00	21492832.00	55648240.00
下期赊销总额	3043200.00	2891040.00	3225792.00	3164928.00	12324960.00
上期赊销总额	0.00	3043200.00	2891040.00	3225792.00	9160032.00
现金收入合计	11336800.00	13822960.00	14929888.00	24718624.00	64808272.00
期初存货	0.00	23460.00	26192.00	39528.00	0.00
预计期末存货	23460.00	26192.00	39528.00	24680.00	0.00
预计生产量	270260.00	237332.00	275256.00	380432.00	1163280.00
预计销量	246800.00	234600.00	261920.00	395280.00	1138600.00
预计需求量	270260.00	260792.00	301448.00	419960.00	1252460.00
预计单价	15.00	15.00	15.00	15.00	15.00
预计金额	4053900.00	3911880.00	4521720.00	6299400.00	18786900.00
本期现金采购额	2837730.00	2738316.00	3165204.00	4409580.00	13150830.00
下期现金赊购额	1216170.00	1173564.00	1356516.00	1889820.00	5636070.00
上期现金赊购额	0.00	1216170.00	1173564.00	1356516.00	1889820.00
现金支出合计	2837730.00	3954486.00	4338768.00	5766096.00	15040650.00
单位产品人工定额	12.00	12.00	12.00	12.00	12.00
预计人工总成本	3243120.00	2847984.00	3303072.00	4565184.00	13959360.00
单位产品变动制造费用	4.00	4.00	4.00	4.00	4.00
变动制造费用	1081040.00	949328.00	1101024.00	1521728.00	4653120.00
固定制造费用	2525000.00	2525000.00	2525000.00	2525000.00	10100000.00
折旧摊销费	525000.00	525000.00	525000.00	525000.00	2100000.00
现金支出的费用	3081040.00	2949328.00	3101024.00	3521728.00	12653120.00
年付现变动销售及管理费用	135130.00	118666.00	137628.00	190216.00	581640.00
年付现固定销售费用	1000000.00	1000000.00	1000000.00	1000000.00	4000000.00
年付现固定管理费用	500000.00	500000.00	500000.00	500000.00	2000000.00

图 6−18 任务实施 6−1−4（2）运行结果

代码行 1 至代码行 7 为计算并增加"年付现变动销售及管理费用""年付现固定销售费用"等行。

代码行 9 和代码行 10 是增加年度合计金额。

五、读取成本预算表

任务实施 6-1-5

读取产品成本预算表工作表,示例代码及运行结果如图 6-19 所示。

```
1  df2 = pd.read_excel('智能语音播放器全面预算.xlsx',
2           sheet_name = '产品成本预算表',index_col=0)
3  df2
```

	1季度	2季度	3季度	4季度	年度合计
直接材料	4053900.00	3911880.00	4521720.00	6299400.00	18786900.00
直接人工	3243120.00	2847984.00	3303072.00	4565184.00	13959360.00
变动制造费用	1081040.00	949328.00	1101024.00	1521728.00	4653120.00
固定制造费用	2525000.00	2525000.00	2525000.00	2525000.00	10100000.00
生产成本	10903060.00	10234192.00	11450816.00	14911312.00	47499380.00
生产量	270260.00	237332.00	275256.00	380432.00	1163280.00
单位产品成本	40.34	43.12	41.60	39.20	40.83
期末存货	946376.40	1129399.04	1644364.80	967456.00	0.00

图 6-19 任务实施 6-1-5

六、计算销货成本

任务实施 6-1-6

在变量 df2 中增加"销售量"和"销货成本"行。

基于数据源,指定这两行数据的计算方式为:

销售量 = 预计销量

销货成本 = 生产成本 – 期末存货

示例代码及运行结果如图 6-20 所示。

```
1  df2.loc['销售量']=df1.loc['预计销量']
2  df2.loc['销货成本']=df2.loc['生产成本']-df2.loc['期末存货']
3  df2.loc['销货成本','年度合计'] = df2.loc['销货成本'].drop('年度合计').sum()
4  df2
```

	1季度	2季度	3季度	4季度	年度合计
直接材料	4053900.00	3911880.00	4521720.00	6299400.00	18786900.00
直接人工	3243120.00	2847984.00	3303072.00	4565184.00	13959360.00
变动制造费用	1081040.00	949328.00	1101024.00	1521728.00	4653120.00
固定制造费用	2525000.00	2525000.00	2525000.00	2525000.00	10100000.00
生产成本	10903060.00	10234192.00	11450816.00	14911312.00	47499380.00
生产量	270260.00	237332.00	275256.00	380432.00	1163280.00
单位产品成本	40.34	43.12	41.60	39.20	40.83
期末存货	946376.40	1129399.04	1644364.80	967456.00	0.00
销售量	246800.00	234600.00	261920.00	395280.00	1138600.00
销货成本	9956683.60	9104792.96	9806451.20	13943856.00	42811783.76

图 6 – 20　任务实施 6 – 1 – 6

七、创建财务成果预算表

任务实施 6 – 1 – 7

创建财务成果预算表（预算损益表），新增各项目及对应的期末金额，示例代码如图 6 – 21 所示。

```
1  #创建空数据表，预置"项目"列及期末数列
2  df3 = pd.DataFrame(columns=['项目','1季度','2季度','3季度','4季度','年度合计'])
3  df3 = df3.set_index('项目')   #将"项目"列设置为行索引
4  #增加行数据
5  df3.loc['一、主营业务收入'] = df1.loc['销售额']
6  df3.loc['减：主营业务成本'] = df2.loc['销货成本']
7  df3.loc['二、主营业务利润'] = df3.loc['一、主营业务收入']-df3.loc['减：主营业务成本']
8
9  df3.loc['减：销售费用及管理费用'] = \
10 df1.loc['年付现变动销售及管理费用']+df1.loc['年付现固定销售费用']+df1.loc['年付现固定管理费用']
11
12 df3.loc['三、营业利润'] = df3.loc['二、主营业务利润']-df3.loc['减：销售费用及管理费用']
13 df3.loc['四、利润总额'] = df3.loc['三、营业利润']
14 df3.loc['减：所得税'] = df3.loc['四、利润总额']*0.25
15 df3.loc['五、净利润'] = df3.loc['四、利润总额']-df3.loc['减：所得税']
16 df3
```

图 6 – 21　任务实施 6 – 1 – 7

Python财务应用

代码行 1 的作用是创建一个空的 DataFrame 数据表,预置"项目"列和"期末数"列。

代码行 2 的作用是将"项目"列设置为行索引。

代码行 5 至代码行 15 的作用是增加财务成果预算表(预算损益表)的各行数据,数据来自变量 df1、df2 和自身表格。具体数据来源或计算方法见图 6-17 至图 6-22。

运行结果如图 6-22 所示。

项目	1季度	2季度	3季度	4季度	年度合计
一、主营业务收入	14380000.00	13670800.00	15264640.00	24657760.00	67973200.00
减:主营业务成本	9956683.60	9104792.96	9806451.20	13943856.00	42811783.76
二、主营业务利润	4423316.40	4566007.04	5458188.80	10713904.00	25161416.24
减:销售费用及管理费用	1635130.00	1618666.00	1637628.00	1690216.00	6581640.00
三、营业利润	2788186.40	2947341.04	3820560.80	9023688.00	18579776.24
四、利润总额	2788186.40	2947341.04	3820560.80	9023688.00	18579776.24
减:所得税	697046.60	736835.26	955140.20	2255922.00	4644944.06
五、净利润	2091139.80	2210505.78	2865420.60	6767766.00	13934832.18

图 6-22 任务实施 6-1-7 运行结果

八、创建现金预算分析表

任务实施 6-1-8

先创建空的 DataFrame 表格并赋值给变量 df4,然后在变量 df4 中增加现金预算表的各行数据,示例代码如图 6-23 所示。

代码行 1 的作用是创建空的表格。

代码行 2 至代码行 18 的作用是计算并增加现金预算表中的各行数据,数据来自变量 df1、df3 和自身表格变量,具体数据来源或计算方法见图 6-17 至图 6-24。

运行结果如图 6-24 所示。

九、可视化现金收入与现金支出关系

任务实施 6-1-9

Step1 观察绘图数据

观察变量 df4 的数据,示例代码如图 6-25 所示。

任务实施 6-1-9
代码录屏

```
1   df4 = pd.DataFrame()
2   df4['销售现金收入'] = df1.loc['现金收入合计']
3   df4['直接材料现金支出'] = df1.loc['现金支出合计']
4   df4['直接人工现金支出'] = df1.loc['预计人工总成本']
5   df4['制造费用现金支出'] = df1.loc['现金支出的费用']
6
7   df4['销售及管理费用现金支出'] = df1.loc['年付现变动销售及管理费用']+\
8   df1.loc['年付现固定销售费用']+df1.loc['年付现固定管理费用']
9
10  df4['所得税'] = df3.loc['减：所得税','期末数']/4
11
12  df4['现金支出合计'] = df4['直接材料现金支出']+df4['直接人工现金支出']+\
13  df4['制造费用现金支出']+df4['销售及管理费用现金支出']+df4['所得税']
14
15  df4.loc['年度合计'] = df4.loc['1季度']+df4.loc['2季度']+df4.loc['3季度']+\
16  df4.loc['4季度']
17
18  df4['现金溢余或短缺'] = df4['销售现金收入']-df4['现金支出合计']
19
20  df4.T
```

图 6-23 任务实施 6-1-8

	1季度	2季度	3季度	4季度	年度合计
销售现金收入	11336800.00	13822960.00	14929888.00	24718624.00	64808272.00
直接材料现金支出	2837730.00	3954486.00	4338768.00	5766096.00	16897080.00
直接人工现金支出	3243120.00	2847984.00	3303072.00	4565184.00	13959360.00
制造费用现金支出	3081040.00	2949328.00	3101024.00	3521728.00	12653120.00
销售及管理费用现金支出	1635130.00	1618666.00	1637628.00	1690216.00	6581640.00
所得税	1161236.01	1161236.01	1161236.01	1161236.01	4644944.06
现金支出合计	11958256.02	12531700.02	13541728.02	16704460.02	54736144.06
现金溢余或短缺	-621456.02	1291259.98	1388159.98	8014163.98	10072127.94

图 6-24 任务实施 6-1-8 运行结果

Step2 绘制现金收入与现金支出关系图

示例代码如图 6-26 所示。

	销售现金收入	直接材料现金支出	直接人工现金支出	制造费用现金支出	销售及管理费用现金支出	所得税	现金支出合计	现金溢余或短缺
1季度	11336800.00	2837730.00	3243120.00	3081040.00	1635130.00	1161236.01	11958256.02	-621456.02
2季度	13822960.00	3954486.00	2847984.00	2949328.00	1618666.00	1161236.01	12531700.02	1291259.98
3季度	14929888.00	4338768.00	3303072.00	3101024.00	1637628.00	1161236.01	13541728.02	1388159.98
4季度	24718624.00	5766096.00	4565184.00	3521728.00	1690216.00	1161236.01	16704460.02	8014163.98
年度合计	64808272.00	16897080.00	13959360.00	12653120.00	6581640.00	4644944.06	54736144.06	10072127.94

图 6-25　任务实施 6-1-9（1）

```python
#从matplotlib库导入pyplot模块并将其命名为plt
import matplotlib.pyplot as plt
plt.rcParams['font.family']='kaiTi' # 用楷体显示中文
plt.rcParams['axes.unicode_minus']=False # 正常显示负号
plt.rcParams["font.size"] = 14 #设置字体大小

plt.figure(figsize=(14,8))
df5 = df4[['销售现金收入','现金支出合计']].drop('年度合计')
x = df5['销售现金收入']
y = df5['现金支出合计']

#根据y值的大小生成不同的颜色
colors = y

plt.scatter(x,y,c=colors,s=2000)
plt.xlabel('现金收入')
plt.ylabel('现金支出')
plt.title('产品1-4季度销售现金收入与现金支出合计关系图')
plt.show()
```

图 6-26　任务实施 6-1-9（2）

代码行 15 的作用是绘制散点图，使用了 plt.scatter() 的方法。plt.scatter() 方法的语法规则是：

plt.scatter(关系因素 1 数据,关系因素 2 数据,c＝点的颜色,s＝点的大小)

scatter(x,y) 的作用是在向量 x 和 y 指定的位置创建一个包含圆形标记的"点"。

运行结果如图 6-27 所示。

散点表示当现金收入等于 x 时，现金支出等于 y，如果连接散点与原点形成的直线斜率大于 1 表示，此时间段内现金支出大于现金收入，如果连接散点与原点形成的直线斜率小于 1 表示，此时间段内现金支出小于现金收入。

至此，财务成果预算程序代码开发完成。

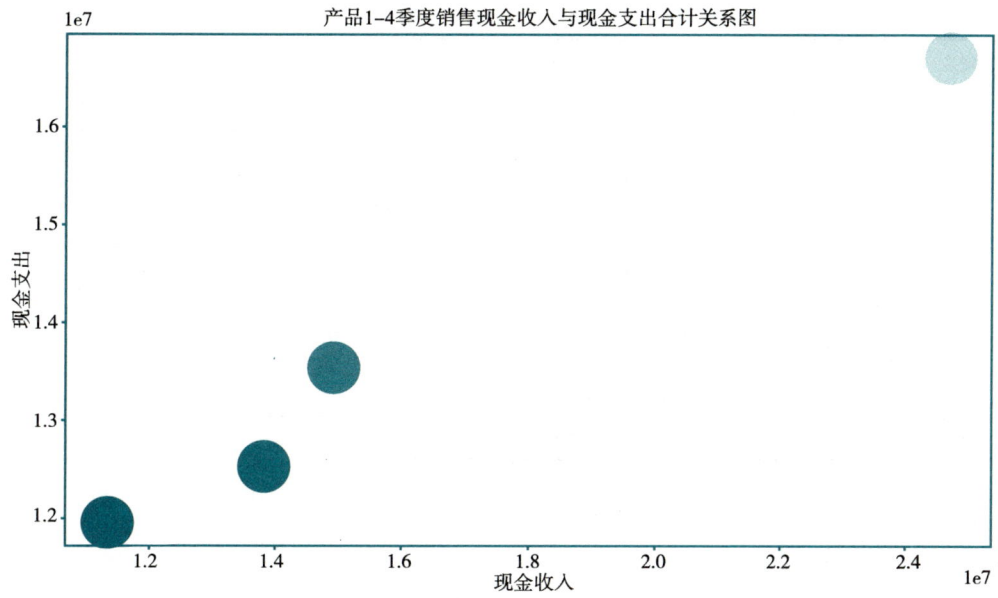

图 6-27 任务实施 6-1-9（2）运行结果

考核与评价

考核的重点是理论知识的掌握水平、技术技能的应用水平以及职业素养，学习者可以从以上三个方面评价学习效果，具体评价项目及标准见表 6-2。

表 6-2　　　　　　　　　模块考核评价标准

考核项目	考核内容	配分	得分
理论知识水平	能正确解释财务成果预算的程序流程	10	
	能正确复述以下方法的语法规则 Pandas 库：　　　　　Matplotlib 库： drop_duplicates( ) 方法　　scatter( ) 方法	10	
	能正确举例说明上表各方法的参数作用与设置方法	10	
	理论知识水平总分	30	
技术技能应用水平	能绘制财务成果预算程序流程图	10	
	能应用 Pandas 库中 drop_duplicates( ) 方法对表格内容进行去重	15	
	能应用 Pandas 库中 scatter( ) 方法绘制散点图	15	
	技术技能应用水平总分	40	

续表

考核项目	考核内容	配分	得分
职业素养	向同学、老师请教时态度友好、诚恳	5	
	编程过程中遇到困难时主动寻求解决方法，耐心阅读方法说明与案例，如需求助于人时，先准备好咨询的问题，并准确、清晰地表达	5	
	检查任务成果时细致、认真、严谨，也可邀请别人一起检查	5	
	调试程序过程中能修改自己的错误	5	
	在别人的帮助下能将代码调试成功	5	
	面对同学的求助，积极响应	5	
	职业素养总分	30	
	综合评价总分	100	

总结与提高

一、任务实施情况分析

任务完成后，学习者根据任务实施情况，分析存在的问题及原因，并填写表 6-3。指导老师对任务实施情况进行评价。

表 6-3 财务成果预算任务实施情况分析表

任务实施过程	存在的问题	解决的办法
设置环境		
读取销售费用及管理费用预测表		
读取全面预算表及合并表格		
清洗数据		
读取成本预算表		

续表

任务实施过程	存在的问题	解决的办法
计算销货成本		
创建"财务成果预算表"		
创建"现金预算分析表"		
可视化现金收入与现金支出关系		

二、总结

（1）在数据合并、组合中，时常会产生重复的数据行，使用 Pandas 库中的 drop_duplicates( ) 方法可灵活删除重复的数据，使数据更干净。

（2）我们可以使用 Pandas 库中 scatter( ) 方法绘制散点图和气泡图，用于挖掘和表达两个不同数据的关系。

（3）财务成果预算表是在各项经营预算的基础上，根据权责发生制编制的预算损益表。它综合反映计划期内预计销售收入、销售成本和预计可实现的利润或可能发生的亏损，可以揭示企业预期的盈利情况，有助于管理人员及时调整经营策略。一般根据销售或营业预算、生产预算、产品成本预算或者营业成本预算、期间费用预算、其他专项预算等有关资料分析编制。

（4）财务成果预算程序最终生成季度预算损益表和季度现金预算分析表。

模块二　财务成果分析

 描述工作任务

泰丰科技有限公司财务人员徐慧根据 2022 年"季度损益表.xlsx"和项目六模块一任务成果——"财务成果预算表.xlsx"，编制"财务成果实际与预算差异表"，并对净利润项目实际偏离预算的差异额与差异率进行可视化，最后撰写财务成果实际偏离预算分析报告。

财务成果分析
工作任务与
工作计划

表 6-4　　　　　　　　　　　　　工作任务卡

任务编号	14	任务名称	财务成果分析	工作区域	财务大数据实训中心
建议学时	2~3	参考文件或资料	知识学习目标中相关的 Pandas 库、NumPy 库中相关方法的说明		
德技兼修		(1) 接到任务时，先对任务进行整体分析，基于数据源条件规划实现任务目的的路径 (2) 编程过程中遇到困难时主动寻求解决方法，耐心阅读方法说明与案例，如需求助于人时，先准备好咨询的问题，并准确、清晰地表达 (3) 根据任务的需求修改获取的代码 (4) 检查任务成果时细致、认真、严谨，也可邀请别人一起检查 (5) 养成勤学好问、勤于思考、诚恳待人、严谨细致的工作态度			
工作任务		(1) 编制"财务成果实际与预算差异表" (2) 可视化净利润的实际与预算差异额与差异率 (3) 撰写财务成果实际偏离预算分析报告 (4) 设计与编写财务成果预算程序			

制订工作计划

根据任务目的，我们可以梳理出完成此任务的大致工作计划，如图 6-28 所示。

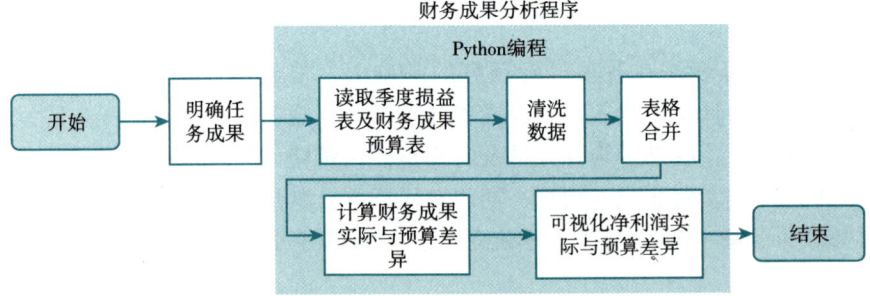

图 6-28　工作计划流程图

执行工作计划

首先，把工作过程还原出来，然后思考如何编写实现每一个步骤的代码。
通过流程图的方式把手工的工作过程还原出来，如图 6-29 所示。
用代码实现以上工作过程的程序流程图，如图 6-30 所示。
因为要对数据进行分析处理，所以用到 Pandas 库和 NumPy 库。

项目六 财务成果预算与分析

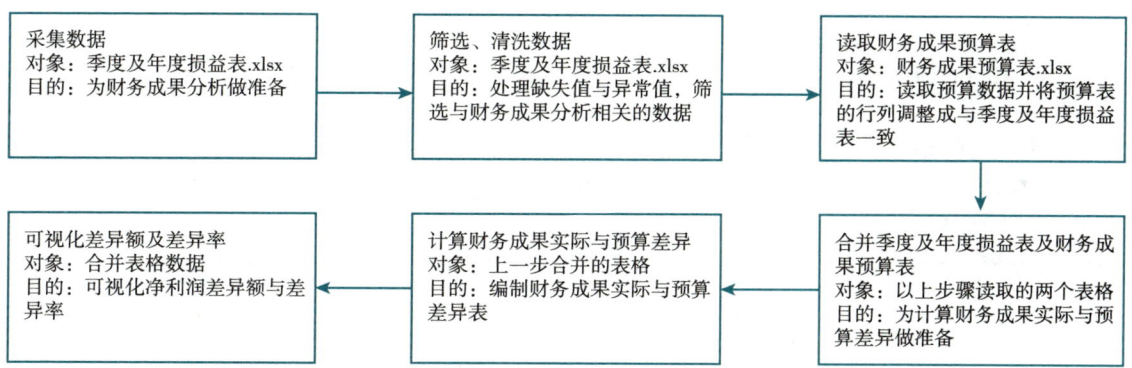

图 6-29 财务成果分析工作流程图

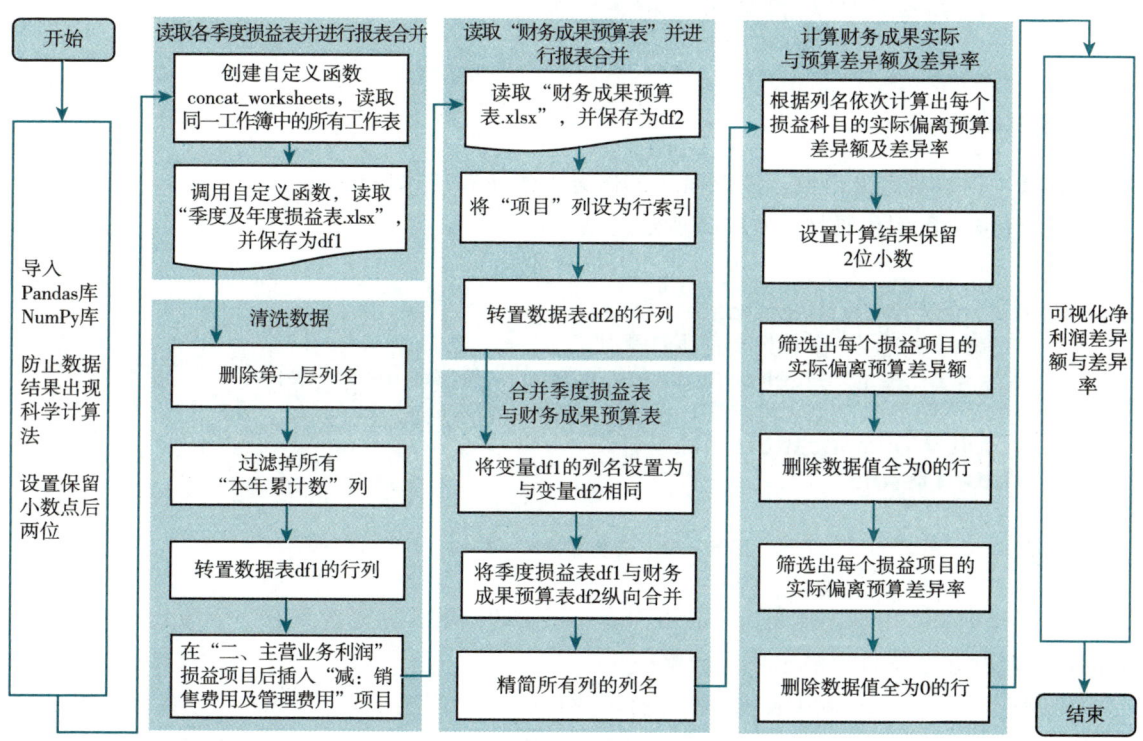

图 6-30 财务成果分析程序流程图

一、设置环境

任务实施 6-2-1

设置环境,示例代码如图 6-31 所示。

任务实施 6-2-1
至 6-2-4 代码录屏

```
1  import pandas as pd
2  import numpy as np
3
4  #防止数据结果出现科学计算法
5  np.set_printoptions(suppress=True)
6  #设置保留小数点后两位
7  pd.set_option('display.float_format',lambda x : '%.2f' % x)
```

图 6-31 任务实施 6-2-1

二、读取各季度损益表并进行报表合并

任务实施 6-2-2

Step1 创建自定义函数,读取同一工作簿中的所有工作表

设置环境,示例代码如图 6-32 所示。

```
1  def concat_worksheets(path):
2      '''合并同一工作簿中的所有工作表'''
3      dfs = pd.read_excel(path, sheet_name = None,index_col=0) #读取数据表
4      #将所有读取的数据表合并,设置合并方式为横向合并(axis = 1)
5      result = pd.concat(dfs, axis=1)
6      return result
```

图 6-32 任务实施 6-2-2 (1)

代码行 1 的作用是创建名为 concat_worksheets 的函数,此函数只有一个参数 path,此参数的值是包含多个工作表的工作簿的路径。

代码行 3 是 concat_worksheets 函数的函数体,通过使用 read_excel() 函数,读取一个 Excel 工作簿中的所有工作表,并保存到变量 dfs 中,变量 dfs 是字典类型数据,字典的键是工作表名,值是工作表的内容。在 read_excel() 函数中设置参数 sheet_name = None 读取工作簿中的所有工作表,设置参数 index_col = 0 的作用是把表中的第 0 列设置为行索引。

代码行 5 的作用是把变量 dfs 中的表格内容按从左到右的方式进行拼接,并保存到变量 result 中。concat() 函数的第一个参数指设置需要拼接的表集合,第二个参数指设置拼接的方向。

结合本任务实施的 Step1 和 Step2 来理解 concat_worksheets() 函数的作用。

Step2 调用自定义函数,读取季度损益表

调用 concat_worksheets() 函数读取季度损益表,示例代码及运行结果如图 6-33 所示。

```
1  df1 = concat_worksheets('./季度及年度损益表.xlsx')
2  df1
```

	第1季度损益表		第2季度损益表		第3季度损益表		第4季度损益表	
	第1季度发生数	本年累计数	第2季度发生数	本年累计数	第3季度发生数	本年累计数	第4季度发生数	本年累计数
项目								
一、主营业务收入	13661000.00	13661000.00	12577136.00	26238136.00	16027872.00	42266008.00	26383803.20	
减：主营业务成本	9416968.00	9416968.00	9318200.51	18735168.51	11463822.48	30198990.99	16709513.57	

图 6-33　任务实施 6-2-2（2）

代码行 1 的作用是调用自定义函数 concat_worksheets() 读取 "季度及年度损益表.xlsx" 工作簿中的所有工作表。从运行结果中可以知道，所读取的工作表在 Python 中构成一个 DataFrame 表格，表格 df1 以原 Excel 工作表的表名为 df1 的第一层列名，以原 Excel 表内容中的列名为 df1 的第二层列名。

结合本任务实施的 Step1，我们来观察在 concat_worksheets() 函数中设置参数 index_col = 为默认值或不设置此参数时运行的结果。示例代码及运行结果如图 6-34 所示。

对比图 6-33 和图 6-34 我们可以知道，不设置参数 index_col = 时，结果表格的行索引为默认的整数数字索引，当设置参数 index_col = 0 时，结果表格的行索引为 Excel 工作表中表内容的第一列。

```
1  def concat_worksheets(path):
2      '''合并同一工作簿中的所有工作表'''
3      dfs = pd.read_excel(path, sheet_name = None)  #读取数据表
4      #将所有读取的数据表合并，设置合并方式为横向合并 (axis = 1)
5      result = pd.concat(dfs, axis=1)
6      return result
```

```
1  df1 = concat_worksheets('./季度及年度损益表.xlsx')
2  df1
```

	第1季度损益表			第2季度损益表			第3季度损益表		
	项目	第1季度发生数	本年累计数	项目	第2季度发生数	本年累计数	项目	第3季度发生数	本年累计数
0	一、主营业务收入	13661000.00	13661000.00	一、主营业务收入	12577136.00	26238136.00	一、主营业务收入	16027872.00	42266008.0
1	减：主营业务成本	9416968.00	9416968.00	减：主营业务成本	9318200.51	18735168.51	减：主营业务成本	11463822.48	30198990.5

图 6 – 34　缺省参数 index_col = 的 concat_worksheets( ) 函数及运行结果

【提示】如果你想知道储存了多个工作表的变量 dfs 是怎样的数据类型和数据内容，可以把 concat_worksheets( ) 函数中的返回值定义为"dfs"，示例代码及运行结果如图 6 – 35 所示。

```
1  def concat_worksheets(path):
2      '''合并同一工作簿中的所有工作表'''
3      dfs = pd.read_excel(path, sheet_name = None,index_col=0)  #读取数据表
4      #将所有读取的数据表合并，设置合并方式为横向合并（axis = 1）
5      result = pd.concat(dfs, axis=1)
6      return dfs
```

```
1  df1 = concat_worksheets('./季度及年度损益表.xlsx')
2  df1
```

```
{'第1季度损益表':            第1季度发生数     本年累计数
项目
一、主营业务收入    13661000.00  13661000.00
减：主营业务成本    9416968.00   9416968.00
二、主营业务利润    4244032.00   4244032.00
减：销售费用      1097922.84   1097922.84
减：管理费用      470538.36    470538.36
三、营业利润      2675570.80   2675570.80
加：营业外收入     NaN          0.00
减：营业外支出     NaN          0.00
四、利润总额      2675570.80   2675570.80
减：所得税       1337785.40   1337785.40
五、净利润       1337785.40   1337785.40,
'第2季度损益表':            第2季度发生数     本年累计数
项目
一、主营业务收入    12577136.00  26238136.00
```

图 6 – 35　任务实施 6 – 2 – 2 中变量 dfs 的具体内容

三、清洗数据

任务实施 6-2-3

Step1　删除第一层列名

观察图 6-33 的运行结果,我们知道 df1 中的第一层列名在本任务中是无用的,为了数据内容更简明,我们删除 df1 中的第一层列名,示例代码及运行结果如图 6-36 所示。

```
1  df1.columns = df1.columns.droplevel(0)
2  df1
```

项目	第1季度发生数	本年累计数	第2季度发生数	本年累计数	第3季度发生数	本年累计数	第4季度发生数
一、主营业务收入	13661000.00	13661000.00	12577136.00	26238136.00	16027872.00	42266008.00	26383803.20
减:主营业务成本	9416968.00	9416968.00	9318200.51	18735168.51	11463822.48	30198990.99	16709513.57

图 6-36　任务实施 6-2-3(1)

代码行 1 的作用是使用 droplevel(0) 函数删除变量 df1 中列名(columns)属性中的第一层列名。

Step2　过滤掉所有"本年累计数"列

同时,经观察,df1 中的"本年累计数"列也是多余的,过滤指定列的示例代码及运行结果如图 6-37 所示。

代码行 1 的作用是提取变量 df1 列名中包含"本年累计数"字符的列,并删除这些列,对于代码行 1 的理解,请参考图 6-38。

【提示】当我们需要根据列名删除 DataFrame 表格中某些列时,先用 df.columns.str.contains() 方法把指定列名筛选出来,然后用"~"符号,在列名列表中把筛选出来的列名删除,最后把删除了指定列名的列表重新赋值给新的变量,形成新的表格。

Pandas 库 read_excel() 方法 str 属性及 contains () 方法

Step3　转置数据表 df1 的行列

为了使表格符合分析时的阅读习惯以及方便后续绘制图像,我们将表格 df1 转置,示例代码及运行结果如图 6-39 所示。

```
1  df1 = df1[df1.columns[~df1.columns.str.contains('本年累计数')]]
2  df1
```

项目	第1季度发生数	第2季度发生数	第3季度发生数	第4季度发生数	本年发生数
一、主营业务收入	13661000.00	12577136.00	16027872.00	26383803.20	68649811.20
减：主营业务成本	9416968.00	9318200.51	11463822.48	16709513.57	46908504.56
二、主营业务利润	4244032.00	3258935.49	4564049.52	9674289.63	21741306.64
减：销售费用	1097922.84	1076887.72	1221912.63	1498500.53	4895223.72
减：管理费用	470538.36	464706.90	471333.96	488083.03	1894662.25
三、营业利润	2675570.80	1717340.87	2870802.93	7687706.07	14951420.67
加：营业外收入	NaN	21580.00	NaN	NaN	21580.00
减：营业外支出	NaN	NaN	NaN	3025.00	3025.00
四、利润总额	2675570.80	1738920.87	2870802.93	7684681.07	14969975.67
减：所得税	1337785.40	869460.44	1435401.47	5248361.28	8891008.59
五、净利润	1337785.40	869460.43	1435401.46	2436319.79	6078967.08

图 6-37 任务实施 6-2-3（2）

```
1  # df.columns.str.contains()方法，可用于在表头中筛选包含指定字符串的列名
2  '''此处筛选变量df1表头中包含"本年累计数"字符串的列名，返回布尔值，所有返回值为
3  True的，列名均为"本年累计数"
4  '''
5  a = df1.columns.str.contains('本年累计数')
6  a
7  '''在结果中知道，第二、四、六、八列的列名为"本年累计数"'''
```

array([False, True, False, True, False, True, False, True, False])

```
1  # 观察筛选出来的列名
2  df1.columns[a]
```

Index(['本年累计数', '本年累计数', '本年累计数', '本年累计数'], dtype='object')

```
1  # 把筛选表达式写在中括号里，同时观察筛选出来的列名
2  df1.columns[df1.columns.str.contains('本年累计数')]
```

Index(['本年累计数', '本年累计数', '本年累计数', '本年累计数'], dtype='object')

```
1  # 在筛选表达式中加上"~"符号，在列名列表中删除符合筛选结果的列名
2  # 同时观察删除指定列后的结果
3  df1[df1.columns[~df1.columns.str.contains('本年累计数')]]
```

项目	第1季度发生数	第2季度发生数	第3季度发生数	第4季度发生数	本年发生数
一、主营业务收入	13661000.00	12577136.00	16027872.00	26383803.20	68649811.20
减：主营业务成本	9416968.00	9318200.51	11463822.48	16709513.57	46908504.56
二、主营业务利润	4244032.00	3258935.49	4564049.52	9674289.63	21741306.64
减：销售费用	1097922.84	1076887.72	1221912.63	1498500.53	4895223.72
减：管理费用	470538.36	464706.90	471333.96	488083.03	1894662.25
三、营业利润	2675570.80	1717340.87	2870802.93	7687706.07	14951420.67

图 6-38　分解代码行 1

```
1  df1 = df1.T
2  df1
```

项目	一、主营业务收入	减：主营业务成本	二、主营业务利润	减：销售费用	减：管理费用	三、营业利润	加：营业外收入	减：营业外支出	四、利润总额	减：所得税	五、净利润
第1季度发生数	13661000.00	9416968.00	4244032.00	1097922.84	470538.36	2675570.80	NaN	NaN	2675570.80	1337785.40	1337785.40
第2季度发生数	12577136.00	9318200.51	3258935.49	1076887.72	464706.90	1717340.87	21580.00	NaN	1738920.87	869460.44	869460.43
第3季度发生数	16027872.00	11463822.48	4564049.52	1221912.63	471333.96	2870802.93	NaN	NaN	2870802.93	1435401.47	1435401.46
第4季度发生数	26383803.20	16709513.57	9674289.63	1498500.53	488083.03	7687706.07	NaN	3025.00	7684681.07	5248361.28	2436319.79
本年发生数	68649811.20	46908504.56	21741306.64	4895223.72	1894662.25	14951420.67	21580.00	3025.00	14969975.67	8891008.59	6078967.08

图 6-39　任务实施 6-2-3（3）

Step4　在"二、主营业务利润"损益项目后插入"减：销售费用及管理费用"项目
以实际损益表为标准，调整表格格式及内容，增加"减：销售费用及管理费用"列。
减：销售费用及管理费用 = 减：销售费用 + 减：管理费用
示例代码及运行结果如图 6-40 所示。

```
1  df1.insert(3,'减：销售费用及管理费用', df1['减：销售费用']+df1['减：管理费用'])
2  df1
```

项目	一、主营业务收入	减：主营业务成本	二、主营业务利润	减：销售费用及管理费用	减：销售费用	减：管理费用	三、营业利润	加：营业外收入	减：营业外支出	四、利润总额	减：所得税	五、净利润
第1季度发生数	13661000.00	9416968.00	4244032.00	1568461.20	1097922.84	470538.36	2675570.80	NaN	NaN	2675570.80	1337785.40	1337785.40
第2季度发生数	12577136.00	9318200.51	3258935.49	1541594.62	1076887.72	464706.90	1717340.87	21580.00	NaN	1738920.87	869460.44	869460.43

图 6-40　任务实施 6-2-3（4）

代码行 1 的作用是使用 insert() 方法，在变量 df1 中第 4 列的位置中增加"减：销售费用及管理费用"列，此列数据的计算方法是用"减：销售费用"列的值加上"减：管理费用"列的值。

insert() 方法的语法规则是：

inster（位置,列名,列数据计算表达式）

四、读取财务成果预算表并进行表格调整

任务实施 6－2－4

Step1 读取财务成果预算表

读取当前目录中的"财务成果预算表.xlsx"工作簿，示例代码及运行结果如图 6－41 所示。

```
1  df2 = pd.read_excel('财务成果预算表.xlsx')
2  df2
```

	项目	1季度	2季度	3季度	4季度	年度合计
0	一、主营业务收入	14380000.00	13670800.00	15264640.00	24657760	67973200.00
1	减：主营业务成本	9956683.60	9104792.96	9806451.20	13943856	42811783.76
2	二、主营业务利润	4423316.40	4566007.04	5458188.80	10713904	25161416.24
3	减：销售费用及管理费用	1635130.00	1618666.00	1637628.00	1690216	6581640.00
4	三、营业利润	2788186.40	2947341.04	3820560.80	9023688	18579776.24
5	四、利润总额	2788186.40	2947341.04	3820560.80	9023688	18579776.24
6	减：所得税	697046.60	736835.26	955140.20	2255922	4644944.06
7	五、净利润	2091139.80	2210505.78	2865420.60	6767766	13934832.18

图 6－41 任务实施 6－2－4（1）

Step2 将"项目"列设为索引

将"项目"列设为行索引，示例代码及运行结果如图 6－42 所示。

Step3 转置数据表 df2 的行列

转置数据表，使其结构与表格 df1 相同，方便后续对财务预算成果与实际成果进行比对分析，示例代码及运行结果如图 6－43 所示。

```
1  df2 = df2.set_index('项目')
2  df2
```

	1季度	2季度	3季度	4季度	年度合计
项目					
一、主营业务收入	14380000.00	13670800.00	15264640.00	24657760	67973200.00
减：主营业务成本	9956683.60	9104792.96	9806451.20	13943856	42811783.76
二、主营业务利润	4423316.40	4566007.04	5458188.80	10713904	25161416.24
减：销售费用及管理费用	1635130.00	1618666.00	1637628.00	1690216	6581640.00
三、营业利润	2788186.40	2947341.04	3820560.80	9023688	18579776.24
四、利润总额	2788186.40	2947341.04	3820560.80	9023688	18579776.24
减：所得税	697046.60	736835.26	955140.20	2255922	4644944.06
五、净利润	2091139.80	2210505.78	2865420.60	6767766	13934832.18

图 6-42　任务实施 6-2-4（2）

```
1  df2 = df2.T
2  df2
```

项目	一、主营业务收入	减：主营业务成本	二、主营业务利润	减：销售费用及管理费用	三、营业利润	四、利润总额	减：所得税	五、净利润
1季度	14380000.00	9956683.60	4423316.40	1635130.00	2788186.40	2788186.40	697046.60	2091139.80
2季度	13670800.00	9104792.96	4566007.04	1618666.00	2947341.04	2947341.04	736835.26	2210505.78
3季度	15264640.00	9806451.20	5458188.80	1637628.00	3820560.80	3820560.80	955140.20	2865420.60
4季度	24657760.00	13943856.00	10713904.00	1690216.00	9023688.00	9023688.00	2255922.00	6767766.00
年度合计	67973200.00	42811783.76	25161416.24	6581640.00	18579776.24	18579776.24	4644944.06	13934832.18

图 6-43　任务实施 6-2-4（3）

五、合并季度损益表与财务成果预算表

任务实施 6-2-5

Step1　筛选出表格 df1 和表格 df2 中具有相同列名的列数据

为了进行财务成果的预算数据与实际数据的比较，筛选出表格 df1 和表格 df2 中具有相同列名的列数据，示例代码及运行结果如图 6-44 所示。

任务实施 6-2-5 与 6-2-6 代码录屏

```
1  #实际数
2  df1 = df1[df1.columns[df1.columns.isin(df2.columns)]]
3  df1
```

项目	一、主营业务收入	减：主营业务成本	二、主营业务利润	减：销售费用及管理费用	三、营业利润	四、利润总额	减：所得税	五、净利润
第1季度发生数	13661000.00	9416968.00	4244032.00	1568461.20	2675570.80	2675570.80	1337785.40	1337785.40
第2季度发生数	12577136.00	9318200.51	3258935.49	1541594.62	1717340.87	1738920.87	869460.44	869460.43
第3季度发生数	16027872.00	11463822.48	4564049.52	1693246.59	2870802.93	2870802.93	1435401.47	1435401.46
第4季度发生数	26383803.20	16709513.57	9674289.63	1986583.56	7687706.07	7684681.07	5248361.28	2436319.79
本年发生数	68649811.20	46908504.56	21741306.64	6789885.97	14951420.67	14969975.67	8891008.59	6078967.08

图 6-44 任务实施 6-2-5（1）

Pandas 库 isin( ) 方法

为了清楚了解 Python 执行代码行 2 的过程，我们分解行 2 的代码，如图 6-45 所示。

```
1  #筛选出表格df1与df2中相同的列，如果列相同，返回True，否则返回False
2  df1.columns.isin(df2.columns)
```

array([True, True, True, True, False, False, True, False, False, True, True, True])

```
1  # 查看相同列的列名称
2  df1.columns[df1.columns.isin(df2.columns)]
```

Index(['一、主营业务收入', '减：主营业务成本', '二、主营业务利润', '减：销售费用及管理费用', '三、营业利润', '四、利润总额', '减：所得税', '五、净利润'], dtype='object', name='项目')

```
1  #获取表格df1中筛选出来的列数据
2  df1[df1.columns[df1.columns.isin(df2.columns)]]
```

项目	一、主营业务收入	减：主营业务成本	二、主营业务利润	减：销售费用及管理费用	三、营业利润	四、利润总额	减：所得税
第1季度发生数	13661000.00	9416968.00	4244032.00	1568461.20	2675570.80	2675570.80	1337785.40

图 6-45 任务实施 6-2-5（1）代码行 2 执行过程分解

最后获取了表格 df1 中与表格 df2 列名称相同的列数据，并组成新的表格 df1。

Step2　将季度损益表 df1 与财务成果预算表 df2 纵向合并

将表格 df1 和表格 df2 按从上至下的方向进行拼接，示例代码及运行结果如图 6-46 所示。

```
1  df3 = pd.concat([df1,df2])
2  df3
```

项目	一、主营业务收入	减：主营业务成本	二、主营业务利润	减：销售费用及管理费用	三、营业利润	四、利润总额	减：所得税	五、净利润
第1季度发生数	13661000.00	9416968.00	4244032.00	1568461.20	2675570.80	2675570.80	1337785.40	1337785.40
第2季度发生数	12577136.00	9318200.51	3258935.49	1541594.62	1717340.87	1738920.87	869460.44	869460.43
第3季度发生数	16027872.00	11463822.48	4564049.52	1693246.59	2870802.93	2870802.93	1435401.47	1435401.46
第4季度发生数	26383803.20	16709513.57	9674289.63	1986583.56	7687706.07	7684681.07	5248361.28	2436319.79
本年发生数	68649811.20	46908504.56	21741306.64	6789885.97	14951420.67	14969975.67	8891008.59	6078967.08
1季度	14380000.00	9956683.60	4423316.40	1635130.00	2788186.40	2788186.40	697046.60	2091139.80
2季度	13670800.00	9104792.96	4566007.04	1618666.00	2947341.04	2947341.04	736835.26	2210505.78
3季度	15264640.00	9806451.20	5458188.80	1637628.00	3820560.80	3820560.80	955140.20	2865420.60
4季度	24657760.00	13943856.00	10713904.00	1690216.00	9023688.00	9023688.00	2255922.00	6767766.00
年度合计	67973200.00	42811783.76	25161416.24	6581640.00	18579776.24	18579776.24	4644944.06	13934832.18

图 6-46　任务实施 6-2-5（2）

Step3　精简所有列的列名

观察图 6-46，发现表格 df3 的列名中带有序号等字符，我们可以删除这些字符以提高表格的可读性，示例代码及运行结果如图 6-47 所示。

代码行 1 的作用是修改表格 df3 的列名称，新的列名称为删除当前列名称前 2 个字符后的字符串，例如，第一列列名为"一、主营业务收入"，删除第一和第二个字符后，新的列名称为"主营业务收入"。

代码行 df. columns. str 的作用是获取变量 df 的列名（表头）属性，并在此基础上结合切片"［2：］"获取原字符串索引号 2 及以后的所有字符。

六、计算财务成果实际与预算差异额及差异率

任务实施 6-2-6

Step1　根据列名依次计算出每个损益科目的实际偏离预算差异额及差异率

财务成果实际偏离预算差异额＝财务成果实际发生额－财务成果预算额

```
1  df3.columns = df3.columns.str[2:]
2  df3
```

项目	主营业务收入	主营业务成本	主营业务利润	销售费用及管理费用	营业利润	利润总额	所得税	净利润
第1季度发生数	13661000.00	9416968.00	4244032.00	1568461.20	2675570.80	2675570.80	1337785.40	1337785.40
第2季度发生数	12577136.00	9318200.51	3258935.49	1541594.62	1717340.87	1738920.87	869460.44	869460.43
第3季度发生数	16027872.00	11463822.48	4564049.52	1693246.59	2870802.93	2870802.93	1435401.47	1435401.46
第4季度发生数	26383803.20	16709513.57	9674289.63	1986583.56	7687706.07	7684681.07	5248361.28	2436319.79
本年发生数	68649811.20	46908504.56	21741306.64	6789885.97	14951420.67	14969975.67	8891008.59	6078967.08
1季度	14380000.00	9956683.60	4423316.40	1635130.00	2788186.40	2788186.40	697046.60	2091139.80
2季度	13670800.00	9104792.96	4566007.04	1618666.00	2947341.04	2947341.04	736835.26	2210505.78
3季度	15264640.00	9806451.20	5458188.80	1637628.00	3820560.80	3820560.80	955140.20	2865420.60
4季度	24657760.00	13943856.00	10713904.00	1690216.00	9023688.00	9023688.00	2255922.00	6767766.00
年度合计	67973200.00	42811783.76	25161416.24	6581640.00	18579776.24	18579776.24	4644944.06	13934832.18

图 6-47 任务实施 6-2-5（3）

比如，在表格 df3 中，第 1 季度主营业务收入的实际偏离预算差异额等于主营业务收入第 1 季度发生额数值减主营业务收入 1 季度数值，即 13661000.00 减 14380000.00 等于 -719000.00（元）。第 2 季度主营业务收入的实际偏离预算差异额等于主营业务收入第 2 季度发生额数值减主营业务收入 2 季度数值，即 12577136.00 减 13670800.00 等于 -1093664.00（元）。之后每列数据的计算方法都是一样的，这样就计算出损益类项目实际偏离预算的差异额，在差异额的基础上计算差异率，计算公式是：

财务成果某项目实际偏离预算差异率 = 某项目实际偏离预算差异额/某项目预算额 ×100%

如何用 Python 计算表格 df3 中的所有项目及季度的差异率和差异额呢？

为了让思路更清晰，我们来设计一下，以清楚地显示出自己想要的结果，并在此基础上描绘计算的过程，如图 6-48 所示。

首先，增加各项目差异额和差异率列用于存放计算结果，以计算"主营业务收入"项目的差异额和差异率为例，在表格 df3 的基础上增加"主营业务收入预算差异额"和"主营业务收入预算差异率"列。

接着，计算差异额，并填入"差异额列"。我们注意到，财务成果项目 1 季度差异额等于该项目列第 1 行数据减去第 6 行数据，2 季度差异额等于该项目列第 2 行数据减去第 7 行数据，以此类推。也就是说，被减数和减数在同一列，但行索引相差 5，减数在被减数后的第 5 行。对于这种用于计算表格中两数据的差异值，且这两个数据的位置关系可以通过平移计算得到的，比如，计算财务成果项目 1 季度差异额时，被减数在第 1 行，减数在被减数向下平移 5 行的第 6 行，而计算其他财务成果项目各季度的差异额的两个数据，都存在相同的位置关系，这时，我们可以使用 Pandas 库中的差分函数 diff() 进行批量计算。

项目六 财务成果预算与分析

项目	主营业务收入	主营业务成本	主营业务利润	销售费用及管理费用	营业利润	利润总额	所得税	净利润		主营业务收入预算差异额	主营业务收入预算差异率
第1季度发生数	13661000.00	9416968.00	4244032.00	1568461.20	2675570.80	2675570.80	1337785.40	1337785.40		一季度差异额	一季度差异率
第2季度发生数	12577136.00	9318200.51	3258935.49	1541594.62	1717340.87	1738920.87	869460.44	869460.43		二季度差异额	二季度差异率
第3季度发生数	16027872.00	11463822.48	4564049.52	1693246.59	2870802.93	2870802.93	1435401.47	1435401.46		三季度差异额	三季度差异率
第4季度发生数	26383803.20	16709513.57	9674289.63	1986583.56	7687706.07	7684681.07	5248361.28	2436319.79		四季度差异额	四季度差异率
本年发生数	68649811.20	46908504.56	21741306.64	6799885.97	14951420.67	14969975.67	8891008.59	6078967.08		本年发生数	
1季度	14380000.00	9956683.60	4423316.40	1635130.00	2788186.40	2788186.40	697046.60	2091139.80		差异额	差异率
2季度	13670800.00	9104792.96	4566007.04	1618666.00	2947341.04	2947341.04	736835.26	2210505.78			
3季度	15264640.00	9806451.20	5458188.80	1637628.00	3820560.80	3820560.80	955140.20	2865420.60			
4季度	24657760.00	13943856.00	10713904.00	1690216.00	9023688.00	9023688.00	2255922.00	6767766.00			
年度合计	67973200.00	42811783.76	25161416.24	6581640.00	18579776.24	18579776.24	4644944.06	13934832.18			

图 6-48 财务成果实际偏离预算的计算过程思路图

diff( ) 函数的语法规则是：

df. diff(periods =，axis =)

【参数说明】

Pandas 库 diff( ) 方法

periods =，设置移动的幅度，int 类型，默认值为 1。

axis =，设置移动的方向，如果为"0"或者"index"，则上下移动，如果为"1"或者"columns"，则左右移动，此参数的默认值为"0"或者"index"。

例如，计算图 6 – 47 中"主营业务收入差异额"，示例代码如图 6 – 49 所示：

```
1  df3['主营业务收入预算差异额'] = df3['主营业务收入'].diff(-5)
```

图 6 – 49　差分函数 diff ( ) 的使用

最后，计算此项目差异率并填入"差异率"列。

示例代码如图 6 – 50 所示。

```
1  '''
2  使用一阶差分函数diff()计算实际偏离预算的差异额
3  '''
4  for i in df3.columns:
5      df3[i+'预算差异额'] = df3[i].diff(-5)
6      df3.fillna(0,inplace=True)#缺失值用0填充
7      #计算同比增长率
8      df3[i+'预算差异率'] = df3[i+'预算差异额']/(df3[i] - df3[i+'预算差异额'])
9      df3[i+'预算差异率'] = df3[i+'预算差异率']*100
10 df3
```

图 6 – 50　任务实施 6 – 2 – 6（1）

代码行 4 的作用是遍历表格 df3 的各列名称，循环变量 i 为各列的列名称。

代码行 5 的作用是，增加新列，新列名称为"'当前列名称'预算差异额"，值为 i 列当前行数据与向下平移 5 行后数据的差异值。

代码行 6 的作用是用"0"填充表格 df3 中的缺失值。在运行结果中可以看到，各项目差异额和差异率从"本年发生数差异"行后开始是缺失值。

代码行 8 的作用是，增加新列，新列名称为"'当前列名称'预算差异率"，值为差异额除以预算额。

代码行 9 的作用是，将计算出来的差异率扩大 100 倍，因为表格 df3 中显示的差异率的单位是"%"。

运行结果如图 6 – 51 所示。

Step2　设置计算结果保留 2 位小数

设置表格 df3 的数值均保留 2 位小数，示例代码及运行结果如图 6 – 52 所示。

项目	主营业务收入	主营业务成本	主营业务利润	销售费用及管理费用	营业利润	利润总额	所得税	净利润	主营业务收入预算差异额	主营业务收入预算差异率
第1季度发生数	13661000.00	9416968.00	4244032.00	1568461.20	2675570.80	2675570.80	1337785.40	1337785.40	-719000.00	-5.00

图 6-51 任务实施 6-2-6（1）运行结果

```
1  df3 = df3.applymap(lambda x :round(x,2))
2  df3
```

项目	主营业务收入	主营业务成本	主营业务利润	销售费用及管理费用	营业利润	利润总额	所得税
第1季度发生数	13661000.00	9416968.00	4244032.00	1568461.20	2675570.80	2675570.80	1337785.40

图 6-52 任务实施 6-2-6（2）

代码行 1 的作用是，使用 applymap() 方法对每一个单元格的数据进行格式化，保留小数点后两位。其中 lambda 表达式的作用是对每一个参数 "x" 设置保留小数点后两位。

applymap() 函数的语法规则是：

applymap（指定函数）

applymap() 函数实现了对 DataFrame 表格中的各个单元格进行指定函数的操作。

Step3 筛选出每个损益项目的实际偏离预算差异额

筛选出每个损益项目的实际偏离预算差异额，示例代码如图 6-53 所示。

Step4 删除数据值全为 0 的行

删除数据值全为 0 的行，示例代码及运行结果如图 6-54 所示。

Pandas 库
applymap()
方法

```
1  df4 = df3[df3.columns[df3.columns.str.contains('预算差异额')]]
2  df4
```

项目	主营业务收入预算差异额	主营业务成本预算差异额	主营业务利润预算差异额	销售费用及管理费用预算差异额	营业利润预算差异额	利润总额预算差异额	所得税预算差异额
第1季度发生数	-719000.00	-539715.60	-179284.40	-66668.80	-112615.60	-112615.60	640738.80

图 6-53　任务实施 6-2-6（3）

```
1  df4 = df4[df4.loc[:]!=0].dropna()
2  df4
```

项目	主营业务收入预算差异额	主营业务成本预算差异额	主营业务利润预算差异额	销售费用及管理费用预算差异额	营业利润预算差异额	利润总额预算差异额	所得税预算差异额
第1季度发生数	-719000.00	-539715.60	-179284.40	-66668.80	-112615.60	-112615.60	640738.80

图 6-54　任务实施 6-2-6（4）

代码行 1 的作用是在表格 df4 的基础上，删除数据值全为"0"的行。对于此行代码，我们可以分步理解它实现的过程。

第一步，了解条件表达式返回的结果，示例代码及运行结果如图 6-55 所示。

条件表达式代码的作用是，判断每一个单元格数值，如果数值不为"0"，返回"True"，否则返回"False"。

第二步，显示表格 df4 中满足条件的单元格数值，不满足的返回空值。示例代码及运行结果如图 6-56 所示。

第三步，删除数据全为空值的行。示例代码及运行结果如图 6-54 所示。

dropna() 函数的作用是删除 DataFrame 表格中数据全为空值的行。

| 1 | df4.loc[:]!=0 |

项目	主营业务收入预算差异额	主营业务成本预算差异额	主营业务利润预算差异额	销售费用及管理费用预算差异额	营业利润预算差异额	利润总额预算差异额	所得税预算差异额	净利润预算差异额
第1季度发生数	True	True	True	True	True	True	True	True
第2季度发生数	True	True	True	True	True	True	True	True
第3季度发生数	True	True	True	True	True	True	True	True
第4季度发生数	True	True	True	True	True	True	True	True
本年发生数	True	True	True	True	True	True	True	True
1季度	False	False	False	False	False	False	False	False
2季度	False	False	False	False	False	False	False	False
3季度	False	False	False	False	False	False	False	False
4季度	False	False	False	False	False	False	False	False
年度合计	False	False	False	False	False	False	False	False

图 6 – 55　条件表达式返回的结果

Step5　筛选出每个损益项目的实际偏离预算差异率

筛选出每个损益项目的实际偏离预算差异率，示例代码如图 6 – 57 所示。运行结果如图 6 – 58 所示。

Step6　删除数据值全为 0 的行

删除数据值全为 0 的行，示例代码及运行结果如图 6 – 59 所示。

财务成果项目的差异额和差异率整理完成后，我们对"净利润"项目的差异额与差异率进行可视化。

七、可视化净利润差异额与差异率

任务实施 6 – 2 – 7

可视化净利润差异额与差异率，用柱状图表示净利润差异额，用折线图表示净利润差异率，示例代码及运行结果如图 6 – 60 所示。

任务实施 6 – 2 – 7
代码录屏

```
1  df4[df4.loc[:]!=0]
```

项目	主营业务收入预算差异额	主营业务成本预算差异额	主营业务利润预算差异额	销售费用及管理费用预算差异额	营业利润预算差异额	利润总额预算差异额	所得税预算差异额	净利润预算差异额
第1季度发生数	-719000.00	-539715.60	-179284.40	-66668.80	-112615.60	-112615.60	640738.80	-753354.40
第2季度发生数	-1093664.00	213407.55	-1307071.55	-77071.38	-1230000.17	-1208420.17	132625.18	-1341045.35
第3季度发生数	763232.00	1657371.28	-894139.28	55618.59	-949757.87	-949757.87	480261.27	-1430019.14
第4季度发生数	1726043.20	2765657.57	-1039614.37	296367.56	-1335981.93	-1339006.93	2992439.28	-4331446.21
本年发生数	676611.20	4096720.80	-3420109.60	208245.97	-3628355.57	-3609800.57	4246064.53	-7855865.10
1季度	NaN	NaN	NaN	NaN	NaN	NaN	NaN	NaN
2季度	NaN	NaN	NaN	NaN	NaN	NaN	NaN	NaN
3季度	NaN	NaN	NaN	NaN	NaN	NaN	NaN	NaN
4季度	NaN	NaN	NaN	NaN	NaN	NaN	NaN	NaN
年度合计	NaN	NaN	NaN	NaN	NaN	NaN	NaN	NaN

图 6-56　显示满足条件的数据

```
1  df5 = df3[df3.columns[df3.columns.str.contains('预算差异率')]]
2  df5
```

图 6-57　任务实施 6-2-6（5）

项目	主营业务收入预算差异率	主营业务成本预算差异率	主营业务利润预算差异率	销售费用及管理费用预算差异率	营业利润预算差异率	利润总额预算差异率	所得税预算差异率	净利润预算差异率
第1季度发生数	-5.00	-5.42	-4.05	-4.08	-4.04	-4.04	91.92	-36.03
第2季度发生数	-8.00	2.34	-28.63	-4.76	-41.73	-41.00	18.00	-60.67
第3季度发生数	5.00	16.90	-16.38	3.40	-24.86	-24.86	50.28	-49.91
第4季度发生数	7.00	19.83	-9.70	17.53	-14.81	-14.84	132.65	-64.00
本年发生数	1.00	9.57	-13.59	3.16	-19.53	-19.43	91.41	-56.38
1季度	0.00	0.00	0.00	0.00	0.00	0.00	0.00	0.00
2季度	0.00	0.00	0.00	0.00	0.00	0.00	0.00	0.00
3季度	0.00	0.00	0.00	0.00	0.00	0.00	0.00	0.00
4季度	0.00	0.00	0.00	0.00	0.00	0.00	0.00	0.00
年度合计	0.00	0.00	0.00	0.00	0.00	0.00	0.00	0.00

图 6-58 任务实施 6-2-6（5）运行结果

```
1  df5 = df5[df5.loc[:]!=0].dropna()
2  df5
```

项目	主营业务收入预算差异率	主营业务成本预算差异率	主营业务利润预算差异率	销售费用及管理费用预算差异率	营业利润预算差异率	利润总额预算差异率	所得税预算差异率	净利润预算差异率
第1季度发生数	-5.00	-5.42	-4.05	-4.08	-4.04	-4.04	91.92	-36.03
第2季度发生数	-8.00	2.34	-28.63	-4.76	-41.73	-41.00	18.00	-60.67
第3季度发生数	5.00	16.90	-16.38	3.40	-24.86	-24.86	50.28	-49.91
第4季度发生数	7.00	19.83	-9.70	17.53	-14.81	-14.84	132.65	-64.00
本年发生数	1.00	9.57	-13.59	3.16	-19.53	-19.43	91.41	-56.38

图 6-59 任务实施 6-2-6（6）

Python财务应用

代码行 1 至 4 的作用是设置环境,包括导入库和设置中文、负数的显示。

代码行 6 至 10 的作用是整理好绘制图像时需要用到的数据,以及把这些数据赋值给变量。变量 x 是包含 5 个数字的一维数组,用于设置柱状图中的 5 个柱子和折线图中的 5 个转折点,分别表示 1~4 季度和全年的净利润差异额和差异率。变量 x1 是包含变量 df4 行名的列表,即"第 1 季度发生数"等 5 个字符串元素,用于显示为 x 轴的刻度值。变量 y 存储 1~4 季度和全年的净利润差异额,体现为柱状图中柱子的高度。变量 z 存储 1~4 季度和全年的净利润差异率,体现为折线图中转折点的位置。

代码行 12 至 20 的作用是绘制净利润差异额柱状图。代码行 13 的作用是创建画布,画布的长是 16,宽是 6,分辨率是 100,画布颜色是白色。代码行 15 的作用是赋值 0.3 给变量 width,此变量是绘制柱状图时用于设置柱子的宽度。代码行 16 的作用是绘制柱状图。使用了 plt. bar( ) 方法,第一个参数设置绘制柱子的数量,第二个参数设置各柱子的高度,第三个参数 width = 设置柱子的宽度,第四个参数 label = 设置图例名,第五个参数 color = 设置柱子的颜色。代码行 18 是设置 x 轴刻度值,使用了 plt. xticks( ) 方法,第一个参数设置刻度值的数量,此处为 5 个,即变量 x 的值;第二个参数设置刻度内容,此处为变量 x1 的值;第三个参数 fontsize = 设置刻度值的字号大小。代码行 20 的作用是设置图例字体大小,使用了 plt. legend( ) 方法,通过参数 fontsize = 实现字体大小的设置。

代码行 22 的作用是将当前柱状图像的 x 轴也分配给将要绘制的折线图使用,即柱状图与折线图共用一个 x 轴。

```
1   #从matplotlib库导入pyplot模块并将其命名为plt
2   import matplotlib.pyplot as plt
3   plt.rcParams['font.family']='kaiTi' # 用楷体显示中文
4   plt.rcParams['axes.unicode_minus']=False # 正常显示负号
5
6   #指明x,x1,y,z,k值
7   x = np.array([1,2,3,4,5])   #设置绘制5个数据(1~4季度发生数及本年发生数)
8   x1 = df4.index              #设置x轴刻度值
9   y = df4['净利润预算差异额']   #获得绘制图像差异额数据
10  z = df5['净利润预算差异率']   #获得绘制图像差异率数据
11
12  #设置画布
13  plt.figure(figsize=(16,6),dpi=100,facecolor='w')
14  #绘制柱状图
15  width = 0.3
16  plt.bar(x, y, width=width, label='净利润预算差异额',color='#006666')
17  #设置x轴刻度值
18  plt.xticks(x,x1,fontsize = 15)
19  #设置柱状图图例
20  plt.legend(fontsize = 15)
21
```

```
22  plt.twinx()
23  #绘制折线图
24  plt.plot(x,z,label='净利润预算差异率',color='grey',linestyle='-.',marker='o')
25  #添加折线图数据标签
26  for a,b in zip(x,z):
27      if b>0:
28          plt.text(a,b,b,color="r", ha='center', va='bottom',fontsize = 15)
29      else:
30          plt.text(a,b,b,color="darkblue", ha='center', va='top',fontsize = 15)
31  #设置折线图图例
32  plt.legend(loc='center left',fontsize = 15)
33
34  plt.title('净利润预算执行情况分析图',fontsize = 22)
35  plt.show()#展示图
```

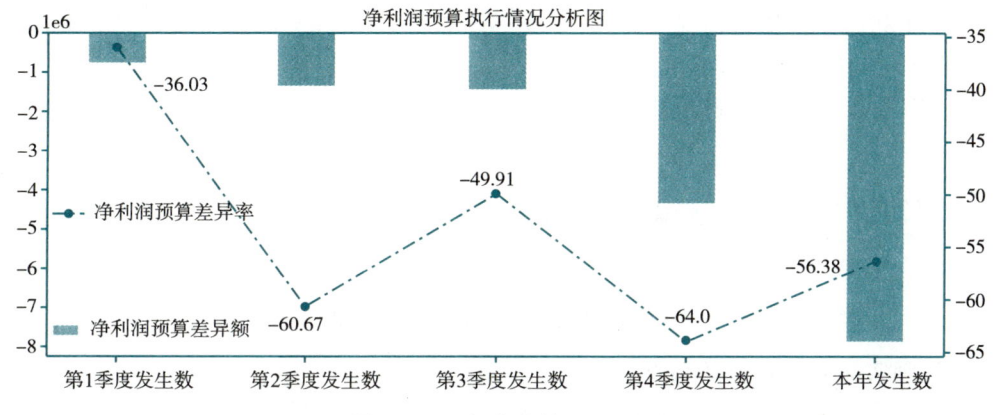

图 6-60　任务实施 6-2-7

代码行 24 至 32 的作用是绘制净利润差异率折线图。代码行 24 的作用是绘制折线图，第一个参数设置绘制折线图转折点的数量，第二个参数设置转折点的位置，第三个参数 label=设置图例名，第四个参数 color='grey'设置折线的颜色为灰色，第五个参数 linestyle=设置折线的样式，此处为由"-."组成的虚线，第六个参数 marker=设置转折点的形状，此处为圆点。代码行 26 至 30 的作用是设置折线图数据标签，代码行 26 的作用是循环遍历变量 x 和 z，a 是 x 序列中的每一个变量的值，b 是 z 序列中的每一个变量的值，代码行 27 是判断变量 b 是否大于 0，如果大于 0，执行代码行 28 的代码，即在平面坐标（a，b）上添加 b 作为数据标签。使用了 plt.text()方法，第一、第二个参数表示平面坐标上的横纵坐标，用于设置数据标签的显示位置；第三个参数设置数据标签值；第四个参数 color='r'设置数据标签的颜色为红色；第五个参数 ha='center'设置数据标签与转折点的水平对齐方式为居中，我们还可以将 ha=参数设置为'right'或'left'表示靠右对齐或靠左对齐；第六个参数 va='bottom'设置数据标签与转折点的垂直对齐方式为靠下，我们还可以将 va=参数设置为'center'或'top'，分别表示居中对齐或顶端对齐；第七个参数 fontsize=设置数据标签的字体大小。如果 b 小于或等于 0，则设置数据标签显示为深蓝色，其余参数设置与 b 大于 0 的时候相同。代码行 32 的作用是设置折线图的图例，使用了 plt.legend()方法，第二个参数设置图例字体大小，第一个参数 loc ='center left'设置图例显示的位置是画布居中并靠左，我们还可以将 loc = 设置为多个不同的值，如表 6-5 所示。

表 6-5　　　　　　　　　　plt. legend( ) 的 loc = 参数表

字符串参数值	数字参数值	位置	字符串参数值	数字参数值	位置
'best'	0	自动	'center left'	6	居中靠左
'upper right'	1	靠上靠右	'center right'	7	居中靠右
'upper left'	2	靠上靠左	'lower center'	8	居中靠下
'lower left'	3	靠下靠左	'upper center'	9	居中靠上
'lower right'	4	靠下靠右	'center'	10	居中
'right'	5	靠右			

代码行 34 的作用是设置图像的名称，使用了 plt. title( ) 方法，第一个参数设置名称的具体值为"净利润预算执行情况分析图"，第二个参数 fontsize = 设置图像名称字体的大小。

代码行 35 的作用是显示图像。

到此，财务成果分析代码开发完成。

八、撰写财务成果实际偏离预算分析报告

净利润实际偏离预算分析报告

1. 净利润实际偏离预算的情况

从财务成果差异额列表（见表 6-6）中可以知道"净利润预算差异额"列的数据均为负数，表示 2022 年各季度及全年净利润均没有完成预算，实际发生净利润少于预算的净利润额，其中第 4 季度的差异额最大。

表 6-6　　　　　　　　　　财务成果差异额列表　　　　　　　　　　单位：元

项目	主营业务收入预算差异额	主营业务成本预算差异额	主营业务利润预算差异额	销售费用及管理费用预算差异额	营业利润预算差异额	利润总额预算差异额	所得税预算差异额	净利润预算差异额
第 1 季度发生数	-719000.00	-539715.60	-179284.40	-66668.80	-112615.60	-112615.60	640738.80	-75354.40
第 2 季度发生数	-1093664.00	213407.55	-1307071.55	-77071.38	-1230000.17	-1208420.17	132625.18	-1341045.35
第 3 季度发生数	763232.00	1657371.28	-894139.28	55618.59	-949757.87	-949757.87	480261.27	-1430019.14
第 4 季度发生数	1726043.20	2765657.57	-1039614.37	296367.56	-1335981.93	-1339006.93	2992439.28	-4331446.21
本年发生数	676611.20	4096720.80	-3420109.60	208245.97	-3628355.57	-3609800.57	4246064.53	-7855865.10

从财务成果差异率列表（见表 6-7）中可以知道"净利润预算差异率"列的数据均为负数，表示 2022 年各季度及全年净利润均没有完成预算，实际发生净利润少于预算的净利润额，其中第 4 季度的差异率最大。

表 6-7　　　　　　　　　　　　　财务成果差异率列表　　　　　　　　　　　　　单位:%

项目	主营业务收入预算差异率	主营业务成本预算差异率	主营业务利润预算差异率	销售费用及管理费用预算差异率	营业利润预算差异率	利润总率预算差异率	所得税预算差异率	净利润预算差异率
第1季度发生数	-5.00	-5.42	-4.05	-4.08	-4.04	-4.04	91.92	-36.03
第2季度发生数	-8.00	2.34	-28.63	-4.76	-41.73	-41.00	18.00	-60.67
第3季度发生数	5.00	16.90	-16.38	3.40	-24.86	-24.86	50.28	-49.91
第4季度发生数	7.00	19.83	-9.70	17.53	-14.81	-14.84	132.65	-64.00
本年发生数	1.00	9.57	-13.59	3.16	-19.53	-19.43	91.41	-56.38

结合以上两个指标（见图 6-61），我们发现净利润全年实际发生额比预算额少了约 785 万元，全年的差异率是 -56.38%，即净利润预算的完成率为 43.62%。就差异额来说，第 4 季度的差异额和差异率都是最大的，第 4 季度的实际净利润比预算少了约 433 万元，实际净利润比预算少了 64%，也就是只是完成了预算的 36%。第 3 季度的差异额与第 2 季度的差异相当，约为 140 万元，但第 2 季度的差异率明显大于第 3 季度，达到 -60.67%，接近第 4 季度的差异率。

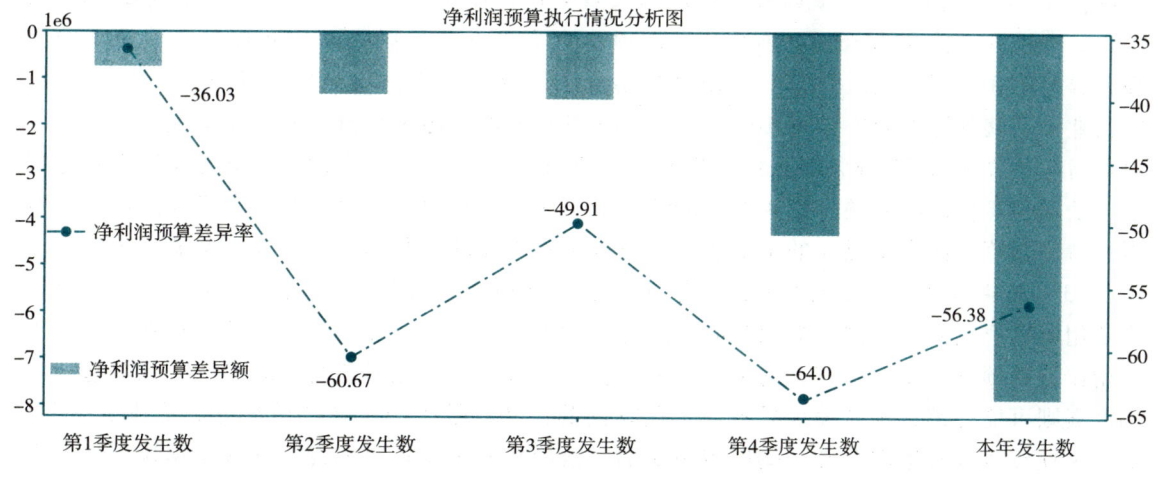

图 6-61　净利润预算执行情况分析图

2. 净利润实际偏离预算的分析

（1）实际数变化趋势。从表 6-8 中可以知道，各损益类项目的实际发生额基本呈逐个季度增加的趋势，其中第 2 季度略少于第 1 季度，第 4 季度的增幅最大，实际发生额几乎达到第 1 季度的 2 倍。

表 6–8　　　　　　　　　全年各季度损益类项目实际发生额列表

项目	第1季度发生数	第2季度发生数	第3季度发生数	第4季度发生数	本年发生数
一、主营业务收入	13661000.00	12577136.00	16027872.00	26383803.20	68649811.20
减：主营业务成本	9416968.00	9318200.51	11463822.48	16709513.57	46908504.56
二、主营业务利润	4244032.00	3258935.49	4564049.52	9674289.63	21741306.64
减：销售费用	1097922.84	1076887.72	1221912.63	1498500.53	4895223.72
减：管理费用	470538.36	464706.90	471333.96	488083.03	1894662.25
三、营业利润	2675570.80	1717340.87	2870802.93	7687706.07	14951420.67
加：营业外收入	NaN	21580.00	NaN	NaN	21580.00
减：营业外支出	NaN	NaN	NaN	3025.00	3025.00
四、利润总额	2675570.80	1738920.87	2870802.93	7684681.07	14969975.67
减：所得税	1337785.40	869460.44	1435401.47	5248361.28	8891008.59
五、净利润	1337785.40	869460.43	1435401.46	2436319.79	6078967.08

（2）预算准确度。从各季度差异率看预算的准确度，从表6–7中可以知道，第1季度的收入、成本和费用的预算额都比实际发生额高，偏离比率在4%至6%之间，但所得税费用预算额却比实际发生额低91.92%，最后令净利润预算偏高约36%，说明第1季度预算主要是所得税费用预算不够准确。第2季度收入预算比实际发生额高8%，成本预算比实际发生额低2.34%，由于收入预算偏高而成本预算偏低，使得主营业务利润预算偏高28.63%；同时，费用预算偏高4.76%，所得税费用预算偏低18%，最后令净利润预算产生较大的偏高差异。第3季度对收入和成本的预算都偏低，但成本预算比收入预算偏低约12%，使得主营业务利润预算差异率偏低16.38%，同时叠加销售费用及管理费用预算偏低3.4%、所得税费用预算偏低50.28%，最终令净利润预算偏高约50%，因此，第3季度预算主要是成本、费用预算偏低的问题。第4季度的情况与第3季度相似，但第4季度在成本预算以及所得税费用预算方面产生更大的偏低差异，所以第4季度的净利润项目差异率偏低得更严重。

（3）第4季度差异较大的原因。第4季度差异较大主要原因是成本预算偏低以及所得税费用预算严重偏低，这可能跟当时的外部环境因素相关，比如成本方面的材料费用、人工费用比编制预算时发生了较大的上升，所得税费用方面则可能是所得税政策的变化引起；内部因素则可能是销量预算偏少导致成本预算偏低，又或是生产工艺的改变导致成本的变化，所得税预算时没有考虑全部影响所得税额的因素导致所得税预算偏低，又或是纳税筹划没有做好等因素。同时，我们也看到，第4季度的主营业务收入明显高于前几个季度，几乎达到第1季度的两倍，对于主营业务收入的突然增加，可能是外部市场对此产品的突发性的阶段性的需求，就像春节前市场出现抢购应节物资的情况一样。

总的来说，2022年智能语音播放器的财务成果预算实际比预算偏低56.38%，并且是连续若干季度都出现偏低的差异，建议根据预算管理委员会制定差异重要性标准，由预算执行与控制室按此标准衡量实际发生的预算差异，确定其中重要的，需由相关责任部门做出解释的差异。

预算差异产生的原因很多，通过差异分解只揭示并排除了其中一部分原因，对预算差异的全面解释，需要各责任部门在差异分析的基础上，对其经营活动进行深入的、定量的分析，并对其可控性及在后续月度可能产生的影响做出判断。

考核与评价

考核的重点是理论知识的掌握水平、技术技能的应用水平以及职业素养,学习者可以从以上三个方面评价学习效果,具体评价项目及标准如表 6-9 所示。

表 6-9　　　　　　　　　　　　　　模块考核评价标准

考核项目	考核内容	配分	得分
理论知识水平	能正确解释财务成果分析的程序流程	10	
	能正确复述以下方法的语法规则	10	
理论知识水平	Pandas 库: read_excel() 方法　DataFrame 对象 str 属性及 str [起始索引:终止索引:步长] contains() 方法　isin() 方法　diff() 函数　applymap() 方法 dropna() 方法 Matplotlib 库: twinx() 方法　legend() 方法	10	
	能正确举例说明上表各方法的参数作用与设置方法	10	
	理论知识水平总分	30	
技术技能应用水平	能绘制财务成果分析程序流程图	5	
	能应用 Pandas 库中 read_excel() 方法读取一个工作簿中的多个工作表	3	
	能应用 Pandas 库中 DataFrame 对象 str 属性、contains() 方法过滤表格指定列数据	6	
	能应用 Pandas 库中 isin() 筛选出不同表格中相同的列数据	4	
	能应用 Pandas 库中 diff() 函数进行差分计算	6	
	能应用 Pandas 库中 applymap() 方法对表格中各单元格进行指定操作	4	
	能应用 Pandas 库中 dropna() 方法删除表格中全为 0 的行	4	
	能应用 Matplotlib 库中 twinx() 方法绘制同一横坐标的不同图像	4	
	能应用 Matplotlib 库中 legend() 方法设置图像图例	4	
	技术技能应用水平总分	40	
职业素养	向同学、老师请教时态度友好、诚恳	5	
	编程过程中遇到困难时主动寻求解决方法,耐心阅读方法说明与案例,如需求助于人时,先准备好咨询的问题,并准确、清晰地表达	5	
	检查任务成果时细致、认真、严谨,也可邀请别人一起检查	5	
	调试程序过程中能修改自己的错误	5	
	在别人的帮助下能将代码调试成功	5	
	面对同学的求助,积极响应	5	
	职业素养总分	30	
	综合评价总分	100	

总结与提高

一、任务实施情况分析

任务完成后,学习者根据任务实施情况,分析存在的问题及原因,并填写表 6–10。指导老师对任务实施情况进行评价。

表 6–10　　　　　　　　　财务成果分析任务实施情况分析表

任务实施过程	存在的问题	解决的办法
设置环境		
读取各季度损益表,并进行报表合并		
清洗数据		
读取财务成果预算表,并进行表格调整		
合并季度损益表与财务成果预算表		
计算财务成果实际与预算差异额及差异率		
可视化净利润差异额与差异率		

二、总结

(1) Pandas 库中的 read_excel( ) 方法有多个参数,本模块用到一个新的参数 sheet_name = None,用于读取含有多个工作表的 Excel 工作簿。

(2) 使用 df. columns. str. contains( ) 方法,可以方便地过滤出指定列名的列。

(3) 使用 df1. columns. isin(df2. columns) 方法,筛选两表格中相同列名的列。

(4) 使用 df3. columns. str[起始索引号:终止索引号:步长] 方法,精简列名称,是表格清洗的一种方法。

（5）在表格中计算多组数据的差时，如果组内两个数据存在相同的平移位置关系时，可以使用 Pandas 库中的差分函数 diff( ) 进行批量计算。

（6）Pandas 库中的 apply( )、applymap( )、map( ) 函数都可以实现值替换，其中 applymap( ) 方法适用于 Pandas 数据框，它的参数函数分别应用于每个元素；map( ) 方法只能接收 Series 对象作为参数，只能用于处理单独一列的数据；Pandas DataFrame 对象和 Pandas Series 对象都可以使用 apply( ) 方法，如果是作用于 Pandas Series 对象，apply( ) 方法则与 map( ) 方法使用方式雷同。

（7）plt.twinx( ) 可以实现同一图像中共用 x 轴。

（8）财务成果实际偏离预算的分析思路是：

①读取数据；

②数据清洗；

③数据筛选（筛选出相同列名称的列）；

④合并实际发生数据表以及预算数据表；

⑤计算差异额及差异率（使用差分函数 diff( )）；

⑥可视化财务成果核心指标的差异额与差异率。

实战演练

一、不定项选择题

1. 如果要一次读取"智能语音播放器全面预算.xlsx"工作簿中除工作表名为"销售预算表"的其他工作表，并把读取的所有工作表合并成一个 DataFrame 表格，以下代码正确的是（　　）。

A.

```
1  dfs= []
2  data = pd.read_excel('智能语音播放器全面预算.xlsx', index_col=0)
3  for key ,value in data.items():
4      if key!='销售预算表':
5          dfs.append(value)
6  df1 = pd.concat(dfs)
```

B.

```
1  dfs= []
2  data = pd.read_excel('智能语音播放器全面预算.xlsx',sheet_name = all,
3              index_col=0)
4  for key ,value in data.items():
5      if key!='销售预算表':
6          dfs.append(value)
7  df1 = pd.concat(dfs)
```

C.
```
1  dfs= []
2  data = pd.read_excel('智能语音播放器全面预算.xlsx',sheet_name = None,
3              index_col=0)
4  for key ,value in data.items():
5      if key!='销售预算表':
6          dfs.append(value)
7  df1 = pd.concat(dfs)
```

D.
```
1  dfs= []
2  data = pd.read_excel('智能语音播放器全面预算.xlsx',sheet_name = None,
3              index_col=0)
4  for key in data.keys():
5      if key!='销售预算表':
6          dfs.append(data[key])
7  df1 = pd.concat(dfs)
```

2. 要将图 6-62 的表格 result 变成图 6-63 的表格,以下使用的方法,正确的有（   ）。

	女衬衣	男衬衣
一月	1080	2365
二月	203	108
三月	660	4152
四月	452	1650
二月	203	108

图 6-62

	女衬衣	男衬衣
一月	1080	2365
二月	203	108
三月	660	4152
四月	452	1650

图 6-63

A.
```
1  result.drop_duplicates()
```

B.
```
1  result.droplevel(4)
```

C.
```
1  result.drop(index='二月')
```

D.
```
1  result.columns.droplevel(4)
```

3. 对原始表格图 6-63 进行月份及年度数据统计得到图 6-64 的结果,以下代码正确的是（   ）。

	女衬衣	男衬衣	月份合计
一月	1080	2365	3445
二月	203	108	311
三月	660	4152	4812
四月	452	1650	2102
年度合计	2395	8275	10670

图 6-64

A.
```
1  df.loc['月份合计'] = df['女衬衣'] + df['男衬衣']
2  df
```

B.
```
1  df['月份合计'] = df.iloc[0] + df.iloc[1]
2  df
```

C.
```
1  df['月份合计'] = df['女衬衣'] + df['男衬衣']
2  df
```

D.
```
1  df.loc['年度合计'] = df.loc['一月'] + df.loc['二月'] + df.loc['三月'] + df.loc['四月']
2  df
```

4. 根据图 6-64，可视化男女衬衣销量关系，结果如图 6-65 所示，请为图 6-66 的代码中星号（*）处选择正确的代码。（　　）

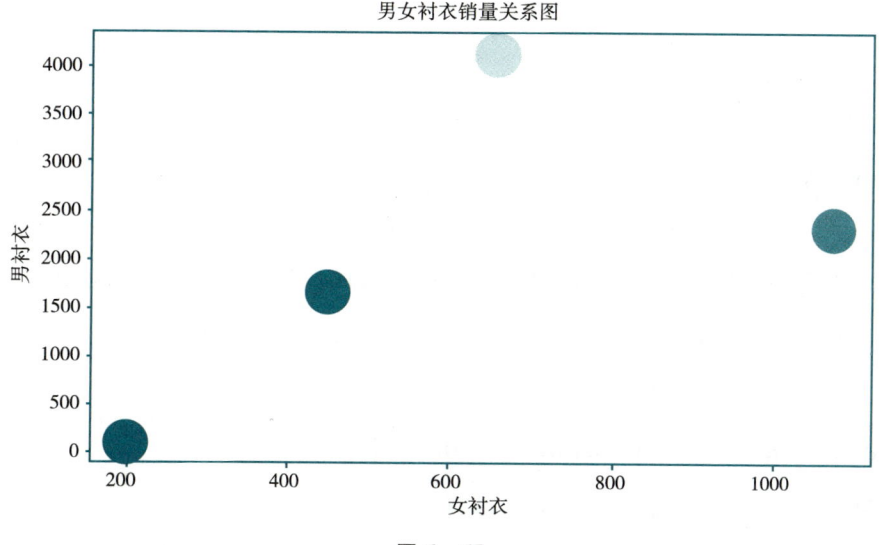

图 6-65

```python
#从matplotlib库导入pyplot模块并将其命名为plt
import matplotlib.pyplot as plt
plt.rcParams['font.family']='kaiTi' # 用楷体显示中文
plt.rcParams['axes.unicode_minus']=False # 正常显示负号
plt.rcParams["font.size"] = 14 #设置字体大小

plt.figure(figsize=(14,8))
****

#根据y值大小生成不同的颜色
******

plt.scatter(**,c=colors,s=2000)
plt.xlabel('女衬衣',fontsize=18)
plt.ylabel('男衬衣',fontsize=18)
plt.title('男女衬衣销量关系图')
plt.show()
```

图 6－66

A. 在 **** 处填入

```
df2 = df[['女衬衣','男衬衣']].drop('年度合计')
x = df2['女衬衣']
y = df2['男衬衣']
```

B. 在 **** 处填入

```
x = df['女衬衣'].drop('年度合计')
y = df['男衬衣'].drop('年度合计')
```

C. 在 ** 处填入

```
y,x
```

D. 在 ****** 处填入

```
colors = y
```

5. 以下说法，正确的是（　　）。

A. 筛选出表格 df1 与 df2 中相同的列，如果列相同，返回 True，否则返回 False

```
df1.columns.isin(df2.columns)
```

B. 查看表格 df1 与 df2 中相同的列

```
df1.columns[df1.columns.isin(df2.columns)]
```

C. 获取表格 df1 与 df2 中相同列的列数据

```
df1[df1.columns[df1.columns.isin(df2.columns)]]
```

D. 获取表格 df1 与 df2 中相同的列的列数据并重新赋值给变量 df1

```
1  df1 = df1[df1.columns[df1.columns.isin(df2.columns)]]
2  df1
```

6. 在表格 df1 的基础上，运行以下（　　）项代码能得到图 6-67 的结果？

Index(['本年累计数', '本年累计数', '本年累计数', '本年累计数'], dtype='object')

图 6-67

A.
```
1  a = df1.columns.str.contains('本年累计数')
2  a
```

B.
```
1  df1.columns[a]
```

C.
```
1  df1.columns[df1.columns.str.contains('本年累计数')]
```

D.
```
1  df1[df1.columns[~df1.columns.str.contains('本年累计数')]]
```

7. 有一表格 df 如图 6-68 所示，为了精简列名得到图 6-63 的结果，应执行以下（　　）项代码。

	品名：女衬衣	品名：男衬衣
一月	1080	2365
二月	203	108
三月	660	4152
四月	452	1650

图 6-68

A.
```
1  df.columns = df.columns.str[2:]
```

B.
```
1  df.columns = df.columns.str[3:]
```

C.
```
1  df.columns = df.columns[2:]
```

D.

| 1 | df.columns = df.columns[3:] |

8. diff( ) 函数用于计算 DataFrame 表格中的（　　）。
   A. 两平移行的差　　　　　　　　　B. 两平移列的差
   C. 两平移行的和　　　　　　　　　D. 两平移列的和

9. 以下（　　）函数可以用于逐个数据设置保留小数点位数。
   A. apply( )　　　　　　　　　　　B. map( )
   C. applymap( )　　　　　　　　　D. 以上都可以

10. 在 Matplotlib 库中的子库 Pyplot 中有一个方法 legend( )，以下对它的说法正确的有（　　）。
    A. 用于设置图像中的轴刻度值
    B. 用于设置图像中的图例
    C. legend( ) 方法的参数 loc = best 用于设置图例的位置
    D. legend( ) 方法的参数 loc = best 用于设置轴刻度值的位置

二、实训题

【任务场景一】

海杰电子科技有限公司计划在 2021 年 1 月投资新产品 HC88 电饭煲，2021 年度为项目投资建设期，2022 至 2025 年度为项目经营期。请根据2022年销售费用及管理费用预测表及 HC88 电饭煲全面预算表数据，编制财务成果预算表及现金预算分析表，并可视化产品 1 ~ 4 季度销售现金收入与现金支出合计关系。

【任务要求】

1. 通过补充程序中星号（*）处的代码，创建财务成果预算表。
2. 通过补充程序中星号（*）处的代码，创建现金预算分析表。
3. 通过补充程序中星号（*）处的代码，可视化产品 1 ~ 4 季度销售现金收入与现金支出合计关系。

【任务素材】

1. 2022 年销售费用及管理费用预测 . xlsx
2. HC88 电饭煲全面预算 . xlsx
3. 财务成果预算（习题题目代码）. ipynb

财务成果预算实训题任务素材包

【任务场景二】

海杰电子科技有限公司计划在 2021 年 1 月投资新产品 HC88 电饭煲，2021 年度为项目投资建设期，2022 至 2025 年度为项目经营期。请根据产品 2022 年实际损益表，季度及年度损益表以及财务成果预算表，计算财务成果实际偏离预算的差异额和差异率，可视化营业利润差异额与差异率，对营业利润的预算执行情况进行分析。

【任务要求】

1. 通过补充程序中星号（*）处的代码，计算财务成果实际偏离预算的差异额和差异率。
2. 通过补充程序中星号（*）处的代码，可视化营业利润差异额与差异率。
3. 对营业利润的预算执行情况进行分析。

【任务素材】

1. 季度及年度损益表.xlsx
2. 财务成果预算表.xlsx
3. 财务成果分析（习题题目代码）.ipynb

财务成果分析实训题任务素材包

附录　二维码资源索引表

项目	二维码名称	资源类型	页码
全书	《Python 财务应用》任务素材包	素材	1
导言	课程思政	文本	2
	Python 语言在财务领域的应用方向	微课	4
	开发第一个 Python 业务财务分析程序	微课	10
项目一	课程思政	文本	22
	客户对账单批量生成工作任务与工作计划	微课	24
	任务实施 1-1-1 与 1-1-2 代码录屏	录屏	25
	Pandas 库 read_excel() 方法	微课	28
	Pandas 库 apply() 方法及 groupby() 方法	微课	30
	任务实施 1-1-3 与 1-1-4 代码录屏	录屏	31
	Pandas 库 map() 方法	微课	32
	Pandas 库 merge() 方法	微课	34
	numToBig() 函数代码下载	代码文件	36
	DocxTemplate 库 DocxTemplate() 方法	微课	40
	zmail 库 server() 及 send_mail() 方法	微课	41
	客户应收款账龄分析工作任务与工作计划	微课	44
	任务实施 1-2-1 至 1-2-3 代码录屏	录屏	46
	Pandas 库 loc[] 方法	微课	47
	Pandas 库 fillna() 方法	微课	49
	任务实施 1-2-4 代码录屏	录屏	49
	任务实施 1-2-5 代码录屏	录屏	51
	颜色参数	文本	57
	客户对账单批量生成实训题任务素材包	素材	68
	应收账款账龄分析实训题任务素材包	素材	68
项目二	课程思政	文本	70
	固定资产折旧计算工作任务与工作计划	微课	71
	任务实施 2-1-1 至 2-1-3 代码录屏	录屏	75
	任务实施 2-1-4 与 2-1-5 代码录屏	录屏	81
	Pandas 库 to_excel() 方法	微课	82

续表

项目	二维码名称	资源类型	页码
项目二	Pandas 库 groupby( ) 方法	微课	83
	固定资产分析工作任务与工作计划	微课	88
	任务实施 2-2-1 与 2-2-2 代码录屏	录屏	90
	任务实施 2-2-3 代码录屏	录屏	93
	任务实施 2-2-4（1）代码录屏	录屏	98
	任务实施 2-2-4（2）代码录屏	录屏	101
	NumPy 库 arrange( ) 方法	微课	102
	Pandas 库 pivot_table( ) 透视表方法	微课	105
	固定资产折旧明细表生成实训题任务素材包	素材	119
	固定资产分析实训题任务素材包	素材	119
项目三	课程思政	文本	121
	成本性态分析工作任务与工作计划	微课	123
	构建模型的方法	微课	124
	任务实施 3-1 代码录屏	录屏	125
	NumPy 库 polyfit( ) 方法	微课	128
	本量利分析工作任务与工作计划	微课	133
	任务实施 3-2 代码录屏	录屏	135
	Pandas 库 drop( ) 方法、dropna( ) 方法	微课	144
	成本差异分析工作任务与工作计划	微课	150
	任务实施 3-3 代码录屏	录屏	152
	成本性态分析实训题任务素材包	素材	168
	本量利分析实训题任务素材包	素材	169
	成本差异分析实训题任务素材包	素材	170
项目四	课程思政	文本	173
	增量现金流量分析工作任务与工作计划	微课	177
	任务实施 4-1-1 与 4-1-2 代码录屏	录屏	179
	在 DateFrame 表格中根据一定的条件提取数据	微课	181
	任务实施 4-1-3 代码录屏	录屏	188
	任务实施 4-1-4 至 4-1-6 代码录屏	录屏	190
	numpy_financial 库金融方法	微课	191
	资本投资分析工作任务与工作计划	微课	197
	任务实施 4-2-1 与 4-2-2 代码录屏	录屏	198
	任务实施 4-2-3 代码录屏	录屏	203
	Scipy.interpolate 模块 interp1d( ) 方法	微课	206
	任务实施 4-2-4 代码录屏	录屏	207
	Pandas 库 resample( ) 方法	微课	209
	NumPy 库 var( ) 方法	微课	210
	任务实施 4-2-5 与 4-2-6 代码录屏	录屏	214
	产品投资分析工作任务与工作计划	微课	218

续表

项目	二维码名称	资源类型	页码
项目四	任务实施4-3-1与4-3-2代码录屏	录屏	220
	Pandas库 rename() 方法	微课	221
	任务实施4-3-3代码录屏	录屏	225
	任务实施4-3-4至4-3-6代码录屏	录屏	229
	Pandas库 columns.get_loc() 方法	微课	232
	任务实施4-3-7与4-3-8代码录屏	录屏	235
	增量现金流量分析实训题任务素材包	素材	247
	资本投资分析实训题任务素材包	素材	248
	产品投资分析实训题任务素材包	素材	249
项目五	课程思政	文本	251
	产品销售预算工作任务与工作计划	微课	252
	任务实施5-1-1至5-1-4代码录屏	录屏	255
	Pandas库 filter() 方法	微课	256
	Pandas库 melt() 方法	微课	260
	任务实施5-1-5至5-1-9代码录屏	录屏	263
	Pandas库 stack() 方法	微课	268
	Pandas库 shift() 方法	微课	269
	任务实施5-1-10代码录屏	录屏	271
	滚动销售计划工作任务与工作计划	微课	275
	任务实施5-2代码录屏	录屏	277
	产品销售预算实训题任务素材包	素材	289
	滚动销售计划实训题任务素材包	素材	289
项目六	课程思政	文本	292
	财务成果预算工作任务与工作计划	微课	293
	任务实施6-1-1至6-1-4代码录屏	录屏	294
	Pandas库 drop_duplicates() 方法	微课	300
	任务实施6-1-5至6-1-8代码录屏	录屏	304
	任务实施6-1-9代码录屏	录屏	306
	财务成果分析工作任务与工作计划	微课	311
	任务实施6-2-1至6-2-4代码录屏	录屏	313
	Pandas库 read_excel() 方法 str 属性及 contains() 方法	微课	317
	任务实施6-2-5与6-2-6代码录屏	录屏	321
	Pandas库 isin() 方法	微课	322
	Pandas库 diff() 方法	微课	326
	Pandas库 applymap() 方法	微课	327
	任务实施6-2-7代码录屏	录屏	329
	财务成果预算实训题任务素材包	素材	344
	财务成果分析实训题任务素材包	素材	345